21世纪经济管理精品教材
国际贸易系列

跨国公司与对外直接投资

（第2版）

任永菊 ◎ 编著

清华大学出版社
北京

内 容 简 介

本书在介绍跨国公司与对外直接投资相关概念、特征以及基本知识的基础上,结合该领域最新发展,利用案例引导出相关内容;围绕跨国公司的组织结构、内部国际贸易和转移价格、技术转让、跨国并购、跨文化管理、对外直接投资理论、对外直接投资与经济发展、发展中经济体跨国公司及其对外直接投资、金砖国家跨国公司及其对外直接投资、中国跨国公司及其对外直接投资等部分展开阐述;利用相关知识剖析经典案例、阐释课程思政相关内容;最后给出思考题和即测即练以供读者学习掌握使用。

本书可以供本科生高年级、研究生低年级学习使用,还可以供相关人员研究使用。

本书封面贴有清华大学出版社防伪标签,无标签者不得销售。
版权所有,侵权必究。举报: 010-62782989, beiqinquan@tup.tsinghua.edu.cn。

图书在版编目(CIP)数据

跨国公司与对外直接投资/任永菊编著. —2 版. —北京: 清华大学出版社, 2021.6(2025.1重印)
21 世纪经济管理精品教材. 国际贸易系列
ISBN 978-7-302-57594-8

Ⅰ. ①跨… Ⅱ. ①任… Ⅲ. ①跨国公司-对外投资-直接投资-高等学校-教材 Ⅳ. ①F276.7

中国版本图书馆 CIP 数据核字(2021)第 033840 号

责任编辑:张　伟
封面设计:李召霞
责任校对:王荣静
责任印制:丛怀宇

出版发行:清华大学出版社
网　　址: https://www.tup.com.cn, https://www.wqxuetang.com
地　　址: 北京清华大学学研大厦 A 座　　　　邮　编: 100084
社 总 机: 010-83470000　　　　　　　　　　　邮　购: 010-62786544
投稿与读者服务: 010-62776969, c-service@tup.tsinghua.edu.cn
质 量 反 馈: 010-62772015, zhiliang@tup.tsinghua.edu.cn
课 件 下 载: https://www.tup.com.cn, 010-83470332
印 装 者: 三河市铭诚印务有限公司
经　　销: 全国新华书店
开　　本: 185mm×260mm　　　印　张: 19.25　　　字　数: 385 千字
版　　次: 2019 年 2 月第 1 版　　2021 年 6 月第 2 版　　印　次: 2025 年 1 月第 3 次印刷
定　　价: 55.00 元

产品编号: 090332-01

第 2 版前言

世界正在开启第四次工业革命,伴随着前沿技术和机器人化发展,产品比之前更好、更便宜,也更便捷。这次新的工业革命为经济增长和持续性发展注入了更多动力,也为跨国公司及其对外直接投资提供了越来越多的机遇。目前,对外直接投资和国际贸易的总量增长已经成为经济全球化的两大重要标志和表现。

与此同时,中国正在"推进高水平对外开放",越来越多的中国企业走出国门,进行对外直接投资,成为跨国公司。因此,跨国公司及其对外直接投资正在成为各界关注的经济焦点。与跨国公司经营管理相关的课程也正在成为越来越多高校经济学类专业本科生的必修课或限选课,以及非经济学类专业本科生的任选课。

本教材汲取了各家所长、多年授课经验,在之前相关教材的基础上,结合当前国内外经济形势、跨国公司及其对外直接投资的最新进展编写而成。在编写过程中,也得到多位同仁的帮助。在此表示感谢。

本教材有以下特色。

(1)难度适中。既注重基本概念、基本知识、基本理论,也注重理论联系实际。不仅较系统地阐述跨国公司与对外直接投资相关理论内容,而且还在章前安排了引导案例,章后安排了案例分析、思考题和即测即练。

(2)结构合理。既注重经典内容,也注重新兴内容。不仅选择了与跨国公司相关的经典内容,如跨国公司的内部国际贸易和转移价格、对外直接投资的经典理论,而且选择了新出现的内容,如金砖国家跨国公司及其对外直接投资、跨文化冲突等。

(3)数据翔实。既注重传统数据,也注重零散数据。不仅选择了 UNCTAD(联合国贸易和发展会议)《世界投资报告》和《财富》世界 500 强最新数据,而且选择了相关跨国公司官网最新数据。

(4)适用广泛。既注重学习使用,也注重研究使用。不仅适合本科生高年级、研究生低年级学习使用,而且还适合相关人员研究使用。

(5)紧跟时代。既注重专业知识的传播,也注重课程思政教育。不仅系统介绍跨国公司与对外直接投资相关知识内容，而且结合社会主义核心价值观展开阐释与宣讲。

当然，由于主客观条件，本教材难免出现纰漏，恳请广大读者给予批评指正，并提出宝贵意见。

编　者

2024 年 4 月

目 录

第1章 跨国公司概述 ··1
引导案例 ··1
1.1 跨国公司的含义 ···2
1.2 跨国公司的类型 ···3
1.3 跨国公司的特征 ···5
1.4 跨国公司的形成与发展 ······································7
1.5 案例分析：法国耐克森公司成长路径 ····················17
本章小结 ··21
思考题 ···22
即测即练 ··22

第2章 跨国公司对外直接投资简介 ··························23
引导案例 ··23
2.1 对外直接投资概述 ···25
2.2 对外直接投资的动机 ··27
2.3 对外直接投资的特征 ··30
2.4 对外直接投资的影响因素 ··································34
2.5 案例分析：德国汉高的国际化之路 ······················40
本章小结 ··44
思考题 ···45
即测即练 ··45

第3章 跨国公司的组织结构 ···································46
引导案例 ··46
3.1 跨国公司的法律组织形态 ··································47
3.2 跨国公司管理组织结构类型 ·······························51
3.3 跨国公司管理组织结构新发展 ····························58
3.4 案例分析：壳牌的组织变革 ·······························64

本章小结 ··· 66

思考题 ··· 67

即测即练 ··· 67

第 4 章　跨国公司的内部国际贸易和转移价格 ·· 68

引导案例 ··· 68

4.1　跨国公司的内部国际贸易 ··· 69

4.2　跨国公司的转移价格 ·· 75

4.3　案例分析：斯沃琪集团避税案 ··· 81

本章小结 ··· 84

思考题 ··· 85

即测即练 ··· 85

第 5 章　跨国公司的技术转让 ·· 86

引导案例 ··· 86

5.1　技术转让概述 ··· 87

5.2　技术转让的方式 ··· 94

5.3　技术转让的定价与支付 ··· 98

5.4　技术转让的策略 ·· 101

5.5　技术转让的理论 ·· 104

5.6　案例分析：空中客车对华技术转让 ··· 108

本章小结 ·· 111

思考题 ··· 112

即测即练 ·· 112

第 6 章　跨国公司的跨国并购 ·· 113

引导案例 ·· 113

6.1　跨国并购概述 ·· 114

6.2　跨国并购的理论 ·· 119

6.3　跨国并购的影响 ·· 126

6.4　跨国并购的具体流程 ··· 128

6.5　案例分析：英博天价收购雪津 ·· 132

本章小结 ·· 134

思考题 ··· 135

即测即练 135

第7章 跨国公司的跨文化管理 136

引导案例 136
7.1 文化与跨文化 137
7.2 跨文化冲突 142
7.3 跨文化整合 149
7.4 案例分析：沃尔玛进军日本 156
本章小结 158
思考题 159
即测即练 159

第8章 跨国公司的对外直接投资理论 160

引导案例 160
8.1 垄断优势理论 162
8.2 产品生命周期理论 165
8.3 内部化理论 168
8.4 国际生产折中理论 171
8.5 小岛清的比较优势理论 175
8.6 对外直接投资理论的新发展 177
8.7 案例分析：宝洁公司的跨国之道 181
本章小结 183
思考题 185
即测即练 185

第9章 跨国公司对外直接投资与经济发展 186

引导案例 186
9.1 对外直接投资对世界经济的影响 187
9.2 对外直接投资对东道国经济的影响 190
9.3 对外直接投资对母国经济的影响 195
9.4 案例分析：中联重科国际化的影响 204
本章小结 207
思考题 208
即测即练 208

第 10 章　发展中经济体的跨国公司及其对外直接投资 ... 209

引导案例 ... 209
10.1　发展中经济体跨国公司发展历程 ... 212
10.2　发展中经济体跨国公司对外直接投资的特点 ... 217
10.3　发展中经济体跨国公司对外直接投资理论 ... 221
10.4　发展中经济体跨国公司对外直接投资的发展趋势 ... 223
10.5　案例分析：印度塔塔集团的海外扩张之路 ... 227
本章小结 ... 230
思考题 ... 231
即测即练 ... 232

第 11 章　金砖国家的跨国公司及其对外直接投资 ... 233

引导案例 ... 233
11.1　金砖国家跨国公司及其对外直接投资概况 ... 235
11.2　金砖各国跨国公司及其对外直接投资特点 ... 240
11.3　金砖国家跨国公司及其对外直接投资的发展趋势 ... 255
11.4　案例分析：阿里巴巴改变俄罗斯人的生活 ... 261
本章小结 ... 266
思考题 ... 266
即测即练 ... 267

第 12 章　中国跨国公司及其对外直接投资 ... 268

引导案例 ... 268
12.1　中国跨国公司的发展阶段 ... 270
12.2　中国跨国公司类型及其对外直接投资动机 ... 273
12.3　中国跨国公司对外直接投资未来趋势及有待完善之处 ... 278
12.4　案例分析：华为将数字世界融入北大西洋佛得角火山群岛 ... 282
本章小结 ... 290
思考题 ... 291
即测即练 ... 291

参考文献 ... 292

第 1 章

跨国公司概述

【学习要点】

1. 一些从事跨国生产经营活动的企业实体,被联合国称为跨国公司。跨国公司可以划分为不同的类型。
2. 当今跨国公司的发展如火如荼,许多特征也表现得越来越明显。
3. 跨国公司经过一个多世纪的发展,如今正呈现出新的发展趋势。

【学习目标】

1. 掌握跨国公司的含义、类型。
2. 熟悉跨国公司的特征。
3. 了解跨国公司的形成与发展。

美国胜家缝纫机公司——全球第一家跨国公司发展历程

美国胜家缝纫机公司(Singer Sewing Co.,简称"胜家公司")创立于1851年。当时,一位名叫列察克·梅里瑟·胜家的美国人发明了一种代替手工缝纫的机器,即缝纫机,这个发明被英国当代世界科技史学家李约瑟博士称为"改变人类生活的四大发明"之一。

1853年,首批缝纫机于纽约市工厂开始生产。两年之后,在法国巴黎世界展销会上取得第一个奖项;同年,胜家公司推出增加销量的"分期付款"计划,成为世界上推行此种销售方式的创始者,对其后之消费市场产生深远的影响。截止到1863年,胜家公司已经持有22个专利权,每年的缝纫机销售量达2万台。

1867年,胜家公司在英国设立分厂,之后陆续在欧洲大陆建立了诸多分、子公司,是美国第一家在全球同时生产和大量销售同一种产品的跨国公司,也是美国以及全球第一家现代意义上的跨国公司。到19世纪70年代,胜家公司已经基本垄断当时的欧洲缝纫机市场,成为横向直接投资的一个典型代表。到1880年,胜家公司全球销量已经达到25万台。家喻户晓的红色S标志也是此时确立的。

1889年，胜家公司制成世界第一台电动缝纫机；19世纪90年代末期，胜家公司的缝纫机销量达135万台，与此同时，一个专门从事分销及业务推广的网络也基本形成。

20世纪，特别是第二次世界大战以后，胜家公司进入一个快速发展时期，先后推出多款特种缝纫机，满足和推动了服饰设计与缝纫的发展需要。

1908年，胜家公司纽约总部成立。20世纪60年代开始，胜家拥有遍布全球的3万多家专卖店和经销点，成功地转向多元化经营。

1994年11月10日，胜家公司投资2 000万美元，在中国上海闵行经济技术开发区成立上海胜家缝纫机有限公司，占地6万平方米。

2001年，胜家公司迎来了成立150周年纪念，同时推出世界上最先进的家用缝纫刺绣系统：QUANTUM XL-5000。该系统兼具当前以及新一代专业缝纫机械的特色，是市场上最具竞争力、最方便用户使用的系统。

2004年，胜家公司在上海建立研发中心，且不断扩大生产规模。目前，胜家公司不仅可以提供各种型号的缝纫机，继续保持强大的国际竞争势头，而且还在巴西、中国设立制造厂，在190多个国家建立了销售网络。

2006年第一季度，Affiliates of Kohlberg & Company, LLC（"Kohlberg"），美国一家顶级私营投资公司以及胜家公司的控股公司，完成对VSM Group Holding AB（VSM）的收购。VSM是领先的高端缝纫机和配件提供商，拥有Husqvarna Viking和Pfaff（百福）两个品牌。合并之后的公司取名为SVP Holdings，代表了其对Singer（胜家）、Viking以及Pfaff三个缝纫机品牌的所有权。这是缝纫机行业两大顶尖公司的结合，双方都提供了出色的高级管理团队。其目标是为销售商和顾客提供优质的缝纫机产品、文化与服务，竭力满足全世界顾客的需要。

这些年来，胜家公司一直坚持：教全球人民学缝纫，用先进的缝纫机技术吸引顾客。

资料来源：张纪康. 跨国公司与直接投资[M]. 上海：复旦大学出版社，2004：88；Meilan10. 美国胜家和胜家缝纫机有什么区别[EB/OL]. https://zhidao.baidu.com/question/422510783.html?qbl=relate_question_1；上海胜家缝纫机有限公司. 公司简介[EB/OL]. http://www.texnet.com.cn.

1.1 跨国公司的含义

第二次世界大战之后，世界范围内涌现出一批从事跨国生产经营活动的企业实体（business entity），人们把它称为国际公司（international corporation）、国际企业（international enterprise）、多国企业（multinational enterprise）、全球企业（global enterprise）和宇宙公司（cosmo-corporation）。直到1974年，联合国经济及社会理事会才开会作出决定，采用"跨国公司"这一名称。自此，"跨国公司"成为联合国关于从事国际生产经营企业的统一名称。

那么何谓跨国公司呢？1984年，联合国在《跨国公司行为守则章案》中认为，"跨国公司的定义应指这样一种企业：①包括设在两个或两个以上国家的实体，不管这些实体的法律形式和领域如何；②在一个决策体系中进行经营，能通过一个或几个决策中心采取一致对策和共同战略；③各实体通过股权或其他形式形成的联系，使其中的一个或几个实体有可能对别的实体施加重大影响，特别是同其他实体分享知识资源和分担责任。"

根据上述定义，一个企业成为跨国公司需要具备如下条件：①必须包括在两个或多个国家经营的企业实体，不论这些实体的法律形式和活动领域如何；②在一个决策体系下运行，具有协调政策和共同战略；③各实体通过所有权或其他方式结合在一起，并分享知识、资源和责任。

可见，该定义强调的是企业内部管理、战略实施的统一，但同时也突出了与外部建立联系时的控制问题。应该说，联合国的上述综合性定义比较合理地把有关的要素都包括进去了，既点明了跨国性及在跨国经营下的独有经营和管理特征，又强调了控制力。其涉足的行业十分广泛，这是该定义目前仍被人们普遍接受的原因所在。

除去联合国的定义之外，国内外许多学者和机构还从不同角度对跨国公司进行了界定，这里不一一列出。

1.2 跨国公司的类型

跨国公司主要可以按跨国经营项目和按跨国经营结构分类。

1.2.1 按跨国经营项目分类

按跨国经营项目，跨国公司可以划分为经营资源型跨国公司、加工制造型跨国公司和服务提供型跨国公司。

1. 经营资源型跨国公司

这类跨国公司的生产经营活动，主要涉及种植业和矿产、石油采掘业等自然资源型的行业。寻求自然资源，是进行对外直接投资和跨国公司参与其他形式上游（勘探和采掘）活动的主要动机。跨国公司寻求资源有的是为了满足其下游冶炼或制造活动的自身需要，有的是为了直接在东道国、母国或国际市场上销售矿产品，还有的是为了保障母国对能源或其他矿物质的战略需要（该国政府拟定的战略需要）。

跨国公司涉足采掘业的历史盛衰交错。20 世纪初，采掘业在各国对外直接投资中所占份额最大，这反映出殖民强国的公司在进行国际扩张。第二次世界大战后，随着越来越多的殖民地获得独立和石油输出组织的创建，这种类型跨国公司的支配地位衰落了，采掘业在全球对外直接投资中的份额也随之下降。从 20 世纪 70 年代中期开始，石油、天然气和金属采矿业在全球对外直接投资中的份额不断下跌，而其他行业的增长速度很快。然而，近年来由于矿产品价格上升，采矿业在全球对外直接投资中的份额有所增长，但远远低于服务业和制造业。

世界上一些较大的跨国公司在采掘业都表现得很活跃，过去10多年中在资源采掘方面新出现了一些跨国公司，包括发展中国家和经济转型期国家的跨国公司。跨国公司在采掘业进行投资的驱动力因经营活动和公司不同而有所不同。例如，亚洲国家一些跨国公司向海外扩张的一个主要驱动力就是满足战略需要。

2. 加工制造型跨国公司

这类跨国公司的生产经营活动，主要涉及机械、运输设备和电器产品等加工制造行业。20世纪50年代后，跨国公司多转向制造业和服务业。

3. 服务提供型跨国公司

这类跨国公司的生产经营活动，主要涉及技术、信息、贸易、广告、咨询、金融和运输等行业。目前，这种类型的跨国公司在日益增多。

1.2.2 按跨国经营结构分类

按跨国经营结构，跨国公司可以划分为水平型跨国公司、垂直型跨国公司和混合型跨国公司。

1. 水平型跨国公司[①]

这类跨国公司的母公司和子公司所从事的生产经营活动属于同一行业领域，内部很少有专业分工，在公司内部转移技术、销售技能和商标专利等。服务提供型的跨国公司往往属于这种类型。世界上著名的水平型跨国公司有可口可乐、百事可乐、肯德基、麦当劳、雀巢等。

2. 垂直型跨国公司

这类跨国公司的母公司和子公司各自生产经营不同的产品和业务，但其产品和业务具有关联性。母公司和子公司之间实行垂直一体化专业分工。垂直一体化有两种含义：一是指组织结构的现存状态，即指单个经营单位向某种产品的生产和经销各阶段的延伸程度；二是指行为或行动，即指企业通过垂直兼并或新建设施进入另一生产或经销阶段的行动，如石油的勘探、开采、提炼和加工，又如电子产品零部件的装配、测试、包装和运输等。

3. 混合型跨国公司

这类跨国公司的母公司和子公司所生产或经营的产品和业务无关联性。混合型跨

---

① 张素芳. 跨国公司与跨国经营[M]. 北京：经济管理出版社，2009：6-7.

国公司是企业在世界范围内实行多样化经营的结果。这类跨国公司的特点是可以分散经营风险,增强公司规模扩大的潜力。日本三菱重工便属于这一类型的跨国公司。该公司 2009 年的销售情况是:海洋部门占 8%,核能部门占 23%,机械和钢结构部门占 20%,宇宙部门占 17%,车辆、机床等产业部门占 29%,其他产业占 3%。

1.3 跨国公司的特征

跨国公司作为从事国际化生产的企业组织,要对产品的生产、营销、资金筹措及资金投放等各种经济活动进行国际化的安排。西方企业跨国化的过程也就是垄断资本统治国际化的过程,它标志着剩余价值的生产和实现已经国际化,反映了现代资本主义积累规律在国际范围内的作用大大加强。发展中国家和地区的跨国公司体现的是民族资本主义的生产关系,它是民族资本发展外向型经济的必然结果,标志着民族资本已经壮大,进入比较成熟的阶段。我国的跨国公司还处在初步发展时期,它是我国大企业沿着国际化、集团化道路发展的结果,它的内部关系在不同程度上体现着公有制的性质,但在国际环境中它需要按照资本主义的市场规则经营,因此它的企业行为体现了国家资本主义的性质。尽管有上述各种不同生产关系的体系,但作为一种现代化的国际企业组织形式,在经营活动方面,跨国公司大体上具有共同的特征。

1.3.1 全球化的战略目标

所谓全球化(globalization)战略,就是在世界范围内有效配置公司的一揽子资源,将公司的要素优势与国外的政治、关税、非关税壁垒和生产要素优势等投资环境的差异条件联系起来考虑,优势互补,使有限的要素资源发挥最大的效用,使公司的整体利益达到最大化。跨国公司的战略以整个世界市场为目标,总公司对整个公司的投资计划、生产安排、价格体系、市场分布、利润分配、研制方向以及重大的决策实行高度集中、统一的管理。跨国公司在作出经营决策时,所考虑的不是一时一地的局部得失,而是整个公司在全球的最大利益。总公司在评价子公司或分公司的业绩时,主要考虑其对总公司的贡献程度,而不一定是其自身盈利多少。不仅关心公司目前的经营状况,而且关注公司未来的发展。也就是说,它所追求的是公司长期的、整体的利益。例如,跨国公司使用"交叉补贴",即以甲产品或地区的盈利补贴乙产品或地区的亏损,以达到整体利益最大化。①

跨国公司在实现全球化战略目标的过程中,必定要有资源(商品、服务、资本、技术等)跨越国界的转移,因此,跨国公司在指导各个业务环节、协调国外分支机构

---

① 王林生. 跨国经营理论与实务[M]. 北京:对外经济贸易大学出版社,2002:45-48.

的经济活动中,要有"全球思维"(global thinking)和"全球心态"(global habit of mind)。

1.3.2 一体化的生产经营体系

跨国公司实现其全球战略的关键在于实施"公司内部一体化"。这一原则要求实行高度集权的管理体制,即以母公司为中心,把遍布世界各地的分支机构和子公司统一为一个整体,把投资、科研、生产、销售和服务等经营活动进行一体化部署,以达到管理成本更低、管理效率更高的目的。其中,跨国公司的生产经营体系实际上是企业内部分工在国际范围内的再现,母公司与国外的附属公司之间以及各附属公司之间的交易正是上述分工的表现形式,也必须通过这种内部交易,跨国公司才能作为一个国际化生产体系正常运转。因为跨国公司的经营不仅要面临国内经营中必须面临的环境因素,更为重要的是它还必须应对东道国环境因素的差异和国际环境因素的变化。特别在外部市场不完善的条件下,跨国公司更会鼓励其各分支机构之间进行内部贸易。从商品贸易来看,由于内部交易成本低于外部交易成本,而且可以避税,跨国公司内部交易占国际贸易的比重越来越大。从技术转移来看,跨国公司转移到国外的技术主要流向其拥有多数或全部股权的国外子公司。借助内部贸易,特别是良好的内部经营信息平台,跨国公司能够及时准确地了解其在全球范围的生产经营动向,加强全球化经营的计划性、预见性,同时也有利于跨国公司对其全球生产经营体系的有效控制。

1.3.3 多样化的经营活动

企业的多样化(diversification)经营活动分为三种类型:一是产品扩展多样化,指企业的业务扩展到与现有产品生产或需求有一定程度联系的产品领域;二是地域市场扩展多样化,指一处产品的销售扩展到不同地理区域的市场中;三是混合多样化,指企业的业务扩展到与现有产品的生产和需求不相关的产品领域。从市场营销学的角度来看,为了适应不同层次、不同类型的市场需求,同一产品还需要实现"差异化"(differentiation),如不同的档次、款式等,这也就是将市场"细分化"。但是还需注意另一种趋势的存在,那就是许多国家消费的同步化。西方发达国家经济水平较接近,居民人均收入差别不大,生活方式相似,故一项新产品在甲国市场推出后,会很快诱使乙国、丙国的消费者购买,这就是所谓"示范效应"(demonstration effect)。同步化与差异化、多样化并不矛盾,而是相辅相成,这也充分反映在跨国公司的经营活动中。例如,可口可乐、麦当劳、雀巢、宝洁等都采取了"全球产品-地方口味"(global product and local tastes)的营销战略,首先要使自己的产品具有"全球性"的形象,成为"世界产品",故使用统一的商标及广告中某些统一的标志和形象,在这个前提下,再推出系列化产品,实现多样化、差异化,以适应不同国家、不同类型消费者的需要。即使同一规格的商品,为了迎合当地人的口味,也可做某些调整。例如,肯德基为了适应日本人的口味，在菜单中取消了土豆泥，凉拌卷心菜则少放糖。

这种多样化的经验是根据生产、销售过程的内在需要，将有关联的生产联系起来，进而向其他行业渗透，形成生产多种产品的综合体系。这种经营方式的好处是：①增强跨国公司总的经济潜力，防止过剩资本的形成，确保公司顺利发展，有利于全球战略目标的实现；②有利于资金合理流动和分配，提高生产要素和副产品的利用率；③便于分散风险，稳定企业经济效益；④可以充分利用生产余力，延长产品生命周期，增加利润；⑤能够节省共同费用，增加企业的机动性。

1.3.4 杠杆化的资本控制

跨国公司借助"参与制"，以少量自有资本（采用对外直接投资的方式）控制他人的巨额资本，即杠杆化经营。列宁曾经指出，为控制一个公司需占有40%的股份。而从如今跨国公司所支配的外部资本和外部利润来看，控制一个公司所需要占有的股份已经降到10%~25%。美国商务部研究报告证实，美国跨国公司国外分支机构的资产相当于其对外直接投资累计总额的5~6倍。跨国公司利用自己手中的金融资本控制他人的巨额资本，把触角伸向世界市场的任何一个角落。

跨国公司作为控股公司，控制海外子公司并以这种方式建立控制的金字塔。为了对别的公司实行控制，就要有一个不是很大的股票控制额，这样，该资本就能够对超过自己许多倍的资本实行控制。公司完全不把少量股票持有者看作有权插手公司事务的业主，而是把他们看作有权得到一部分企业收入的人。一些持有人宗股票的人也不关心他们所持有股票公司的业务，甚至不知道它们究竟是些什么样的公司。这是股权分散的一种表现。占有股票可以和行使控制权联系在一起，但也不是必然的，因为控制权不是占有股票的结果，而是完成所有权职能的结果。大公司股权广为分散妨碍了股票持有者真正行使自己的权利。因为大量的股票持有者实际上既不能任免公司的经营者，也不能对经营者实行控制。在较大的公司中，股票持有者的人数高达10万，而在AT&T公司中则超过100万。绝大部分的股票持有者拥有的股份很少，他们对公司生产资料所有权和这些生产资料生产出来的产品的支配，产生不了任何影响。他们购买股票的目的与在银行和其他信贷机构储蓄的目的相似。

延伸阅读：全球生产网络与人类命运共同体

1.4 跨国公司的形成与发展

21世纪是全球企业跨国经营的鼎盛时期，一切高水平、高层次、大规模的贸易与投资活动，均将以跨国公司为主体或载体进行。跨国公司作为企业国际化经营的产物，在世界经济的发展过程中已具有决定性的作用,其发展速度异常迅猛,因此有必要对跨国公司的形成与发展进行回顾、总结和展望。

1.4.1　早期的跨国公司

跨国公司不是普遍存在于任何社会之中,而是以社会化大生产和市场经济为特征的社会的产物。跨国公司也不是突然出现的,而是在漫长、复杂的经济发展过程中逐渐形成的。新的企业组织——特权贸易公司的出现,意味着以往商人个人冒险事业的消亡和现代企业的诞生。

特权贸易公司是指17—18世纪重商主义时期,由英国皇室赐予特权,对海外殖民地贸易享有独占权利的公司。其中最有影响的特权贸易公司是英国东印度公司,它垄断了英国与中国及印度的贸易,并且对印度行使政府职能,它有权组建军队和行使司法权,同时有税收权。除东印度公司外,当时著名的特权贸易公司在北美有英国的哈德逊湾公司,在荷兰有荷属东印度公司等。这些公司以经营贸易和航运业为主,并逐步扩大到金融业等。它们的活动范围由一国扩张到另一国,由沿海延伸至内地,并在所在地扶植亲信(在中国称之为买办,在君士坦丁堡称之为向导,在西非沿海地区称之为试用中间人)。

特权贸易公司不利于各国民族经济的发展,因此遭到各国反对。1856年,英国正式颁布股份公司条例,随后大批股份公司陆续出现,这标志着现代资本主义企业问世。19世纪60年代,德国的弗雷德里克·拜耳化学公司在美国纽约州的奥尔班尼开设了一家制造苯胺的工厂,瑞典的阿弗列·诺贝尔公司在德国的汉堡开办了一家炸药工厂,美国的胜家缝纫机公司在苏格兰的格拉斯哥建立了缝纫机装配厂。西方把这三家公司看成对外直接投资的先驱。

19世纪末到20世纪初,许多企业纷纷开始跨国经营,进行海外投资,设立海外制造厂及销售机构。这些企业的市场范围和生产地已从国内延伸至国外,开始实行国内工厂与国外工厂同时生产和同时销售,成为世界上第一批以对外直接投资为主要特征的跨国公司。今天活跃在世界经济舞台的知名企业和巨型跨国公司,有一半以上在那个时期就已经发展成为跨国公司,如美国的美孚石油公司、福特汽车公司、通用电气公司、西屋公司等,欧洲的西门子公司、巴斯夫(BASF)公司、雀巢公司、飞利浦公司、英荷壳牌(Shell)集团等。

当时,跨国公司对外直接投资的流向主要是经济落后的国家和地区。例如,在1914年的对外直接投资累计总额中,投向发展中国家的占62.8%,其中,英国等欧洲国家主要投向各自的殖民地和附属国,对外直接投资的行业分布主要集中在铁路、公用事业、矿山、石油业和农业,这一时期制造业所占比重还较低。

1.4.2　两次世界大战期间的跨国公司

第一次世界大战的爆发使许多企业跨国经营进程处于停滞状态，大公司因战争几乎停止了对外投资。第一次世界大战后至第二次世界大战爆发前，由于各国医治战争创伤及第一次世界大战后 1920—1921 年、1929—1933 年和 1937—1938 年的三次世界性经济危机等因素的影响，世界性金融秩序混乱，对外投资数额徘徊不前，增长缓慢。从整体来看，全球对外投资总额增幅不大，间接投资停滞不前，但对外直接投资绝对额却增加了两倍，而且在对外投资中所占比重有较大提高。如 1913 年，美国对外直接投资额仅为 35 亿美元，居于英国、法国和德国之后；1938 年，美国对外直接投资额上升为 120 亿美元，居第二位，仅次于英国（表 1-1）。同时，对外直接投资的范围扩大，制造业投资比重有较大提高，美国的变化尤为明显。美国 1914 年对外直接投资中矿业居首位，1940 年则制造业占首位。

表 1-1　主要资本主义国家两次世界大战期间对外投资额　　　　亿美元

国　　别	1913 年	1938 年
英国	180	230
法国	90	40
德国	58	10
美国	35	120
其他国家合计	77	130
总计	440	530

资料来源：伊诺泽姆采夫，等. 现代垄断资本主义政治经济学：下册[M]. 杨庆发，译校. 上海：上海译文出版社，1978：102.

随着各国企业实力的增长，一些实力接近的行业如铝制品、电气设备、化学和重型机械等，纷纷建立国际卡特尔以维护相互的利益。其内容也从单纯限制产量和价格发展到分割世界市场和投资场所等方面。而在各国企业发展不平衡的工业部门，国际卡特尔则很少出现。如在汽车工业，通用和福特这两家美国企业拥有很强的技术和市场销售方面的优势，在此期间，这两家公司迅速扩大了在欧洲的对外直接投资规模。

1.4.3　第二次世界大战后到 20 世纪 70 年代的跨国公司

第二次世界大战以后，跨国公司经历了空前发展的新时期。这一时期，由于第三次科技革命的发生和国际分工的进一步深化，跨国公司的发展呈现出一些新的特点。[①]

[①] 毕红毅. 跨国公司经营理论与实务[M]. 北京：经济科学出版社，2006：10-13.

1. 跨国公司数量增多，规模不断扩大

据联合国跨国公司中心的资料，主要发达国家的跨国公司1969年有7 276家，到1978年已达到10 727家。自20世纪60年代开始，发达国家跨国公司子公司的数目快速增长，从1969年的2.73万家增加到1980年的9.8万家。1972年，年销售额10亿美元以上的制造业（含石油业）跨国公司有211家，1976年此种规模的工矿业跨国公司已达422家。同时，在一些资本密集型和技术密集型的工业中，整个世界的生产集中在几家或十几家巨型跨国公司手中。如1980年农机工业世界销售总额的80%以上集中在11家跨国公司手中；在10家最大的计算机跨国公司总销售额中，IBM一家就占了将近一半。随着跨国公司的发展，在一些工业部门中跨国公司不仅控制了国内市场，而且控制了相当份额的国际市场。

2. 对外直接投资迅速发展并主要集中于少数几个发达国家

自20世纪60年代以来，全球对外直接投资的增长速度超过了同期世界生产总值和世界贸易的增长速度。例如，1960—1973年，世界生产总值年均增长率为5.5%，世界贸易年均增长率为8%左右，而同期世界对外直接投资年均增长率高达15.1%。1974—1980年，世界生产总值和贸易年均增长率分别为3.6%和4.0%，而同期对外直接投资年均增长率高达18.9%。

从投资来源国看，第二次世界大战后，美国取代英国成为世界上最大的对外直接投资国。1960年，在全球的对外直接投资总额中，美国占71.1%，英国占17.1%。1970年，美国占62.9%，英国占10.9%。20世纪70年代后，联邦德国、日本对外直接投资的比重也分别由1960年的1.2%和0.8%上升至1981年的8.6%和7.0%。

3. 跨国投资的流向逐步由发展中国家转向发达国家

据国际协会联盟《国际组织年鉴》提供的资料，20世纪60年代中期到60年代末，跨国公司投资的78%投向发达国家，70年代中期到70年代末，这一比例高达87%。

发达国家相互间对外直接投资较第二次世界大战前显著增加的原因在于：发达国家经济发展水平较高，接受投资容量大；消费习惯、市场结构比较接近，容易组织国际生产；各国产业结构不同，技术优势各异，可以相互取长补短；政治稳定，对对方的法律规范熟悉；语言障碍少，技术、管理人才可以就地招聘；交通、通信等基础设施较为完善；寡占市场的反应等。

发达国家跨国公司对发展中国家的对外直接投资大都集中在工业化进程快、人均国民收入高、市场容量较大的新兴工业化国家和地区，如亚洲的韩国、新加坡和中国台湾、中国香港，拉美的阿根廷、秘鲁、巴西、墨西哥等。

4. 跨国投资的行业分布从第二次世界大战前的初级产品生产转向制造业和第三产业

以美国为例，在国外的制造业投资比重1945年为31.9%，到1970年和1980年分别提高到41.3%和51.7%；对矿业和石油业投资比重则从1950年的38.3%下降至1975年的26%。第二次世界大战后各国对包括金融、饭店、电信、运输、信息加工和咨询在内的服务业投资比重在20世纪70年代为29%左右。另据美国《经济影响》资料介绍，1980年美国服务业的国外收入达到600亿美元，相当于当年出口贸易总额的1/3左右。

5. 发展中国家和地区跨国公司逐渐增多

据联合国跨国公司中心资料，1970—1972年，发展中国家和地区年均对外投资额为4 300万美元，但到1978—1980年，已增加到6.82亿美元。20世纪80年代初，发展中国家和地区对外投资总额已达200亿美元左右，占全球对外投资累计总额的3.2%，其在国外的子公司和分支机构已猛增到6 000~8 000家。

发展中国家和地区的跨国公司，在性质和具体业务做法上与发达国家跨国公司不同，其特点是：①强调企业所有权控制。跨国公司一般采用与当地企业合资经营的方式，在海外的子公司有90%是合资企业，因此，深受当地企业和政府的欢迎。②强调地区性。跨国公司的子公司大多数分布在邻近的一些国家和地区。以东亚为基地的跨国公司，其海外子公司87%设在亚洲地区；以拉丁美洲为基地的跨国公司，其子公司75%设在本地区。同时，它们的对外直接投资多数是"顺流而下"的运动，也就是投向生产水平比自己低的国家和地区。③强调适应性。发展中国家和地区对外直接投资，积极开发和转让"适用技术"，即适合第三世界当地技术、经济、社会条件的各种应用性技术。这种"适用技术"的好处是：最大限度满足当地市场的需要；节省能源、资源，减少污染；提供更多就业机会；提高工业化水平，缩小发展差距。④强调小型、灵活、多功能的技术设备。与发达国家跨国公司采用大规模、专门化、标准化的技术设备不同，发展中国家的跨国公司多采用相对小型、灵活、多功能的技术设备，即小规模的技术设备，一机多用或主机附件灵活转换，以投入最少的技术设备生产较多的产品品种，适应当地市场需要。投入的项目资金少、周转快、收益大，有利于发展中国家的经济发展。

总之，发展中国家和地区"新兴"的跨国公司崛起，将对各国民族经济的发展、发展中国家与发达国家间经济贸易的发展，以及世界经济贸易新格局的形成产生重大的影响。新兴跨国公司的形成和发展，有利于合理利用各国资源，发挥各国的优势，共同提高经济效益；有利于促进各自经济独立和自力更生，加强发展中国家的经济合作；有利于发展中国家和发达国家的经济合作，提高和发达国家谈判时的地位；有利于推动发展中国家对外贸易的发展，改变少数发达国家垄断世界经济贸易的不平衡现状。

1.4.4　20世纪末跨国公司的发展[①]

1. 20世纪80年代跨国公司经营的转变

20世纪80年代以来，随着经济全球化趋势的加剧，国际市场竞争更加激烈，新贸易保护主义有所抬头，跨国公司的经营和发展呈现出与以往不同的特征：①对外直接投资规模继续扩大，发展中国家对外直接投资增长迅速。20世纪80年代中期以来，全球跨国公司对外直接投资持续迅速增长。与此同时，西方国家的汇率、利率和股市频繁大幅波动，间接投资风险加大，在一定程度上助推了国际资本向直接投资方面转移。同时，发展中国家的对外直接投资总额虽然所占比重不大，但增长速度很快，成为全球对外直接投资的新生力量。②建立全球战略，实施战略联盟。20世纪80年代中期以后，经济全球化发展的趋势日益明显，国际竞争日趋激烈，加之区域经济一体化发展迅速，跨国公司的海外扩张遇到越来越多的挑战。这些情况迫使跨国公司调整经营发展战略，越来越多的跨国公司开始采取开放型的跨国联合经营战略。不同跨国公司之间的资金、技术、生产设备、销售、融资能力等方面相互渗透，形成一种国际经营联合体。这一联合体不同于一般的合资企业，联合体中的各家企业都采用同一目标，即共同开发、共同生产、共享市场。这样，跨国公司的全球经营战略又发展到了一个新的阶段，即不同国家的大型跨国公司彼此联合起来，实施全球战略联盟。③投资方式由新建企业转变成并购，经营范围更加广泛。20世纪80年代以来，由于科学技术的发展，新产品、新工艺不断涌现，新兴产业部门形成，需要各个部门之间进行新的调整。在此期间，不仅企业进行经营结构的调整，而且整个世界经济进入产业结构大调整时期。主要跨国公司的对外直接投资中用于新建企业的比重相对减少，而进行跨国并购的比重则急剧上升。

随着跨国公司跨部门、跨行业的混合并购高潮的到来，生产和资本更加集中，跨国公司的经营范围愈加广泛，出现了越来越多的跨领域和跨行业经营的跨国公司。在这种公司内部，母公司和子公司制造不同产品，经营不同的行业，这些行业与产品之间可能既无联系又互不关联。如美国通用汽车公司，在汽车行业继续保持垄断地位的同时，控制了美国铁路基本生产总量的85%、柴油机引擎生产总量的75%、电冰箱总量的30%。

2. 20世纪90年代跨国公司的发展变化

20世纪90年代，美国等发达国家开始进入技术创新推动经济发展时期，由工业

[①] 崔日明，徐春祥. 跨国公司经营与管理[M]. 北京：机械工业出版社，2009：38-40.

经济向知识经济转型。这一时期，跨国公司的发展也表现出一些新的特征：①投资方式多元化。过去，跨国公司一直以资金投入为主要方式在国外投资设厂、办分公司，或收购国内公司作为子公司。跨国公司的对外投资参与方式主要是股权参与。到了20世纪90年代，由于各发达国家的新贸易保护主义盛行，国际经济领域竞争日趋激烈，跨国公司以股权方式进行国际投资的成本和风险不断地增加，所以跨国公司的投资方式从原来单一的股权式合资方式逐步向投资方式多样化转变。越来越多的跨国公司无须投入过多的资金，而是用技术、管理诀窍、生产工艺、配方等无形资产进行对外直接投资，创办合资、合营企业。②主要发达国家仍是投资主体。1998年发达国家跨国公司对外直接投资总额达5 974亿美元，比1997年增长36%，占全球对外直接投资比重由1997年的72%上升为1998年的86%，同期发达国家吸收的对外直接投资达到4 664亿美元，比1997年增长68%，引进外资比重由59%上升为1998年的72%，全球经济实力向发达国家高度集中，南北经济差距日益扩大。在发达国家和地区中，美国、欧洲和日本又是重中之重，其相互投资和内部投资占发达国家总资本输出的90%和资本输入的93%。③北美、欧盟、亚太三大经济圈内部投资加强。世界经济发展的一个显著特征就是地区经济一体化加强，其中一体化程度最高的当属北美、欧盟、亚太三大经济圈。体现在对外直接投资上，就是一体化的区域内部国家之间的相互投资占了主导地位。为了充分利用统一大市场的有利条件，欧盟各国加大了相互之间的投资，使相互之间的投资成为各国对外投资的重要组成部分；在北美自由贸易区内，美国和加拿大成为最大的贸易伙伴，加拿大对外投资的2/3流向美国，而美国对外投资的1/5投向加拿大。

1.4.5　21世纪跨国公司的最新发展趋势

进入21世纪，世界经济形势风云变幻，2008年爆发全球金融危机，2011年夏季出现国际金融动荡，之后经济回升；另外，随着第四次产业革命的出现，各国产业政策与投资政策相互作用，致使跨国公司发展呈现新趋势。

1. 跨国公司国际生产继续扩张

跨国公司国际生产指的是跨国公司海外子公司创造的增加值占跨国公司总增加值的比重。跨国公司国际生产在继续扩张，但扩张速度渐缓，而且跨国交易形态，商品、服务交易，以及生产要素等正在转变。从衡量国际生产的关键指标来看，跨国公司子公司销售额和附加值的逐渐增长是国际生产网络功能的固有性质。2019年，国际化生产继续扩张。国外子公司就业率达到8 200万人，比上一年大约增加3%。东道国国外子公司产生的内向型投资回报率出现轻微下滑，由2018年的7%下滑至2019年的6.7%。从现存投资存量来看，位于海外的子公司财富积累，产生了能够在外国市场进行再投资的回报。平均大约 50%的海外子公司收入用于再投资。2019 年，跨国公司外国子公司销售额为 312 880 亿美元、总资产 112 111 0 亿美元、增加值 80 000 亿美元，就业人数 82 360 千人，分别较上一年有所增长（表 1-2）。

表 1-2　1990—2019 年 FDI 及国际生产部分指标

（按当年价格计算）金额单位：十亿美元

项　目	1990 年	2005—2007 年金融危机前平均水平	2017 年	2018 年	2019 年
FDI 流入量	205	1 414	1 700	1 495	1 540
FDI 流出量	244	1 452	1 601	986	1 314
FDI 流入存量	2 196	14 484	33 218	32 944	36 470
FDI 流出存量	2 255	15 196	33 041	31 508	34 571
内向型 FDI 收入	82	1 027	1 747	1 946	1 953
内向型 FDI 收益率/%	5.3	9.0	6.8	7.0	6.7
外向型 FDI 收入	128	1 102	1 711	1 872	1 841
外向型 FDI 收益率/%	8.3	9.6	6.2	6.4	6.2
跨国并购额	98	729	694	816	483
国外子公司销售额	6 929	24 610	29 844	30 690	31 288
国外子公司（产品）增加值	1 297	5 308	7 086	7 365	8 000
国外子公司总资产	6 022	55 267	101 249	104 367	112 111
国外子公司雇员/千人	27 729	58 838	77 543	80 028	82 360
备注：					
GDP	23 522	52 428	80 606	85 583	87 127
固定资产形成总额	5 793	12 456	20 087	21 659	21 992
专利使用费及特许费收入	31	172	369	397	391

资料来源：UNCTAD. 世界投资报告（2020）[EB/OL]. http://www.unctad.org.

全球金融危机之后，商品和服务贸易增速相对于全球 GDP（国内生产总值）有所放缓；与商品贸易和 FDI（外国直接投资）相比，版权与特许经营费用的相对增长率超过过去 5 年，表明国际生产正从有形的跨国生产网络向无形的价值链转变；轻资产的国际生产趋势依然存在，同时外国子公司的资产和就业增长明显慢于销售额。[①]

在未来，推动国际生产转型的大趋势可分为三个主题：技术趋势和新产业革命（NIR）、全球经济治理趋势、持续性发展趋势。在每个领域出现不同的发展，但都将对国际生产体系产生重大影响（表 1-3）。

---

① UNCTAD. 世界投资报告（2018）[EB/OL]. http://www.unctad.org.

表 1-3 塑造国际生产未来的大趋势

主 题	趋 势	主 要 因 素
技术/新产业革命	先进的机器人和 AI 技术 供应链的数字化 3D 打印	工业自动化、人工智能系统（"白领"机器人） 平台、云、物联网、区块链 分布式制造、大规模定制、生产商品化
政策和经济治理	更多的国家政策干预主义 更多的贸易和投资保护主义 更多的地区、双边和临时性经济合作	产业政策、竞争政策、社会政策 关税和非关税措施、战略性/敏感性产业的保护 特定群体之间以及共同利益问题之间的贸易协定
持续性	持续性政策和规则 产品与加工过程的市场驱动变化 实体供应链影响	主要的绿色计划（以及不同的执行时间表）、碳边界调整 增加的声誉风险以及对持续性生产的商品和服务的需求增加 供应链恢复措施、正在变化的农业投入来源

资料来源：UNCTAD. 世界投资报告（2020）[EB/OL]. http://www.unctad.org.

2. 项目融资重要性越来越大，且呈现差异化、大型化、融资难等特征[①]

项目融资是跨境投资流动的重要组成部分。大多数的项目融资涉及基础设施。对于持续性发展目标相关投资（SDG-relevant investment）来说，项目融资是一种重要的融资方式。2019 年，项目融资交易数量增长 11%，大约达到 2 300 个，总价值达 1.2 万亿美元。其中 1/3 是跨境项目。据统计，项目融资交易自 2015 年以来几乎上涨了 50%，从 2010—2015 年年均 1 500 个项目上涨至 2018 年规模。这种增长主要是由可再生能源项目和发达国家项目驱动的。项目额在 2014—2016 年间有所下降，过去 3 年内只有部分恢复，至年均 1.25 万亿美元。电力行业（包括矿物燃料和再生能源）、采矿行业以及发展中经济体项目的平均规模下降表现特别明显。

各行业的跨境项目份额各不相同。采矿行业是最具国际化的，大概超过一半的项目都是由外国公司发起的。紧随其后的是石油与天然气和工业项目，各自大约有 40%~45%的项目是外国公司发起。电力行业项目吸引了更小一些份额，可再生能源涉及大概 40%的外国公司。基础设施项目（医院和学校建造、交通、给水和排水）和房地产建设大部分为国内项目，只有 20%涉及外国公司发起。

跨行业的国际项目趋于大型化。当非金融考虑存在时，就会有一些重要的例外，比如可再生能源和电信领域对技术和专门知识的需求，或者当地利益相关者在其他与可持续发展目标相关的基础设施项目中的重要性。对于发达经济体的国际项目来说，最大的投资者来自美国（占所有外国投资者的 15%）、英国（12%）和德国（8%）。相比之下，发展中经济体的最大投资者来自西班牙（12%）——主要是拉丁美洲的能源和建筑项目—美国（9%）和中国（8%）。在过去 5 年，中国跨国公司在发展中经济体发起的项目数量一直在增加，主要集中于交通基础设施和电力，不仅投资于亚洲邻国，而且在非洲、拉丁美洲和加勒比地区也是如此。

新冠肺炎疫情的影响将导致新项目难以吸引国际资金。为应对危机，许多已经公

[①] UNCTAD. 世界投资报告（2020）[EB/OL]. http://www.unctad.org.

之于众的项目被推迟或中止，甚至被取消。疫情危机的最初迹象之一是新项目公告减少。从全球来看，受发展中经济体下降的驱动，疫情影响在 2020 年 4 月就已经显而易见，与 3 月相比下降了 50%以上，与 2019 年月均值相比下降了 40%以上。交通基础设施项目比 2019 年月均水平下降了近 70%，矿物燃料能源降幅更大，达 80%。可再生能源项目的恢复能力最强，仅下降了 26%，因为该行业的主要利益方继续致力于长期支持向低碳未来的过渡。

3. 最大型跨国公司国际化出现停滞①

2019 年，前 100 家最大跨国公司的国际化率基本持平。重工业跨国公司国际化率出现下降，该下降由科技和通信行业的上涨抵消掉了。制药企业也进行了海外扩张，比如葛兰素史克公司（GlaxoSmithKline，英国）2018 年底完成了以 130 亿美元收购其与诺华公司（Novartis AG，瑞士）合资企业的股份、以 43 亿美元收购 Tesaro 公司（美国）的交易，使其排名前移 27 位。其他进行海外扩张的企业包括继续进军新市场的亚马逊公司（Amazon，美国）、扩张非洲生产网络并进入欧洲咖啡市场的可口可乐公司（Coca-Cola，美国）、收购美国生物制药公司的法国制药公司赛诺菲（Sanofi，法国），以及继续扩大其全球业务，但速度慢于 2018 年的科技公司华为（Huawei，中国）。另外，新晋前 100 位的跨国公司包括建筑公司万喜（Vinci，法国）、经过 2 年非常活跃的行业并购交易的黄金开采公司巴利克黄金（Barrick gold，加拿大）、通过融资与科技初创企业成功建立合资企业的计算机制造公司联想控股（Legend Holdings，中国）。还有一些企业大幅削减海外业务，导致退出榜单，其中有几家跨国公司近年来经历合并、重组业务、剥离资产或分拆，比如陶氏杜邦公司（DowDuPont，美国）、约翰逊控股国际（Johnson Controls International，爱尔兰），以及利洁时公司（Reckitt Benckiser，英国）。

前 100 家跨国公司平均跨国指数（TNI），即国外资产、国外销售和国外雇员的相对比例，在过去 10 年间一直停滞在 65%左右，符合全球性 FDI 动力缺失的现实。导致这种停滞的部分原因在于，伴随着新兴市场国家的国际化程度较低，榜单构成出现变化。另外，在前 100 家跨国公司中，鲜有公司能够突破跨国化"玻璃天花板"的。

榜单中，科技与数字型公司继 2017 年达到 15 家的峰值之后，2019 年回落至 13 家，国际化出现停滞。之所以出现停滞是因为该行业领袖们正在追求两条并行战略：一是大型科技公司通过购买成功的初创企业，以巩固其在新技术领域的地位；二是这些公司一直追求纵向一体化，以期创新平台内容或扩张至零售业或其他服务业。第一种战略的例子是，苹果公司（Apple，美国）为赶上竞争对手在 AI（人工智能）领域的领先地位，在 2019 年，斥资不下 10 亿美元收购了一些小型 AI 公司。这种趋势在新冠肺炎疫情期间更为明显，即科技公司利用其丰裕的现金储备收购受疫情影响的较小规模企业。2020 年 5 月，大型科技跨国公司宣布了 15 起收购，而 2019 年月均不到 9

---

① UNCTAD. 世界投资报告（2020）[EB/OL]. http://www.unctad.org.

起。第二种战略的例子是，亚马逊（美国）竞购外卖公司 Deliveroo（英国）、苹果公司和阿尔发贝特公司（Alphabet，美国）出巨资建立流媒体服务、开发视频游戏、制作电视节目和电影。此外，新冠疫情让全球消费者转向电子商务，也会加强科技和数字公司的主导地位。

延伸阅读

跨国公司的衡量指标

如何衡量跨国公司国际化经营的程度一直是学术界关注的重要问题之一，最常使用的指标包括跨国指数、网络分布指数、外向程度比率、研究与开发支出的国内外比率。其中跨国指数是最为常用的。

跨国指数是根据一家企业的国外资产比重、国外销售比重和国外雇员比重这三个参数所计算的算术平均值，即

$$跨国指数 = \left(\frac{国外资产}{总资产} + \frac{国外销售额}{总销售额} + \frac{国外雇员数}{雇员总数} \right) \div 3 \times 100\%$$

跨国指数反映的是跨国公司的国外经营规模与国内经营规模的相对大小。其中国外资产比重、国外销售比重和国外雇员比重共同构成该指数的三个要素，影响这三个要素的因素必然影响跨国指数。[1]这些影响因素包括：①母国国内市场大小。对于国内市场较小的企业来讲，母国市场无法提供满足企业发展需要的市场规模和竞争条件，企业必将其中一部分生产经营活动移到国外；母国市场较大的，该国企业则不如母国市场较小国家企业那么急迫。②产品生命周期。处于产品生命周期不同阶段的产品生产和销售存在差异，以致处于不同阶段的跨国指数有所不同。在产品生命周期第三阶段，技术已经成熟，生产已经标准化，跨国公司开始将产品生产和销售转移至母国之外的其他国家。③政治环境。政治环境主要取决于母国政府和东道国政府双方对于跨国公司对外直接投资的态度，态度不同采取的政策亦不同。如果母国采取限制政策，那么跨国公司的跨国指数自然就低；如果母国采取鼓励政策，那么跨国公司的跨国指数自然就高。④国内外要素相对价格。当国内生产要素的价格较国外高时，跨国公司的生产经营活动便会向国外转移，这是对外直接投资产生的一个直接原因。

1.5 案例分析：法国耐克森公司成长路径

1.5.1 基本案情

耐克森公司（Nexans，简称"耐克森"）是全球电缆与连接器行业的领先者，1897

---

[1] 杨大楷. 国际投资学[M]. 上海：上海财经大学出版社，2003：90.

年创建于法国巴黎，1986 年被阿尔卡特（Alcatel）收购，2001 年从阿尔卡特分拆独立，且在巴黎交易所上市。在超过 120 年的发展历史中，耐克森承诺通过在 4 个商业领域赋权给客户为能源转换以及支持数据指数增长提供便利，它们是：建筑业和局域网（包括电力、智能电网、电动交通）、高压工程项目（包括海上风电场、海底布线、陆地高压）、电信数据（包括数据转换、电信网络、超大型数据中心、局域网）、工业工程（包括可再生能源、交通、石油天然气、汽车及其他）。

耐克森将其六大价值观作为日常工作的指示明灯，也是激励和引导每一位耐克森员工与客户、供应商、同事和部门之间相互沟通合作的价值基础。①成就客户。耐克森把客户视为关注的重中之重。耐心倾听客户心声，充分理解他们的想法，了解他们的需求，准确无误地为他们提供耐克森优质的产品、服务以及增值方案。②珍视员工。耐克森一直认为员工是公司的成功之源，并抱着信任、开放、诚实以及尊重的态度对待员工，尊重员工差异。耐克森坚持公平、进步、机会平等，以发挥员工作用，发展员工潜能。③追求卓越。耐克森通过共享知识、个人发展、持续进步以及安全、完善地执行在产品、流程以及服务方面实现卓越经营。④采取行动。耐克森营造一个充满活力的企业文化氛围，鼓励员工积极、灵活地工作，不断创新，实现公司战略目标。公司鼓励员工勇于改变。⑤勇于承担。耐克森主动承担责任并对公司行为全权负责，开诚布公、言行一致。耐克森以谨慎负责的态度经营业务，注重环境保护，支持业务所在区域的社区活动。⑥协同合作。耐克森高度重视集体的力量，鼓励团队内部以及跨部门的协同合作，倡导开放、透明、共享信息和知识。

在上述六大价值观的指导下，耐克森才有今天的成就。2019 年，耐克森公司销售收入达 67 亿欧元，较 2017 年上涨 4.7%。截止到 2020 年 9 月，耐克森在全球 34 个国家设有工厂，雇用了超过 26 000 名雇员，是全球最大的电缆及其部件制造厂商，商业活动更是遍布全球。

1.5.2 案例评析

自成立之日起，可持续发展就成为耐克森战略发展的核心关键，而耐克森则为可持续发展的世界不断创新。创新成为耐克森内生成长的助推器；同时，跨国并购则成为耐克森外生成长的路径。

1. 创新助推耐克森内生成长

创新一直是耐克森所倡导的，创新能够让耐克森与其客户一起创造一个更安全、更智能以及更有效的未来。创新是耐克森在每个市场取得成功的关键所在。耐克森认为，"您的未来与我们的创新紧密相连"。耐克森自身的创新体系以战略与途径为核心实现重点突破。一直以来，耐克森的客户期待其创新能刺激市场需求，并削减成本；同时也期望其能创新解决方案。这促使耐克森从三个重要层面实现"为你（客户）"创新，即基础研发、最新应用、对经营产生重要影响的绿色活动。围绕上述三个层面，耐克森承担着更广泛的任务，即监控并回应全球趋势，同时为当地客户提供主要产品、解决方案和服务。耐克森的创新范围包括：从初始研究和产品开发到高级应用、从严格测试和国际认证到打包与物流、从安装培训到全产品周期服务与支持(包括再循环)。耐克森设有全球领先的电缆研发中心，其目的是从集团层面促进合作及信息分享，同时带动战略市场的创新。耐克森设有4个研发中心实体，即法国朗斯的冶金业务、法国里昂的交联材料和计算机建模业务、韩国镇川的橡胶业务、德国纽伦堡热塑材料和挤出工艺；通过与市场营销团队的紧密联系，研发网络定义项目，从而确保各项开发能够反映客户的期望；实际的开发由专业的产品及技术中心开展。同时，耐克森还拥有多个应用中心，可在实际运行条件下对电缆性能进行测试和比较，这些试验将成为与客户进行技术讨论的基础。为了始终处于科技前沿，吸引新人才，耐克森与全球各知名大学保持着紧密的长期合作。耐克森拥有七大创新能力，即7 000 万欧元的研发预算、遍布四大洲的600名全职研发人员、4个由总部提供资金的研发中心、24个基于市场的开发网、每周超过一项新的族专利（2010年共75项）、550个族专利组合、每周两款新产品。在上述战略与途径的指导下，耐克森在能源及矿业、运输和工业、能源基础设施、通信、建筑业、服务天地等方面成为全球电缆行业的领先者，并取得了一系列的技术突破，如INFIT-最佳耐火电缆、零电阻、轻巧紧凑的传导线、完美的兼容性能等。①

2. 跨国并购成就耐克森外生成长

自建立以来，耐克森就确定了全球扩张和积极主动的发展战略。跨国并购贯穿其100多年的发展历史。整体来看，耐克森的跨国并购经历了三个阶段，即初步成长阶段、快速扩张欧洲市场阶段和全球扩张阶段。

第一阶段，初步成长阶段（19世纪末至20世纪70年代末期）。耐克森始创于1897年的法国。在120多年的光辉发展历程中，耐克森得益于两位非凡人物，一位是天才发明家弗朗索瓦·博雷尔（Francios Borel），一位是才华横溢的实业家爱德华·伯绍德（Edouard Berthoud）。1921年，Compagnie Générale d'électricité（CGE）取得Société des Cables électriques控股权。之后，在法国本土进行了一系列并购交易，即通过并购在法国国内进行扩张。该阶段可以看作耐克森跨国并购的前期准备阶段。此阶段，主要进行了5次并购交易（表1-4）。

第二阶段，快速扩张欧洲市场阶段（1980—2000年）。2000年是耐克森成立的年份。1980—2000年，除继续并购法国国内的一些企业之外，重点是以跨国并购的方式向欧洲扩张，并经历了数次跨国并购交易（表1-5）。

---

① Nexans. Innovation [EB/OL]. http: //www.nexans.cn/eservice/China-zh_CN/navigate_281912/_html.

表 1-4　耐克森初步成长阶段（19 世纪末至 20 世纪 70 年代末期）完成的国内并购交易

年份	被并购企业名称
1925	与 Société des Câbles électriques 合并，Câbles de Lyon 成为 CGE 的分支机构
1938	Société Industrielle des Téléphones，之后电缆业务转到 Câbles de Lyon
1969	Société Alsacienne de Construction Mécanique
1970	Câbles Geoffroy et Delore
1979	Câbleries de Lens

资料来源：江若尘，黄亚生，王丹．大企业成长路径研究——中外 500 强企业之间的对比（500 强企业报告 4）[M]．北京：中国时代经济出版社，2011：98．

表 1-5　耐克森跨国并购交易（1980—2000 年）

收购年份	被并购企业名称	国别
1980	Chandris Cables	希腊
1981	持股 Chester Cables 部分股份	美国
1982	Kabelmetal Elektro	德国
1986	Câbleries de Charleroi	比利时
1988	Mamuli Cavi	意大利
1989	Câbleries de Dour	比利时
1991	Canada Wire	加拿大
1991	Vacha Kabel、Ehlerskabelwerk 和 Lacroix und Kress	德国
1992	Berk Tek	美国
1994	Cortaillod-Cossonay	瑞士
1998	ODD	美国—葡萄牙
2000	Safi Conel	意大利

资料来源：江若尘，黄亚生，王丹．大企业成长路径研究——中外 500 强企业之间的对比（500 强企业报告 4）[M]．北京：中国时代经济出版社，2011：98．

第三阶段，全球扩张阶段（2001—2008 年）。2001 年，耐克森在巴黎交易所上市。之后，耐克森继续以跨国并购方式向欧洲扩张之外，开始向亚太、南美洲等地区扩张，仅 2001—2008 年就进行了近 10 次跨国并购交易（表 1-6）。耐克森对外扩张的脚步一直都在继续，截至 2020 年底，耐克森在世界各地都设有工厂、设施和办事处，以支持客户的国际活动。了解当地供应链和文化，使得耐克森能够迅速反应，并高效支持生产。耐克森与客户紧密合作，并肩工作，以满足客户需求，解决特定问题，并根据客户的特殊需要调整产品技术。特别值得一提的是，耐克森在华开展业务始于 20 世纪 80 年代，1994 年成立合资企业，2001 年成立耐克森大中华区，2015 年耐克森亚太区总部迁至上海。截至 2020 年 9 月，耐克森已经在苏州、山东等地建有生产工厂；在北京、济南、青岛、大连、南京、杭州、广州、深圳、贵阳、成都、西安、乌鲁木齐以及香港设有销售处。

表 1-6　耐克森跨国并购交易（2001—2008 年）

收购年份	被并购企业名称	国别	备注
2001	大成电缆	韩国	
2002	PETRI	德国	
2003	Kukdong 电线公司	韩国	
	Furukawa Cabos de Energia S.A.	巴西	
2004	Cabloswiss	意大利	进入特种电缆行业
2006	Confecta Group	德国	为铁路和其他工业部门提供专用电缆与服务
	OLEX	澳大利亚	巩固其在能源电力方面的地位，倍增其在亚太地区的市场力量
2008	Intercond	欧洲	Intercond 为欧洲特殊电缆领导者
	Madeco	南美	Madeco 为南美市场领导者

资料来源：江若尘，黄亚生，王丹. 大企业成长路径研究——中外 500 强企业之间的对比（500 强企业报告 4）[M]. 北京：中国时代经济出版社，2011：98.

1.5.3　思考

思考一：耐克森成长路径是怎样的？

思考二：耐克森对外扩张为什么采用先欧洲后全球的方式？

本 章 小 结

跨国公司是指包括两国或更多国家以上实体的国有、私有或混合所有制企业，不论这些实体的法律形式和活动领域如何，它们都在一个多决策中心体系下运营。在此决策体系下，各实体通过所有权或其他方式彼此紧密联系在一起，其中一个或多个实体得以对其他实体的活动产生重要影响，特别是与其他实体分享知识、资源和责任等。

跨国公司从不同角度，可以划分为不同类型。按跨国经营项目可以划分为经营资源型跨国公司、加工制造型跨国公司和服务提供型跨国公司；按跨国经营结构可以划分为水平型跨国公司、垂直型跨国公司和混合型跨国公司。

跨国公司作为从事国际化生产的企业组织，要对产品的生产、营销、资金筹措及资金投放等各种经济活动进行国际化的安排。其具有包括全球化的战略目标、一体化的生产经营体系、多样化的经营活动、杠杆化的资本控制等在内的若干特征。

跨国公司经过一个多世纪的发展，在进入 21 世纪之后，随着各国开放程度的不断加大，在未来一定会呈现出新的发展趋势。

法国耐克森公司的成长之路值得研究、学习和借鉴。

思 考 题

1. 联合国对跨国公司的定义是什么？跨国公司的定义标准是什么？
2. 与纯粹国内公司相比，跨国公司的特征表现在哪些方面？
3. 怎样衡量跨国公司的跨国程度？
4. 简述第二次世界大战后跨国公司发展特点。

即 测 即 练

第 2 章

跨国公司对外直接投资简介

【学习要点】

1. 对外直接投资是跨国公司实现国际化经营所采取的主要步骤之一。
2. 对外直接投资基本类型包括绿地投资和跨国并购,但不管是哪种类型的投资,都需要进行融资。
3. 对外直接投资在不同时期具有不同动机和特征。
4. 对外直接投资受到自然因素、经济因素、法律因素、政治因素、社会与文化因素等诸多因素的影响。

【学习目标】

1. 掌握对外直接投资的概念、基本类型和动机。
2. 熟悉对外直接投资的影响因素。
3. 了解对外直接投资的资金来源、特征。

跨国经营的华特迪士尼公司

2020 年,美国华特迪士尼公司(The Walt Disney Company)在《财富》世界 500 强排行榜中位列 150 位,比 2019 年上升 20 位;营业收入 695.7 亿美元,利润 110.54 亿美元,资产 1 939.84 亿美元,雇员数量 223 000 人。华特迪士尼公司成立于 20 世纪 20 年代,最初以创作动画电影闻名,其出品的《威利号汽船》是世界第一部有声卡通片,其中的米奇也成了家喻户晓的卡通人物。从中期开始,华特迪士尼公司开始进军游乐设施市场,为其多元化发展打下了坚定的基础;发展至今,华特迪士尼公司已经成为全球著名的集游乐设施、电影媒体、服装、食品、图书音像等产业于一体的传媒娱乐大亨。

华特迪士尼公司之所以闻名于世,主要缘于公司战略定位准确,即洞悉消费趋势,产品满足消费者需求,进而以此为基础实施对外扩张。20 世纪 80 年代初期,华特迪士尼公司开始其跨国经营历程。1983 年 4 月 15 日,东京迪士尼乐园(Tokyo Disneyland)

在距离东京市中心 6 英里①的市郊开业，这是迪士尼第一个美国境外的主题乐园。1984 年，东京迪士尼乐园超额完成了第一年的经营任务，1 000 多万人（9%来自其他亚洲国家）游览了公园，消费比原计划高出 1.55 亿美元，达 3.55 亿美元。这主要是因为：原预计每个游客平均消费 21 美元，但实际消费 30 美元；最终使得东京迪士尼乐园第一年的赤字仅为 130 万美元，仅约占原计划 1 400 万美元赤字的 1/10。之所以取得如此成绩，主要缘于与日本东方土地公司签约后的 5 年规划和建设。

东京迪士尼乐园采用了日本的规模和格调，但却是美国两个乐园的翻版。东方土地公司认为日本的年青一代已经接受了美国式的文化，所以希望游客能够有身临其境于美国迪士尼的感觉，就像享有经营特许的麦当劳连锁店一样在日本取得成功。

东京迪士尼乐园与美国的乐园形式相差无几，但它们的经营策略存在差异。最突出的差异也许是促销方式。在美国，迪士尼用自己的职员做广告；在日本，迪士尼则依靠广告社，以适应文化差异。即便在日本，各地区也不尽相同。例如，在东京，迪士尼乐园已经家喻户晓，广告更多地选用可爱的迪士尼动物形象，在东京之外各地区则做得更为详尽。

迪士尼公司总部不为东京迪士尼提供资金支持，仅在建造时提供主要计划、设计、制造和培训；建成后，提供咨询服务。建造时，迪士尼总部收取一定的工作报酬，并从门票、商业、食品销售中收取专利权税。

东京迪士尼乐园的成功促使公司总部考虑向欧洲扩张。1985 年，公司宣布在西班牙和法国两个国家选址，预估可以提供 4 万个永久工作职位，以及吸引大量的旅游者。这导致两国都努力公开讨好迪士尼。其中，西班牙提供两个区位选择和 25%的建造费用，宣称一年吸引 4 000 万游客；法国保证一年有 1 200 万游客，同意投资 3.5 亿美元扩建巴黎通往公园的铁路（可以把公园与欧洲其他国家连接起来）。由于巴黎处于中心位置的区位优势和每年令人欣喜的游客量，迪士尼最终在 1986 年选择与法国政府签订合同，公园于 1991 年开放。

与在日本的投资不同，华特迪士尼公司在法国仅拥有少数股权，且以特殊贡献收取专利权税和其他费用。整个工程耗资 24 亿美元，其中乐园 12 亿美元，配套设施，包括旅馆、购物中心、野营地和其他设施 12 亿美元。

迪士尼乐园在经济上为法国带来了莫大的好处，但是许多法国人担心：乐园会与其他美国文化一起进一步取代法国文化，如一本杂志刊登了一幅漫画，即一个硕大的米老鼠踏在巴黎式房屋的屋顶。为抵制各种批评，华特迪士尼公司在法国报纸上解释道：迪士尼是法国后裔，它原来的名字不是 Disney，而是 Disigny。

之后，华特迪士尼公司继续对外扩张，2016 年 6 月 16 日，上海迪士尼度假村开

---

① 1 英里 = 1 609.344 米。

幕。另外，截至 2019 年底，华特迪士尼公司供应商遍及 101 个国家。其中，中国占 26%为最大供应商。

资料来源：李尔华. 跨国公司经营与管理[M]. 北京：首都经济贸易大学出版社，2002：333-335.
The WALT Disney Company. WALT Disney archives(1970—2020)[EB/OL]. http://d23.com/disney-history/.

2.1 对外直接投资概述

从传统意义上来说，跨国公司是通过对外直接投资发展起来的一种国际性企业实体。因此，对外直接投资是跨国公司管理的一项重要内容。

2.1.1 对外直接投资的定义

对外直接投资有多种不同定义，各国各地区在具体操作时也有所不同。

国际货币基金组织给对外直接投资下的定义是："一国投资者为获得持久利益而在其他国家进行的长期投资。对外直接投资者的目的是在国外企业的管理中施加显著影响。"

美国商务部给对外直接投资下的定义是："对外直接投资指某一个人在某一国家对位于另一国家的企业具有持续性的利益或某种程度的影响。"投资者应该在国外企业中最低拥有多少股份才能对其管理行使有效发言权？对这个问题，没有统一答案。美国商务部规定的股份或控股权是 10%以上。对于多数国家来说，这个比例为 10%～25%。

英国学者邓宁（John H.Dunning）对上述定义中采用"影响"（influence）一词而不是"控制"一词作为判别对外直接投资的标准，提出了不同看法。他认为，有些跨国公司对其拥有 100%所有权的海外独资企业的日常经营管理决策施加很少影响，而另一些跨国公司在海外企业中拥有少数股份，但却具有很大影响。即使没有进行直接投资，一个企业也可以通过签订承包合同对与之合作的另一国企业施加影响。因此，他定义的对外直接投资是："一个企业在其母国以外进行的投资，这种投资包括资本、技术、管理技能、进入市场的优势以及企业家声誉。投资者对投资资金的运用有控制权。"

综合上述定义，对外直接投资是指投资者为了在国外获得长期的投资效益并拥有对企业或公司的控制权和经营管理权而进行的在国外直接建立或并购企业（或公司）的投资活动，其核心是生产要素的跨国流动，以及投资者对国外投资企业拥有足够的经营管理权甚至控制权。

2.1.2 对外直接投资的基本类型

对外直接投资的基本类型包括两种，即绿地投资（greenfield investment）和跨国并购（cross-border merger and acquisition）。

1. 绿地投资

绿地投资即创建新企业，指的是跨国公司等投资主体在东道国境内依照东道国的法律设置的部分或全部资产所有权归外国投资者所有的企业。其包括三种形式：独资企业、合资企业和合作经营企业。

独资企业是指外国投资者依照东道国法律，在东道国境内创立的全部资本为外国投资者所有的企业。外国投资者对该新建企业拥有全部控制权。这种方式可以使投资企业独享投资的权益，充分利用企业的内部优势，同时也要求投资者拥有较全面的经营实力和承担更多的经营风险。投资权益来自对专利权、专有技术、特许权和企业管理等拥有垄断优势带来的收益；经营风险主要来自东道国的国家风险。独资企业分国外分公司、国外子公司和国外避税地公司。

合资企业即股权式合资企业（equity joint venture），指的是由两个或两个以上国家投资者依照东道国法律联合起来，各投资者提供资金、设备、技术知识，共同经营的以营利为目的的企业。它拥有独立的法人，担负一切法律责任，主要采用合资经营的股份有限制。这种方式既可以集中国内外双方企业的经营优势，又可以分散投资风险，是目前最为普遍的投资方式。这里需要特别提出的是，如果没有东道国企业参与，只是两个或两个以上外国跨国公司共同投资创立的企业，东道国视它为外资企业，而不是合资企业。

合作经营企业是一种合伙制企业，指的是由跨国公司和东道国投资者依据东道国有关法律以各自的法人身份共同签订合作经营合同，在合同中明确规定合作各方的投资条件、经营方式、收益分配以及责任风险，投资各方的权利和义务完全依赖于合同，而非股权。

需要特别强调的是：合作经营企业与合资企业具有明显区别：①组织管理模式不同。合作经营企业组织结构松散，没有一个统一的组织管理机构，管理方式比较灵活；合资企业则具有统一的组织管理机构，管理方式通常实行的是董事会领导下的总经理负责制。②责任风险不同。合作经营企业没有安排股权比例，各投资方的权利和义务完全依靠合同约束，合同完成即意味着合作关系终止；合资企业中，各投资者有明确的股权比例安排，各投资方依股权比例享有权利，承担风险。③纳税人不同。合作经营企业中，各投资方依照所在国不同税法分别纳税；合资企业则依照所在国税法统一缴纳企业所得税。④收益分配方式不同。合作经营企业按合同规定进行收益分配，分配方式比较灵活；合资企业则按注册资本中各投资方出资比例分配企业利润。

2. 跨国并购

跨国并购作为跨国公司对外直接投资两种基本方法之一，将在第6章详细介绍，此外不再赘述。

2.1.3 对外直接投资的资金来源

跨国公司的资金来源渠道较多，必须在综合考虑各种影响因素，如融资成本、汇率变化、东道国的有关政策等之后，才能选择合适的资金来源。总体来讲，跨国公司对外直接投资的资金来源可以区分为内部融资和外部融资。

1. 内部融资

内部融资，即从跨国公司内部积累资金，是从公司的未分配利润和折旧提成中积累资金，包括母公司通过参股形式向国外子公司注入资本、从其他国外子公司调集资金，以及国外子公司盈利再投资。

2. 外部融资

外部融资，即从跨国公司系统以外的渠道进行融资，包括：①在母国筹集的资金，包括跨国公司的母公司从母国银行或其他金融机构获取的贷款、在母国证券市场上发行债券、从母国政府或其他组织获取的贸易信贷及各种专项资金；②在东道国当地筹集的资金，包括以母公司名义从东道国金融机构贷款、在东道国证券市场发行债券；③国际资金来源，包括以母国名义在第三国筹集资金、向国际金融机构申请贷款、在国际主要资本市场发行债券。

2.2 对外直接投资的动机

对外直接投资是跨国公司实现国际化经营所采取的主要步骤之一，但不同时期、不同规模、不同行业的跨国公司进行对外直接投资的动机不同。

2.2.1 资源追求型对外直接投资

资源追求型对外直接投资是指跨国公司为求得自然投入品资源的稳定，避免因为行业竞争因素导致上游产业被竞争者控制而进行的投资，是跨国公司对外直接投资的最早形态，也是 20 世纪二三十年代以来占主导地位的对外直接投资形式。资源包括很多种类：自然物质资源、人力资源、智力资源、资金资源、资产资源以及信息资源，但概括起来，跨国公司在境外更期望获得的资源包括自然资源、人力资源、技术和管理技能等。

资源追求型对外直接投资 100 多年以来更受跨国公司青睐，其原因有以下两个。

1. 保障稀缺资源供给

一些来自发达国家或资源匮乏发展中国家的跨国公司，为保证国内生产所需的矿石、能源、农产品和其他原材料的充分供给，选择在相应自然资源丰富的国家投资建厂。例如，汽车轮胎生产企业选择在橡胶生产国投资兴建橡胶种植园，石油公司则在中东地区投资勘探和开发油田。另外，跨国公司还会为了充分利用东道国当地的资源而进行对外直接投资，这些资源包括旅游、汽车出租、建筑、医疗（特别是地方病的治疗）和教育服务等。

2. 降低生产成本

一些跨国公司为获取比母国市场和国际市场成本更低但质量更高的各类资源而进行对外直接投资，如一些人力资本占总成本比重明显较高的专业服务业领域和产品、工艺技术创新开发领域，选择在一些发展中国家直接投资建立软件公司、设计公司等，以削减产品和服务成本。

2.2.2　市场追求型对外直接投资

市场追求型对外直接投资是指跨国公司为开发东道国市场或进一步扩大东道国市场份额而进行的对外直接投资。概括来讲，跨国公司有以下主要动机。

1. 绕过东道国市场的关税壁垒和非关税壁垒

当东道国存在关税壁垒和非关税壁垒时，跨国公司为继续占有东道国商品和服务市场，会选择在东道国直接投资，此时的直接投资往往替代出口贸易。当存在区域性关税同盟时，跨国公司也会进入第三国条件更为适宜的地点，以绕过关税壁垒，实现经由第三国投资生产从而最终进入目标国市场的目的。

2. 追随上下游企业

企业的生产经营活动仅仅处于生产价值链中的某个环节，需要其他环节的相互配合才能完成。当某个企业的上下游企业都在某东道国建立生产基地时，该企业会出于贴近上游原料或中间产品供给商，以及更好地为下游企业提供中间产品或更好的服务考虑而追随其上下游企业进入该东道国。例如，20世纪90年代之后大批各国汽车零部件生产供应商追随世界汽车寡头纷纷涌入中国就属于典型的追随市场进入投资。

3. 更好地满足东道国消费者的消费偏好

每个国家消费者的消费偏好都存在差异，甚至差异之大难以想象。跨国公司为更好地满足各东道国消费者的消费习惯、口味以及更好地适应东道国当地风俗，也不至于在竞争中失败，会选择在东道国直接投资建厂进行生产经营。这类跨国公司往往在产品设计和包装、广告策划等方面都会非常注重东道国市场需求。

2.2.3 效率追求型对外直接投资

效率追求型对外直接投资是跨国公司为提高效率而进行的对外直接投资。其目的是在已有资源的基础上，对已经实施的对外直接投资进行区域性或全球性的战略、效率投资调整，或使其全球性的生产经营网络更加合理。效率的提高产生于产品的专业化跨国生产、各类资源的合理配置以及生产经营区位在全球范围内的优化。通常情况下，只有具有丰富国际经验的大型跨国公司才能从事这类对外投资。

效率追求型对外直接投资能够取得成功的前提有以下两个。

1. 存在产品的全球性市场

产品不需根据各国消费者的口味、偏好或其他要求进行适应性调整，就能被广泛接受。具有类似经济结构、收入水平和文化背景国家的市场需求通常有趋同现象。这是形成产品全球性市场的基础。

2. 有效利用不同国家生产条件的差异

在全球范围内，需求存在趋同现象，为跨国公司追求效率提供了前提条件。跨国公司就可以在世界范围内建立少数专业化程度很高的生产基地，大规模生产产品，销往各国市场。如跨国公司在经济发达国家建立资本、技术或信息密集型子公司，而在发展中国家建立劳动密集型子公司，这样可以充分利用各国的不同生产条件提高效率。

2.2.4 战略追求型对外直接投资

战略追求型对外直接投资是指跨国公司国外生产和销售拥有一定基础之后，公司高层管理人员逐渐认识到国际经营产生的某些重要优势，及时调整公司战略目标。实现全球性战略目标是跨国公司对外直接投资的主要动机。

此时，跨国公司需要把世界经济作为一个整体来制定系统周密的跨国经营战略。在进行对外直接投资时，跨国公司考虑的不是如何利用某个国家的成本优势或如何进入某个国家市场，而是如何在全球范围内合理配置资源，增强公司在国际市场的整体竞争力。其原因有以下几个。

1. 技术、经济和社会发展的需要

20 世纪 80 年代中期以来，许多国家的技术、经济和社会发展使得一些行业发展成为国际性行业或全球性行业。其中最为典型的行业是集成电路和印刷电路板等电子产品生产行业、计算机生产行业、汽车制造业等。在这些行业经营中，企业必须达到很大生产规模才能形成竞争优势。为了生存和发展，企业必须面对国际市场需求组织生产。

2. 技术进步加速的必然结果

技术进步速度加快导致研究与开发费用提高，以及产品生命周期缩短，这是促使一些产业国际化发展的重要因素。企业必须在新技术和新产品开发出来之前，尽可能多地销售现有产品，把已产生的研究与开发费用分摊出去。这需要企业以全球市场作为生产经营的目标市场。

3. 东道国市场之间交叉补贴的推动

通过各东道国市场之间的交叉补贴（cross subsidization）加强在国际市场上的竞争优势，是跨国公司进行对外直接投资期望达到的另一战略目标。例如，进入中国市场的一些外国大型跨国公司，在进入市场后的头几年并不把盈利作为目标，而是致力于长期竞争优势的建立和市场开发。这一时期在中国市场的亏损由其他国家子公司的盈利来补贴。与东道国的当地企业相比，跨国公司由交叉补贴所形成的资本优势，能够更有效地长期占领当地市场。

2.3 对外直接投资的特征

尽管不同发展时期的对外直接投资呈现不同特征，但是依然可以归纳其具有普适性的突出特征，如经营管理控制的有效性、资本转移形式的多重性、项目融资的复杂性等。

2.3.1 经营管理控制的有效性

跨国公司经营管理控制的有效性涵盖股权控制的有效性，以及非股权控制的有效性。股权控制的有效性是指投资者拥有一定数量的股份，据此能行使表决权，且在企业的经营决策和管理决策等方面具有发言权。它是跨国公司对外直接投资最突出的特征之一。

1. 股权控制的有效性

一般来讲，跨国公司在对外直接投资过程中，其对企业是否拥有控制权取决于其对该企业拥有的股份。换句话说，跨国公司对其在海外投资企业的控制权与其在该企业占有的股份正相关，占有的股份越多，控制权越大。但是按照对外直接投资实践的通行原则，有效控制权指的是投资者实际参与企业经营决策的能力和在企业经营管理中的实际地位，所以对外直接投资所要求的有效控制权并不与股份拥有比例构成确定的数量关系。[①]那么，最低股份如何确定呢？是否存在统一标准？截至目前，国际上对

---

① 崔日明，徐春祥. 跨国公司经营与管理[M]. 北京：机械工业出版社，2010：84.

直接投资的最低股权比例还没有统一的规定和标准。比如国际货币基金组织（IMF）强调，外国投资者所占股权份额达25%时，才可以视为对外直接投资；许多国家则根据自身具体情况，在制定本国对外直接投资法或者相关法律条款时，明确规定了构成对外直接投资最低股权比例，但是解释却各不相同；国际一般惯例则认为，当外国投资者在企业中的股权份额超过10%时，就可以被认定为对外直接投资。

2. 非股权控制的有效性

上述有效控制的实现可以是建立在没有任何资本参与的合同基础上，或者至多只是在少数股权基础上的有效经营控制，如品牌控制。但是，对于少数股权以及不拥有资产基础上的契约型管理控制型的跨国公司，人们争论了许久。最典型的一种观点是，这种建立在横向或纵向经营、管理契约基础上的多国企业组织体的合成，只能被认作一种企业合作或联合形式，即便联合中的各方地位并不平等，如日本、韩国型的跨国综合经营商社。[①]

2.3.2　资本转移形式的多重性

跨国公司对外直接投资过程中，资本转移是必不可少的。但是采取何种形式则是投资者以及东道国都非常关注的。一般来讲，资本转移的形式呈现多重性特征。

1. 多重性的含义

通常情况下，跨国公司在国际不会发生单一形式的资本转移，而是若干种形式，即形成资本转移形式的多重性。具体来讲，资本转移形式的多重性意指当跨国公司对外直接投资时，可以采取包括货币资金、技术设备、品牌资源、经营理念、管理经验等在内的多种形式。它们可以一揽子在国际转移，也可以其中几种形式捆绑之后在国际转移。

货币资金是通常熟悉的资本转移形式，其他形式则是随着对外直接投资的不断发展才逐渐出现的，且在现代对外直接投资中的作用显得越来越重要。

2. 多重性的影响因素

多重资本的国际转移构成了跨国公司生产与经营的对外扩张。但是，跨国公司到底选择哪些资本转移形式？或者说资本转移的多重性受到哪些因素的影响？这是一个比较复杂的问题，但是总体来讲，多重性受到投资者以及东道国双方多重因素的影响，主要取决于投资者的投资战略以及东道国的需求。

2.3.3　项目融资的复杂性

跨国公司必须在综合考虑各种影响因素的前提下，决定如何展开项目融资。因为

---

① 张纪康. 跨国公司与直接投资[M]. 上海：复旦大学出版社，2004：7.

跨国公司对外直接投资需要进行资金筹措，而项目融资渠道的多样性、项目融资方式的多元性、项目融资环境的多变性共同决定了项目融资的复杂性。

1. 项目融资渠道的多样性

跨国公司项目融资渠道呈现多样性特征，即可以通过多渠道进行项目融资。资金可以来自内部筹措，还可以来自外部筹措；可以从母公司调拨，还可以从其他子公司调拨；可以从银行贷款，还可以从资本市场获得；可以从母国获得，还可以从东道国甚至第三国获得……究竟选择哪种或者哪些渠道进行融资，跨国公司需要综合考虑才能确定。

2. 项目融资方式的多元性

跨国公司的融资方式具有多元性特征，可以采用常规性的企业融资方式，如贷款融资、国际债券融资、股权融资、融资租赁、票据贴现融资等；还可以采用新兴的融资方式，包括 BOT（build-operate-transfer）项目融资模式、ABS（asset-backed-securitization）项目融资模式、PPP（private-public partnership）项目融资模式、PFI（private-finance initiative）融资模式以及杠杆租赁融资模式；还包括存托凭证融资、可转换债券融资、风险投资基金融资以及私募股权融资等。跨国公司可以依据其所处环境以及项目特点，选择恰当的项目融资方式。

3. 项目融资环境的多变性

对外直接投资需要面临多变的国际融资环境。国际融资环境是指所有存在于国际融资活动周围的条件以及影响其发展的外部因素的总和。它们直接或者间接影响着国际融资市场结构、信贷结构和融资主体的融资意向、融资决策及行为等。从宏观上来看，国际融资环境涵盖政治环境、经济环境和社会文化环境等方面。进入 21 世纪之后，经济信息化和全球化成为越来越明显的发展趋势，科技的迅猛发展以及互联网的普及进一步导致经济发展模式、产业结构、社会习惯、金融市场监管、国际融资方式等发生巨大变化。[①]这些变化对国际融资环境产生重大影响，也使得国际融资环境具有多变性。

延伸阅读

各种融资方式的比较

跨国公司融资方式呈现多样性，各有各的优点，也各有各的缺点，究竟选择哪一

---

① 商务部跨国经营管理人才培训教材编写组. 中外跨国企业融资理念与方式比较[M]. 北京：中国商务出版社，2009：17-20.

种，则是一项复杂的系统性工程，需要针对各种融资方式进行全面的综合性的评估，之后，才能确定下来。各种融资方式的比较见表 2-1。

表 2-1　各种融资方式的比较

融资方式	优点	缺点	使用方法
贷款融资	融资成本低、速度快	规模受限、风险较大、融资主体自由度低	直接与银行进行协商
债券融资	融资成本低；具有财务杠杆作用；属于长期资金；资金来源广泛；债券偿还办法灵活；还款期限长，利率较稳定；发行国际债券可提高发行者的国际声誉	财务风险大；限制性条款多，资金使用缺乏灵活性	由国际金融组织协助发行
股权融资	企业吸收来的资金属于自有资金，而不是负债，可以减轻企业的净资产，美化财务报表，提高企业的偿债能力和盈利能力	股权稀释，管理权分散；上市融资成本较高，程序严格	根据管理部门意见，准备相关文件
融资租赁	融资与融物相结合，融通期限较长，加大企业的现金流量，有利于企业加快更新技术设备，迅速形成生产能力	引进的技术或设备是否对企业生产能力的提高有效以及产品是否有市场存在不确定性	选定设备，签订合同，定期支付租金
票据贴现融资	流动性高，且安全	需要支付贴现利息	向银行提出申请，提供相关材料；支付贴现利息
可转换债券	稳定股票市场秩序；降低代理成本；优化资本结构；减少管理者的机会主义行为	发债企业在可转换债券转股后由于持股比例下降而降低对公司的实际控制权；较低的票面利率会随可转换债券的转股行为而消失，若可转换债券没有实现转股，企业将面临巨大财务压力	确定票面面值、票面利率、发行规模、转换期限、转股价格、赎回条款、回售条款
造壳上市	避免直接上市中由于法律问题而造成的时间浪费；国内企业还可以借助壳公司本身的资源拓展境外业务。此种方法很受国际投资者的青睐	由于需要拿出资金造壳，所以资金短缺的公司压力较大；从海外设立公司到最终股票上市需要时间较长	委任专业人士；确定上市时间；确定重组方案；尽职调查和撰写招股书；财务审计、递交上市申请表、聆讯等；境外评估师资产评估
买壳上市	避开各种法规的不必要限制以及烦琐的审批程序；为上市公司节省了大量资源；上市成功的可能性非常大	目标壳公司的选择不慎往往会造成公司的负担加大	换壳；买壳
借壳上市	避免了造壳上市中海外注册公司进而控股国内公司的种种烦琐，同时又最终实现了公司的海外融资；成本优势；获得壳公司的优质资产及其核心资源	向壳公司融资后的业绩提升本身存在风险问题；壳公司可能故意隐瞒消息使借壳公司遭受损失；不同企业文化之间的冲突	剥离出一块优质资产上市；注资上市公司；母公司整体上市

资料来源：商务部跨国经营管理人才培训教材编写组. 中外跨国企业融资理念与方式比较[M]. 北京：中国商务出版社，2009：103-105.

2.4 对外直接投资的影响因素

跨国公司对外直接投资决策的确定,以及最佳效益的获得,在很大程度上取决于东道国投资环境。投资环境又称投资气候,是一个相对宽泛的概念,指的是在投资过程中影响国际资本运行的东道国的外部综合因素。它们错综复杂,但是总体来讲,可以划分为自然因素、经济因素、法律因素、政治因素和社会与文化因素。[①]

2.4.1 自然因素

自然因素,是指对外直接投资所面临的并与其生产和经营有直接关系的东道国的地理位置、地形、气候、自然资源、国土面积与人口等。

1. 地理位置

地理位置是指某一国家或地区与外在客观事物在方位上和距离上的空间关系,是投资环境中一个十分重要的因素。由此,在理论上就形成了自然地理位置、经济地理位置、政治地理位置和文化地理位置等。其具体内涵包括:①与投资国的距离;②与重要国际运输线的距离;③与资源产地的距离;④与产品销售市场的距离。如新加坡就是由于位于交通极其便利的马六甲海峡,从而吸引了大量的对外直接投资。

2. 地形

地形是经过长时间的演变而自然形成的。多平原的国家和地区自然易受到投资者的青睐;对于一个多山、多丘陵、多沙漠的国家来说,道路交通一般不会十分发达,即使有发达的公路,山区的盘山路也会使同样的距离多走上几倍路途,况且山路的风险不仅要大于平路,而且汽车在爬山时的耗油量要远远多于走平坦的公路。地形复杂的国家和地区往往会使投资者望而却步。

3. 气候

气候主要包括气温、日照、降雨量、风暴以及台风等。气候的差异和变化不仅关系到企业的生产、运输,而且还会影响到消费市场的潜力。很多产品的生产会受到气候的限制,有些怕潮和怕干燥的产品自然不适合在过潮或过干的国家和地区投资生产。例如,钢琴既不适合在过潮的国家和地区生产,也不适合在过干的国家和地区生产,因为会使在此地生产的产品销到其他气候不同的地区时产生变形,从而影响钢琴的质量;很多地区虽然资源丰富,但由于气候过于恶劣,吸引到的投资很少,如西伯利亚

---

① 杜奇华,白小伟. 跨国公司与跨国经营[M]. 北京:电子工业出版社,2010:71-75.

和加拿大北部。

4. 自然资源

自然资源指天然存在的、对人类生存和发展起着重要作用的各种资源，包括矿产资源、水资源、各种原材料等。对那些对自然资源依赖程度高的产品生产者来说，在选择投资国或地区时，尤为注重选择其所需自然资源的产地。在选择投资地时，拥有某类资源的生产国或地区往往成为依赖该类资源产品的投资者的首选。如世界上的大石油公司在中东一带均有投资，东南亚的天然橡胶和热带作物也吸引了不少投资者。当然，自然资源质地的好坏和开采成本也是投资者要考虑的因素。

5. 国土面积与人口

一般说来，对那些市场导向性的投资者来说，在面积大和人口多的地区进行投资，可将其产品的大部分在东道国销售，避免了在面积小、人口少的国家生产，需要将大部分产品转运到其他国家销售而产生的关税成本。人口不仅决定着一国的市场水平、市场上的需求规模和种类，而且是企业雇员的主要来源。面积大而且人口多的国家是市场导向性投资者的首选目标。

2.4.2 经济因素

经济因素是对外直接投资活动最重要的影响因素。它主要包括经济发展水平、基础设施、经济政策和贸易及国际收支状况。

1. 经济发展水平

经济发展水平是体现一国整体经济状况的重要指标。一国的经济发展水平是影响投资者选择投资地点和投资产业的主要因素，它的内涵主要包括：①经济发达程度；②人均收入和消费水平；③人民的生活质量。美国经济学家罗斯托（Walt W.Rostow）将世界各国分为传统社会、起飞前期、起飞、趋向成熟和高度消费五个发展阶段。前三个阶段属于发展中国家，后两个阶段属于发达国家。经济的发达程度决定着一个国家的经济结构。在经济较为发达的国家，其生产的产品多为资本密集型和技术密集型；发展中国家的产品则更多的为劳动密集型。投资者一般会选择将资本密集型和技术密集型产品在经济较发达的国家生产，而将生产劳动密集型产品在发展中国家生产。

2. 基础设施

基础设施是任何投资活动都必不可少的物质技术条件，属于硬环境。基础设施可分为工业基础设施和生活服务设施。工业基础设施主要包括五个方面：①能源供应设施，主要包括油气管道、供热和供电设施等动力燃料供应设施；②供水和排水设施；

③交通设施，主要包括铁路、公路、水路、航空、管道等公共交通设施；④邮电通信设施，包括电话、电报、传真等邮政设施和电信设施；⑤各种救灾和防灾设施。生活服务设施主要包括两个方面：①环境设施，主要包括环境美化和保护设施；②服务设施，主要包括住宅、商店、旅馆、医院、学校、银行和其他一些服务性机构等。

对于投资者来说，工业基础设施的重要性远远大于生活服务设施，因为工业基础设施是投资者维持正常生产和经营、获取超额利润最基本的物质条件。所以，基础设施状况也就成了投资者选择投资国和投资区域最重要的影响因素之一。优质的基础设施条件必然是吸引外国投资者最好的资本。

3. 经济政策

经济政策主要是指东道国政府为实现其社会经济发展目标而采用的一系列政策，体现了东道国政府对待外资的态度和管理方法。

各国对待外国投资者的政策由于其经济发展水平的不同而大相径庭，因而经济政策将直接影响对外直接投资的可能性、收益性和持续性等多个方面。发达国家由于经济发达，对资金的需求量比较稳定，而且多集中在高科技领域，所以发达国家对外资的态度一般采用不鼓励和不拒绝的国民待遇原则。处于经济起飞中的发展中国家，它们在迫切的发展中遇到了资金和技术不足的难题，亟待通过引进外资来解决经济发展中的瓶颈问题，这些发展中国家往往给外国投资者超国民待遇，以推动本国的工业化进程。它们甚至通过设立某些开发区、关税优惠区和经济特区使外商在这里投资享有优于其他地区的政策。我国的经济特区深圳、珠海、厦门、汕头、海南、喀什、霍尔果斯就是在这种背景下出现的。

4. 贸易及国际收支状况

贸易状况主要包括一国的进出口总额、进出口产品结构、进出口产品的地区分布及对外贸易依存度等。通过对一国贸易状况的了解，外商可以了解东道国经济发展在世界经济中的位置，而东道国比较欢迎进口替代性投资和能扩大其出口、优化其出口产品结构的投资。

国际收支状况是一国同其他各国的经济交易状况，主要包括经常项目、资本项目、金融项目、净误差与遗漏，以用于表明一国的经济往来状况及国际清偿能力。投资者可以通过一国的国际收支状况预测该国潜在的投资条件，从而作出正确的决策。

2.4.3 法律因素

法律因素不仅涉及投资者的利益和安全能否得到保护，同时还体现出东道国对外国投资者的态度，即所采取的鼓励、保护或限制的政策措施，这些都需要以一定的法律形式表现出来。法律因素是投资环境的"晴雨表"和"风向标"，由法律的完备性、公正性、稳定性以及公民的法律意识等方面构成。

1. 法律的完备性

法律的完备性主要是看投资目标国有关经济方面的各种法律和法规是否完备和健全。涉及投资的法律主要包括公司法、外商投资法、劳工权利保护法、知识产权保护法、税法等。健全和完备的有关外商投资方面的法律体系，会使外国投资者觉得有法可依，产生安全感，因此也就会成为吸引外国投资者前来投资的有利因素；反之，投资者是不会选择在一个没有法律保障的国家和地区从事任何投资活动的。

2. 法律的公正性

法律的公正性是指法律执行时能公正地、无歧视地以同一标准对待每一个国内外诉讼主体。在健全的法律之外，目标投资国执法的公正性是投资者从事国际投资决策时必须考虑的，因为投资者在东道国投资的过程中难免与东道国的自然人、法人或政府产生纠纷，在出现纠纷时需要提请仲裁与法律诉讼。投资者一定会选择在一个能够被公正对待的国家里从事投资活动，以使投资者的投资利益得到保障。因此，外国投资者在作出投资决策之前，首先要分析东道国外贸法中有关投资争议的条款，并考察东道国已经仲裁过的有关投资争议的案例，以判断其仲裁的公正性。

3. 法律的稳定性

法律的稳定性是指已经颁布的法律在一定时期内的稳定性和持续性。法律的稳定性非常重要，虽然各国的法律可以在客观情况发生较大变化的情况下进行相应的调整，但这种调整必须是理智的和适度的，并不会过度损害外国投资者的投资利益。对一个对外直接投资者而言，他在东道国从事的直接投资活动是一种投资期限相对较长的投资活动，其投资收益要在投资之后的很长一段时间内才能逐步实现，少则一两年，多则十几年，乃至更长的时间。如果一国的法制稳定，则有利于增强外国投资者的安全感和投资信心，制订长远投资计划；否则，外国投资者必然会望而却步。东道国法制的稳定程度一般与其政治因素的优劣呈正相关关系。

4. 公民的法律意识

即使在法律健全的国家也有一些公民法律意识淡薄，甚至根本没有法律意识，知法犯法，无视法律和法规的存在。在大多数公民法律意识淡薄的国家或地区投资，投资者会有难以想象的风险。

2.4.4 政治因素

政治因素是对外投资中最敏感的影响因素，因为它直接与政府、政权等紧密联系在一起，直接关系到对外直接投资本身的安全性。在对外投资活动中，投资者所面临的政治因素包括政治制度、政权的稳定性、政府的工作效率、国际关系等方面。

1. 政治制度

一国的政治制度涉及国家的管理形式、政权组织形式、政党体系、选举制度等，它是影响对外投资政治因素中的主要因素。政治制度一般决定了投资目标国的法律制度和经济体制，因为一国的政治制度一定会与其社会经济基础相适应。

2. 政治的稳定性

政治的稳定性表现为政权的稳定性和政策的连续性。

政权的稳定性往往会间接影响到其他投资因素的稳定性，国际投资者判断目标投资国政权的稳定性通常考察以下几个方面：①国家领导人更迭的频率；②反对势力的状况；③种族冲突。一般认为政权的稳定性不受任何内部与外部问题的困扰和动摇，政府应具有对一切冲突的应变能力。

政策的连续性，是指一国政权发生换届时，该国的政策不会发生太大的变化，仍然保持一定的连续性。政策的连续性不仅在于本届政府的政策要有稳定性和连续性，而且在于它不受政府正常选举的影响，不会因为政府的正常更迭而改变政策的连续性。

3. 政府的工作效率

投资目标国政府部门的工作效率直接影响到外国投资者在该国和该地区的生产经营活动。有些国家办事拖拉扯皮，手续繁杂，部门间职权混淆，管理人员职权划分不清，甚至腐败现象泛滥。这些不仅会降低各地政府部门的工作效率和滋生腐败行为，还会给投资者的生产经营活动带来不便和额外成本负担。

4. 国际关系

在当今世界，国与国之间的联系日益紧密，任何一个国家都是整个国际经济关系的一个组成部分，因此，一国或地区的经济环境不仅受本国或地区内部因素的影响，也必然受到其他国家政治、经济状况的影响。一国的国际关系主要包括两个方面：①一国与周边国家的关系。如果一个国家与周边国家关系紧张，会增加该国与周边国家发生冲突的可能性。②投资者还应考虑该国在世界政治生活中的地位。政治地位高的国家说明其影响力较大，投资者不仅降低了投资的政治风险，还可以利用投资目标国的政治、经济地位来挤占更多的市场份额。保持良好的国际关系是提升其投资环境评级的重要因素。

2.4.5 社会与文化因素

世界各国和地区因为受不同的文化、社会背景及教育水平的影响，其消费者在生活方式、消费倾向、购买态度等方面，企业在生产、研究、发展、组织、人力资源各项活动中都存在差异。因此，对外直接投资必然受社会文化因素的潜在制约，且受文化因素影响的敏感性较国内投资更大。社会文化环境主要包括语言文字、文化、教育水平、宗教、社会习俗等因素，它们因国家和地区而异。

1. 语言文字

语言是人类交流思想和信息的基本手段，投资者进行国际投资时，必须与东道国的各类机构和个人进行交流，语言文字的不同必然会给交流带来困难，从而给投资者在东道国的经营带来很多不便，如签订各类合同、与当地政府和机构的交流、与东道国雇员的交流等。有时即使在同一国家也会遇上讲不同语言的机构和雇员，如加拿大除讲英语的地区，还有讲法语的魁北克，瑞士也有法语人群和德语人群。

2. 文化

不同发展环境和背景使世界各国的文化千差万别，千差万别的文化形成了不同的价值观念、消费习惯、生活准则和生活方式等，进而对国际投资活动产生影响。一般来说，东道国与投资国之间文化差异越小，越有利于相互间的投资。因为相同或相近的文化有利于经营管理，减少因文化的不同而产生的冲突。文化已经成为投资者能否与东道国的机构和个人进行顺利交流与合作的关键因素。

3. 教育水平

教育水平关系到一个国家的劳动力素质、技术先进程度和国家文明程度，它对经济发展起着十分重要的作用。此外，教育水平也决定了人口的消费倾向、价值观、行为方式以及对新产品的接受程度和接受过程的长短。一般来说，教育水平高的国家可以在较短的时间内接受新产品，并愿意超前消费，这样可以加快投资者的成本回收，并可提高投资收益，投资者当然愿意将教育水平高的国家作为投资的目标国。

4. 宗教

宗教是某些文化的精神基础，是历史的产物。世界上有基督教、伊斯兰教和佛教三大宗教，若把众多的影响较小的宗教和各种教派加起来，应该有上万种。在某些国家，宗教已经成为人们生活的第一准则，宗教信仰对人们的生活态度、价值观、购买动机、消费偏好等有重大影响。投资者只有了解并尊重东道国的宗教信仰和风俗习惯，才能使其投资活动产生最大投资收益。

5. 社会习俗

社会习俗是一个国家在长期的历史发展中积淀下来的为社会公众所普遍接受的风俗习惯，它对人们的行为有着重大的影响。例如，东方国家普遍重视储蓄，储蓄率较高，而西方国家则储蓄率较低。东方国家注重团队精神，而西方国家则注重追求个性。尊重东道国的社会风俗也是关系到投资成败的一种因素。

延伸阅读：优化营商环境与打赢脱贫攻坚战

上述国际投资的各项要素构成了一个有机系统，形成了国际投资的外在约束条件。各要素虽然在作用上各有侧重，但它们之间不是互相独立的，而是相互影响、相互渗透、共同发挥作用。比如中国，依托"超大规模市场优势，以国内大循环吸引全球资源要素，增强国内国际两个市场两种资源联动效应，提升贸易投资合作质量和水平。"

2.5 案例分析：德国汉高的国际化之路

2.5.1 基本案情

1. 背景材料

汉高（Henkel）是一家有着超过 140 年历史的成功企业。1876 年 9 月 26 日，热爱科学的年仅 28 岁的年轻商人费里兹·汉高与其他两位合伙人在亚琛镇创建了一家名为 Henkel & Cie 的公司，开始销售其第一款产品，即一种硅酸盐质地的通用洗涤剂，名为 Universal-Waschmittel。当时，其他所有类似产品都是散卖的，而这种耐用的洗涤剂则采用了便利的小包装方式出售。此后的多年间，这家德国家族企业发展成为全球知名的跨国公司，公司业务遍布全球。汉高数次获得各种荣誉，如 2018 年，荣登美国《财富》杂志评选的"全球最受赞赏公司"榜单，被评为工业行业最具声望的公司，并在"化妆品及香皂"行业类别中排名第四；2019 年荣获"最佳雇主品牌科技奖"和"最佳社会责任奖"。

汉高非常注重研发工作，成立专门研发部门。1920 年，汉高成立了专门从事研发工作的试验工厂；1939 年，汉高设立了第二个专门为公司各生产领域服务的研发实验室；1976 年，汉高以最新的装备在杜塞尔多夫设立了公司第一个研发中心；1986 年，汉高在美国加利福尼亚州设立了第二个研发中心。

汉高创下了数个第一。1878 年，汉高推出第一款品牌产品漂白碱，它是费里兹·汉高自行研发的，采用易溶硅酸钠和纯碱（无水）制成。同年，汉高开始向国外出口产品：向瑞典出口 200 盒汉高漂白碱以及 200 磅 Universal-Waschmittel 洗涤剂。凭借第一款品牌产品的成功，汉高的业务迅速发展，为扩大生产用地，费里兹·汉高将公司搬到了杜塞尔多夫，占地面积由 60 万平方英尺①扩大到 1 616 万平方英尺。1907 年，世界首款自作用洗衣粉，即宝莹（Persil）上市，这也成为汉高发展史上一个阶段性的标志。这款洗衣粉可清洁和漂白衣物，不含氯，它不仅省却了人们徒手揉搓和清洗衣物时辛苦的体力劳动，减少织物磨损，同时也改善了家庭卫生状况。这些都是汉高为

---

① 1 平方英尺 = 0.092 903 平方米。

社会进步作出的实质性贡献。如今，宝莹依然是德国最受欢迎的洗衣粉，也是汉高洗涤剂及家用护理业务部的核心产品之一。1922 年初，汉高在霍尔索森（Holthausen）包装部大楼的地下室生产自用黏合剂，如纸张黏合剂（Sala）、板材黏合剂（Desula）、包装黏合剂（Buba）等。第一年下来，公司共生产了 123 吨自用黏合剂。1923 年，汉高首次向邻近一家公司出售胶。1928 年起，汉高开始出口黏合剂，主要面向欧洲周边地区；1929 年，黏合剂产品出口到澳大利亚和南美地区。1929 年，汉高推出了第一款工业清洁剂 P3，拓展了产品阵容，等等。之后，汉高开始了其对外直接投资的扩张之旅。截至 2020 年 9 月，汉高在全球近 80 个国家和地区开展业务，雇员来自 120 多个国家和地区，约 85%在德国以外工作，其中一半来自新兴市场，形成了多元化与包容性的企业文化。

2. 案情简介

汉高在对外扩张过程中，进行了数次组织变革以及跨国并购交易。1913 年 1 月 29 日，汉高在瑞士巴塞尔-普拉特恩成立了第一家子公司，即 Henkel & Cie 股份公司。直到 1923 年，它一直是汉高唯一一家在德国以外拥有工厂的子公司。Henco 和宝莹均是出自该工厂。该工厂占地 9 161 平方米，第一年的销售额就达到了 150 万瑞士法郎。

1950 年，汉高收购了 TheraChemie 公司，开始进入化妆品业务领域。TheraChemie 公司从 1947 年起开始销售 Poly 彩色染发剂。

1971 年，汉高进驻中国市场，在香港设立办事处。1988 年，汉高中国北京代表处成立，并向北京市政府捐赠 50 万德国马克，用于修复北京慕田峪长城。同年，成立汉高台湾股份有限公司。1990 年，汉高中国第一家合资企业于上海成立。现今，汉高中国已经是汉高全球第三大市场。

1985 年，汉高从 Krieble 家族购买了超过 25%的乐泰（Loctite）普通股；随后汉高对乐泰持有的股份不断增加，1996 年达到了 35%。1997 年，汉高收购了整个乐泰公司。如今，乐泰已经成为汉高黏合剂技术业务部旗下最大的品牌。

1990 年，汉高通过各种投资方式开始进军东欧市场，并在俄罗斯、波兰、匈牙利和斯洛文尼亚等国成立了合资企业。

1991 年，成立汉高香港控制有限公司，作为汉高亚太区总部。1995 年，汉高（中国）投资有限公司成立，这是汉高在华设立的首家投资控股公司。同年，更多合资企业在华成立。2001 年，汉高（中国）投资有限公司迁至上海。2007 年，汉高亚太及中国总部在上海张江高科技园区落成。

1992 年，汉高化妆品/美容用品业务进入中国。1994 年，汉高向上海可蒙公司收购"孩儿面"品牌。2000 年，收购日本头发化妆品专业公司 Yamahtsu 产业公司，包括其在泰国和中国的分公司。

1995 年，汉高收购施华蔻（Schwarzkopf），自此之后，施华蔻成为汉高业务的一部分。施华蔻是由汉斯·施华蔻于1898年在柏林夏洛滕堡宫接管的一家制造染料、药品和香料的公司发展而成。施华蔻这一名字是高质量现代美发品的标志。施华蔻也因此成为一个著名的、差异化清晰的完美品牌阵容，服务于广大消费者和全球美发沙龙；施华蔻专业美发也因此风行全球。2005年10月，施华蔻专业中国正式成立。2006年，中国地区第一家ASK美发学院在上海开业。2014年，汉高化妆品/美容用品零售部在洗护发品类位列第三，染发品类继续保持行业第一，并历史性达到造型品市场占有率第二位。

1997年，汉高以各种合资企业、成立公司以及收购等方式向全球特别是亚太地区扩展公司业务。汉高（中国）投资有限公司和上海交通大学展开合作，汉高交通管理培训中心在上海开幕。

2004年，汉高收购美国Dial集团，这是一家专门生产洗涤剂、家用清洁剂和身体护理产品的公司。产品包括肥皂、液体皂和身体护理方面的沐浴露，以及洗涤剂、空气清新剂等。

2008年，汉高从荷兰阿克苏·诺贝尔公司手中接管了国民淀粉化学公司旗下的黏合剂和电子材料业务。此次收购使得黏合剂技术业务部成为汉高销售额占比最大的部门。同时，使得黏合剂技术业务部加速向包装、木材胶黏剂、电子产品等领域拓展。

2014年6月，汉高与英国私募股权公司BC Partners签署合同，全资收购法国Neuilly-sur-Seine旗下Spotless Group SAS的全部股份。与美国旧金山TSG消费者合作伙伴签署合同，以约2.7亿欧元现金收购SexyHair、Alterna和Kenra三家美国美发专业公司。这将增强汉高美国美发专业产品组合，特别是护理和造型领域。本次收购使汉高成为全球最大的单一美发专业市场的领先企业之一。同年9月，汉高签署合同收购美国贝格斯（Bergquist）公司。

2016年9月1日，汉高从Vestar Capital Partners基金收购了美国康涅狄格州威尔顿的洗涤剂及家用护理公司Sun Products。

2017年，汉高收购美国全球泰力士包装技术和德国胜德集团，进一步强化黏合剂技术业务，极大补充了现有的技术组合。而后，又收购墨西哥Nattura Laboratorios，进一步强化汉高的专业美发业务，扩大其在墨西哥和美国市场的业务领域。交易包括汉高核心专业美发类别的领先品牌产品组合，主要品牌有Pravana和Tec Italy。

2.5.2 案例评析

1. 扩张方式以跨国并购为主

通过跨国并购，汉高实施对外扩张。特别是2012年，汉高提出2016年公司战略以及财务目标之后，跨国并购的脚步加快。该战略围绕超越、全球化、简化和激发四大重点展开。与此同时，公司发布 2030 年可持续发展战略，其核心是"用更少资源创造更多价值"以及"创造 3 倍于现在的价值"。此可持续发展战略适用于所有业务部和整个价值链。为完成 2012 年提出的战略，仅 2014 年一年，汉高就一连收购了好几家美国企业，足以见证跨国并购是汉高进行对外扩张的方式。汉高在跨国并购过程中，也发生了一些变化，如之前汉高决策层为规避风险，基本上都是利用自有资金投资；而现在则引入了私募基金参与其中。

2. 坚持多元化的产品战略

汉高是以洗涤剂起步的，早已经成为洗涤剂行业的翘楚。汉高坚持多元化发展战略，不断扩展其行业领域，先是扩展到其他化学系列产品、金属化学系列产品、建筑化学系列产品以及化妆品系列产品等的生产和经营，后来扩展到美发、护理、造型等行业。

正是坚持了这种多元化发展战略，才使得汉高不断地发展壮大，也使其赢得了来自各方的诸多美誉。

3. 以技术创新为企业命脉

一直以来，汉高就有着崇尚技术创新的根基，或者说技术创新早已经融入汉高的血液之中。汉高不断加大研发活动的投入，不仅在德国本土有研发机构，而且在国外也设立了研究中心。这样，汉高不仅能够获得东道国智力资源，顺利研制出更符合东道国消费者需求的产品，满足东道国市场，而且还不断推出领先世界的技术成果，从而使其产品在国内外都具有技术优势。

4. 以获得品牌和营销网络作为并购目标

品牌收购是助推汉高进行跨国并购的原因之一。2014 年 6 月，汉高收购 Spotless 集团。本次交易包括债务在内价值 9.4 亿欧元，以现金形式交易。Spotless 主要从事西欧的洗涤辅助（洗衣板、除污剂、织物染料）、昆虫防治和家用护理业务。该公司拥有 Eau Ecarlate、Dylon、Grey 和 Catch 等众多领先品牌，在法国、意大利、西班牙、比利时、荷兰、卢森堡、英国等成熟欧洲市场享有领先的市场地位。2016 年，汉高收购 Sun Products 公司，此次收购以 32 亿欧元的成交额成为汉高历史上第二大收购事件，也为汉高在北美地区的业务带来了显著提升，使汉高跃居北美地区洗护市场第二位。Sun Products 旗下拥有一系列洗涤剂护理领先品牌，如 all®、Sun®以及织物柔顺剂 Snuggle®。

汉高通过跨国并购扩大自身的营销网络。例如，2014 年 9 月，汉高对美国贝格斯公司的收购就获得了更大的营销网络。贝格斯是一家为全球电子行业提供导热材料管理解决方案的私有制供应商，业务范围涉及北美、亚太、欧洲等地，所服务的行业包括汽车、消费品、工业电子、LED 照明等，约有 1 000 名员工和 6 个生产基地。本次收购进一步巩固了汉高在黏合剂技术业务的全球引领者地位。

资料来源：汉高. 里程碑及成果：历史[EB/OL]. https://www.henkel.cn/company/milestones-and-achievements/company-history.

2.5.3 思考

思考一：汉高是如何展开跨国并购的？

思考二：汉高的发展对我国企业有哪些启示？

本 章 小 结

对外直接投资是指投资者为了在国外获得长期的投资效益并拥有对企业或公司的控制权和经营管理权而进行的在国外直接建立企业或公司的投资活动，其核心是生产要素的跨国流动，以及投资者对国外投资企业拥有足够的经营管理权甚至控制权。其基本类型包括绿地投资和跨国并购。绿地投资即创建新企业，指的是跨国公司等投资主体在东道国境内依照东道国的法律设置的部分或全部资产所有权归外国投资者所有的企业，包括三种形式：独资企业、合资企业和合作经营企业。跨国并购是指涉及两个以上国家或地区的企业间的合并和收购，包括外国企业与境内企业合并；收购境内企业的股权达 60%以上，使境内企业的资产和经营的控制权转移到外国企业。

跨国公司资金来源渠道较多，必须在综合考虑各种影响因素，如融资成本、汇率变化、东道国的有关政策等之后，才能选择合适的资金来源。总体来讲，跨国公司对外直接投资的资金来源可以区分为内部融资和外部融资。内部融资，即从跨国公司内部积累资金；外部融资，即从跨国公司系统以外的渠道进行融资。

对外直接投资是跨国公司实现国际化经营所采取的主要步骤之一，但不同时期、不同规模、不同行业的跨国公司进行对外直接投资的动机不同，包括资源追求型对外直接投资、市场追求型对外直接投资、效率追求型对外直接投资和战略追求型对外直接投资。资源追求型对外直接投资是指跨国公司为求得自然投入品资源的稳定，避免因为行业竞争因素导致上游产业被竞争者控制而进行的投资，是跨国公司对外直接投资的最早形态；市场追求型对外直接投资是指跨国公司为开发东道国市场或进一步扩大东道国市场份额而进行的对外直接投资；效率追求型对外直接投资是跨国公司为提高效率而进行的对外直接投资；战略追求型对外直接投资是指跨国公司国外生产和销售拥有一定基础之后，公司高层管理人员逐渐认识到国际经营产生的某些重要优势，及时调整公司战略目标。

对外直接投资包括经营管理控制的有效性、资本转移形式的多重性、项目融资的复杂性等特征。另外,跨国公司对外直接投资决策的确定,以及最佳效益的获得,需要综合考虑自然因素、经济因素、法律因素、政治因素和社会与文化因素。各个因素又细分为若干个子因素。

德国汉高的国际化之路为许多跨国公司树立了典范。

思 考 题

1. 举例说明对外直接投资的不同动机。
2. 以中石油对外扩张为例对比分析对外直接投资不同融资方式的优缺点。
3. 阐述对外直接投资的影响因素。

即 测 即 练

自学自测　扫描此码

第 3 章

跨国公司的组织结构

【学习要点】

1. 随着跨国公司对外扩张步伐的加快,在国外建立分子公司已经成为常态。但是分子公司之间的组织特性存在明显差异。
2. 随着跨国公司发展战略的变化,跨国公司会选择采用与之相适应的不同的组织结构,因此组织结构必然出现新的发展趋势。

【学习目标】

1. 掌握跨国公司的三种法律组织形态及其各自的法律特征;掌握跨国公司五种最基本的组织结构类型,即职能式结构、事业部式结构、区域式结构、混合式结构和矩阵式结构。
2. 熟悉跨国公司组织结构的最新发展。

AB 公司的信息系统

安海斯-布希公司(Anheuser-Busch,简称"AB 公司"),是美国第二大铝制啤酒罐制造厂,世界最大的啤酒酿造公司,总部位于美国密苏里州圣路易斯市,创建于 1852 年。AB 公司的核心产业是啤酒行业,核心市场目前依然是美国啤酒市场,约占美国啤酒市场近 50%的份额,拥有超过 18 000 名雇员。除美国市场之外,AB 公司在欧洲、亚洲、拉丁美洲等都有投资,产品销往世界近 100 个国家和地区,多种产品品牌享誉全球,如百威(Budweiser)、博士(Busch)、米狮龙(Michelob)等。

作为世界啤酒行业的领先企业,AB 公司一直表现良好,特别是近年来,销售量、销售收入、利润等方面居于世界前茅。其成功关键离不开恰如其分的公司组织结构(图 3-1)。最值得一提的是,AB 公司高度重视信息化系统的应用:①AB 公司下属的 14 家全资啤酒厂(除 2004 年 7 月收购的哈尔滨啤酒公司之外)全部使用了 ERP(企业资源计划)系统,其中 13 家使用的是功能强大的 SAP(企业管理解决方案)系统。通过 ERP 系统将工厂内的生产、采购、运输、销售、维修,以及财务管理和分析等工作全部管理起来，不仅能提高工作效率，还能分析决策。②运用一整套信息系统进行销量跟踪、物流管理、经销商/零售商管理等。该系统建立在 Web 平台上，可以通过 Internet 方便地和经销商/零售商沟通，从而获得最为准确的市场信息。

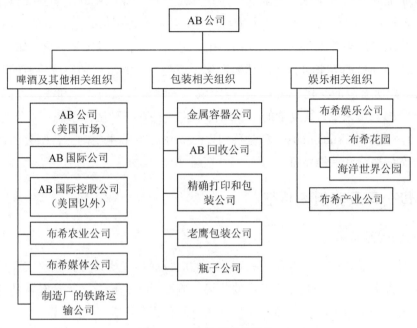

图 3-1　AB 公司组织结构

作为组织结构中的一部分，AB 公司的信息系统是其达到有效管理协调的一种手段。而管理协调是任何一家跨国公司在发展过程中不可或缺的。因为"凡是进行大批量生产和大批量分配相结合并在产品流程中可以协调的那些工业，必然会产生现代的这种工商企业，因为管理协调的'看得见的手'比亚当·斯密所谓的市场协调的'看不见的手'更能有效地促进经济的发展，同时也更能增强资本家的竞争能力；现代工商企业的管理体制取代了市场机制而协调着货物从原料供应，经过生产和分配，直到最终消费的整个流程"。管理协调对于一个企业的生存与发展起着决定性作用，而相应的组织结构则是管理协调能否成功的前提。这是现代跨国公司生存之根源。

资料来源：江若尘. 500 大企业成长路径研究[M]. 北京：中国时代经济出版社，2011：156-158；钱德勒. 看得见的手——美国企业的管理革命[M]. 重武，译. 王铁生，校. 北京：商务印书馆，2016；Anheuser-Busch. Our U.S. footprint: united States of beer[EB/OL]. https://www.anheuser-busch.com/about/usa.html.

3.1　跨国公司的法律组织形态

企业法律组织形态是指法律规定的企业组织形式，它由企业的组织方式、法律资格等方面的内容构成。根据不同标准，企业法律组织形态有不同的分类。例如，根据投资主体的不同，将企业分为国有企业和非国有企业；根据承担的职能不同，将企业分为竞争性企业和非竞争性企业；根据是否独立享有权利、承担义务和责任，将企业分为法人企业和非法人企业。企业法律组织形态对该企业产生的影响主要包括：①资金来源；②利润分配和风险承担的主体与形式；③资金运用与战略决策的主体和方式。企业的法律组织形态并不是一成不变的，在一定条件下，可以发生转化，如人员组成、财产构成或创办目的等来自企业内部的变化，或是由国家法律和经济政策的改变所引起的变化，如所有制的变化，以及某一国家或某一地区特定的商业和法律习惯的差异。

对于跨国公司来说，其复杂的组织结构中主要存在三种法律形态：母公司（parent company）、子公司（subsidiary）和分公司（branch）。本节主要阐述跨国公司这三种法律组织形态的概念和法律特征。

3.1.1 母公司及其组织特征

1. 母公司的概念

母公司是指通过拥有其他公司一定数量的股权或通过协议方式能够实际控制支配其他公司的人事、财务、业务等事项的公司。判断是不是母公司，最基本的特征是看其是否参与子公司业务经营，而不仅仅是持有子公司的股份。

国际上有时也把母公司称为控股公司（holding company），并分为纯控股公司（pure holding company）和混合控股公司（mixed holding company）两类。纯控股公司设立的目的只是掌握子公司的股票（份）或其他有价证券，其本身不再从事任何业务活动。混合控股公司，或叫控股-营业公司（holding-operating company），除了掌握子公司的股份之外，本身也经营其他业务活动。目前，母公司主要是指这类混合控股公司。例如，AT&T 公司、通用汽车公司等就是既控制许多子公司又经营自身的通信、工业生产及其他业务的公司。

2. 母公司的组织特征

母公司的组织特征是：①母公司实际控制子公司的经营管理权。母公司以参股或非股权安排行使对子公司的控制。参股方式是指通过拥有子公司一定比例的股权来获得股东会的多数表决权，进而获得对公司重大事务的决策权，达到控制公司的目的。非股权安排是指通过各种协议达到实际控制的目的。②母公司对子公司承担有限责任。母公司对子公司承担的责任通常以其出资额为限；母公司对子公司的债务不承担责任，这是由于母公司与子公司在法律上是相互独立的法人。母公司与子公司的关系实质上是股东与公司的关系，很多国家既对二者之间的一般关系做了规定，也对母公司与子公司之间的特殊关系作出了特殊规定，进行特殊的法律管制。

3.1.2 子公司及其组织特征

1. 子公司的概念

子公司是指一定比例的股份被另一家公司拥有或通过协议的方式受到另一公司实际控制、支配的公司。母公司与子公司之间存在的"所有权"关系，实质上是母公司对其经济上的实际控制和参与决策权。

目前，各国对母、子公司概念的法律规定和解释不尽相同。例如，按照《美国示范商业公司法》的规定，若某一公司的一类股份中，至少有90%已公开发行，并且售出的股份为另一家公司所拥有，则前者为子公司，后者为母公司。日本法律则规定，如果某公司拥有另一公司50%以上之股本，则前者为母公司，后者为子公司。我国理论界通常认为，母公司是指拥有另一公司一定比例以上的股份，能对另一公司实行实际控制的公司；与此相对应，一定比例以上的股份为另一公司所控制的公司即为子公司。

母公司与控股公司是可以通用的两个概念，子公司也可以通过控制其他公司一定比例以上的股份而成为控股公司，被控股的公司成为孙公司。母公司通过控制众多的子公司、孙公司而成为庞大的公司集团。母公司只要通过较少的资本就可以利用子公司的资本购买别的公司，组建起金字塔形的公司集团模式。

2. 子公司的组织特征

从法律上来讲，子公司具有不同于母公司的特征：①子公司具有独立法人资格。法律上，子公司是独立法人，拥有独立的公司名称和章程，拥有独立的财产并自负盈亏，可以公开发行股票以及独立借贷，可以以自己的名义从事各种经济、民事活动；独立承担公司行为所带来的一切后果及责任。子公司在东道国注册登记后被视为当地公司，须受东道国法律管辖和保护，不受母国政府的外交保护。②子公司在经济上和业务上被母公司实际控制。母公司居于控制和支配地位，子公司处于从属地位。母公司对子公司的实际控制表现为，母公司能够决定和控制子公司的董事会组成，其重要决策要经过母公司的同意。子公司的财务状况和经营成果要纳入母公司编制的合并会计报表之中。③母公司对子公司进行实际控制或是基于支配性协议等非股权安排。在现代国际商业活动中，母公司的控制手段已经不再局限于股权的控制，非股权安排越来越多。某些国家的公司法都承认非股权安排，非股权安排被称为子公司。[①]

3.1.3 分公司及其组织特征

1. 分公司的概念

分公司是总公司的分支机构。许多大型企业的业务分布于全国各地甚至世界各地，

---

① 张纪康. 跨国公司与直接投资[M]. 上海：复旦大学出版社，2004：14.

直接从事这些业务的是公司所设置的分支机构或附属机构,这些分支机构或附属机构就是分公司。分公司是与总公司相对应的一个概念,是总公司的一个部分,在法律上和经济上都不具有独立性。分公司与总公司的关系虽然同子公司与母公司的关系有些类似,但分公司的法律地位与子公司完全不同。

2. 分公司的组织特征

从法律角度来看,分公司与母公司、子公司具有非常明显不同的特征:①分公司没有法人资格。分公司不具有法人资格,因此不能独立承担责任,其一切行为后果及责任由总公司负责。分公司由总公司授权开展业务,自己没有独立的公司名称和章程。②分公司没有独立的财产。分公司的所有资产均属于总公司,其本身也作为总公司的资产列入总公司的资产负债表中,总公司对其承担无限责任。③分公司没有独立的公司名称和章程。分公司与总公司同为一个法律实体。设立在东道国的分公司被视为"外国公司",不受当地法律保护,而是受母国的外交保护。它从东道国撤出时,不能出售资产,不能转让股份,也不能与其他公司合并。

延伸阅读

设立分子公司的原因

市场竞争日趋激烈,跨国公司总在考虑如何达到经济效益的最大化,并由此选择有利于公司经营的组织形式。世界各国对子公司和分公司在税收待遇等方面有着许多不同的规定,这就为企业或跨国公司设立附属企业的组织形式提供了选择空间,所以就出现了在不同国家和地区分别设立子公司或分公司的现象。

1. 设立子公司的原因

子公司在东道国仅承担有限的债务责任(有时需要母公司担保)。子公司向母公司报告企业成果只限于生产经营活动方面,而分公司则要向总公司报告全面情况。子公司的所得税计征独立进行。子公司是独立法人,子公司可享受东道国给其居民公司提供的包括免税期在内的税收优惠待遇,而分公司由于是作为企业的组成部分之一派驻国外,东道国大多不愿为其提供更多的优惠。东道国税率低于母国时,子公司的累积利润可得到递延纳税的好处。子公司利润汇回母公司要比分公司灵活。这有利于母公司的投资所得、资本利得留在子公司,或者可选择税负较轻的时候汇回,得到额外的税收利益。许多国家对子公司向母公司支付的股息规定减征或免征预提所得税。

2. 设立分公司的原因

分公司一般便于经营,财务会计制度的要求也比较简单。分公司承担的成本费用可能要比子公司少。分公司利润由总公司合并纳税。由于分公司不是独立法人,在经营初期出现亏损时,其亏损可以冲抵总公司的利润,减轻税收负担。分公司交付给总公司的利润通常不必缴纳预提所得税。分公司与总公司之间的资本转移，因不涉及所有权变动，不必负担税收。

综上所述，子公司和分公司的税收利益存在较大差异，公司在选择组织形式时应细心比较、统筹考虑、正确筹划。一般说来，如果组建的公司一开始就可盈利，设立子公司就更为有利。在子公司盈利的情况下，可享受到当地政府提供的各种税收优惠和其他经营优惠。如果组建的公司在经营初期可能发生亏损，那么组建分公司就更为有利，可减轻总公司的税收负担。

3.2　跨国公司管理组织结构类型

组织结构是组织的全体成员为实现组织目标，在管理工作中进行分工协作，在职务范围、责任、权利方面所形成的结构体系，用于表明组织各部分排列顺序、空间位置、聚散状态、联系方式以及各要素之间的相互关系。组织结构是组织在职、责、权方面的动态结构体系，其本质是为实现组织战略目标而采取的一种分工协作体系。组织结构必须随着组织的重大战略调整而调整。

对于现代跨国公司来讲，已经形成五种基本的组织结构类型，即职能式结构、事业部式结构、区域式结构、混合式结构以及矩阵式结构。

3.2.1　职能式结构

在职能式结构中，组织从上至下按照相同的职能将各种活动组合起来。简单的职能式结构中，一般由公司总裁直接负责包括研发部、生产部、财务部以及市场部等各个部门在内的相关管理（图3-2）。

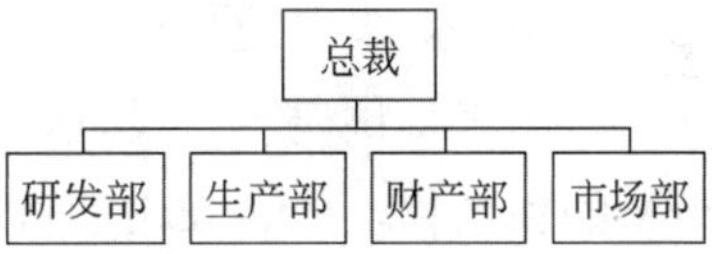

图 3-2　简单的职能式结构

1. 职能式结构的特点

当外界环境稳定、技术相对成熟，而又不需太多的跨职能部门间的依存时，职能式结构是最有效的组织结构类型。组织目标在于提升内部效率和技术专门化程度，企业规模可以是小型的，也可以是中型的。公司主要通过纵向层级来实现控制和协调，并不需要太多的横向协调。在公司中，员工被安排去完成各自职能部门的工作目标。计划和预算依据职能来制订，并且可以反映各个部门的资源耗用成本。正式的权力和影响来自职能部门的高层管理者。

2. 职能式结构的优势

职能式结构的优势是有助于形成职能部门的规模经济。规模经济原意是指扩大生产规模引起经济效益增加的现象，职能部门的规模经济是指组合在一起的员工可以共享某些设施和条件,从而节约成本、减少投入。例如,只准备一套设备,而不是为每条产品线都提供独立的设备,就会减少重复建设和浪费。职能式结构鼓励员工技能的进一步提高。在组织内部,员工被安置从事一系列的职能活动。对于只生产一种或少数几种产品的中小型企业而言,职能式结构是一种最佳模式。

3. 职能式结构的劣势

职能式结构的劣势在于,对外界环境变化的反应太慢,而这种反应又需要跨部门协调。如果环境发生变化或者技术是非例行、相互依存的,则会出现纵向层级超载现象,决策堆积,高层管理者不能快速作出反应。而且,在职能式结构中,由于协调少导致缺乏创新,每个职员对组织目标认识有限。

3.2.2 事业部式结构

1. 事业部式结构的特点

事业部式结构的显著特点在于,基于组织产出划分部门,每个部门又包括研发、生产、财务和市场等职能部门,以增强部门内协调,鼓励灵活性和变革,因此能够适应环境的变化。此外,事业部式结构实行决策分权,而不像职能式结构总是将决策集中在高层。

事业部式结构又可细分为产品事业部结构(product division structure)和多事业部结构(multi-division structure)。产品事业部结构是指总公司设置研究与开发(R&D)、设计、采购、销售等职能部门,事业部主要从事生产,职能部门为事业部提供所需的支持性服务。多事业部结构是指总公司下设多个事业部,各事业部又设立各自的职能部门,用来提供研究、设计、采购、销售等支持性服务,各事业部自行生产产品,自行采购和销售。Info-Tech 公司的事业部式结构如图 3-3 所示。

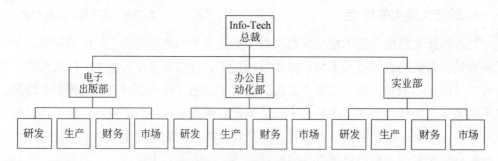

图 3-3 Info-Tech 公司的事业部式结构

资料来源:达夫特. 组织理论与设计精要[M]. 李维安,译. 北京:机械工业出版社,1999:10.

这种结构模式在获得跨部门协调方面效果极佳。当环境不确定,技术又是非例行的,需要部门间相互依存,目标是外部有效性和适应性时,事业部式结构是适合的组织模式。该结构也适合将大型公司划分为一些较小的、自主经营的组织，以便实现更佳的控制与协调。在这些大公司内部，这种较小的组织有时称为分部、事业部或战略经营单位。如时代华纳公司就是典型的事业部式结构，它主要经营的事业部有华纳音乐、华纳兄弟、时代公司等电影、电视制作商，还包括一系列杂志出版商和图书出版商。

2. 事业部式结构的优势

事业部式结构的优势主要表现于：各分部拥有决策权力；具有适应不同产品、地区和顾客的能力；产品责任清晰，各个环节紧密联系，容易令顾客满意；对不稳定环境的快速适应以及灵活的部门协调能力，使组织能够自我快速调整，对市场的变化作出迅捷的反应。

3. 事业部式结构的劣势

事业部式结构也不是只有优势，它也有劣势，主要表现于：①使组织失去了规模经济，如10名工程师可能被分派到5个事业部。②会导致产品线之间相互分立，难以协调。正如强生公司所说："我们必须不断提醒自己：我们在为同一个公司工作。因此组织需要不断强调跨事业部的协调与职能的专业化。"③使组织失去深度竞争和技术专门化能力。事业部式结构中，技术人员被分派到不同事业部之中分头进行研发，每个部门都在重复进行相关研究，自然会削弱技术专业化的研发能力。④产品线之间整合与标准化的难度增加。

事业部式结构组织特点见表3-1。

表3-1 事业部式结构组织特点

关联背景	内部系统
结构：事业部式	经营目标：强调产品线
环境：中度到高度的不确定性、变化性	计划和预算：基于成本和收益的利润中心
规模：通常较小；或者大型公司划分为一些较小的、自主经营的组织	正式权力：产品经理
技术：非例行，部门间较高的相互依存性	
战略目标：外部效益、适应、顾客满意	

优势	劣势
适应不稳定环境下的快速变化	失去了职能部门内部的规模经济
清晰的产品责任和紧密的联系环节，令顾客满意	导致产品线之间缺乏协调
跨职能的高度协调	失去了深度竞争和技术专门化
使各分部适应不同的产品、地区和顾客	产品线间的整合与标准化变得困难
在产品较多的大公司中效果最好	
决策分权	

资料来源：DUNCAN R. What is the right organization structure? decision tree analysis provides the answer[J]. Organizational dynamics, 1979, 7(3): 59-80.

3.2.3 区域式结构

区域式结构是基于用户或顾客对结构进行整合，以满足不同国家、不同地区的消费需求。每个地理单位包括所有的职能，以便在该地区生产和销售产品。区域式结构的优劣势与事业部式结构的优劣势相似。组织能够适应各自地区的特殊需求，员工按照区域性目标而非国家性目标来分派。强调区域内的协调，而不是跨地区协调或与全国总部的关系。

例如，苹果公司在20世纪80年代的区域式结构（图3-4），反映了当时苹果公司的区域性扩展特点，以便于向全世界的用户生产和配送苹果电脑。这种结构将苹果公司的管理者和员工集中在专门的区域性消费者和销售目标上。

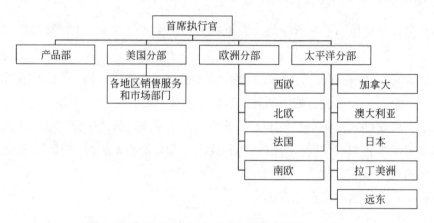

图 3-4　苹果公司在 20 世纪 80 年代的区域式结构

资料来源：MARKOFF J. John Sculley's biggest test[N]. New York Times, 1989-02-26.

3.2.4 混合式结构

混合式结构不再强调以单纯的职能、事业部或区域的形式存在，而是同时强调两种特征，如产品和职能或产品和区域。当组织拥有多个产品或市场时，有些职能对每种产品和市场都重要，将被分权成为自我经营的单位；同时，有些职能也被集权，集中控制在总部。后者相对稳定，需要规模经济和深度专门化。

例如，美国太阳石油公司采用混合式结构（图3-5）每个产品副总裁同时管理该产品的营销以及销售，从而提高了协调性及市场灵活性。每个产品副总裁也都由计划、供应和生产部门对其负责。所有提炼厂由设备副总裁统管，有助于协调各精炼厂为共同燃料、润滑剂和化学产品等事业部提供产品，从而获得规模经济。其他为整个组织服务从而获得规模经济的部门主要包括人力资源部、技术部、财务部、资源与战略部等。

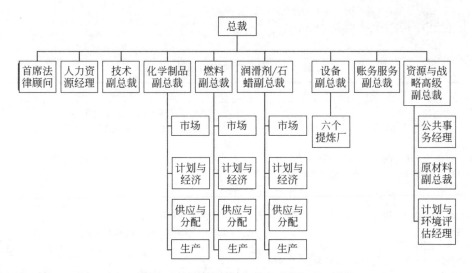

图 3-5 美国太阳石油公司的混合式结构

资料来源：王嬿. 跨国公司组织结构[M]. 上海：上海财经大学出版社，2010：1.

1. 混合式结构的特点

混合式结构一般应用于与事业部式结构相同的环境背景，但前者趋向于在不确定的环境中应用，以提高产品事业部的创新性和外部有效性。技术可能是例行或非例行的，产品群内存在跨部门的相互依存，公司规模巨大，以提供足够的资源满足产品部门重复的资源需求。公司的目标是不断创新，令顾客满意，获得与职能部门相关的效率。

2. 混合式结构的优势

混合式结构的主要优势在于，使组织在追求产品事业部的适应性和有效性的同时，实现职能部门内部的效率。这类结构使产品事业部和组织在目标上保持一致。产品的组合实现了事业部内部的有效协调，而集中的职能部门实现了跨事业部的协调。

3. 混合式结构的劣势

混合式结构的一个劣势是管理费用的增加。组织需要增加人员以监督下面的决策；一些公司职能部门的活动存在重复，导致总部人员和管理费用不断膨胀；决策变得越来越集中，因而失去了对市场变化的迅速反应。因此组织必须控制总部人员规模，以限制管理费用，并减少官僚主义，提升事业部的灵活性。

此外，混合式结构容易造成公司和事业部人员之间的冲突和相互的不理解。一般地，总部的职能部门对事业部的活动没有职权，因而事业部经理可能会抱怨总部的干预，同时总部的管理者可能会抱怨事业部自行其是。

混合式结构组织特点见表 3-2。

表 3-2 混合式结构组织特点

关 联 背 景	内 部 系 统
结构：混合式 环境：中度到高度的不确定性、变化性 规模：大 技术：非例行，职能间存在一定的依存 战略目标：外部效益、适应性、顾客满意	经营目标：强调产品线和某些职能 计划和预算：基于事业部的利润中心，基于核心职能的成功 正式权力：产品经理，取决于职能经理协作的责任
优 势	劣 势
使组织在事业部内获得适应性和协调，在核心职能部门内实现效率 公司和事业部目标更好的一致性效果 获得产品线内和产品线之间的协调	可能使管理费用增长 导致事业部和公司部门间的冲突

资料来源：王嫱. 跨国公司组织结构[M]. 上海：上海财经大学出版社，2010：1.

3.2.5 矩阵式结构

矩阵式是另外一种注重多元效果的结构（图 3-6）。当环境既要求专业技术知识，又要求每条产品线能快速作出变化时，就可以应用矩阵式结构，它能够有力地实现部门间的横向联系。它的独特之处在于，能够让事业部式结构和职能式结构（横向和纵向）同时实现。

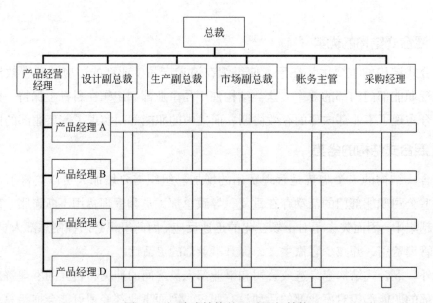

图 3-6 矩阵式结构的双重职权结构

资料来源：达夫特. 组织理论与设计精要[M]. 李维安，译. 北京：机械工业出版社，1999：10.

1. 矩阵式结构的条件

条件一：产品线之间存在共享稀缺资源的压力。组织通常是中等规模，拥有中等数量的产品线，便于组织在不同产品上共同灵活地使用人员和设备。例如，工程师以兼任的形式被指派为多种产品或项目服务。

条件二：环境对组织的多种能力同时存在要求。例如，对技术的质量（职能式结构）和快速产品更新（事业部式结构）的要求。组织必须能够达到职能和产品之间双重职权的平衡。

条件三：组织面临复杂和不确定的环境，因此需要纵向和横向两方面都有大量的协调与信息处理。

2. 矩阵式结构的关键角色

矩阵式结构的独特之处在于：部分员工将有两个主管，因此在工作中他们可能有些吃力。该结构还需要担当关键角色的管理者承担特定的责任，如高层领导者、矩阵主管，以及有双重主管的员工。

高层领导者，即两种权力结构的首脑。其主要责任在于维持职能经理和产品经理之间的权力平衡。高层领导者也必须愿意进行决策委托，鼓励他们直接接触，贡献信息，进行协调并共同解决问题。

矩阵主管，即横向的职能经理和纵向的产品经理。他们必须共同参与工作，面对诸多的反对与冲突，在一些事情上彼此合作，如绩效审核、提升、加薪等，因为受双重管理的员工向他们两方负责。这些活动需要大量的时间、沟通、耐心以及和别人共同工作的技巧。

有双重主管的员工，可能会因两个方向的领导和两种命令直接冲突而感到焦虑与压力。他们必须学会综合决策并且合理分配他们的时间，同时必须和两个主管都保持良好有效的关系。

3. 矩阵式结构的优势

矩阵式结构的优势在于它能使组织满足环境的双重要求。资源（人力、设备）可以在不同产品之间灵活分配，组织能够适应不断变化的外界要求。这种结构也为员工提供了同时获得工作和管理两方面技能的机会。

4. 矩阵式结构的劣势

矩阵式结构的劣势在于员工因双重职权领导而感到压力和困惑。他们需要出色的人际交往和解决冲突的技能。该结构也迫使管理者耗用大量时间来举行会议，进行充分的信息与权力的共享，相互协调合作，使组织结构有效运行。

矩阵式结构组织特点见表 3-3。

表 3-3　矩阵式结构组织特点

关联背景	内部系统
结构：矩阵式 环境：高度的不确定性 规模：中等，少量产品线 技术：非例行，较高的相互依存 战略目标：双重核心——产品创新和技术专门化	经营目标：同等地强调产品和职能 计划和预算：双重系统——职能和产品线 正式权力：职能和产品首脑的联合
优　势	劣　势
获得适应环境双重要求所必需的协作 产品间实现人力资源的弹性共享 适于在不确定环境中进行复杂的决策和经常性的变革 为职能和生产技术改进提供了机会 在拥有多重产品的中等组织中效果最佳	导致员工卷入双重职权之中，降低人员的积极性并使之迷惑 意味着员工需要良好的人际关系技能和全面的培训 耗费时间，包括经常的会议和冲突解决 除非员工理解这种模式，并采用一种大学式的而非纵向的关系 来自环境的双重压力

资料来源：DUNCAN R. What is the right organization structure? decision tree analysis provides the answer[J]. Organizational dynamics, 1979, 7(3): 59-90.

在一个复杂多变的环境中，矩阵式结构使组织具有灵活性和适应性。然而，矩阵式结构并不能解决组织结构的所有问题。很多公司发现，矩阵式结构建立和维持起来很困难，因为权力结构的一方常常占据支配地位。这种情况导致矩阵式结构衍生出两种形式——职能式矩阵和项目式矩阵。在职能式矩阵中，职能主管拥有主要权力，项目经理或产品经理仅仅协调生产活动。与之相反，在项目式矩阵结构中，项目经理或产品经理负有主要责任，职能经理仅仅为项目安排技术人员并在需要时提供专业技术咨询。

3.3　跨国公司管理组织结构新发展

全球化浪潮影响着跨国公司管理组织结构：①向更少层级、更多自我管理型团队和网络结构转化，这给群体和活动提供了自主权。许多跨国公司，如沃尔玛和 Quad/Graphics 都采取了新的组织形式。②不断变化的环境，促使组织和员工必须正视现实，并学会从全球角色的角度来思考自我，尽力通过全球联盟以获得优势。③通过国际联盟和合资公司方式寻求国际竞争优势。一些全球型的跨国企业由复杂的国际化矩阵式结构或跨国结构组成，这种结构使它们能够实现全球化，并同时在更多的国家拓展。

全球化等国际力量及其对个人和公司的影响意味着行动要更为迅速，组织要更有灵活性，发展和创新变得至关重要。新的组织结构必须能够扩大国内或全球优势。最新的组织结构创新包括横向型公司、业务流程再造工程，以及动态网络结构。这些创新的结构或模式通过新的方式开发利用人力资源，以给公司带来竞争优势。

3.3.1 横向型公司

横向型公司在职能式结构的基础之上淘汰了纵向层级制度和部门边界。这种新模式围绕工作流程或过程而非部门职能来建立结构。而纵向的层级组织,可能只在某些传统的支持性职能部门,如财务和人力资源部门少量存留。管理的任务委托到更低的层级,由多职能、自我管理型团队进行新产品开发等组织活动。顾客作为组织驱动因素,流程必须以满足顾客需求为基础,鼓励组织与顾客之间的联系。

横向结构拥有团队自我管理的特点,其最显著的优势在于能够缩短反应时间和快速决策,这也就意味着更高的顾客满意度。这种结构消除了部门间的障碍,促进员工有意识地进行合作,培养了员工的团队精神。同时,由于团队自我管理取代了传统的管理,上层管理费用也减少了。

然而,组织由纵向结构向横向结构的转变是一个漫长而困难的过程,需要在工作设计、管理哲学、信息系统以及激励政策方面进行重大调整。管理者需要培养自己团队管理的能力,目标是成为教练员,为员工提供便利的发展条件,而不仅是"监工";员工需要培养自身的团队精神以便在团队中高效地工作,还需要用更多时间参加会议并与他人达成一致;组织则需要重新设计信息系统,以便及时向员工提供所需信息。此外,组织还要对团队的绩效予以奖励。

在向横向型组织和自我管理团队的转变过程中,也存在一种危险,即公司围绕流程来设计组织,但却没有进行分析以及将流程与组织的关键目标联系起来。下面我们将讨论的再造工程可以避免这种情况的发生。

3.3.2 业务流程再造工程

再造工程是一种针对业务流程彻底再设计的跨职能的创新。它将导致组织结构、文化、信息技术的同时变更,并在顾客服务、质量、成本、速度等方面引起绩效的重大提高。再造工程促进组织放弃过去失效的工作方式,对如何更有效地工作提出挑战。其思想在于消除工作流程中的死角和时滞,在顾客的驱动下,公司按照消费者的价值观围绕关键目标和核心竞争能力来组织设计流程。

再造工程对组织结构、文化和信息系统会产生影响:①再造工程通过对工作的跨职能重新设计,促进组织结构从纵向注重职能发展到横向注重流程。②当公司扁平化,更多的权力转向下层时,公司文化便发生了变化。低层的员工被授予决策权,并对绩效的改进负有责任。信任和对过失的宽容成为核心文化价值观。③随着工作流程向过程的转变,信息系统也需要跨越部门边界。信息系统必须进行重新设计以使员工能够迅速从组织信息系统获得所需资料。

再造工程和所有经营理念一样,它也有自己的劣势:成本高、耗时多,而且常常是一件痛苦的事情。领导者应该意识到再造工程是一个长期工程,要求在思维方式和组织系统各部分都有重大的转变。

3.3.3 动态网络结构

20世纪90年代,一些公司趋向于集中从事自身擅长的活动,而将剩余部分交由外部专家来处理,由此衍生出动态网络结构(图3-7)。该结构以自由市场模式组合替代传统的纵向层级组织。公司自身保留关键活动,对其他职能,如销售、会计、制造进行外包,通常由一个小的总部来协调或代理。在多数情况下,这些分立的组织通过电子手段与总部保持联系。该结构先后经历了国际事业部结构、全球产品事业部结构、全球区域事业部结构、全球矩阵结构以及跨国模式。

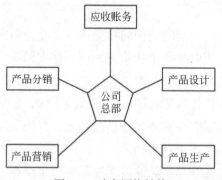

图3-7 动态网络结构

1. 国际事业部结构

当一个公司能够很好地把握国内市场时,在经济全球化的影响之下,组织必须寻求国际机会,使之继续成长,也就是由国内阶段发展到国际化阶段。相应地公司出口部门也成长为国际事业部。国际事业部与公司内其他主要部门拥有同等地位(图3-8),

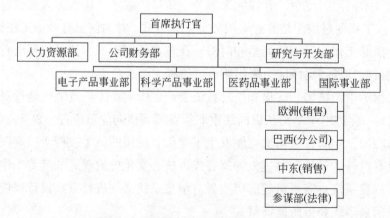

图3-8 附有国际事业部的混合式结构

资料来源:SIMMONDS K. Global strategy and the control of market subsidiaries[M]. New York: Business International Corp., 1984: 183.

同时它也拥有自己的层级来管理针对不同国家的特许经营、合资企业,但是产品和服务来自国内事业部。

2. 全球产品事业部结构

企业由国际化阶段成长为跨国阶段的时候,国际大舞台导致了更复杂的组织结构,最典型的结构是全球产品结构和全球区域结构。

在全球产品事业部结构中,产品事业部负责其产品范围内的全球业务。每个事业部的管理者负责计划、组织和控制在全世界范围内的产品生产和分销活动。当事业部分管的产品在技术上很相近,可以在世界市场上实行标准化,并由此实现规模经济,达到生产、营销和广告标准化时,这种基于产品的结构效果很好。

Eaton 公司是采用全球产品事业部结构的跨国公司之一。在此结构中,全球汽车配件部、全球工业部和其他一些部负责业务范围内的产品制造与销售。国际副总裁负责每个地区的协调人员,包括日本、澳大利亚、南美和北欧的协调人员。协调人员设法共享设备,并改善所有在本地销售的产品的生产和配送(图3-9)。

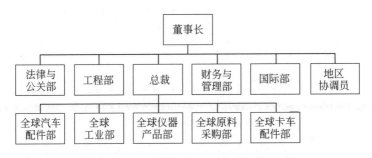

图 3-9　Eaton 公司的全球产品事业部结构

资料来源:SIMMONDS K. Global strategy and the control of market subsidiaries[M]. New York: Business International Corp., 1984: 187.

全球产品事业部结构对于全球标准化生产和销售很有效,但也存在问题。通常全球产品事业部之间不能很好地一起工作,在一些国家以竞争取代了合作,而有些国家可能会被产品的经理忽略。Eaton 公司采用的解决办法是使用国家协调员,其职能就是设法解决这些问题。

3. 全球区域事业部结构

跨国公司在跨国阶段使用的另一种组织结构是全球区域事业部结构。它将世界分成不同地区并分别设立事业部,如亚太事业部。事业部有权控制其地理范围内所有职能活动,但需向公司的首席执行官报告工作。使用这种结构的公司趋向拥有成熟的产品线和稳定的技术,并对不同地区实行不同的营销和销售活动,且生产成本较低。从战略上讲,这种结构以差异化获得相应区域的竞争优势。

运用这种结构的问题来源于各区域事业部的自主权。在这种结构下，很难制订全球规模的计划，如新产品研发，因为每个事业部只是为了满足该区域的需求而运作；新的国内技术或产品很难转移到国际市场，因为每个事业部可以根据需要自己进行开发。同样，将海外的先进产品迅速引入国内市场也是件困难的事。此外，跨地区间常存在产品线或职能经理的重复。一些公司在设法利用区域结构的优点，同时克服问题。

陶氏公司采用的是全球区域事业部结构。该公司解决跨地区的协作问题的方法是：设立一个公司级别的产品部门，制订长期计划，实现国际产品合作与沟通，以此来保持对各地区的关注，并且在总体计划、管理人员精减、制造和销售效率等方面实现了协调，如图 3-10 所示。

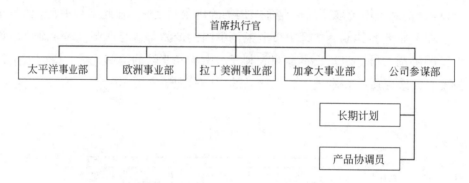

图 3-10　陶氏公司的全球区域事业部结构

资料来源：SIMMONDS K. Global strategy and the control of market subsidiaries[M]. New York: Business International Corp., 1984: 193.

4. 全球矩阵结构

当公司进入全球化阶段，组织的发展超越了单个国家，在国内外设立连锁分公司，使得组织不再局限于母国，而是在全球市场上进行运营。全球化的公司组织结构相当复杂，通常会发展为全球矩阵或跨国模式。

全球矩阵结构可以帮助组织平衡产品标准化和地理区域之间的利益关系，共享资源，同时达到两方面的协调。在全球矩阵结构中，结构顶部是首席执行官和一个由高层管理者组成的国际执行委员会。国际执行委员会经常在世界各分公司或子公司召开会议。矩阵的一边是公司的业务领域。各业务领域的负责人要负责在全球范围内经营本领域的生产和服务，如调配出口市场、进行成本核算、制定质量标准等，还要成立国际混合团队以解决重大问题。矩阵的另一边是国家结构，设在各东道国的经理负责该国业务，对当地经营的损益与人力资源等工作负责，通常由东道国本国人担任。各个地区的子公司或分公司经理需向两个上级汇报工作，即业务领域主管（通常处于国外）和东道国公司的主管。如图 3-11 所示。

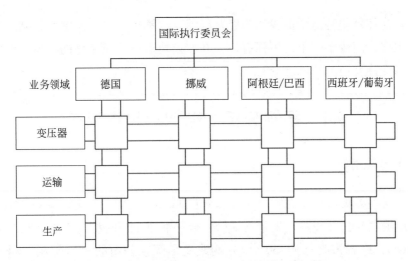

图 3-11　全球矩阵结构（交点处为当地公司）

资料来源：达夫特. 组织理论与设计精要[M]. 李维安，译. 北京：机械工业出版社，1999：10.

5. 跨国模式

像飞利浦、联合利华和宝洁这样的大型全球性公司，为了同时获得全球和地方优势（技术、创新或职能），并同时处理两个以上的竞争问题，往往采用更为复杂的跨国模式。跨国模式不仅仅是一种结构上的创新，更是一种新的思维模式和价值观，代表了完成世界系统工程所需的理想化结构。该模式能够解决组织过于庞大所带来的规模问题，调动各卜属机构的参与意识，信息共享，促进全球协作。

跨国模式还没有完全定义，我们通过描述其特征来界定它：①跨国模式细分为许多不同类型的中心。其不一定只有一个总部，遵循"弹性集中"原则，可能在某国集中一些职能，在另一国集中一些职能，而在其诸多按地区分布的业务上分散别的一些职能。这些活动可以由一个大型事业总部来协调。②下属机构管理者从事的战略和创新也成为整个公司的战略。在跨国模式中，组织的不同部分有不同的能力并影响公司。不存在单一总部的概念和明确的上下层级责任关系。各个国家所有层级的管理者都有权提升创新应变能力，改善创新工程，以适应新发现的本土化趋势，并将其创新理念传播到世界范围。跨国模式致力于一种世界范围的持续的学习。③作为一种横向结构，跨国模式通过公司文化、共同的愿景与价值观，以及管理风格来实现协调与合作，而不是通过纵向的层级制。这种共同的愿景、价值观和理想，实现了庞大组织的合作、协调与员工激励，是一种充分共享并具有凝聚力的组织文化。④与公司其他部分或其他公司创建联盟。跨国模式通过强有力的相互依存来整合过于分散的资源和职能。组织的各部分都可以作为独立的催化剂，与其他企业或下属机构集中起来，改进绩效。这些联盟可能包括合资企业、与政府的合作、特许经营。

跨国模式实际上是一种概括组织结构的复杂的模式，它与日益壮大的全球公司联系在一起，这种公司将整个世界作为经营领域，而不再以单一国家为基础。组织各部分拥有自主权，使较小的单位更强有力，并使公司适应快速变化的环境，抓住竞争机遇，补充和支持公司的其他部分。

3.4 案例分析：壳牌的组织变革

3.4.1 基本案情

英国—荷兰的英荷皇家壳牌公司（Royal Dutch Shell）（简称"壳牌"）1907年由英国壳牌运输贸易公司和荷兰皇家石油公司合并而成（当时称为RDS集团），前者占收益的40%，后者占收益的60%。并购改变了两家公司的命运，在亨利·迪特丁（Henri Deterding）的带领下，壳牌迅速在世界范围内扩张，在欧洲以及亚洲大部分地区建立了营销公司，并在俄罗斯、罗马尼亚、委内瑞拉、墨西哥以及美国等地进行勘探和生产。

第一次世界大战期间，壳牌成为英国主要燃料供应商。20世纪20年代末期，壳牌成为世界领先的石油公司，并建立了壳牌化学制品公司。但是30年代的大萧条迫使壳牌裁员，第二次世界大战导致其大量财产被毁。第二次世界大战后，壳牌以重建和对外扩张为发展标志。科学与工程技术方面的进展促使美国的汽车数量增加，也引起对石油需要的增加。壳牌发明了喷气式发动机，与法拉利公司合作开发赛车用燃油。50年代末期壳牌开始重组。

20世纪60年代，壳牌强化在中东的市场占有率，先后发现荷兰格罗宁根天然气田和北海天然气田，壳牌化学制品进入黄金研究时期。1973年，石油危机结束了低价能源的历史，壳牌采纳了多元化经营战略。1976年，为确保全球经营的道德业务标准，壳牌印制了"壳牌一般业务原则"（Shell general business principles）。1979年的双伊战争推动壳牌多元化经营更上一层楼。

20世纪80年代，壳牌通过兼并涉足几项近海勘探项目。90年代，壳牌开发了液化天然气（LNG）业务。进入21世纪之后，壳牌进入亚洲的几个新业务领域。2005年，RDS集团完成了主要的结构重组，即皇家荷兰石油和壳牌运输与贸易公司统一为皇家壳牌公司，即我们熟知的"壳牌"。

20世纪90年代以来，从销售额、利润额到资产总额，壳牌一直在《财富》世界500强名列前茅，2020年居第5位，营业收入和利润分别为3 521.06亿美元和158.42亿美元，是世界第二大石油公司，仅次于中国石油天然气集团公司。壳牌在全球超过70个国家和地区开展业务，雇用约83 000名员工，在22家炼油厂中拥有权益，每天生产370万桶油当量，主要经营石油、天然气、化学制品、煤炭和金属业务。公司总部位于荷兰海牙，现任首席执行官为范伯登（Ben van Beurden）。壳牌秉持的发展战略寻求强化其在油气行业的领先地位，同时以负责任的方式促进满足全球能源需求。安全以及环境和社会责任是其一切经营活动的核心。

3.4.2 案例评析

壳牌 100 多年长盛不衰的发展历史，与其及时的组织结构变革分不开。1950—1994 年，壳牌主要按地理位置来安排公司的组织结构。公司建立了 4 个洲级地区总公司，而且在有关国家和地区建立分公司，这些分公司通过多层次的管理系统向总公司报告，这是一种矩阵式的组织结构。在实际工作中，这种矩阵式结构起了一定的积极作用，但也引发了一些问题：每个分公司差不多都要从事勘探开采、炼油、销售等业务，总部的后勤服务部门负责向分公司提供法律、财务、信息以及其他各项服务，这就意味着分公司往往要接受多部门、多层次的管理和领导。

1995 年 3 月底，壳牌宣布对公司的组织结构进行重大调整。壳牌公司荷方董事长赫克斯特罗克的解释是：壳牌公司的表现远不如国际上的其他竞争对手。公司 10.4%的投资收益率在石油行业来说是相当一般的，不能满足公司长期发展的需要。公司现行的组织结构不适应低油价的商业环境，难以面对日益激烈的市场竞争。

作为一家大型跨国公司，壳牌这次进行重大改组带有浓厚的"精官简兵"的味道。壳牌首先拿公司总部开刀，决定取消地区总公司和精简后勤服务部门，一些权力很大的地区总公司总管在这次机构改组过程中被"炒鱿鱼"。壳牌将在伦敦和海牙两个总部工作的雇员人数由原来的 3 900 名减少到 2 700 名，裁员的幅度高达 30%。仅此一项，壳牌每年就可节省 1 亿英镑的开支。

壳牌这次改组的主要内容，就是打破公司传统的矩阵式组织结构，减少管理层次，按公司的主要业务范围建立相应的商业组织，由过去按地区和部门的多头管理转变为按业务范围进行直接管理。具体来说，壳牌按其所经营的勘探开采、石油产品（炼油和销售）、化工、天然气及煤炭这五大类主要业务建立相应的 5 个商业组织。这五大类商业组织就形成了壳牌的核心业务部门，壳牌在世界各地的分公司都必须按其业务范围直接向商业组织报告。由此可见，壳牌的这次改革并没有对其在各地的分公司进行改组，而是调整了它们与公司总部有关部门的关系。上述五大类商业组织负责制定与各自业务有关的重大经营战略和投资决策，各地的分公司则负责具体实施这些战略和决策。这样，各地的分公司仍可保持其地方特色，使各自的经营更符合本地的特点。通过此次组织变革，下属分公司的主管在享有更大自主权的同时必须对本公司的经营状况直接负责，由此确保在公司经营战略得以实施和对下属公司实行有效的管理及制约的同时，能最大限度地发挥一线企业的主观能动性。

西方企业界人士认为，壳牌的这次精简总部和取消矩阵结构的做法，充分表明西方大型跨国公司的组织管理机构正在发生深刻的变化。

资料来源：马述忠，廖红. 国际企业管理[M]. 3 版. 北京：北京大学出版社，2015：326-327；Shell Global. About us: our history[EB/OL]. https://www.shell.com/about-us/our-history/1960s-to-the-1980s.html.

3.4.3 思考

思考一：试阐述壳牌组织变革对其全球扩张的影响。

思考二：试总结壳牌组织变革的路径。

本 章 小 结

跨国公司最主要的三种法律组织形态是母公司、子公司和分公司。母公司是指通过拥有其他公司一定数量的股权或通过协议方式能够实际控制支配其他公司的人事、财务、业务等事项的公司。它实际控制子公司的经营管理权，对子公司承担有限责任，通常以参股或非参股安排行使对子公司的控制。子公司是指一定比例的股份被另一家公司拥有或通过协议的方式受到另一公司实际控制、支配的公司。它具有独立法人资格，在经济上和业务上被母公司实际控制，母公司对子公司进行实际控制或是基于支配性协议等非股权安排。分公司是总公司的分支机构。它没有法人资格，没有独立的财产，没有独立的公司名称和章程。跨国公司根据不同战略，分别选择设立子公司和分公司。

跨国公司管理组织结构是为实现组织战略目标而采取的一种分工协作体系。组织结构必须随着组织的重大战略调整而调整。跨国公司在其发展过程中，已经形成五种最基本的组织结构类型，即职能式结构、事业部式结构、区域式结构、混合式结构以及矩阵式结构。在职能式结构中，组织从上至下按照相同的职能将各种活动组合起来。事业部式结构是基于组织产出划分部门，每个部门又包括研发、生产、财务和市场等职能部门。区域式结构是基于用户或顾客对结构进行整合，以满足不同国家、不同地区的消费需求。混合式结构不再强调以单纯的职能、事业部或区域的形式存在，而是同时强调两种特征，如产品和职能或产品和区域。矩阵式结构能够有力地实现部门间的横向联系。当环境既要求专业技术知识，又要求每个产品线能快速作出变化时，就可以应用矩阵式结构。它的独特之处在于，能够让事业部式结构和职能式结构（横向和纵向）同时实现。五种不同的组织结构具有不同的优劣势，具体采用哪种，则需要根据企业自身具体情况以及所处环境进行确定。

全球化等国际力量及其对个人和公司的影响意味着行动要更为迅速，组织要更有灵活性，发展和创新变得至关重要。新的组织结构必须能够扩大国内或全球优势。最新的组织结构创新包括：横向型公司、业务流程再造工程，以及动态网络结构。动态网络结构先后经历了国际事业部结构、全球产品事业部结构、全球区域事业部结构、全球矩阵结构以及跨国模式。

壳牌的组织变革是值得深入研究的案例之一。

思 考 题

1. 跨国公司的母公司、子公司和分公司的含义分别是什么？
2. 子公司和分公司的组织特性有何差异？
3. 简述跨国公司管理组织结构类型及其各自的优劣势。
4. 跨国公司管理组织结构有哪些新发展？
5. 试分析跨国公司组织结构发展的新趋势。

即 测 即 练

第4章

跨国公司的内部国际贸易和转移价格

【学习要点】

1. 跨国公司在对外扩张过程中,可以发生外部贸易,也可以发生内部贸易;外部贸易和内部贸易之间存在明显差异。
2. 来自内在和外在两个方面的原因促使跨国公司进行内部贸易;跨国公司内部贸易可以是母公司对子公司的出口、子公司对母公司的出口,还可以是不同东道国子公司之间的出口。
3. 跨国公司出于某种特定目的,由决策管理部门通过行政方式,针对交易对象进行转移价格,以为跨国公司带来经济利益;转移价格的制定有不同的方法和程序,也受不同因素影响。

【学习目标】

1. 掌握跨国公司内部贸易的含义及其与传统国际贸易的差异;掌握转移价格的含义及其经济利益。
2. 熟悉跨国公司内部贸易的动因、类型和特点;熟悉转移价格的制定方法及其影响因素。
3. 了解转移价格的制定程序。

谷歌的"荷兰三明治"

2011年5月30日,英国《星期日泰晤士报》引用美国证券交易委员会(SEC)提供的数据称,美国互联网搜索引擎巨头谷歌利用旗下空壳公司转移利润,在过去5年避税至少32亿英镑(约合46.3亿美元)。

谷歌复杂的避税手段和过程如下:谷歌首先在爱尔兰首都都柏林注册了一家"谷歌爱尔兰控股公司",在征得美国国家税务局同意后,谷歌将其搜索及广告技术版权授予谷歌爱尔兰控股公司。该公司拥有1 400名雇员,负责谷歌海外市场的销售广告。这样的结果是,谷歌的巨额海外收入名正言顺地避开了美国本土高达35%的企业所得税税率,谷歌在爱尔兰的公司仅需上交12.5%的企业所得税税率,远低于美国的企业所得税税率。2006—2011年,谷歌利用旗下海外公司转移利润至少逃避了46.3亿美元的应纳税费。曾服务于美国财政部的税务经济学家沙利文表示:"谷歌的企业所得税有效税率如此之低,实在值得注意。这家公司在全球多个国家运作,而这些国家的企业所得税税率都偏高,平均超过20%。"

不过,避开美国本土的高额企业所得税税费只是谷歌全球避税的一步。因为谷歌爱尔兰控股公司还另设有一家子公司,专门负责处理英国市场的广告业务,即使身处英国的客户,要想在谷歌的网页上做广告,也得与爱尔兰的公司联络,谷歌由此又避开了英国高达28%的企业所得税税率。

为了将海外营业收入顺利转移到避税天堂百慕大,谷歌采用了一种被税务律师称作"双爱尔兰"和"荷兰三明治"的迂回路径。例如当一个位于欧洲、中东或非洲的公司在谷歌网站刊登一条搜索广告,公司所付的费用将进入位于爱尔兰的谷歌。但是爱尔兰的法律却使谷歌很难将它获得的利润在没有缴纳大额税收的情况下直接送到百慕大,于是谷歌使用了迂回路线。由于爱尔兰的税收政策不适用于位于其他一些欧盟国家的公司付款,所以谷歌在荷兰设立了一家几乎没有员工的空壳公司作为附属公司,即谷歌荷兰控股公司。之后,谷歌将爱尔兰公司的利润转移到了谷歌荷兰控股公司。该公司把约99.8%的利润以"版权费"的名义再转移至百慕大,由于百慕大不向版权费征税,于是谷歌就实现合法避税。这就是著名的"荷兰三明治"。而百慕大附属子公司事实上隶属爱尔兰控股公司,所以该路径被称为"双爱尔兰"。

经过一番避税运作,2010年,谷歌全球营业收入高达178亿英镑(约293亿美元),其中52%来自美国以外的市场,但海外税率仅为3%。如英国的企业所得税税率为28%,谷歌在英国平均每年广告营业收入都能高达20亿英镑,但谷歌每年仅在英国纳税约300万英镑。

但是,这并不是谷歌首次陷入"避税门"。《星期日泰晤士报》曾披露,谷歌2008年在英国的广告营业收入高达16亿英镑,但只纳税14万英镑,少交4.478 6亿英镑之多。

资料来源:佚名. 谷歌再陷"避税门"利用空壳公司5年避税46亿美元[EB/OL].(2011-06-01)[2015-01-14]. http://news.xinhuanet.com/world/2011-06/01/c_121482907.htm.

4.1 跨国公司的内部国际贸易

第二次世界大战之后,以制造业跨国公司为代表的跨国公司得到空前发展,给世界贸易带来了巨大影响,主要表现于:①跨国公司国际分工给国际贸易带来了新的内涵。传统的国际贸易主要属于公司间贸易(inter-firm trade),即外部贸易,而随着跨国公司的发展,外部贸易得到丰富的同时,国际贸易内涵,即公司内部贸易(intra-firm trade）也得到丰富。②跨国公司在国际贸易中占据的地位越来越重要；与此同时，随着国际分工的进一步发展，跨国公司的外部贸易和内部贸易也在发生悄然变化，内部贸易的地位越来越凸显。因此非常有必要对其展开细致的了解。①

4.1.1　跨国公司内部国际贸易的含义

跨国公司内部国际贸易，指的是在跨国公司内部展开的有关中间产品、原材料、技术和服务的国际流动，包括跨国公司母公司与海外子公司之间、同一跨国公司系统中处于不同东道国子公司之间产生的国际流动。

跨国公司内部国际贸易又称为跨国公司内部贸易，此交易行为导致商品或劳务出现跨越国界的运动，同时交易双方又都同属于一个所有者，即同一个跨国公司体系之内。也就是说，此交易行为既有国际贸易的特点，也具有同一个公司内部进行调拨的特点。因此，它应该是一种特殊形式的国际贸易。

日本丰田汽车公司内部国际贸易就是一个很好的范例（图4-1）。日本丰田汽车公司在东南亚地区汽车零部件的内部国际贸易，由设在新加坡的丰田汽车管理服务公司协调，充分发挥各个子公司专业化分工的优势。丰田汽车公司安排泰国生产柴油机等、菲律宾生产变速器等、马来西亚生产转向减震器等、印度尼西亚生产发动机等。丰田汽车公司内部国际贸易提升了它的经营效益，是丰田汽车公司近年来一直位列世界500强前列的主要原因之一。例如，2018年《财富》世界500强中，丰田汽车排名第6位。2017年营业收入为2 651.72亿美元，利润为225.10亿美元。②

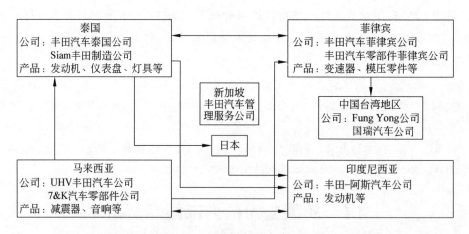

图4-1　1995年日本丰田汽车公司零部件跨国生产网络
资料来源：林康. 跨国公司经营与管理[M]. 北京：对外经济贸易大学出版社，2009.

---

① 滕维藻，陈荫枋. 跨国公司概论[M]. 北京：人民出版社，1994.
② 2018年财富世界500强排行榜[EB/OL]. http://www.fortunechina.com/fortune500/c/2018-07/19/content_311046.htm.

4.1.2 跨国公司内部国际贸易与传统国际贸易的差异

跨国公司内部国际贸易属于一种特殊形态的国际贸易，因为该贸易既具有传统国际贸易的特点，又同属于一个跨国公司，在一定程度表现为跨国公司内部商品的调拨。这也决定了跨国公司内部国际贸易与传统国际贸易存在明显差异，主要体现在交易动机、所有权转移、定价策略以及国际收支影响程度等方面。

1. 交易动机方面的差异

跨国公司内部国际贸易交易动机是实现跨国公司系统内部一体化经营与管理，保证上下游企业之间中间产品、原材料的及时供给和生产的按时完成，控制技术外溢现象发生等。传统国际贸易的交易动机则是以进入新市场和盈利为目的。

2. 所有权转移方面的差异

跨国公司内部国际贸易中有关商品和服务的国际流动只是在同一个所有权主体的不同分支机构之间的转移，并没有流向所有权主体之外，因此不会发生所有权的变更。传统国际贸易中商品和服务的国际流动，强调的是国际市场相互联系并完成交换过程，一旦交易完成，商品和服务的所有权就发生转移，即由卖方转到买方。

3. 定价策略方面的差异

跨国公司内部国际贸易采用的是转移价格的定价策略。跨国公司内部国际贸易价格是由公司内部来确定的，取决于跨国公司内部市场，与生产成本没有任何关系，也与国际市场价格根本没有什么关系。

传统国际贸易的价格则是按照国际市场的供需关系来确定的。当国际市场上出现垄断价格时，它垄断的也仅仅是外部市场，制定的是针对外部市场的垄断价格，攫取的是外部市场的垄断利润，与转移价格无关。

4. 国际收支影响程度方面的差异

跨国公司内部国际贸易虽然不同于传统国际贸易，但它也是跨越国家边界的国际贸易，因此，跨国公司内部国际贸易同样也会影响各国国际收支。跨国公司内部国际贸易双方在进行结算时，会依据各国汇率变动而延迟或提前支付相应款项，以达到跨国公司整体利润最大化，该做法对于国际收支的影响更具有隐蔽性。而传统国际贸易中，在相关合同约定的支付期之前必须完成结算，对国际收支的影响更明显。

4.1.3 跨国公司内部国际贸易的动因

跨国公司之所以进行内部国际贸易，有来自外部的原因，如适应国际分工进一步深化、避免外部市场不确定性等；也有来自内部的原因，如追求利润最大化、保持技术优势、提高交易效率等。

1. 适应国际分工进一步深化

随着跨国公司的发展，传统意义上的跨国公司间分工转化为跨国公司内部分工。跨国公司的内部分工基本上经历了三个阶段，在不同的阶段出现相应的内部国际贸易与其适应：①第二次世界大战之后到20世纪60年代末期，以垂直一体化为主导的纵向分工为基础，形成了跨国公司纵向内部国际贸易，多发生于跨国公司母公司与其子公司之间，主要保证原材料供应。②20世纪70年代，基于以水平一体化为主导的水平分工，形成了跨国公司横向内部国际贸易，多发生于跨国公司各个子公司之间，主要提供中间产品。③20世纪80年代之后，跨国公司间的竞争更加激烈，迫使跨国公司在全球范围内重新进行研发、生产、购销等的布局，在全球范围内重新布局自然会扩大跨国公司内部国际贸易。这也是跨国公司内部国际贸易近年来激增的原因所在。

2. 避免外部市场不确定性

跨国公司在生产经营过程中，需要原材料、中间产品以及先进技术的大量投入。如果依赖于外部市场，那么跨国公司的生产经营活动将面临无法回避的风险，如原材料和中间产品的供应不及时、质量问题、价格剧烈波动，甚至仿造产品充斥市场等。对于这些风险，跨国公司内部国际贸易则可以有效避免，因为：①可以降低原材料、中间产品等的搜寻成本。②可以降低为达成合理条件（如价格、交货方式、交货日期等）而产生的谈判成本。③可以降低为保证合同顺利执行而产生的监督成本。④可以降低因技术外溢而增加的研发成本。

3. 追求利润最大化

追求投资收益长期最大化是跨国公司经营的根本性目标。投资收益的利得者，自然是跨国公司的投资者，即股东。跨国公司内部国际贸易可以有效帮助投资者获得更高的利润，因为：①可以通过内部市场交易减少交易成本。②可以通过跨国公司内部定价，减少税收，避免汇率风险。

4. 保持技术优势

技术是跨国公司能否保有持续性竞争力的关键，因此跨国公司每年都会投入大量的研发费用，其数量之大已经达到了令人瞠目的地步。但是如何既能巩固并保护研发成果、保持技术优势，又能充分利用先进技术谋得更高利润呢？目前，大多数跨国公司都采用了内部国际贸易方式。通过内部国际贸易方式，买卖双方处于同一家跨国公司系统之内，可以有效避免买卖双方通过外部市场进行交易时在谈判过程中造成的技术外溢，最终保持了技术优势，为提高跨国公司整体经营利润提供了保障。

5. 提高交易效率

一般情况下,通过外部市场进行交易会造成低效率,因为:①买卖双方因为利益对立,往往在所有权交换过程中会引起某些摩擦。②信息在传递过程中造成失真。③在交易过程中信息不对称等。跨国公司内部国际贸易可以在一定程度上避免上述情况的发生,因此可以提高交易效率。

4.1.4　跨国公司内部国际贸易的类型

跨国公司内部国际贸易基本上可以划分为三种类型:母公司对子公司的出口、子公司对母公司的出口、不同东道国子公司之间的出口。

1. 母公司对子公司的出口

制造业跨国公司刚刚实施对外扩张时,往往需要母公司通过内部国际贸易为子公司提供必要的办公设备、生产线等,以帮助子公司建立生产性工厂,此时多发生母公司对子公司的单向出口。随着跨国公司国际生产网络的不断完善,该类跨国公司内部国际贸易比重会逐步减少,同时也会出现母公司与子公司之间的双向出口。总体来讲,该类跨国公司内部国际贸易水平相对较低。

2. 子公司对母公司的出口

一些资源寻求型跨国公司向海外扩张的目的是弥补国内自然资源的短缺,或者是寻求海外稀缺的特定的自然资源,或者通过利用海外廉价劳动力以降低生产成本等。这类跨国公司在海外建立生产企业之后,会把子公司生产的产品通过内部国际贸易向母公司出口,以满足母国市场的需求。这类内部国际贸易属于子公司对母公司的出口,会随着跨国公司国际生产网络不断完善而逐渐增加。

3. 不同东道国子公司之间的出口

跨国公司规模越来越大,专业化分工越来越细,整条价值链涵盖了研发、原材料采购、零部件生产、加工、装配、财务、会计、法律、宣传、人力资源、销售等数十个环节,推动了跨国公司内部国际贸易的蓬勃发展。在跨国公司一体化的国际生产体系中,大量的原材料、中间产品、技术、资金等不断地在母公司与海外子公司之间、不同东道国子公司之间跨国界流动,而且越来越多的流动发生于不同东道国子公司之间,使得不同东道国子公司之间内部国际贸易的比重不断上升。

4.1.5　跨国公司内部国际贸易的特点

跨国公司内部国际贸易是一种特殊形式的国际贸易,它本身具有一些独有的特点。

1. 利用转移价格兼顾各方利益

跨国公司对外扩张的步伐越来越快,在世界范围内设立的子公司越来越多,跨越的地理区域也越来越多。在此趋势下,跨国公司很可能重新调整其组织结构,并按照地理位置细划分工。从跨国公司整体来看,公司内部专业化分工有利于提高劳动生产率,获得规模经济效益,抑制技术外溢。国外子公司只着眼于本子公司的利益,再加上国外子公司采用的是多样化股权安排,使得国外子公司与母公司之间形成多样化、多层次、复杂的经济关系。这种利益差异,必然造成母公司整体利益与子公司局部利益之间的矛盾与冲突。如何克服该矛盾与冲突是跨国公司必然要面对的。有效解决办法就是在跨国公司内部实行转移价格。转移价格可以在全球范围内的跨国公司整个系统内部实现,通过各方协调努力,最终满足各自利益。

2. 不发生贸易标的所有权的外向转移

跨国公司内部国际贸易发生于不同国家之间,标的物经历了进出口各种手续以及跨越国界的陆上、海上、空中的长途运输,但是它依然发生于跨国公司自身系统之内,并没有超出跨国公司系统。换句话说,跨国公司内部国际贸易标的是在跨国公司内部不同分支机构之间转移,与跨国公司外部其他企业、政府、个人无关,所以不存在贸易标的所有权向跨国公司系统外部转移的现象,即跨国公司内部国际贸易不发生贸易标的所有权的外向转移。

3. 制约于跨国公司整体战略规划

跨国公司内部国际贸易的标的主要是待售的最终产品以及待进一步加工或组装的中间产品。那么如何决定这两种产品在哪些子公司生产,生产多少,以及在哪些子公司之间或者母公司与子公司进行内部国际贸易?这些都制约于跨国公司整体战略规划,特别是内部国际贸易的规划。规划既包括短期规划,也包括中长期规划,涉及生产投资、资金筹措、市场营销、利润分配等多方面,这又直接影响跨国公司内部的专业化分工,以及跨国公司内部国际贸易的商品结构、商品数量以及地区结构。

跨国公司实行规划管理的目的是:在全球范围内调配资源,使之不断适应跨国公司整体发展战略以及不断变化的国内外市场环境,并在激烈的竞争与不断的变革之中,发展壮大企业。其手段是:遵循公司顶层设计规划,借助转移价格实施和调整规划。

4. 与跨国公司技术水平相关

保持跨国公司持续性竞争力的关键是保持其技术优势。手段之一就是采用跨国公司内部国际贸易方式。跨国公司内部国际贸易,可以有效避免买卖双方在外部市场进行交易时的谈判过程中,以及在履行合同过程中造成的技术外溢,最终保持跨国公司技术优势。

跨国公司进行内部国际贸易的程度与其技术水平密切相关，技术水平越高，越需要保密，越需要防止技术外溢，因此进行内部国际贸易的可能性就越大，程度越高；相反，可能性越小，程度越低。

4.2 跨国公司的转移价格

依据交易价格制定方式不同，跨国公司内部国际贸易价格可以划分为两类，即清洁价格和转移价格（transfer price）。清洁价格是跨国公司以交易商品或服务或技术的正常成本为基础的定价；转移价格则是跨国公司出于某种特定目的，由决策管理部门通过行政方式，针对交易对象确定的跨国公司内部划拨价格。

4.2.1 转移价格的含义

转移价格，国内又称为转让价格、划拨价格、调拨价格等，国外又称为公司内部价格（intra-company price）、内部价格（internal price）、记账价格（accounting price）等。具体来讲，转移价格是指从事跨国生产经营的企业系统内部（母公司与海外子公司、不同东道国子公司之间）在进行商品、服务和技术交易时执行的企业规定的价格。

转移价格包括：①可变成本转移价格，指的是以可变成本作为基数而确定的转移价格。由于一般产品的可变成本随生产规模和数量的扩大而下降，所以这种定价方法可以充分利用规模经济的好处。②总成本转移价格，指的是以可变成本和固定成本作为基数而确定的转移价格。这种定价方法考虑了产品的全部成本，如果销售成功，就可以保证各个子公司自身有一定的盈利，但它忽略了外部市场，缺乏灵活性和竞争性。③市场转移价格，指的是以外部市场价格作为基数而确定的转移价格。这种定价方法更多考虑的是竞争需求，目的在于争夺市场，扩大销售。④议定转移价格，指的是由跨国公司系统内参与内部国际贸易的双方协商议定而成的价格。这种价格着眼于跨国公司整体利益，与跨国公司全球战略目标密切相关，并不反映外部市场的供求关系或产品的成本因素。

4.2.2 转移价格的经济利益

由前文转移价格定义可知，转移价格发生于跨国公司系统内部，即母公司与海外子公司之间、不同东道国子公司之间，这就决定了转移价格形成的两种路径：①通过母公司与海外子公司之间的资产交易形成转移价格。②通过不同东道国子公司之间的资产交易形成转移价格。但不管是哪一种路径，跨国公司通过有效利用上述影响因素，都有可能为其自身带来经济利益，如调节利润、重新配置资金、控制市场、逃避税收、规避风险等。

1. 调节利润

跨国公司通过转移价格调节子公司在东道国的利润情况，目的是：①通过转移价格使新建子公司显示出较高利润率，帮助该子公司在竞争中建立良好信誉，便于在当地销售证券或取得信贷。②利用转移价格来降低在东道国获得较高利润的子公司的利润率，帮助该子公司回避东道国政府和居民的反感情绪。

2. 重新配置资金

对于一些限制子公司汇出利润的东道国，跨国公司就通过转移价格将子公司利润调回母公司。对于另外一些受东道国投资法令严格限制的子公司，在东道国资金发生困难时，跨国公司就通过转移价格为这些子公司融资。

3. 控制市场

利用转移价格，跨国公司可以大力支持海外子公司积极参与竞争。在市场竞争激烈的地区，母公司以极低的价格向海外子公司供应原料、零配件或成品，使海外子公司通过价格竞争击败竞争对手。转移价格是加强跨国公司对市场进行渗透、对付激烈市场竞争的有力工具。

不过，母公司也是有选择地支持海外子公司。对于那些拥有少数股权控制的海外子公司，母公司往往索取较高的转移价格，以限制这些海外子公司的活动，早日将其资本金抽回，减少风险。

4. 逃避税收

世界各国的税率不同，税则规定也不同。即便在同一个国家，对资本、红利、利息、专利权使用费等的计算也有不同的课税方法。正因为如此，跨国公司可以通过在本系统内部利用转移价格逃避税收。①逃避公司所得税。针对不同东道国不同的公司所得税税率和税则规定，跨国公司可以利用转移价格逃避纳税。其具体做法是以高转移价格从低所得税税率国家子公司向高所得税税率国家子公司出口，或以低转移价格从高所得税税率国家子公司向低所得税税率国家子公司出口，把利润从高所得税税率国家子公司转移到低所得税税率国家子公司，降低整个跨国公司的纳税总额（图4-2）。这种转移也许仅仅局限于账面转移，并不一定涉及货物的实际转移。②逃避关税。跨国公司内部国际贸易频繁发生，依据相关国家法律需要缴纳关税，不过跨国公司可以利用转移价格逃避关税，减少关税负担。对于高关税国家的子公司，跨国公司以偏低的转移价格发货，减少纳税基数和纳税额，降低进口子公司的从价进口税。

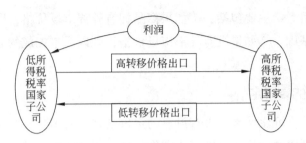

图 4-2　跨国公司利用转移价格逃避公司所得税示意图

5. 规避风险

跨国公司在对外扩张过程中会遇到各种各样的风险,如汇率风险、政治风险、通货膨胀风险等。跨国公司可以利用转移价格,有效规避风险:①汇率风险。近年来,世界外汇市场动荡不定,汇率波动剧烈且频繁。这给跨国公司带来了巨大的外汇风险,包括进行国际贸易的外汇交易风险和资产的外汇折算风险。通过转移价格,跨国公司可以有效避免或降低外汇风险。②政治风险。当跨国公司子公司面临东道国政治风险时,跨国公司就可以通过转移价格一方面把子公司的设备等物资以低转移价格转移出该东道国;另一方面以高转移价格卖出该子公司商品,索取高昂的服务费,将资金转移出该东道国,抽空子公司积蓄,达到从东道国调回资本的目的。③通货膨胀风险。通货膨胀主要影响企业的货币性资产,使企业持有的货币性资产的购买力下降,影响企业的财务能力。为减少这种损失,跨国公司通常把设在较高通货膨胀率国家子公司的货币性资产数额保持在最低限度。为此,跨国公司会调高设在较高通货膨胀率国家子公司出口的产品和服务等价格,或者调低这些子公司进口的产品和服务等价格,从而将这些子公司的货币性资产转移到较低通货膨胀率的国家,避免购买力损失。

延伸阅读:转移价格与社会诚信体系建设

4.2.3　转移定价的方法

针对不同类型的商品,跨国公司采用不同的转移价格制定方法,即转移定价方法,主要包括有形商品的转移定价和无形商品的转移定价。

1. 有形商品的转移定价

有形商品的转移定价包括:内部成本价加上调高(或者减去调低)的转移价格的定价体系;外部市场价格加上调高(或者减去调低)的转移价格的定价体系。对于前者,主要包括:①在一个以成本为中心的垂直一体化企业里,以成本作为转移定价的基础。②在一个以利润为中心的垂直一体化企业里,以成本加一定百分比的毛利作为转移定价的基础。③在生产同类产品的各生产单位之间,以成本加管理费作为转移定价的基础。对于后者，主要包括：①如果商品拥有外部市场价格，则以外部市场价格作为转移定价的基础。②如果没有外部市场价格，则以成本加成的方法作为转移定价的基础。[①]

2. 无形商品的转移定价

无形商品的价格可比性差，没有可靠的定价基础，跨国公司主要依据对市场信息的了解以及在谈判中的讨价还价来完成定价，即协调定价法。

在无形商品中，专有技术和专利权的转移定价最有代表性。这类产品在母公司和海外子公司之间转让时，也需要按照惯例由提供者授予特许使用权，并收取特许使用费，其支付可以用单独计价形式，也可以隐含在其他商品价格中。如美国规定，相关联企业对无形资产使用收费时，可以采用各部门适当分摊的方法，即分摊研发产生的利益、费用和风险，但这种分摊的标准只限于无形资产的成本费用，只能作为无形资产在相关联企业之间转让收费的一种参考。

3. 转移定价的具体操作方法

一般情况下，转移定价的具体操作方法有以下几种：①通过调高或调低零部件、中间产品等实物在不同东道国子公司之间的内部销售价格转移产品价值。②调高或调低海外子公司折旧费以转移产品价值。③在母公司和海外子公司之间人为地制造呆账、损失赔偿等，以转移资金。④通过调高或调低专利出口、技术和咨询服务、管理、租赁商标等服务费用，影响子公司的成本和利润。⑤通过提供贷款而确定的支付利息的高低，影响产品的成本费用。⑥利用产品的销售，给予子公司销售机构以较高或较低的佣金、回扣，以影响子公司收入。⑦通过向子公司收取较高或较低的运输、装卸、保险费用，影响子公司的经营成本。⑧通过向子公司索取过高的管理费用，或将母公司管理费用计入海外子公司的产品成本，来转移产品价值等。

4.2.4 转移定价的程序

一般来讲，制定转移价格的具体程序可以分为五个步骤，即确定转移价格目标、确定初步方案、确定实施方案、设立公司内部仲裁机构、定期检查和修订转移价格体系，如图4-3所示。

1. 确定转移价格目标

转移价格的目标包括调节利润、转移资金、控制市场、逃避税收以及逃避风险。在制定转移价格体系之前，跨国公司要依据母国、东道国、世界竞争环境，以及自身的战略目标，确定转移价格的具体目标，为制订相应的解决方案做准备。

---

① 林康. 跨国公司经营与管理[M]. 北京：对外经济贸易大学出版社，2009：140-141.

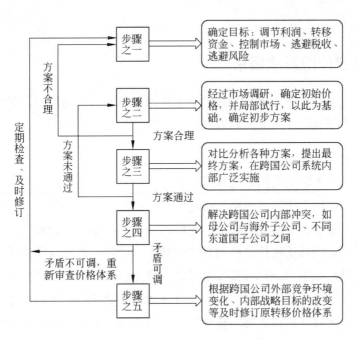

图 4-3 跨国公司制定转移价格的具体步骤

2. 确定初步方案

确定目标之后，在广泛的市场调研的基础上，确定包括主要生产系统转移价格、主要辅材料转移价格、其他转移价格等在内的初步价格实施方案，进行局部试行。如果方案实施结果比较令人满意，那么进行步骤三；如果方案在实施过程中发现诸多不合理，那么需要重新回到步骤一，反复调整，直到达到令人比较满意的实施结果。最后以此为基础，确定初步方案提交公司高层管理进行审定。

3. 确定实施方案

对比分析各种方案，如果方案可以通过，那么确定最终实施方案，并在跨国公司系统内部广泛实施，进行步骤四；如果方案没有通过，那么需要重新回到步骤二，重新制订方案。

4. 设立公司内部仲裁机构

在转移价格实施过程中，跨国公司内部可能会出现一些冲突，如母公司与海外子公司、不同东道国子公司之间。如果冲突能够解决，那么进行步骤五；如果冲突不能解决，说明方案根本不能执行，那么回到步骤一，重新确定转移价格目标。

5. 定期检查和修订转移价格体系

跨国公司相关部门应该密切注意外部竞争环境变化，以及内部战略目标的改变等，及时修订原转移价格体系，即重新回到步骤一，从确定转移价格目标开始，逐步重新制定转移价格。

4.2.5 转移定价的影响因素

跨国公司在制定转移价格时,需要考虑来自各方面的影响因素,主要包括竞争状况、税负、外汇管制以及东道国政治局势稳定性等。

1. 竞争状况

实施转移价格策略是跨国公司增强其整体竞争力的重要手段。跨国公司往往首先对两种类型的子公司采用转移价格策略进行扶持:①新设立的子公司,在生产、经营等方面都非常不成熟,竞争能力有限,凭借自身的能力难以在激烈的竞争中取胜。此时,跨国公司会采用调低转移价格的方式对其出口货物,达到补贴该子公司的目的,帮助该子公司增强竞争力,直到该子公司的竞争力得到切实改善。②在激烈竞争环境中处于不利地位的子公司,跨国公司也会考虑通过调低子公司进口货物的转移价格,同时调高该子公司对外出口货物的转移价格,人为地使子公司的盈利水平得到改善,增强其竞争力,达到能够与其他竞争对手抗衡的目的。

2. 税负

影响跨国公司制定转移价格的税负因素包括所得税和关税。各国税率不同,跨国公司可能通过人为调高或调低转移价格的手段来减少整个跨国公司系统的税负。跨国公司利用转移价格减轻税负将影响相关国家的税收收入,如将减少税率较高国家的税收收入、增加税率较低国家的税收收入,这可能会引起子公司所在东道国采取相应措施进行干预。

3. 外汇管制

外汇管制严格的一些国家,特别是发展中经济体,对资金的调出都加以严格限制,因此跨国公司往往利用转移价格在公司内部配置资金来规避东道国的外汇管制。

由于大多数发展中经济体对国际贸易中的外汇支付限制相对较少,所以跨国公司就在内部国际贸易中运用转移价格的方法逃避东道国的外汇管制。如跨国公司调高出口到该东道国子公司的货物价格,或者以高利率借贷款的方式将资金以利息形式调出。

4. 东道国政治局势稳定性

东道国政治局势稳定性直接影响着跨国公司及其东道国子公司的合法权益。在政治局势不稳定的东道国,跨国公司的合法权益往往会受到威胁。为减少因为东道国政治局势不稳定可能造成的损失,跨国公司往往将东道国子公司进口产品的转移价格调高,借此把更多资金转移至母国或其他第三国;同时把东道国子公司出口产品的转移价格调低,以便于用更隐匿的方式把子公司的实物资产移出。

延伸阅读

东道国政府对转移价格的管理

转移价格有可能损害东道国利益,为维护自身利益,东道国会实施相应的监管。一般情况下,东道国会采用比较定价法或者新的征税方法等监管方式。

(1)运用比较定价法进行监管。比较定价法指的是两种价格进行对比,之后再确定是否存在转移价格。具体是,东道国税务部门把"卖给无关联客户同样商品的价格"看作"正常交易价格",此价格作为审核跨国公司是否存在转移价格的依据。如果发现跨国公司某一个子公司进口商品/劳务价格过高或出口商品/劳务价格过低,那么税务部门就会要求跨国公司以"正常交易价格"为基准补交税款。

(2)对跨国公司投资企业采用新的征税方法。新的征税方法包括:①制定低于跨国公司母国税率的纳税标准。这种做法既可以减少或避免跨国公司利用税收差异动用转移价格,也有利于吸引 FDI。②统一课税方式(uniformity of tax treatment)。东道国政府在一定时间内统一各种税收的税率,在保证总的税收收入不变的前提下,减少跨国公司动用转移价格的可能性。③公式分配法税收(formular apportionment taxation)。通常情况下,东道国向跨国公司课征投入税、产出税、所得税三大类,其中所得税最重要。计算方法是,按一定公式估算出子公司应纳税利润,再按该子公司的利润与其他国家正常利润的一定比例课征所得税。

资料来源:林康. 跨国公司经营与管理[M]. 北京:对外经济贸易大学出版社,2009.

4.3 案例分析:斯沃琪集团避税案

4.3.1 基本案情

1. 背景材料

斯沃琪(Swatch)集团总部位于瑞士比尔市(Biel/Bienne),是由 ASUAG 和 SSIH 两家钟表公司于 1983 年合并成立的,1985 年正式命名为 SMH,1999 年初,SMH 集团改名为 Swatch。斯沃琪在全球拥有 160 多个产品制造中心,主要分布于瑞士、法国、德国、意大利、美国、维尔京群岛、泰国、马来西亚和中国。旗下拥有众多腕表品牌,其中包括斯沃琪(Swatch)、宝玑(Breguet)、宝珀(Blancpain)、雅克·德罗(Jaquet Droz)、格拉苏蒂(Glashutte)、莱昂·哈托特(Leon Hatot)、欧米茄(Omega)、浪琴(Longines)、雷达(Rado)、天梭(Tissot)、卡尔文·克莱恩(Calvin Klein)、雪铁纳(Certina)、美度(Mido)、汉米尔顿(Hamilton)、宝曼(Balman)、飞菲(Flik Flak)和力易得(Endura)。

斯沃琪能够达到如今的空前繁荣，尼古拉斯·G. 海耶克（Nicolas G. Hayek）功不可没。海耶克的创意在于"第二块手表"（second watch），认为手表并非一件精雕细琢的昂贵珠宝，而是用一种新颖、奇妙、塑胶的方式来表达一个人的个性和感觉，如优雅、迷人、感性、自然、醒目、诱惑等。由于价格不高，顾客在购买了"第二块手表"之后，很快会买第三块、第四块……斯沃琪已经生产了 3.5 亿多块"瑞士制造"的"第二块手表"，它们已经成为彰显最新街头运动和时尚趋势的色彩缤纷、令人兴奋的配饰。

在走向世界的过程中，斯沃琪作为全方位的创新型企业，建立起令人称羡的声誉，其创意智慧应用在从研究和技术到产品设计与制造、营销、公关和零售分销等一切事务上。斯沃琪不断挑战技术极限，引入了一系列令人惊叹的材质，从塑料、不锈钢和铝，再到合成纤维、橡胶和硅胶。公司不断寻求新的方式，给越来越丰富的腕表造型赋予全新的质感和色彩，富有创意的设计师充分利用了技术所带来的一切。

斯沃琪还与当代艺术联系在一起。如同现代波普艺术一样，斯沃琪腕表的灵感也源于流行文化，它本身很快就成了世界著名艺术家、音乐家和时装设计师展示才华的舞台。凯斯·哈林（Keith Haring）就是与斯沃琪合作的首批主要艺术家之一，斯沃琪与艺术之间的结合催生了一系列斯沃琪艺术特别款腕表（Swatch art specials）。

斯沃琪的营销与沟通也别具一格。斯沃琪高度重视与顾客的沟通。例如，斯沃琪俱乐部从一个 Swatch 手表爱好者与收藏者的俱乐部发展成为一个全球社区。如今，通过遍布世界各地的 1.2 万多个斯沃琪销售点，秉承创意销售的理念。店铺包括店中店、门店和斯沃琪品牌专卖店以及斯沃琪水母（Swatch Jellyfish）旗舰店，甚至"速营店"（instant shop）等多种类型。

2. 基本案情

2004 年夏季，斯沃琪亚洲分部两名财务经理约瑟夫·埃得（Messrs Joe Ede）和马特斯·潘瑟拉（M. Phanthala）向媒体报料：斯沃琪亚洲分部 6 年来通过转移价格策略在全球避税 1.8 亿美元。他们声称，斯沃琪办公地点设立在中国香港，注册地则在英属维尔京群岛（B.V.I）。从亚洲分部销往海外其他关联公司的所有产品的价格都人为进行了大幅抬高。例如，从亚洲分部销往新加坡和日本两国关联企业的欧米茄牌手表，价格分别被抬高 40%和 50%；同样，销往美国和澳大利亚关联企业时，该手表的价格也都被大幅度提高。

约瑟夫·埃得和马特斯·潘瑟拉声称，斯沃琪这么做的原因是，亚洲分部的办公地和注册地都是低税区，比起其他关联企业所在地的税负要低得多。从低税区将产品提高价格销往高税区，即可人为地将利润的大部分留在低税地，通过转移价格降低集团的整体税负。他们说，斯沃琪在过去的近 6 年中利用这种转让价格的手段从美国转移出去大笔利润，逃避了总计 100 多万美元的美国税收。与此同时，它在澳大利亚和亚洲等地逃避的各国国内税收和关税的总额则超过了1.8亿美元。

他们还说,早在该年4月,他们曾向集团谏言,认为集团在亚洲分部实行的转让价格策略已经走得太远,这是十分危险的。斯沃琪高层对此并没有理会,此后不久,两人均以其他理由遭到解雇。之后,即6月25日,他们根据美国为保护财务丑闻举报者而出台的萨班斯—奥克斯利(Sarbanes-Oxley)法案,向美国劳工部递交了一份记载斯沃琪避税内幕的报告。但美国劳工部以此事不在该法案的保护范围内而于8月4日表示拒绝接受此案。两人的律师随即便向媒体公开了此事。

针对此事,斯沃琪则表示,斯沃琪并不在美国证券交易所上市,因而美国劳工部无权过问此事。同时,斯沃琪最高层已经责令在国内严肃调查此事。但斯沃琪给出的初步调查结果显示,斯沃琪绝没有触犯法律。一方面,斯沃琪宣称自己历来严格遵守包括税法在内的各国法律及国际法;另一方面,斯沃琪在声明中写道:"在不违反现有法律、法规的情况下,寻求税收结构的最佳化对所有企业而言已是一种惯例。转移价格是一个相当复杂的问题……斯沃琪集团在关联企业间使用的任何转移价格策略都并非仅以减少税收为目的,而是为消费者来协调国际的价格结构,以防止出现有害的平行市场,这种平行市场将引起巨大损失,并需要远比税收高得多的成本。"

资料来源:汪恭彬,姚颖. 斯沃琪面临品牌信任危机:6年避税1.8亿美元[EB/OL].(2004-09-29). http://finance.sina.com.cn.Swatch. Swatch chronology[EB/OL]. https://www.swatch.com/zh_cn/explore/swatch-chronology;品牌故事——斯沃琪[EB/OL]. http://brand.yoka.com/swatch/history.htm.

4.3.2 案例评析

1. 转移价格是跨国公司逃避税负的惯用方法之一

转移价格的主要目的之一就是逃避税负,以达到跨国公司在全球范围内获得最大利润。通常情况下,跨国公司通过转移价格将设在高税率国家的子公司利润人为地转移到低税率国家的子公司,以逃避承担在高税率国家的纳税义务,最终使跨国公司的总体税负大大降低。

对于斯沃琪来说,根据集团整体利益和经营意图,在关联企业之间人为确定的转移价格,并不是在自由竞争市场中由交易双方共同确定,因此随意性很大,这就为关联企业任意操作转移价格、非法逃避税收提供了巨大空间。只是在国际市场上寻求税收结构最佳化的做法必须在合理的范围内进行,否则将影响公司品牌声誉。

2. 国际避税地与国际税收筹划

国际避税地又称为国际避税港,指的是对所得资产免税或采用较低税率或实行大量税收优惠的国家或地区。如英属维尔京群岛、百慕大群岛、瑙鲁、巴拿马等地都是世界上非常著名的避税天堂。避税天堂的存在为其他国家和地区的企业、组织和个人避税、洗钱提供了极大方便，但是却严重妨碍了国际金融体系的稳定性。与此同时，国际避税地也为斯沃琪等跨国公司逃避税收提供了便利。如何有效监管利用避税地进行转移价格实现避税，是一个摆在世界范围内的难题。

国际税收筹划是跨国公司逃避税收的重要步骤，国际避税地的存在则是国际税收筹划的基础。国际税收筹划是跨国纳税人（包括法人和自然人）为了达到避税目的而制订的纳税计划，旨在税法规定允许范围之内，当同时存在几种可供选择的纳税方案时，以税负最低的方式来处理财务、经营、交易等事项，主要包括筹划最低税负企业组合、企业财务筹划，以及合理利用税收政策。

4.3.3 思考

思考一：斯沃琪利用转移价格避税的动机是什么？

思考二：东道国能否有效规避跨国公司利用转移价格避税？

本 章 小 结

第二次世界大战后，跨国公司的迅猛发展也影响着国际贸易的发展，传统国际贸易蓬勃发展的同时，也出现了跨国公司内部国际贸易。跨国公司内部国际贸易指的是在跨国公司内部展开的有关中间产品、原材料、技术和服务的国际流动，包括跨国公司母公司与海外子公司之间、同一跨国公司系统中处于不同东道国子公司之间产生的国际流动。它与传统国际贸易在交易动机、所有权转移、定价策略以及国际收支影响程度等方面存在明显差异。跨国公司开展公司内部国际贸易，既有外部原因，也有内部原因，主要体现于适应国际分工进一步深化、避免外部市场不确定性、追求利润最大化、保持技术优势、提高交易效率等。跨国公司内部国际贸易基本上可以划分为母公司对子公司的出口、子公司对母公司的出口、不同东道国子公司之间的出口三种类型；进而充分体现了跨国公司内部国际贸易意在利用转移价格兼顾各方利益、不存在贸易标的所有权的外向转移、制约于公司整体战略规划、与公司技术水平相关等特点。

跨国公司转移价格指的是从事跨国生产经营的企业系统内部（母公司与海外子公司、不同东道国子公司之间）在进行商品、服务和技术交易时执行的企业规定的价格，包括可变成本转移价格、总成本转移价格、市场转移价格和议定转移价格。它不同于跨国公司以交易商品或服务或技术的正常成本为基础而形成的清洁价格。转移价格发生于跨国公司系统内部，通过调节利润、重新配置资金、控制市场、逃避税收以及规避风险等途径为跨国公司带来经济利益。针对不同类型的商品，跨国公司可以采用有形商品的转移价格或者无形商品的转移价格。一般来讲，制定转移价格的具体程序可以分为五个步骤，即确定转移价格目标、确定初步方案、确定实施方案、设立公司内部仲裁机构、定期检查和修订转移价格体系。跨国公司在制定转移价格时，需要考虑包括竞争状况、税负、外汇管制以及东道国政治局势稳定性等方面的因素。跨国公司利用转移价格逃避税收，谋求公司利益的现象时有发生。欺沃琪集团避税案是案例之一。

思 考 题

1. 简析跨国公司内部国际贸易和传统国际贸易之间的差异。
2. 跨国公司进行内部国际贸易的动因是什么？
3. 跨国公司转移价格的含义及其经济利益是什么？

即 测 即 练

自学自测　扫描此码

第 5 章

跨国公司的技术转让

【学习要点】

1. 跨国公司已经成为技术转让的主导者。技术转让可以发生于跨国公司内部或者外部,也可以发生于同一国家内部或者不同国家之间。技术转让很容易与技术转移、技术扩散以及技术引进相混淆。
2. 技术转让受到诸多因素的影响,因此它具有自身特点、转让方式、定价与支付,以及转让策略等。
3. 针对技术转让的研究源起于最早的跨国公司国际直接投资经典理论,如垄断优势理论、生命周期理论等。

【学习目标】

1. 掌握技术转让的定义及其与技术转移、技术扩散、技术引进的差异。
2. 熟悉技术转让的特点、方式、定价与支付、策略及其影响因素。
3. 了解技术转让的相关理论。

可口可乐的保密配方

可口可乐,这个 1886 年 5 月 8 日诞生于美国的商业传奇,从亚特兰大的药店起步,如今已发展为全球最大的全方位饮料公司,其产品畅销全球 200 多个国家和地区,为人们提供 500 多个品牌的饮料选择。"可口可乐"4 个字,已成为世界上除了 OK 以外,全球传播最广的词汇。从最初每天卖出 9 杯,到如今每天卖出约 19 亿杯旗下饮料。

自可口可乐诞生之日起,人们就对其配方有着深厚的兴趣。可是可口可乐配方依然像谜一样的存在。可口可乐对外公开的主配方是:苏打水、谷物果糖浆、蔗糖、酱色、磷酸、天然香味、咖啡因,但是,除此之外到底还有什么成分呢?!这确实是秘密。其机密程度甚至超过了五角大楼的国防文件。多年来关于可口可乐的配方一直笼罩着一层神秘色彩,因为只有极少数的人被允许参与可口可乐的配制过程,而且在这些人中,大多数也只是把标号的成分,如第 4 号、第 5 号等成分掺兑到一起而已。他们也不知道这些成分究竟是什么东西,其中最机密的成分是 7X。事实上,7X 在可口可乐成分中只占不到 1%,却是可口可乐的核心技术。7X 的信息被保存在亚特兰大一家银行的保险库里。它由三种关键成分组成,这三种成分分别由公司的 3 个高级职员掌握,三人的身份绝对保密。同时,他们签署了"决不泄密"的保密协议,他们自己都不知道另外两种成分是什么;三人不允许乘坐同一交通工具外出,以防止发生事故导致秘方失传。

另外,为保护核心技术,可口可乐公司从其诞生初期,就接受了两位美国律师的建议,即采用特许经营权方式对外进行扩张。从某种程度上来说,这两位律师才是真正使可口可乐公司快速发展起来的人。当时,他们来到可口可乐公司老板坎德勒(Asa Griggs Candler)的办公室,提出一个大胆的商业合作模式,即可口可乐公司出售糖浆给他们,由他们投资装瓶生产和销售系统,按可口可乐公司的要求将糖浆兑水、装瓶、出售,并确保可口可乐的品质;可口可乐公司允许他们利用可口可乐的商标做广告……毫无疑问,双方合作非常成功。从此之后,这种商业模式让生产可口可乐的工厂迅速增加。1888 年,坎德勒看到了可口可乐的市场前景,购买了两位律师的股份,掌握了可口可乐全部生产销售权。坎德勒开始把制造可口可乐的原液销售给其他药店,同时也开始在火车站、城镇广场的告示牌上做广告。1899 年,坎德勒以 1 美元的价格售出可口可乐第一个装配特许经营权。

截止到 2020 年,可口可乐已经诞生整整 134 年了,可口可乐公司依然沿用特许经营权的方式,保护其核心技术,而且保护得还如此完美,不得不令人叹为观止。由此可以说,核心技术还是可以被有效保护的,只是需要寻找到一种恰当的方式。

资料来源:可口可乐公司. 百年光阴:131 年,一款寻常饮料的非凡经历[EB/OL]. https://www.coca-cola.com.cn/stories/131nykxcyldffjl;格雷盛厄姆,罗伯茨. 可口可乐家族[M]. 北京:新华出版社,1998.

5.1 技术转让概述

技术泛指根据生产实践经验和自然科学原理发展而成的各种工艺操作方法和技能。技术发展史和人类发展史一样源远流长。自从人类社会出现,技术就和人类生活息息相关。例如,古代保留火种的技术就是把雷电击中的枯树或者自燃起火的火种用干草、枯树等一直保留在岩洞洞穴之中。1879 年 10 月 21 日,爱迪生有关电照明实验的成功,标志着现代技术的诞生,人类技术史掀开了崭新篇章。自 20 世纪中期以来,技术发展的速度越来越快,一次次的技术革命促进了人类物质文明的发展,推动了人类社会的进步,但是受多方面因素影响,各国技术实力悬殊,处在不同的技术水平上。低技术水平的国家为弥补自身不足,往往在自主研发的基础上,还需要引进高技术水平国家的相关技术,技术转让则是最佳途径。

5.1.1 跨国公司技术转让的相关概念

随着全球经济的迅猛发展,跨国公司已经成为技术转让的主导者。技术转让可以发生于跨国公司内部,也可以发生于跨国公司外部;可以发生于同一国家内部,也可以发生于不同国家之间。技术转让是一个很容易与技术转移、技术扩散(technology diffusion)以及技术引进(technology introduction)相混淆的概念。

1. 技术转让的含义

技术转让是指技术供应方通过某种方式把某项技术以及与该技术有关的权利转让给技术受让方的行为。联合国贸易和发展会议认为,技术转让涉及物质产品(如资本品)的转让和默认知识的转让,后者正变得更为重要,并涉及获得新的技能以及新的技术和组织能力。《联合国国际技术转让行动守则(草案)》则在世界知识产权组织有关"技术"定义的基础上给出了"技术转让"的定义,即"关于制造产品、应用生产方法或提供服务的系统知识的转让,但不包括货物的单纯买卖或租赁"。跨国公司是技术转让的主导者。

技术转让,可以发生于同一国家中,即国内技术转让,也可以发生于不同国家之间,即国际技术转让(international technology transfer)。国际技术转让是指将技能、工艺和知识等技术要素,从一个国家转让到另外一个国家的行为,即跨越国境的技术转让。跨越国境有两层意思:①被转让的技术必须跨越国境流动,即必须是从一个国家转让到另外一个国家。②从地理意义上来讲,技术供给方和受让方分别在两个国家,而不管双方国籍是否相同。

国际技术转让可以通过技术援助、技术贸易、技术人员的流动以及共同研发等途径进行,包括有偿转让和无偿转让,其中有偿转让是指以谋求经济利益为动机的技术转让。自第二次世界大战之后,国际技术贸易的蓬勃发展表明,国际技术有偿转让活动对于当今世界技术传播的作用越来越大。

2. 技术转让和技术转移

技术转让和技术转移都是从英文"technology transfer"翻译过来的。当二者特指技术所有权转让时,意思相同,但是二者也存在差异:①技术转移还强调地点转移,因此说技术转移比技术转让的内涵更丰富一些。②技术转让的实现需要两个条件,即存在转让技术的双方当事人、以法律关系为基础变更技术的使用权和所有条件;而技术转移的实现并不受上述条件的约束,如某技术发明人从一个国家迁移到另外一个国家,并出资建厂,用自己发明的技术生产产品,此时没有发生技术转让,却发生了技术转移。[1]

---

[1] 张纪康. 跨国公司与直接投资[M]. 上海:复旦大学出版社,2004:310.

3. 技术转让和技术扩散

技术扩散也指技术创新扩散，强调的是技术创新成果的扩散。美国科技先驱梅特卡夫认为，技术扩散是一种选择过程，包括：①企业对于各种不同层次的技术选择，其结果总是使企业倾向于接受效率更高、成本更低或更新颖的先进技术。②顾客对企业的选择，其结果总是那些优先采用创新技术的企业生产出来品质高、价格低的产品，获得顾客的青睐；那些不愿采用创新技术的企业，则无法逃避被淘汰的厄运。正是通过这些相互作用的选择过程，技术创新成果在市场中才得以广泛传播，即技术创新逐步实现了扩散。

技术扩散与技术转让存在明显差异：①技术扩散可以是有意识的技术转让，也可以是无意识的技术传播，但更强调后者，不存在协议约束；技术转让则专指有意识的行为，以协议规定为准绳。②技术扩散可以是一对一，也可以是一对多，对象不明确；技术转让则是一对一的行为，对象明确。

4. 技术转让和技术引进

技术引进是指一个国家或地区的企业、科研机构等通过某种方式，有计划、有重点、有选择性地从其他国家或地区的企业、科研机构等获取先进技术的活动。其主要内容包括：①引进新工艺、新技术，包括产品设计、工艺流程、材料配方、制造图纸、工艺检测方法和维修保养等技术知识与资料；②引进必要的成套设备、关键设备、检测手段等；③引进先进的经营管理方法等。

技术引进和技术转让是同一项活动的两个方面：从技术供应方来讲，是技术的输出，即技术转让；从技术受让方来讲，是技术的输入，即技术引进。例如，现有 A 和 B 两个国家，A 国作为技术转让方，B 国作为技术受让方，A 国通过与 B 国签订协议将某项技术转让给 B 国。依据技术的流动方向，技术由 A 国输出，对于 A 国来说即为技术转让；技术向 B 国输入，对于 B 国来说即为技术引进，如图 5-1 所示。

图 5-1　技术转让和技术引进示意图

5.1.2　跨国公司技术转让的特点

随着跨国公司的不断发展壮大，跨国公司不仅成为全球技术转让中的主导者，而且其技术转让还具有自身特点，如以全球领先技术为基础创造技术转让条件、以全球研发网络为基础展开技术转让活动、以内部化为基础实施技术转让策略、以生命周期为基础选择技术转让时机等。

1. 以全球领先技术为基础创造技术转让条件

技术优势是跨国公司拥有的最重要的垄断优势，其核心技术能力是跨国公司维持其垄断地位的保障，技术创新能力是跨国公司维持其垄断地位的手段。创新使跨国公司占据了全球技术领先地位，也为跨国公司顺利实施技术转让提供了重要的前提条件。

跨国公司不断实现创新的强有力保障是跨国公司拥有强大的研发团队、雄厚的资金支持。以美国国际商业机器（IBM）公司为例进行说明：①IBM 聘有多学科领域专家，共同加入研发活动之中。IBM 拥有全球最优秀的研究工程师、科学家和技术天才，其中包括 5 位诺贝尔奖获得者及 4 位图灵奖获得者；研究专业从天文学到真空物理学，从信息普遍服务到高级业务分析，从计算生物学到服务学；在专利方面，连续 27 年在美国获专利排名第一（截至 2019 年 11 月），仅 2019 年 IBM 就在美国获得了 9 262 项专利。②IBM 每年在研发方面投入的资金数量惊人，让人瞠目。1970 年的研发费用为 5 亿美元；1975 年之后每年为 10 亿美元；1980 年以后每年达 15 亿美元；2008 年，IBM 总裁首次对外发布了"智慧地球"概念，"智慧地球"计划是现今 IBM 战略发展的核心，IBM 每年的研发投资达 60 亿美元，其中一半都用在"智慧地球"计划上。③IBM 的研发机构已经成为其市场竞争优势之一，通过发明与创造，塑造企业、政府、学术和社会的未来。例如，1932 年，IBM 投巨资 100 万美元建设第一个企业实验室，该实验室在整个 30 年代的研发让 IBM 在技术产品上获得领先；在经济大萧条时期，IBM 一直在研发和新产品上投资，其产品比所有其他公司都更好、更快、更可靠，也因此赢得罗斯福新政会计项目的独家代理合同。

2. 以全球研发网络为基础展开技术转让活动

跨国公司的研发机构正在由一个中心向多个中心转化，形成了全球技术研发网络，这样可以充分利用当地研发资源，突出重点研究项目，互通有无，为跨国公司进行技术转让提供了有力保障。以 IBM 为例：截至 2020 年 9 月，IBM 已经拥有 12 个全球研发实验室，分布于非洲的约翰内斯堡（Johannesburg）和肯尼亚（Kenya），澳大利亚墨尔本（Melbourne），巴西的圣保罗（Sao Paulo）和里约热内卢（Rio de Janeiro），中国的北京，欧洲的苏黎世（Zurich）、达斯伯里（Daresbury）、都柏林（Dublin）和温彻斯特（Winchester），印度的班加罗尔（Bengaluru）和新德里（New Delhi），以色列的海法（Haifa），日本的川崎（Kawasaki）和东京（Tokyo），美国的爱玛登（Almaden）、剑桥（Cambridge）和约克敦海茨（Yorktown Heights）。[①]通过设立研发机构，IBM 不但能够在这些实验室里开展研究，还可以与当地众多合作伙伴共享技术、资产和资源，以实现共同的研究目标。从研究太阳能和中东地区沙漠中的水淡化，到监控爱尔兰海滩和湖泊周围生态环境的健康状况，再到开发系统来帮助改善城市街道的安全等，

---

① IBM Research. About us—who we are—locations[EB/OL]. [2020-09-04]. https://www.draco.res.ibm.com/.

IBM 将研究延伸到世界的每一个角落。

IBM 全球研发机构的许多研究成果通过技术转让被广泛应用于 IBM 整个系统内部及其他跨国公司。例如，2005 年，IBM 中国研究机构研制出了 SCOR 智能和个性化可移植性框架。前者为供应链转型的整个过程提供端到端的供应链转型方法和工具支持，其不同功能已被 IBM 商业咨询服务部用于供应链管理实践的 ODIS 项目中；后者则是对客户端的"个性"进行虚拟化处理，来提高系统迁移的工作效率，该技术被 ThinkVantage 产品中系统迁移助手软件的基本框架所采用，并被用于 Windows 到 Linux 的系统迁移。

3. 以内部化为基础实施技术转让策略

一方面，在技术交易过程中，市场交易存在成本，包括寻找交易对象的搜寻成本、签订合同的谈判成本以及监督合同执行的监督成本等。如果能够进行内部交易，并且能够比外部交易节约成本，那么企业就会想方设法将外部交易转化为内部交易。另一方面，内部交易还可以克服各种技术、专利、管理技能等与技术相关的中间产品外部交易的不完全性。

基于上述两个理由，跨国公司选择以内部化为基础实施其技术转让策略。技术策略包括：①技术增长策略，即跨国公司结合运用其资金优势、人力资本优势以及智力资本优势等不断更新技术，以保持技术领先地位。②技术转化策略，即跨国公司通过对内或者对外直接投资，把研发成果及时转化为生产力，促进发展。③技术转让策略，即跨国公司把研发成果进行技术转让。对内转让可以保持其技术优势，防止技术外溢，这也是跨国公司技术转让的主要途径，包括母公司对子公司的转让、子公司对子公司的转让以及子公司对母公司的转让；对外转让则既可以获得可观的商业利润，也可以主导技术市场，成为技术市场中的主要供应者。

4. 以生命周期为基础选择技术转让时机

对于一项新研发出来的技术而言，它像一般生物一样，也会经历出生、成长、成熟和衰亡等阶段，它也有生命周期。具体来讲，技术生命周期包括创新、发展、成熟和衰退四个阶段。在每个阶段，跨国公司的战略目标、投资策略以及技术转让策略存在很大差异，这就决定了跨国公司进行技术转让需选择时机：①在创新阶段，任何地位的跨国公司都会选择不转让技术。②在发展阶段，只有处于微弱地位的跨国公司会选择主动寻找机会转让技术；处于支配地位和优势地位的跨国公司会选择不转让技术；处于有利地位的跨国公司会选择考虑转让技术的可能性；处于维持地位的跨国公司会选择开始考虑技术转让。③在成熟阶段，处于各种地位的跨国公司都会选择技术转让，但急切程度和条件要求不尽相同。其中处于微弱地位的跨国公司最为急切，处于支配地位的跨国公司的转让条件最为苛刻。④在衰退阶段，处于各种地位的跨国公司都会选择技术转让。其中处于支配地位的跨国公司会有选择性地转让技术，处于其他地位的跨国公司都会愿意甚至急迫地转让技术（表 5-1）。

表 5-1 跨国公司技术转让的时机选择

地位		创新阶段	发展阶段	成熟阶段	衰退阶段
支配地位	战略目标	全力以赴推进市场份额，保住地位	保住地位，保住市场份额	保住地位，与行业同速度成长	保住地位
	投资策略	投资速度稍超前于市场发展速度	为维持增长需要而投资，同时为压倒新加入者而投资	根据必须投资的情况进行投资	根据必须投资的情况进行投资
	技术转让策略	不转让	不转让	经过严格审查，在地区、市场、对象上有选择性地转让技术，转让条件苛刻	有选择性地转让技术
优势地位	战略目标	试图改进地位，全力以赴推进市场份额	试图改进地位，推进市场份额	保住地位，与行业同速度成长	保住地位，坐收现有市场之利
	投资策略	根据市场发展速度决定投资	为提高成长速度、改进地位进行投资	根据必须投资的情况进行投资	最低水平投资，或维持原来状态
	技术转让策略	不转让	不转让	一般比较愿意转让技术，但对地位、市场和对象有一定的考虑	愿意转让技术
有利地位	战略目标	全力以赴或有针对性地推进市场份额，试图有选择性地改进地位	试图改进地位，有选择性地推进市场份额	维护已有地位，寻找市场缝隙，保护自身	坐收现有市场之利或者准备撤退
	投资策略	有选择性地投资	为改进地位有选择性地推进市场份额	最低水平或有选择性地投资	最低水平或为维持现状进行投资或不进行投资
	技术转让策略	不转让	有可能考虑通过适当的方法转让技术	愿意转让技术，挑剔条件较少	主动寻找买方企业，积极转让技术
维持地位	战略目标	有选择性地推进市场份额	寻找市场缝隙，全力保护	寻找市场缝隙，采取守势，准备撤退	准备撤退，或根本放弃
	投资策略	非常有选择性地投资	有选择性地投资	最低水平投资或不进行投资	不投资或资本撤出
	技术转让策略	不转让	开始考虑技术转让，希望另外开辟技术贸易市场	主动寻找机会转让技术，只要有利可图就可以	急切转让技术，不讲究条件
微弱地位	战略目标	有选择性地推进市场份额	寻找市场缝隙，自身保护	寻找市场缝隙，采取守势，准备撤退	准备撤退，或根本放弃
	投资策略	投资或资本撤出	投资或资本撤出	有选择性地投资或不投资	资本撤出
	技术转让策略	不转让	主动寻找机会转让技术	急切寻找机会转让技术，不讲究条件	急切转让技术，不讲究条件

资料来源：藤维藻，陈荫枋. 跨国公司概论[M]. 北京：人民出版社，1990：181-182.

5.1.3 影响技术转让的因素

在技术转让中，跨国公司采取何种方式进行转让、转让至哪个国家、如何定价等会受到多方面因素的影响和制约。根据是否与技术特性有关，影响技术转让的因素可以分为与技术特性有关的影响因素以及与技术特性无关的影响因素。

1. 与技术特性有关的影响因素

技术特性是影响技术转让的最大因素。技术在生命周期的不同阶段具有不同的特性，这也影响了技术转让：①在创新阶段，以创新技术为基础生产出来的产品往往会满足那些乐于"追求新产品"顾客的需求，这也为技术所有者赚取顾客身上的"最后一毛钱"提供了机会，所以技术所有者此时是不愿意转让技术的。②在发展阶段，新技术的进一步开发需要投入大量资金和技术装备，如果新技术所有者不能满足上述需求，那么它会选择技术转让以获得超额利润。此时，可能采取的技术转让方式是许可证贸易方式。③在成熟阶段，新技术进入标准化生产，企业对其掌握的技术已经相当熟练，规模经济开始出现。此时，企业就不再愿意采取许可证贸易方式进行技术转让，但是直接出口可能会遭受关税和非关税壁垒限制，使企业无法获利或者获利甚微，所以企业会选择对外直接投资的方式直接进行技术转让。④在衰退阶段，市场上仿制品泛滥，那些地位相对较弱的企业已经无法获利，非常急切地进行技术转让。

除去生命周期影响技术转让外，新技术类型也会影响跨国公司的技术转让方式。

2. 与技术特性无关的影响因素

除去与技术特性有关的影响因素之外，还有一些与技术特性无关的影响因素，主要包括相关国家的政策因素和相关国家的综合因素。

（1）相关国家的政策因素。一项技术在对外转让时，往往会涉及两个国家，即技术转让方所在国家和技术受让方所在国家。一般情况下，出于对本国技术优势的保护，技术转让方所在国家会制定相应规定限制向国外转让技术。技术受让方所在国家则坚持技术引进鼓励政策和限制政策并举，原因在于：①世界上任何一个国家都不可能同时拥有所有需要的技术，因此需要从其他国家引进相关技术。在鼓励技术引进的国家中，发展中经济体更渴望获得先进技术，但是引进的技术能否为其所用，还需要认真考虑自身技术的承接能力，否则只会"欲速则不达"。例如，中国改革开放初期，因为自身技术水平所限，与引进的"世界一流技术"水平相差甚远，引进的技术没有发挥作用，导致国家外汇储备白白浪费。②一些国家为培育本国技术研发能力，对技术引进严加限制，但是这种限制会随着该国技术、经济等实力的不断增强而逐渐放松。例如，日本曾经是对技术引进限制最为严格的国家之一，随着技术来源国经济实力的不断增强，日本对于技术引进已经由严格控制逐渐向不干预政策转变。

（2）相关国家的综合因素。相关国家的综合因素的差异，也影响着跨国公司的技术转让策略。综合因素包括资本丰裕度、劳动力素质、技术水平、收入水平、消费偏好、经济景气度等。这些综合因素差异不仅表现在发达经济体与发展中经济体之间，如欧美各国与非洲各国之间，还表现在同类经济体内各国之间，如德国和希腊之间、印度和利比亚之间等。

5.2 技术转让的方式

跨国公司可以通过很多方式进行技术转让，主要包括：单纯技术转让方式，如许可证贸易、特许经营（franchising）、技术协助、合作研发等；技术转让与输出设备、提供服务相结合的方式，如交钥匙工程、补偿贸易等；技术转让与资金融通或资本输出相结合的方式，如对外直接投资。

5.2.1 单纯技术转让方式

1. 许可证贸易

许可证贸易是国际技术转让中最常用的一种方式。许可证贸易合同指的是技术转让方和受让方之间通过签订技术许可协议，转让方在一定条件下允许受让方对其拥有的专利技术（patent technology）、专有技术（know-how）和商标（trademark）等享有使用权、产品制造权及其销售权。许可证贸易合同中，涉及三种标的——专利技术、专有技术和商标，它们均具有自身特点，这决定了以这三种标的为基础的许可证贸易合同也各有特点：①专利技术是静态的、固定的技术，其内容和范围被专利说明书限制，局部性很强。专利技术许可主要是通过授权将在某些国家申请批准的专利编号和专利说明书告知受让方，并给予制造、使用和销售专利产品的权利，但不提供技术资料，受让方需要自己从事必要的试验研究，才能生产出该专利产品的许可方式。②专有技术是企业对产品核心技术的垄断，是动态的、不断变化发展的，一般都是整套的、成熟的关于生产工艺流程或生产新产品所需要的全部完整的知识和经验。专有技术许可需要明确转让方提供哪些技术资料、技术指导和人员培训，并有义务协助受让方掌握该项专有技术。③商标许可证贸易主要是通过转让，转让方允许受让方使用其产品商标，并要求受让方维护商标声誉的许可方式。在相关合同中，应该作出相应规定，如受让方产品质量水平，转让方应该提供的技术援助和质量监督，商标使用范围、使用费及支付方式等。

依据合同的许可程度，许可证贸易可以划分为独占许可（exclusive license）、非独占许可（non-exclusive license）和交换许可（cross license）。

独占许可，指在规定的地区内，受让方对引进的技术拥有独占的、排他性的使用权，技术转让方或者第三方均无权在合同规定的时间和地区内使用同一技术制造和销售产品。在独占许可中，受让方拥有很大的技术使用权，需要支付很高的使用费。

非独占许可，指在规定的地区内，转让方或与转让方合作的第三方仍然拥有制造、使用或销售该产品的权利。非独占许可还可以具体划分为以下两种：①排他许可（sole license），指在规定的地区内，技术转让方和受让方可以同时拥有该技术的使用权，但转让方只能将该项技术的使用权转让给一个受让方，不得将该技术同时转让给同一地区的第三方。②普通许可（simple license），指在规定的地区内，技术转让方和受让方可以同时利用该技术进行生产和销售产品，而且转让方还可将该技术转让给第三方。在普通许可中，受让方获得的技术使用权很小，使用费很低。

交换许可，指技术转让双方以各自的专利权或专有技术进行互相交换。交换许可的转让双方所交换的技术价值相当，所以不需要相互支付相关费用。

2. 特许经营

特许经营起源于美国。1851 年，胜家缝纫机公司为了推销其缝纫机业务，在美国各地设置加盟店，授予缝纫机的经销权，并撰写了第一份标准的特许经营合同书，被业界公认为是现代意义上的商业特许经营的起源。20 世纪 50 年代以后，特许经营成为一种迅速发展起来的技术转让方式，包括产品专销、服务专营和营业网络特许专营。

不同国家、不同机构从不同角度解释了特许经营的含义。根据我国商务部的定义，特许经营是指通过签订合同，特许人将有权授予他人使用的商标、商号、经营模式等经营资源，授予被特许人使用；被特许人按照合同约定在统一经营体系下从事经营活动，并向特许人支付特许经营费。

国际特许经营协会认为，特许经营是特许人和被特许人之间的契约关系，对被特许经营的相关领域、经营诀窍和培训，特许人有义务提供或保持持续的兴趣；被特许人的经营是在由特许人所有的控制下的一个共同标记、经营模式和（或）过程之下进行的，并且被特许人用自己的资源对其业务进行投资。

欧洲特许经营联合会认为，特许经营是一种营销产品和（或）服务和（或）技术的体系基于在法律和财务上分离和独立的当事人（特许人及单个受许人）之间紧密与持续的合作，依靠特许人授予其单个受许人权利，并附加义务，以便根据特许人的经营理念进行经营。特许人的权利经由直接或间接财务上的交换，在双方一致同意的基础上被限定在书面特许合同之中。

特许经营主要包括产品专销、服务专营以及营业网络特许专营等类型：①产品专销，指专营许可方要求受让方只销售许可方的产品。由于此类产品往往都是名牌产品，销路非常好，所以容易被受让方接受。②服务专营，指专营受让方使用专营许可方的商标和按照统一规定的制度和标准开展相关服务业务。③营业网络特许专营，指专营受让方不仅使用专营许可方的商标、商号或服务招牌，而且还要按照专营许可方的技术规定和质量标准生产同样的产品，保持和专营许可方相同的铺面布置、销售方式、管理制度和经营风格等。

特许经营具有以下主要特征：①特许人和被特许人之间是一种持续性契约关系；②被特许人投资业务，并拥有业务所有权；③被特许人需向特许人支付特许经营费。

3. 技术协助

根据转让技术的复杂程度、受让人的技术水平及技术接受能力，技术转让双方还可以采用一种更为灵活的转让方式，即技术协助。技术协助主要包括技术咨询（technology consulting）服务、销售和商业服务、人员培训。

技术咨询服务是指咨询方凭借自身信息优势，根据委托方对某一项技术课题的要求，为委托方提供技术选用建议和解决方案，包括可行性论证、经济技术预测、专题调查、分析评价等咨询报告，它是技术市场的主要经营方式和范围。技术咨询服务的内容主要包括政策咨询服务、管理决策咨询服务、工程咨询服务、专业咨询服务和信息咨询服务五种类型。其形式有技术传授、技能交流、技术规划、技术评估、技术培训等，它是技术贸易活动中的一个基本形式。技术咨询服务的专业化程度比较高，一般都由专业团队来完成。在咨询服务的过程中，尽管委托方需要支付咨询费给咨询方，但是委托方因此而获得的利益远远超过其所支付的咨询费，所以技术咨询对委托方是非常有利的。目前，发达经济体大都有咨询工程师协会或联合会，许多发展中经济体也开始出现数量相当的咨询公司。

销售和商业服务是指技术转让方向受让方提供的各种服务，如在商标、广告、包装、保管、运输、推销技术以及售后服务等方面提供服务。

人员培训是指技术转让方负责为受让方培训专业技术人员或者管理人员或者操作工人。这个环节是受让方能否顺利将专有技术成功引进的重要环节。

4. 合作研发

跨国公司和东道国双方都有从事某项目研发的愿望，或者双方拥有互补型研发资源，那么合作研发成为双方的最佳选择。通过合作研发，双方可以获得对方的有关技术和经验，可以共享研发成果，甚至可以合作生产等。目前，合作研发活动越来越活跃。

5.2.2 技术转让与输出设备、提供服务相结合的方式

技术转让与输出设备、提供服务相结合的方式主要包括交钥匙工程（turn key project）和补偿贸易（compensatory trade）等。

1. 交钥匙工程

交钥匙工程是指跨国公司为东道国建造工厂或其他工程项目，设计与建造工程完成，设备安装、试车及初步操作顺利运转后，即将该工厂或项目所有权和管理权的"钥匙"依合同完整地"交"由对方负责经营。

交钥匙工程是在发达经济体的跨国公司向还没有完全开放的发展中经济体投资受阻后发展起来的一种非股权投资方式。例如，在实行改革开放前的社会主义国家，除南斯拉夫（现已解体）、罗马尼亚等少数国家外，大多数国家不准许外国企业进行投资，因此外国企业只能依赖其他方式从事投资或经营，交钥匙工程就是其中行之有效的一种。

2. 补偿贸易

补偿贸易是买方以信贷为基础从卖方购进设备等，然后用生产出来的产品或商定的其他商品或服务偿还设备等贷款。

补偿贸易既是一种贸易方式，也是一种利用外资的形式。补偿贸易于 1913 年首先被德国采用，苏联和东欧国家在与西方国家的贸易中常采用这种贸易方式，中国在改革开放之后也开始采用该方式。其基本特点是，买方以赊购形式向卖方购进机器设备、技术知识等，兴建工厂，投产后用生产的全部产品、部分产品或双方商定的其他商品或服务，在一定期限内逐步偿还贷款本息。

依据偿付标的不同，补偿贸易分为三类：①直接产品补偿，即双方在合同中约定，由卖方向买方承诺购买一定数量或金额的、由该设备直接生产出来的产品。②其他产品补偿。当买卖双方交易的设备本身不生产物质产品，或设备生产的直接产品并不是卖方所需，或设备生产的直接产品在国际市场上销路不畅时，可以根据双方需要进行协商，以回购其他产品来代替。③服务补偿，即根据买卖双方合同，由卖方代为购进所需要的技术、设备，并垫付相应货款，买方按卖方要求加工生产之后，从应收工缴费中分期扣还所欠款项。

5.2.3 技术转让与资金融通或资本输出相结合的方式

技术转让与资金融通或资本输出相结合的方式是对外直接投资。对外直接投资是跨国公司进行国际技术转让的主要方式。通过这种方式，跨国公司可以把资金、设备、专利、专有技术以及商标等一起进行转让。转让时，跨国公司往往选择合资经营（equity joint venture）和合作经营（contractual joint venture）两种类型。

1. 合资经营

合资经营企业具有股份公司的性质，是按照公司法建立起来的企业，具有一定数量的由股东提供的资本，按照股东之间达成的协议进行经营管理。其特点是依照股东出资比例，共同经营、共担风险、共负盈亏。在共同利益约束下，合资方都会提供先进的技术知识、先进的管理模式等，共同推动东道国技术进步。

2. 合作经营

合作经营企业不具有股份公司的性质，只是依据双方达成的协议，由一方（一般是外国跨国公司）提供资金、设备、技术等，另一方（一般是东道国企业）提供场地、厂房、劳动力等，合办企业，共同生产某些商品，共同管理或由某一方负责管理或委托第三方管理，按照事先合同中商定的比例承担义务、享受权利、分配利润等。当合同期满时，合作经营企业的全部资产归属于东道国，从而使东道国达到引进技术的目的。

合作经营在生产领域的具体表现是合作生产。合作生产又称协作生产，是指两个或两个以上国家的企业，以合作经营的方式，在生产过程中充分发挥合作各方的有利条件，共同生产某项产品。在合同条款中，合作生产合同的某些条款和许可合同相同，如侵权与保密、不可抗力、合同的生效、合同的终止和其他条款等。除此之外，合作生产合同还要根据生产合同的特点及形式，对合作各方的合作内容、合作范围和权利与义务等加以明确规定。

5.3 技术转让的定价与支付

5.3.1 技术转让的定价

1. 技术转让价格的构成

跨国公司往往把技术转让看作攫取高额利润的一个途径，因此在确定技术转让价格时，跨国公司采取转让技术成本加上高额利润构成的转让价格，具体包括交易费用、研发成本、技术转让税、工业产权保护费、市场机会成本、利润。

交易费用指的是技术转让双方在实际交易过程中产生的实际费用。费用高低取决于转让技术类型、技术水平、具体转让方式等。费用主要包括差旅费、调研费、咨询费、各种资料费、项目设计以及改进的相关费用。这部分费用相对客观，技术转让双方分歧较小，而且核算也相对容易。

研发成本占据技术转让费用相当大的比例，但却又是非常难以计算的一部分。总体来讲，需要从以下几个方面来考虑这部分费用：①研发投入的基本费用。研发过程涉及选题、获取科学事实（按课题的需要收集和整理事实材料）、进行思维加工（建模）、验证（实证）、建立理论体系等不断重复的多个环节，最后才能将研发成果转化为生产力。为此，跨国公司需要投入大量的人力、物力和财力，并为此支付相当数量的费用，但这仅仅是研发的基本成本。②技术转让的次数。一项技术从研制成功到转化为生产力，被转让的次数无法确定，也不可能被确定，因此加大了研发费用计算的难度。不过计算原则是被转让的次数越多，每次分摊的研发成本就可能越少。③技术生命周期的长短。在生命周期不同阶段，转让方对于技术转让的态度不同，据此，受让方可支付不同的费用。④跨国公司市场地位的强弱。从受让方的心理来看，普遍认为大型跨国公司的研发成果更具有可靠性，因此更愿意出高价购买。

跨国公司需要对获得的技术转让费纳税，包括向受让方所在东道国政府缴纳预提所得税，向跨国公司（转让方）母国政府缴纳所得税。对于前者，一些国家，如美国、日本和英国等可以向税务当局申请抵免，但另一些国家则不可以抵免，如法国。此时，跨国公司就会把这部分不能抵免的税负以提高技术转让价格的方式转嫁给受让方。

工业产权是知识产权中的重要组成部分。知识产权是指人类智力劳动产生的成果的所有权，是依照各国法律赋予符合条件的著作者、发明者或成果拥有者在一定期限内享有的独占权利，一般包括版权和工业产权。其中工业产权包括发明专利，实用新型专利，外观设计专利，商标、服务标记、厂商名称、货源名称或原产地名称等的独占权利。

工业产权是技术转让过程中最需要保护也是最难保护的。因为失去保护，有可能出现专利技术被盗用、专有技术被泄密、商标被假冒等情况。这些不但给跨国公司造成经济损失，而且还会弱化跨国公司的技术优势，所以跨国公司会尽力保护工业产权，例如，在多个国家申请专利、注册商标，在转让合同中特设保密条款等，但同时也需要付出高昂的保护费用，这部分费用核算起来也比较困难。

一般来讲，技术转让发生于同行之间，这有可能会使跨国公司失去一部分已有的甚至潜在的市场份额，即市场机会损失。为弥补该损失，跨国公司往往会向受让方提出相应补偿，但是如何补偿则是一个难题，因此该部分的补偿费用也非常难以确定。

跨国公司投巨资进行研发，其目的之一是获得高额利润。因此，跨国公司在技术转让时也会凭借其技术垄断优势，追求利润最大化。

2. 技术转让定价的原则

一般情况下，跨国公司采用利润（利益）分成原则作为技术转让定价原则，即 LSLP（licensor's share on licensee's profit）原则。由技术转让方和受让方共同分享该项技术取得的经济效益，以此作为技术转让定价基础。其具体计算公式为

$$P = KM$$

式中：P 为技术价格；K 为分成率；M 为转让方应用该技术所获得的利润（利益）。

分成率分成的对象可以是销售利润，也可以是销售收入，由此形成两个分成率的取值。但是事实上，由于销售收入和销售利润存在内在联系，可以根据销售利润分成率推导出销售收入分成率，反之亦然，即

技术价格 = 销售收入 × 销售收入分成率 = 销售利润 × 销售利润分成率

销售收入分成率 = 销售利润分成率 × 销售利润率

销售利润分成率 = 销售收入分成率 ÷ 销售利润率

利润分成率的确定是以技术带来的追加利润在利润总额中所占份额为基础的。依

据联合国工业发展组织对印度等发展中国家引进技术价格的实证分析得出,比较适宜的利润分成率应该保持在16%～27%。综合国际上其他一些国家的情况,一般认为利润分成率在15%～30%比较合理。不过在具体技术转让时,利润分成率到底应该是多少,还要根据相关国家的综合因素、行业性质以及技术适用性和先进程度来确定。

5.3.2 技术转让的支付

按照国际惯例,技术转让主要采用一次总算(lump sum)、提成支付以及入门费加提成三种支付方式。

1. 一次总算

一次总算指的是把技术转让的所有一切费用,在签订合同时一次算清,然后一次支付或者是分期支付。该支付方式属于固定计价法,所以在采用该方式支付时,需要技术转让双方在合同中写明转让总费用及其所包含的细目,使之一目了然。

不过,该支付方式对于转让双方各有利弊:①对于转让方来说,可以在规定期内获得全部收益,风险较小,但同时也不能与受让方一起分享日后技术增值部分的额外收益。②对于受让方来说,固定的转让费利于核算成本,但是它必须独自承担日后技术能否增值的全部风险,风险性比较大。

2. 提成支付

提成支付指的是依据受让方应用技术之后在一定期限内获得收益的比例支付给转让方的技术使用费。该支付方式属于事后计价法,主要有以下三种方式:①固定提成(fixed royalty),即按固定提成率或提成费提成的支付方式。②滑动提成(sliding royalty),又称递减提成,是指随着产品产量或(净)销售额的不断增加而逐步降低提成率的支付方式。③限额提成(limited royalty),是指规定在一定时间(一般是每年)内,确定受让方必须支付给转让方的最低/最高限度的提成费,而不管受让方生产状况如何、销售量如何、盈利状况如何,受让方不得低于最低限度或高于最高限度提成费的支付方式。

在提成支付中,支付金额由提成基价和提成率决定。提成基价指的是以什么为基础计算提成费。提成率指的是按照提成基价支付提成费的比例,提成率＝提成费÷提成基价×100%。

3. 入门费加提成

入门费又称为初付费,实为定金,指的是转让方出于约束受让方严格履行合同的目的而收取的一定费用;同时也是一种预支款,用于转让方提供资料、披露技术机密、传授技术等各种费用的支出。这是跨国公司的惯用做法,一般占总额的15%左右。

5.4 技术转让的策略

跨国公司进行技术转让之前,需要确定 3 "W" 和 1 "M"。3 "W" 即 "who" "when" 和 "where",1 "M" 即 "mode"。其中,"who" 指的是准备转让什么内容,即对象选择;"when" 指的是选择什么时间进行技术转让,即时机选择;"where" 指的是将技术转让到哪里,即区位选择;"mode" 指的是采取何种方式进行技术转让,即方式选择。

5.4.1 对象选择策略

技术转让对象的选择是一件非常困难的事情,但也并不是没有可解决之法。如果选择技术使用程度以及使用的期望程度作为两个衡量指标,分别用坐标系中的横轴和纵轴来表示,那么可以把技术转让对象划分为四种类型:未使用且不准备使用、未使用且准备使用、使用且不准备继续使用(准备放弃)、使用且准备继续使用,如图 5-2 所示。针对这四种类型,需要采用不同的转让策略。

图 5-2 技术转让对象的四种类型

1. 未使用且不准备使用技术的转让策略

不断进行技术创新是跨国公司保持其竞争优势的手段,但是在技术研发过程中,往往会出现不同性质的创新成果:①一部分为本企业生产服务的技术;②一部分附带型创新,即企业在研发过程中出现的额外成果,对于这类技术,研发企业或者根本不需要,或者没有应用条件;③一部分受委托的研发技术成果。对于后两种情况,企业可以通过技术转让获得甚至巩固发展所需要的其他原材料或零部件,或者与其他企业建立友好关系,在扩大业务规模和范围的同时,为日后合作奠定基础,维护企业竞争地位。

2. 未使用且准备使用技术的转让策略

技术发展早已经进入大技术时代,研发成本高、难度大、风险大、周期长,致使企业在短期内无力或者难以凭借自身的力量研究开发企业需要的技术,只能与其他企业形成战略联盟，共同承担研发风险、分摊研发成本、缩短研发时间，再通过技术转让，使参与战略联盟的企业都能够及时采用新技术，使新技术早日转入商业化生产，为企业赚取利润。

3. 使用且不准备继续使用（准备放弃）技术的转让策略

对于处于生命周期衰落阶段的技术，低成本生产成为决定企业获利的最重要因素。如果该企业继续使用该技术进行生产，将无利可获。此时，企业的理性选择是把这部分技术转让到更低成本的国家，以获得转让利润。

4. 使用且准备继续使用技术的转让策略

对于一些严格限制外资进入的国家，跨国公司往往会选择技术转让方式，绕过各种壁垒或者障碍进入这些国家。此时跨国公司转让的技术往往都是正在使用而且准备继续使用的技术，因为只有转让这些技术，才能让受让方更好地了解该技术，特别是该技术的收益情况，并接受该技术。

5.4.2 时机选择策略

企业选择在什么时机进行技术转让，决定了企业能否获利、获利程度如何。一般情况下，企业会依据两个指标来决定技术转让的时机，即技术所处的生命周期和企业的市场地位。前者包括创新、发展、成熟和衰退四个阶段；后者可以划分为支配、优势、有利、维持和微弱五种地位。依据这两个指标的不同组合，企业可以采取不同的转让策略。

1. 处于支配地位企业的策略

企业处于支配地位，即企业在经营中能够左右其他竞争对手的活动。此时，企业对于处于创新和发展阶段的技术，将选择不进行转让；在成熟阶段，企业经过严格审查之后，在某些地区、市场、对象上有选择性地转让技术，但条件苛刻；在衰退阶段，企业也会有选择性地转让技术。

2. 处于优势地位企业的策略

企业处于优势地位，即企业不受竞争对手行为的影响，可以长期保持稳定地位。此时，企业对于处于创新和发展阶段的技术，将选择不进行转让；在成熟阶段，企业还是比较愿意转让技术的，但是会慎重考虑地区、市场和对象；在衰退阶段，企业愿意转让技术。

3. 处于有利地位企业的策略

企业处于有利地位，即企业有较多机会提升其地位，并具有一些个别性优势。此时，企业对于创新阶段的技术，将选择不进行转让；在发展阶段，企业有可能考虑通过一些比较适当的办法转让技术；在成熟阶段，企业愿意转让技术，而且挑剔性的条件比较少；在衰退阶段，企业转让技术的态度积极，会主动寻找买方企业。

4. 处于维持地位企业的策略

企业处于维持地位，即企业有足够令人满意的经营业绩，有一定机会提升本身所处的地位。此时，企业将不转让处于创新阶段的技术；在发展阶段，企业开始考虑技术转让，并希望另外开辟技术贸易市场；在成熟阶段，企业会积极主动地找机会进行技术转让，只要有利可图就可以；在衰退阶段，企业技术转让的心态比较急切，根本不讲条件。

5. 处于微弱地位企业的策略

企业处于微弱地位，即企业虽然没有足够令人满意的经营业绩，但还有改进机会。此时，企业依然不转让处于创新阶段的技术；在发展阶段，企业主动寻找机会转让技术；在成熟和衰退阶段，企业会急切地寻找技术转让机会，而且不讲究条件。

5.4.3 区位选择策略

跨国公司进行技术转让时，依据母国和东道国经济发展水平的差异程度选择区位，可以进行水平型技术转让和垂直型技术转让。

1. 水平型技术转让

相同或者相似经济发展水平的各个经济体，不仅存在重叠需求，而且技术水平往往也相近。出现在技术发展水平相同或相似经济体之间的技术转让即为水平型技术转让，如发达经济体之间、新兴工业化经济体之间、发展中经济体之间等。此时技术受让方对于转让方的技术更容易吸收，技术转让属于最高水平的转让，避免了不必要的浪费。

2. 垂直型技术转让

出现在技术发展水平存在差异的经济体之间的技术转让即为垂直型技术转让。经济发展水平不一致的经济体之间发生的技术转让，充分体现了技术的梯度转移。从技术梯度顺序来看，如果技术是在美国研发的，那么技术首先会转让到欧洲和日本等发达经济体，其次是一些比较发达的、新兴的工业化国家和地区，最后才是发展中经济体。这种技术转让区位的选择可以缓解发达经济体与发展中经济体因为技术水平、环境不同而出现的技术不适宜性。

5.4.4 方式选择策略

跨国公司究竟选择哪种方式进行技术转让，取决于很多方面的因素，依据各因素差异，选择不同方式，具体是：①东道国技术壁垒。如果东道国政策倾向于保护本国市场，存在技术壁垒，那么跨国公司会选择许可交易；否则选择对外直接投资。②跨国公司进行对外直接投资的约束条件。如果跨国公司本身存在不适宜进行对外直接投资的约束条件，那么选择许可交易；否则选择对外直接投资。③技术特点。如果技术本身更新速度快、生命周期较短，那么选择许可交易；否则选择对外直接投资。如表 5-2 所示。

表 5-2　跨国公司技术转让方式选择

因　　素	因素差异	许可交易	对外直接投资
东道国技术壁垒	存在	√	
	不存在		√
跨国公司进行对外直接投资的约束条件	存在	√	
	不存在		√
技术特点	更新速度快、生命周期短	√	
	更新速度慢、生命周期长		√

延伸阅读：技术引进与中国特色自主创新

5.5　技术转让的理论①

技术转让理论研究源起于国际直接投资经典理论，如海默-金德伯格的垄断优势理论、维农的产品生命周期理论等，后经学者们的补充、完善，以及创新，逐步形成了技术转让理论体系。

5.5.1　以垄断优势理论为基础的技术转让理论

1. 基本理论观点

垄断优势理论是由海默（Hymer）和金德伯格（Kindleberger）提出的，海默认为，到国外去从事生产的跨国公司与当地竞争对手相比，面临一定的附加成本。这些成本或者来自文化、法律、制度、语言差异，或者来自缺乏对当地市场的了解，或者来自远距离经营活动引致的通信开支增加，或者来自协调成本等。因此，要确保跨国公司在国外的投资成功，即有利润可得，那么欲投资国外的跨国公司就需要具备当地企业不具备的优势。这是所有对外直接投资和跨国公司理论的出发点。

金德伯格则认为，仅仅强调国外利润高或劳动力成本低并不足以解释对外直接投资发生的原因，关键在于需要解释在东道国的生产为什么不由当地企业进行，而是由美国企业进行的原因。一般来说，当地企业由于熟悉本国消费者偏好、了解当地经营

---

① 张继康. 跨国公司与直接投资[M]. 上海：复旦大学出版社，2004：313-321.

的法律与制度、市场信息灵通、决策反应迅速，因此具备有利的竞争条件。相对于此，美国企业则要承担在国外远距离经营的各种成本，包括了解当地市场发生偏差所付出的额外成本。但是，美国企业拥有各种垄断优势，因此可以抵消在海外经营中的不利因素，战胜当地竞争对手，取得高于它们的利润。

在垄断优势中，技术优势是跨国公司的基本优势，其他优势都是技术优势的补充或延伸。事实上，技术优势是一个非常宽泛的概念，包括生产技术秘密、管理组织技能以及营销技能等。但是技术等资产却不能像其他商品那样通过销售获得全部收益，直接投资可保证企业对国外经营及技术运用的控制，从而获得技术资产的全部收益。因此，美国企业海外直接投资要以独资经营为主，从而使技术转让在跨国公司内部实现，技术转让的收益也因此尽可能最大化。

2. 理论发展

20世纪六七十年代，西方学者尝试补充完善垄断优势理论。其中最重要的是论证跨国公司在出口、许可证贸易（主要是技术贸易）以及直接投资这三种国际技术转让方式的选择依据和条件。

赫希（Hirsch, 1976）基于成本角度提出了一个选择模型。他认为，跨国公司国际经营成本可以划分为基本生产成本和特别生产成本。基本生产成本表现为生产过程中劳动、资本、技术以及其他要素投入的价值。它是跨国公司的边际成本，随着产量变动而变化。无论跨国在母国还是在东道国经营，这类成本总要发生。基本成本等于在母国的基本生产成本 C 和在东道国的基本生产成本 C' 之和。特别生产成本指的是跨国公司分别采取出口、对外直接投资、许可证贸易三种技术转让方式所发生的三种成本：①出口销售成本 M'，主要由邮电、保险、运输、关税等费用支出构成。②转让成本 A'，指的是跨国公司在东道国生产而引起的额外支出，如由于母国与东道国的文化差异而导致的东道国市场信息成本。跨国公司第一次海外投资时，需要支出全部的转让成本；再增加投资时，需要支付的转让成本会减少。③对外转让技术的耗散费用 D'，指的是跨国公司为保护它的技术所有权，以及防止被许可方利用得到的技术同跨国公司竞争而付出的代价。

跨国公司的成本和利润之间的关系表示如下：

$$利润 = 销售收入 - 基本生产成本 - 特别生产成本$$

当销售收入不变时，利润取决于基本生产成本和特别生产成本。因此，跨国公司通过成本的比较来选择一种最佳的技术转让方式。当技术转让对象在国外时，将涉及三种成本，即出口成本 $C+M'$、对外直接投资成本 $C'+A'$、许可证贸易成本 $C'+D'$。由此，赫希得出其命题是：

如果 $C+M'<C'+A'$ 且 $C+M'<C'+D'$，则选择出口方式；

如果 $C' + A' < C + M'$ 且 $C' + A' < C' + D'$，则选择对外直接投资方式；

如果 $C' + D' < C' + A'$ 且 $C' + D' < C + M'$，则选择许可证贸易方式。

赫希模型提出之后，学者们在作出积极评价的同时，也认为赫希模型仅考虑了成本之间的比较，忽略了风险等因素，因此在做选择时还应该考虑风险因素。

5.5.2 以周期动态理论为基础的技术转让理论

1. 以维农的产品生命周期理论为基础的技术转让理论

维农（1966）以产品生命周期理论为基础，解释第二次世界大战后美国企业对外直接投资的动机、时机和区位选择。他认为，随着产品由创新阶段到成熟阶段，再到标准化阶段，出口逐渐被对外直接投资所替代。根源在于，企业技术垄断地位被削弱、国内外竞争条件发生变化而引致企业防御行为。其中，维农着重强调了企业技术垄断优势伴随着产品周期的动态变化而变化，以及技术优势对企业对外直接投资决策的影响。

根据维农理论，某项产品技术要经历创新、成长、成熟和衰退四个阶段。在前两个阶段，跨国公司为保护其技术秘密，维持技术垄断性，一般会选择将新技术应用于本国内新产品的生产。随着新技术的逐渐普及以及其他国家对该产品的需求增加，跨国公司会选择以对外直接投资的方式将该项新技术转让到国外，结合更具区位优势的东道国进行生产。在技术衰退期，跨国公司更愿意选择以技术许可证贸易的形式将该技术向国外转让，从而收回部分技术开发费用。

该理论针对的是 20 世纪五六十年代美国制造业对外直接投资的情况，如纺织、石油化工、半导体以及计算机等产业。但是随着跨国公司的不断发展，技术创新以及转让也出现许多新情况，例如，很多产品从一开始就在海外设计、研发、生产和销售，而不是从母国扩散到国外；母国的技术优势依然存在，出现技术转让并不是因为技术垄断优势消失等。最终导致维农理论的解释能力逐渐减弱。

2. 斋藤优的 N-R 制约论及其技术转让理论

斋藤优（1979）提出了 N-R 制约论，认为一个国家的经济发展及其对外经济活动，受到国民需求（national needs）与资源（resource），即 N-R 关系制约。斋藤优所提资源是广义的，包括技术、资本、劳动力、原材料、机器设备等。资源能否满足国民需要决定着企业是否需要创新。如果资源足以满足需要，那么 N-R 关系处于稳定状态，企业没有创新技术的动力；如果资源不能满足需要，那么 N-R 关系不再处于稳定状态，企业就会出现创新的内在动力。新技术可以为企业节约资本、劳动和原材料等资源，也就是说新技术可以使得 N-R 关系重新归于稳定。

另外，N-R 关系不相适应是技术转让的原因。N-R 关系不相适应促使企业进行技术创新，从而产生了新技术。而企业出于多方面考虑会将原有技术转让到更需要该技术的国家。这种情况既可以发生于发达国家和发展中国家，也可以发生于发达国家之间。

N-R 关系与新技术之间是一个周而复始的动态稳定状态。

除 N-R 制约论外，斋藤优还提出了技术转移周期理论，认为拥有新技术的企业为了谋求最大利益，一般采用三种对外战略：①运用新技术生产新产品对外出口，即商品输出。②就地运用该项新技术生产和销售商品，即对外直接投资。③把技术直接转让给对方使用，即技术转让。上述三种战略相互联系，又按一定周期循环，即拥有新技术的企业总是先输出商品，在出口过程中，该产品在当地的市场不断扩大，利润率由低到高；当该产品逐渐适应了当地条件，运用当地生产要素也能生产出该产品时，利润率就会下降，企业便由出口商品转为直接投资，从而使利润率回升；最后，由于产品在当地产销，很快提高了当地该技术水平，且当地企业能够模仿该产品并投入市场。此时，企业直接投资的利润率由上升变为下降。企业由直接投资转向技术转让。

延伸阅读

国际技术转让的趋势[①]

近年来，伴随着生产国际化程度的不断提高、技术交流的日益频繁，跨国公司之间的国际技术转让活动呈现以下新特点。

第一，国际技术贸易额增长加快，世界主要工业国家的技术生产指标呈现出迅速增长的趋势。发展中国家和发达国家之间存在巨大的技术差距，导致发达国家的技术以各种方式源源不断地流向发展中国家。发达国家的技术转让是主流，越是工业化程度高的国家，输出和输入的技术越多。发达国家之间的技术转让占 80%以上，并主要集中在美国、日本、西欧等国家。

第二，国际直接投资成为技术转让的重要渠道。国际技术转让的一条重要渠道是以投资为媒介，将技术转让到国外，这已成为进行国际直接投资的跨国公司的共同做法。

第三，技术转让软件化。近年来，纯粹知识或信息形态的技术转让，如专利、专有技术、技术信息等，占据越来越重要的地位。工业发达国家之间的技术转让中，软件技术转让占 80%以上。技术转让软件化扩大了科学技术成果的应用和传播的可能，同时也带来了知识更新、人员素质提高和经营管理方式的改进。

资料来源：原毅军. 跨国公司管理[M] .4 版. 大连：大连理工大学出版社，2006：205-206.

[①] 原文标题为"国际技术转移的趋势"，但根据上下文如果用"国际技术转让的趋势"可能更符合题意。

5.6　案例分析：空中客车对华技术转让

5.6.1　基本案情

1. 背景材料

空中客车公司（Airbus，又称空中巴士，简称"空客公司"），是欧洲一家飞机制造公司，成立于1970年12月，总部位于法国图卢兹。其创建的初衷是使欧洲飞机制造商能够与强大的美国对手有效竞争。通过克服国家间的分歧，分担研发成本，以及合作开发更大的市场份额，空客公司改变了竞争格局，并且为航空公司、旅客和机组带来了真正竞争的效益。2001年，空客公司达到了其发展史上的另一个里程碑，即成为一家独立的整合的企业。欧洲航空防务航天公司（由原空客集团的三家伙伴公司法宇航、德宇航和西班牙宇航合并而成）和英国的英宇航，将其所有在原空客集团的资产全部过渡到一个新的合资公司。

空客公司是一家全球性企业，在设计、制造和向全球客户群提供航空产品、服务和解决方案方面处于领先地位，业务范围包括商用飞机、直升机、国防和太空四大部分。其商业存在的足迹遍布欧洲的法国（France）、德国（Germany）、西班牙（Spain）、英国（United Kingdom）、俄罗斯（Russia）、土耳其（Turkey）、芬兰（Finland）、波兰（Poland）和罗马尼亚（Romania）；美洲的巴西（Brazil）、加拿大（Canada）、智利（Chile）、墨西哥（Mexico）和美国（United States）；亚洲的文莱（Brunei）、中国（China）、印度（India）、日本（Japan）、马来西亚（Malaysia）、菲律宾（Philippines）、新加坡（Singapore）、韩国（South Korea）、泰国（Thailand）、越南（Vietnam）以及非洲和中东地区。[①]截止到2020年9月，空客公司在全球范围内拥有超过140个国家，说着20多种语言的雇员近55 000名，其中还有一家4代人都为空客公司服务的雇员家庭。空客公司用于研发的自筹资金高达30亿欧元，全球范围内拥有37 000项专利。[②]

空客公司拥有规模庞大、技术先进和产品齐全的飞机系列，能够满足各航空公司的需求，提供不同的级别以及各种型号的飞机。空客公司的产品包括15种机型，分属5个飞机系列：小型单通道喷气A220系列；单通道A320系列；远程A330系列；宽体A350系列和A380双层超大型客机。A380是目前世界上最大的商用飞机，客机全长73米，翼展近80米，高度约为24米，相当于7层楼那么高，飞机里面至少可以停放20辆双层巴士，有4个引擎推动，标准航程为1.5万千米，是人类有史以来燃油效率最高和环保性能最佳的客机。A380的诞生巩固了空客公司作为世界头号民航客机制造商的地位，成为新一代的"空中霸王"。

---

① Airbus. Worldwide presence[EB/OL]. https://www.airbus.com/company/worldwide-presence.html.
② Airbus. We are Airbus[EB/OL]. https://www.airbus.com/company/we-are-airbus.html.

2. 案情介绍

空客公司对华技术转让包括三个层面：工业合作、直接技术转让和研发合作。工业合作是中国企业从空客公司获得技术转让的主要方式。1985 年，当时的中国民航总局华东管理局，即现在的中国东方航空公司，成为空客公司在中国的第一家用户。随后，空客公司与中国航空制造工业开始了零部件转包生产合作。从 1985 年开始，国内共有 6 家航空企业直接参与了为空客公司飞机生产零部件的合作。它们是：成都飞机工业（集团）有限责任公司、沈阳飞机工业（集团）有限公司（简称"沈飞"）、西安飞机工业（集团）有限责任公司（简称"西飞"）、上海飞机制造厂、红原航空锻铸工业公司、哈飞航空工业股份有限公司。

在技术转让方面，空客公司承诺向中国转让 A320 机翼结构制造技术。1999 年空客公司与中国航空工业第一集团公司开始合作。在项目第一阶段和第二阶段，沈飞和西飞顺利生产了机翼前缘和后缘。

在之后的近 20 年里，空客公司与中国航空工业结成越来越紧密的合作伙伴关系，积极开展工业合作，合作深度和广度都在不断深化，这也成为空客公司在中国战略获得成功的一个关键。

空客公司与中国企业进行的工业合作主要分成四个阶段：①初级的零部件加工转包合同。1985 年，法宇航与西飞签署了转包生产协议。根据协议，西安飞机制造厂生产和组装空客公司 A300/A310 宽体飞机检查舱门。此外，空客公司的其他合作伙伴还分别将 A320 翼肋、应急门转包到沈阳飞机制造厂和西安飞机制造厂生产。1998 年，法国将 A320 后登机门转到成都飞机制造厂生产。国内共有 6 家航空企业直接参与了为空客公司飞机生产零部件的合作。②直接技术转让。空客公司向中国转让 A320 机翼结构制造技术。空客公司的机翼是世界上最为先进的，A320 系列飞机是世界上最畅销的单通道客机，可以说这是一个十分重要的项目。在此之前，空客公司与世界任何一个国家都没有开展过这样的合作。③研发合作。从 1999 年开始，空客公司与中国采用了新的合作方式，即研发合作。中国航空工业第一集团（中航一）第一次参与了空客公司的飞机设计任务，中航一 12 名中国工程师参与了 A318 飞机项目，他们与空客公司的欧洲伙伴成功出色地完成了飞机的设计、生产和认证的各个过程，给双方的深度合作设立了一个良好的起点。2005 年，空客公司在北京正式成立了一个工程技术中心。这意味着中国航空制造企业今后将全面参与空客公司飞机的设计、制造、投资及利润的分配，中国成为与空客公司风险共担的全面合作伙伴。另外，空客公司还与中国的大学合作研发。2006 年，空客公司与中国 4 所在航空航天领域科研领先的大学签署合作研发协议。与大学开展研究和技术合作是空客公司全球研究和技术项目的一个组成部分，它一直在世界范围内努力寻找最佳的研究合作伙伴、寻求成本效益最好的技术，从而确保其技术领先优势以及空客公司产品的持续成功发展。④成立创新中心。

2017 年，空客公司中国创新中心（即 ACIC）在中国深圳成立。这是继美国硅谷 A3 之后空客公司设立的第二个创新中心。在此，空客公司利用当地人才、技术以及合作伙伴资源，主要从事设计、测试和认证五个领域相关的新技术：硬件实验室、客舱体验、互联、制造业创新和城市空中交通。①空客公司在中国的技术合作正在向更广范围、更深层次、更高水平转变。

5.6.2　案例评析

在激烈的市场竞争中，跨国公司如何立于不败之地？如何维持其竞争优势？如何有效利用全球资源？如何根植于东道国？这些或许都是跨国公司需要考虑与践行的。毫无疑问，空客公司在对华技术转让中获益，而作为东道国的中国同样也可以获益。

1. 给东道国带来技术外溢效益

跨国公司带来了先进技术、设备和产品，即便它严格控制技术外溢，但依然会直接提高国内消费者、企业及相关研发人员对新技术、新产品、新管理方式的认知和进一步学习模仿能力。在与空客公司的合作中，成都飞机制造厂转包生产空客机门，学习其产品线管理方式，并进而持续改进该方法以降低质量成本，推进质量管理。在中国，管理方式的改善正是许多国企所真正需要转移的"技术"。

2. 给东道国带来观念意识的转变

东道国市场因为跨国公司的到来，而使得竞争变得更为激烈，单纯依靠技术转让不能从根本上增强东道国企业竞争能力。不过，却可以改变东道国各界的观念和意识，提升自身研发能力。经济合作与发展组织（OECD）之前的一份研究报告指出，从 1995 年开始的 10 年中，中国的研发支出以每年 19%的"惊人"速度增长。报告显示，截至 2005 年，中国的研发支出已经达到 300 亿美元，使中国成为世界研发支出第六大国。这说明中国各界已经意识到必须依靠自主创新来提升自身技术，以及吸收国外先进技术的能力。例如，西安飞机制造厂作为空客公司在中国最大的合作伙伴之一，在与空客公司及其他跨国公司合作的几十年中，明显感觉到技术的重要性，因此不断深化企业改革，提升自主研发的能力。2001 年，西飞将"居安思危"写入其发展战略，计划从证券市场募集的 13 亿元资金全部用于技术改造。2005 年，该公司终于实现了中国自研飞机出口的零突破。

3. 以开放带动进一步开放

通过与跨国公司合作，可以获得进一步开放以及更多国际合作的机会，最终形成获得技术外溢、保持竞争优势以及进一步开放合作的良性循环。例如，沈飞于 1985

---

① Airbus. 空中客车在中国[EB/OL]. https://www.airbus.com/company/worldwide-presence/china/china-cn.html.

年开始与空客公司开展国际合作，其良好的表现获得了国际同行的认可，吸引了更多的合作者。目前沈飞已经同美国、英国、德国、瑞典等十几家著名航空公司开展了民机零部件转包生产项目的合作。这是空客公司对华技术转让带给东道国的益处，也是中国进一步扩大开放带来的益处。

空客公司对华技术转让给彼此都带来了益处，但是也存在一些问题，如转让的技术水平偏低、技术控制更为严格等。

资料来源：空客公司. 公司介绍：工业合作与技术转让[EB/OL]. http://www.airbus.com.cn/corporate-information/industrial-co-operation/；空客公司. 公司介绍：空中客车中国大事记[EB/OL]. http://www.airbus.com.cn/fileadmin/_migrated/content_uploads/Airbus-Milestones-in-China-july-2014pdf；Airbus. Worldwide presence[EB/OL]. https://www.airbus.com/company/worldwide-presence. html；Airbus. We are Airbus[EB/OL]. https://www.airbus.com/company/we-are-airbus.html；Airbus. 空中客车在中国[EB/OL]. https://www.airbus.com/company/ worldwide-presence/china/china-cn.html. 苏静. 跨国公司对华的技术转移及其启示——欧洲空中客车公司案例分析[J]. 经济论坛，2008（2）：73-75；维普资讯. http://www.cqvip.com.

5.6.3 思考

思考一：空客公司对华技术转让采用了哪些方式？

思考二：技术转让对空客公司和中国企业分别带来了哪些益处以及风险？

本 章 小 结

技术转让是指技术供应方通过某种方式把某项技术以及与该技术有关的权利转让给技术受让方的行为。技术转让，发生于同一国家中，即国内技术转让；发生于不同国家之间，即国际技术转让。技术转让和技术转移的英文是相同的。当二者特指技术所有权转让时，意思相同。但是二者在内涵以及实现条件方面存在差异。技术转让与技术扩散也存在差异，主要在于它们各自行为主体的主观意识以及行为对象不同。技术转让与技术引进则是一项活动的两个方面，同时存在，同时消失。

跨国公司可以通过很多方式进行技术转让，主要包括：单纯技术转让方式，如许可交易、特许经营、技术协助、合作研发等；技术转让与输出设备、提供服务相结合的方式，如交钥匙工程、补偿贸易等；技术转让与资金融通或资本输出相结合的方式，如对外直接投资。许可证贸易是国际技术转让中最常用的一种方式，涉及专利技术、专有技术和商标等标的。

跨国公司进行技术转让时，往往采取转让技术成本加上高额利润构成的转让价格，包括交易费用、研发成本、技术转让税、工业产权保护费、市场机会成本、利润。交易费用指的是技术转让双方在实际交易过程中产生的实际费用。研发成本占据技术转让费用相当大的比例，但却又是非常难以计算的一部分，需要考虑研发投入的基本费用、技术转让的次数、技术生命周期的长短、跨国公司市场地位的强弱。技术转让费纳税,包括向受让方所在东道国政府缴纳预提所得税,向跨国公司(转让方)母国政府缴纳所得税。工业产权是技术转让过程中最需要保护也是最难保护的,通常需要付出高昂的保护费用,但这部分费用核算起来也比较困难。一般情况下,跨国公司采用利润(利益)分成原则作为技术转让定价原则。支付时,按照国际惯例,技术转让主要采用一次总算、提成支付以及入门费加提成三种支付方式。

跨国公司进行技术转让时,往往会采取对象选择策略、时机选择策略、区位选择策略以及方式选择策略。对象选择时,跨国公司将技术转让对象划分为四种类型:未使用且不准备使用、未使用且准备使用、使用且不准备继续使用(准备放弃)、使用且准备继续使用。针对这四种类型,需要采用不同的转让策略。时机选择时,一般情况下,企业会依据技术所处的生命周期和企业的市场地位决定技术转让的时机。前者包括创新、发展、成熟和衰退四个阶段;后者可以划分为支配、优势、有利、维持和微弱五种地位。区位选择时,依据母国和东道国经济发展水平的差异程度选择区位,可以进行水平型技术转让和垂直型技术转让。方式选择时,依据东道国技术壁垒、进行对外直接投资的约束条件、技术特点等来作出选择。

针对技术转让,学者们从不同角度进行了相关研究,最早是国际直接投资经典理论,如海默-金德伯格的垄断优势理论、维农的产品生命周期理论等,后经学者们的补充、完善,以及创新,逐步形成了技术转让理论体系。空中客车对华技术转让是跨国公司技术转让案例之一。

思 考 题

1. 简述技术转让与技术转移、技术引进、技术扩散等之间的差异。
2. 解释技术转让的特点与方式。
3. 简述跨国公司技术转让的价格构成及定价原则。
4. 简述技术转让的相关策略。
5. 简述技术转让的相关理论。

即 测 即 练

自学自测　扫描此码

第 6 章

跨国公司的跨国并购

【学习要点】

1. 跨国并购是跨国公司对外直接投资的主要方式之一,但又是极其复杂的跨国经营活动,不仅过程复杂,而且还涉及很多参与者。
2. 跨国并购可以按照不同的分类标准划分为不同的类型。
3. 跨国并购既有人支持,也有人反对。故此,各自形成相应理论。
4. 跨国并购对东道国资本、技术、就业、市场结构等产生影响,但是时间跨度不同,产生影响的后果不同。

【学习目标】

1. 掌握跨国并购的概念、类型。
2. 熟悉跨国并购的影响。
3. 了解跨国并购的参与者、具体流程和理论。

道达尔公司与比利时石油公司的跨国并购

1998 年,大型跨国并购案空前,共计有 89 起大型跨国并购交易,每一起都超过 10 亿美元,这些大型交易差不多占据了全球全年跨国并购总额的 3/5。同样是 1998 年,史称石油行业大型兼并的标志年。这一年,发生了多起石油行业的跨国并购案,其中英国石油公司(British Petroleum Co. PLC)与阿莫科公司(Amoco Corp.)的跨国并购不仅是石油行业最大交易,也是全球最大交易,交易额高达 550 亿美元。而比利时石油公司(Petrofina SA)和法国道达尔公司(Total SA)之间的跨国并购则见证了世界第五大石油集团的诞生。

当时,正是石油价格低迷时期。较低的石油价格和行业合并促使更多的石油公司试图通过合并实现更大规模经济、降低成本、获得利润。法国道达尔公司与其竞争对手同时展开了对比利时石油公司的竞价战。经过几轮竞价,道达尔公司支付了 127.7 亿美元的现金溢价,并按照 9∶2 的交换比率换取比利时石油公司的股票。

比利时石油公司只是一个中等规模的公司，但是在冶炼和营销方面却占有重要地位，在同业中的表现一直都很突出。此外，它与石化行业的联系密切。这对专注于石油、煤炭和铀开采开发的道达尔公司来讲则是一个完美补充。

新的实体取名为道达尔菲纳集团。之后，集团出台系列措施：①出售非战略资产。此举不仅能为开采和生产发展方案融资，还能够融合公司每天160万桶的冶炼能力。②降低成本。采取细分业务风险、行政整合、税收利益最优化，以及把改善融资费用与道达尔公司较高的长期债务比率相结合等措施降低成本。

值得一提的是，该交易在公司向欧盟管理委员会提出申请时，差点被取消了。公司担心委员会会发起一项全面调查，进而耽搁或否决申请时，就取消了公告。不过，公司并没有放弃，而是通过调整燃料存储，与委员会就申请进行协商。在交易快结束时，欧盟管理委员会终于批准了该项跨国并购。

资料来源：UNCTAD. 世界投资报告（1999）[EB/OL]. http://www.unctad.org；威斯通，米切尔，马尔赫林. 接管、重组与公司治理[M]. 张秋生，张海珊，陈扬，译. 4版. 北京：北京大学出版社，2006：470.

6.1 跨国并购概述

并购源自一国国内，当并购涉及两个或两个以上国家的企业，且发生于在国际的经济活动中时，就出现企业的国内并购在世界经济一体化过程中的跨国延伸。那么何谓跨国并购呢？它包括哪些类型呢？

6.1.1 跨国并购的概念

跨国并购的概念是从企业国内并购的概念延伸而来的。一句话，跨国并购指的是涉及两个以上国家的企业间的合并和收购（merger and acquisition，M&A），是对外直接投资的方式之一。如果改变被兼并企业或被收购企业的控制权，并有外国投资者介入的东道国企业的私有化即为跨国并购。跨国并购包括跨国兼并和跨国收购。在跨国兼并中，原来隶属两个不同国家的企业资产和经营被结合在一起，成为一个新的法人实体；在跨国收购中，企业资产和经营的控制权从当地企业转移到外国公司，前者成为后者的子公司。①

从上述解释可以看出，跨国并购涉及两个或两个以上国家的企业，其中"一国企业"是并购发出企业或称并购企业，而"另一国企业"为被并购企业，也叫目标企业。并购企业可以通过直接向目标企业投资进行收购和通过对目标企业进行兼并两种形式进行跨国并购活动。企业进行跨国并购的支付手段包括支付现金、从金融机构贷款、

---

① UNCTAD. 世界投资报告（2000）[EB/OL]. http://www.unctad.org.

以股换股和发行债券等方式。跨国并购的定义及分类如图6-1所示。

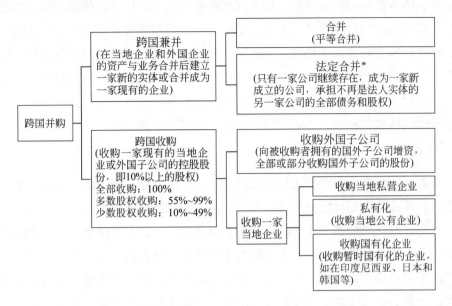

注：*法定合并和全部收购的关键区别在于，前者建立了一家新的法人实体，后者则没有。

图6-1 跨国并购的定义及分类

资料来源：UNCTAD. 世界投资报告（2000）[EB/OL]. http://www.unctad.org.

6.1.2 跨国并购的参与者[①]

跨国并购发生时，除收购者和出售者之外，还有许多实体参与到战略交易中来，包括投资者/所有者、公司员工、顾问、监管机构以及其他。在这些实体中，对于每个个体的考虑，也是非常重要的。

1. 收购者

收购者指的是一个尽可能最大化自身和股东利益的公司实体。不同模式的收购者拥有不同的目标和动机，需要考虑的影响因素也不相同。因此，与不同收购者谈判时，需要了解收购方的商业模式及其优先考虑的因素；相反，自身作为收购者时，则需要确定自身优先考虑的因素。

收购者可分为战略收购者和财务收购者。战略收购者与财务收购者截然不同。

战略收购者指的是一些打算通过购买，对自身拥有其他业务进行某种方式的巩固、链接或整合的经济实体，可以一次收购，也可以多次收购。战略收购者一般是根据收购对公司既存业务的影响以及公司既存业务对收购业务的影响的权衡来决策；并把收

[①] 弗兰克尔. 并购原理——收购、剥离和投资[M]. 曹建海，主译. 大连：东北财经大学出版社，2009：6-39.

购目标看作充实其现有业务的一个部分。此处的"影响"即为协同。

财务收购者都是利用某种形式的投资者资本去收购目标公司的控制权，并以出售目标公司获得利润为最终目的，主要包括私募股权公司和管理层收购。与战略收购者相比，财务收购者面临两大挑战：①投资者和财务收购者通常期望投资有很高的回报率。"很高"通常意味着回报率要超过他们在开放市场上对类似公司进行投资的回报率。②在大多数情况，财务收购者可能无法发现战略收购者能够发现的协同作用，这样当他们与战略收购者竞标时，必然会处于劣势，不利于竞标。

2. 出售者

出售者指的是将公司出售给收购方的参与者。出售者一般包括三类：①部分资产出售者。许多战略交易可能只涉及一个公司的一部分，而不是全部。在一些情况下，这是一系列战略交易的第一步，最后公司会被全部售出。在其他情况下，收购者只能拥有公司的一小部分股份，而不能收购整个公司。也就是说，部分资产出售可以是全部出售的前奏，也可以是最后的交易。②完全出售者，即公司出售。此时，公司被全部出售。这是第一次交易，也是最后一次交易。③非意愿出售者。收购者绕过出售者的管理层和董事会，直接要求出售者的股东售出其股份。

3. 投资者/所有者

投资者/所有者可以分为以下几种类型：①企业家/创始人。创始人指的是执着于将最初创业之想法转化为一项具体计划并加以执行的人。当企业发展壮大之后，创始人有时会及时退出，有时会继续执掌，有时还会请职业经理人管理而自己转为管理团队中的一员。②私募股权，即公众市场外的投资。私募股权包括天使投资、风险投资、传统私募股权和杠杆收购/管理层收购投资者。③公众投资者，即大众投资者。公司一旦上市，代表公司所有权的股份即会被大量的投资者所拥有。④个人投资者。个人投资者是公众市场的主要部分。⑤机构投资者。他们是对公众市场进行主动和大规模投资的实体。

4. 公司员工

在公司法人实体的背后，有数以百计、千计、万计甚至更多的个体在经营和管理着公司，主要包括：①董事会。大多数公众公司的董事会成员是其他大型公司现任或已退休的高级主管，或者是大学或非营利组织等公共机构德高望重的领导者。②高级管理层。这是整个雇员阶层的顶层群体，通常由一小部分关键雇员组成，他们掌握着公司的日常管理以及业务经营。③部门经理。这通常指的是一个公司某个独立部门的管理者，可以是高级管理层中的一员，也可以不是。④公司发展团队。成立此团队旨在提高公司内部专业技能。

5. 顾问

战略交易正在趋向于成为一个公司最复杂、最不确定的交易。如果仅仅依靠公司发展团队,很有可能不能很好地完成相关战略交易。因此,有必要雇用外部顾问,主要包括:①律师。战略交易时,只能买卖或拥有法律文件规定范围之内的资产。因此,律师是必不可少的。律师可以是公司内部的法律顾问,也可以是公司外部的法律顾问。②投资银行家。与律师不同,投资银行家关注财务条款和资本价值,倾向于提倡交易。③审计师。战略交易的买卖双方都需要有审计师提供服务。卖方审计师会准备财务综述,为出售做好准备。买方审计师则要站在最能反映买方自身财务状况的位置上给予买方建议;还有可能对潜在的目标公司的账目进行审查。④咨询顾问。他们常常出现于交易早期的战略决策制定中,其作用会在交易过程中被放大。⑤顾问公司的员工等。这些员工可以分为初级顾问、中级顾问和高级顾问。三类顾问分工不同。

6. 监管机构

几乎每一种商业或财务交易都会受到政府或法律的监管,战略交易也不例外。监管机构主要包括:①证券交易委员会。设立该委员会的目的在于保护投资人,它是最常见的监管机构。②国家法令和当地法令。国家法令,如证券法是最常见的监管法规。③行业监管机构。由国家政府设立的专门对某个行业市场的各类经营主体、经营活动进行监督和管理的机构。④国际监管机构等。跨国并购过程中,涉及不同国家之间的交易,所以考虑对方所在国的法规和监管机构是非常重要的。

7. 其他

战略交易中,除去直接关系人和间接关系人之外,还包括第三方利益者,主要包括:①公众;②顾客、合作方和竞争者;③媒体等。

6.1.3 跨国并购的类型

跨国并购作为对外直接投资的方式之一,是一种极为复杂的跨国经营活动,可以按照不同的分类标准划分为不同的类型。

1. 按跨国并购的功能分类

按跨国公司进行并购的功能,跨国并购可以划分为横向并购(horizontal M&A)、纵向并购(vertical M&A)和混合并购(conglomerate M&A)。

横向并购指两个或两个以上国家的同一行业竞争企业之间的并购。通过整合资源,进行并购的企业旨在获得协同效应、加强市场力量。

纵向并购指两个或两个以上国家中有客户—供应商或买主—卖主关系的企业之间的并购。此类并购通常是寻求降低生产链前向或向后关联的不确定性与交易成本,以获得范围经济的收益。

混合并购指两个或两个以上国家的经营活动无关联的企业之间的并购。企业进行并购的目的是分散风险和深化范围经济。

2. 按是否经由中介实施并购分类

按并购过程是否有投资银行等中介机构参与，跨国并购可以划分为直接并购和间接并购。

直接并购也称协议收购或友好接管，并购企业可以直接向目标企业提出拥有所有权的要求，双方通过一定的程序进行磋商，共同商定条件，根据双方的协议完成所有权的转移。此外，目标企业如果由于经营不善或遇到债务危机，也可以主动提出所有权转让，即由目标企业直接向并购企业提出并购要求。按照该并购要求，又可分为前向并购和反向并购两类，区别在于前者是买方企业存续，而后者是卖方企业存续。

间接并购通常是通过投资银行或其他中介机构进行的并购交易，可分为三角前向并购和三角反向并购，区别在于前者指并购企业投资目标企业的控股企业，存续的是控股企业；后者指并购企业投资目标企业的控股企业，存续的是卖方，即目标企业。

间接并购往往是通过在证券市场上收购目标企业已发行和流通的具有表决权的普通股票，从而掌握目标企业控制权的行为。在大多数情况下，间接并购很有可能引起企业之间的激烈对抗，多为敌意收购。

3. 按跨国并购的支付方式分类

并购发生时，双方可以商量采用不同的支付方式。依此，跨国并购可以划分为股票互换、债券互换、现金收购和杠杆收购。

股票互换是指以股票作为并购的支付方式，并购企业增发新股换取被并购企业的旧股。其重要特点是：①目标企业股东并不因此而失去所有权；②股票互换比现金并购方式节约交易成本，可以合理避税、产生股票增长效应；③股票互换在所涉及的两个国家的国际收支中可以引起巨大的，但却可以几乎被全部抵消的资本流动。[①]

债券互换是指增加发行并购企业的债券，用以代替目标企业的债券，使目标企业的债券转换到并购企业。债券包括担保债券、契约债券和债券式股票等。

现金收购是指所有不涉及发行新股票或新债券的跨国并购，包括以票据形式进行的收购。在现金收购中，并购企业支付了议定的现金后即取得目标企业所有权，而目标企业的股东一旦得到其所有股份的现金即失去所有权。

杠杆收购是指一家或几家并购企业在银行贷款或在金融市场融资的情况下所进行的企业收购行为。与传统收购方式相比，其特点是：①融资结构发生变化，收购引起的

---

① 张纪康. 跨国公司与直接投资[M]. 上海：复旦大学出版社，2004.

负债首先由目标企业的资产或现金流量来支付和偿还，其次才是投资者的投资；②杠杆收购成功与否的关键取决于经纪人。

6.2 跨国并购的理论

跨国并购自出现之日起，就受到各界人士的关注与研究，赞成者有之，反对者亦有之，真的是仁者见仁，智者见智。

6.2.1 并购赞成论

并购赞成论中主要涉及效率理论、信息理论和代理成本理论。但代理成本理论后来发展出了一种"闲置现金流量假说"，当将它们合为一个整体时，既有赞成并购价值的成分，又有怀疑并购价值的成分。为了遵循我们的划分原则，将这两种理论分开介绍。

1. 效率理论

效率理论认为，公司并购和资产再配置的其他形式对整个社会来说是有潜在收益的，这主要体现在大公司管理层改进效率或形成协同效应上。

管理协同效应理论。富有管理效率的公司通过对低效率公司的并购，使后者的管理效率得到提高，这就是所谓的管理协同效应。按照管理协同效应理论的观点，一家公司利用其剩余的管理能力，通过并购改进那些由于缺乏管理人才而造成效率低下的公司，使得整个经济的效率水平得到提高。这种理论难以解释的一个问题是，在经过一系列并购之后，整个国家的经济最终将会为具有最高管理效率的公司所并购。但是，由于任何能干的管理队伍的管理能力都是有限度的，所以，在这一情形出现之前，公司内部的协调问题就会变得非常突出，从而阻止并购的进一步扩大。对于具有过量管理资源的并购方来说，如果这批人力资源只有作为一个整体才能体现出效率，那么对同行业中管理水平低的公司进行水平并购就是可取的。如果由于该行业需求条件不佳或受政府反垄断政策影响，并购方可以进入别的产业，但如果并购方不具备进入别的产业的技术力量，那么混合并购并不一定能够获利。因此，管理协同效率理论除了在水平并购方面有一定解释力之外，在其余方面的解释缺乏说服力。

营运协同效应理论。该理论也称为营运经济，是指由于经济上的互补性、规模经济或范围经济，使得并购后带来收益增大或成本降低的情形。营运协同效应理论的一个重要前提是产业的确存在规模经济，且在并购之前没有营运在规模经济的水平上。规模经济是由于某种不可分性而存在的，制造业中通常会存在规模经济。将现有几个企业合并成一个企业的一个重要问题是，如何合并和协调这些企业的有利部分，又如何处理那些不需要的部分。理想的情况是两公司具有互补性,二者合并在一起将会产生协同效应。此外,按照交易成本理论通常的分析,通过纵向一体化也可形成营运协同效应。但是,营运协同效应理论面临如下两个主要挑战:①在混合并购中,企业管理层的管理能力很难在短时间内迅速提高到足以管理好分属于不同行业的数家公司的程度;②企业管理层的管理才能在相同或相近产业中是很容易扩散和转移的,而混合并购则只涉及那些互不相关的产业,此时管理才能却很难扩散和转移。

财务协同效应理论。该理论认为并购起因于财务方面的目的。这种理论认为,资本充裕和资本缺乏使企业间的并购非常有利,阐明了资本在并购企业的产业与被并购企业的产业之间进行再配置的动因。该理论还认定,在一个税法完善的市场经济中,并购能为企业带来更大的负债能力,节省投资收入税、筹资成本和交易成本等。财务协同效应理论在解释混合并购的原因时具有较强的解释力,但在解释水平并购和垂直并购的原因时却显得比较苍白无力。

多样化经营理论。所谓多样化经营,是指公司持有并经营那些收益相关程度较低的资产,以分散风险,稳定收入来源。通常情况下,公司员工、消费者和供应商等利益相关者比股东更愿意公司采取多样化经营战略。多样化经营可以通过内部增长和并购两种途径来实现,但在许多情况下,并购的途径可能更有利,尤其是当公司面临变化了的环境调整战略时,并购可以使公司在较短的时间内进入被并购公司的行业,并在很大程度上保持被并购公司的市场份额以及现有各种资源。不过,并非所有的股东都会赞成多样化经营战略,这种理论在解释并购现象时难免会打折扣。

市场低估理论。该理论认为,并购的动因在于股票市场价格低于目标公司的真实价格。造成市场低估的原因主要有:①公司现有管理层并没有使公司达到其潜在可达到的效率水平;②并购者掌握了普通投资者所没有掌握的信息,依据这种信息,公司股票价格应高于当前的市场价;③公司资产的市场价格与其重置价格之间存在一定差距。在西方经济理论中,衡量这种差距的一个重要指标叫作托宾 q,这个比值被定义为公司股票的市场价格与其实物资产的重置价格之间的比值。据估计,美国在 20 世纪 70 年代末至 80 年代初股市的 q 值在 0.5~0.6。这里不妨看一个简单的例子:如果目标公司的 q 为 0.6,而并购该公司的溢价为市场价的 50%,那么,收购价与重置价的比值为 0.9,这就意味着收购目标公司的价格还是比该公司的重置价格低 10%。但是并非所有被低估了价值的公司都会被并购,也并非只有被低估了价值的公司才会成为并购目标,所以这一理论也遇到了很大的挑战。

2. 信息理论

用信息理论解释并购动机的学者持有三种不同的看法。

第一,并购与市场信息传递相关。在收购股权的活动中,无论并购成功与否,目标公司的股价总会呈现上涨的趋势。其原因在于，收购股权的行为向市场传递了目标公司股价被低估的信息，或者收购发盘使目标公司采取更有效率的经营策略，这一点在有关文献中已经得到验证。[1]

第二，并购与效率相关。在不成功的并购活动中，如果首次收购发盘之后 5 年内没有后续的收购要约，那么目标公司的股价将会回落到发盘前的水平；如果有后续的收购要约，则目标公司的股价将会继续上涨。当目标公司与并购公司做了资源的合并或目标公司的资源转到并购公司的控制之下后，目标公司的股价才会被不断重估，呈上涨态势。根据布雷德莱、迪塞和基姆的研究，经验数据与协同解释是相一致的，他们认为收购活动并不必然意味着目标企业的股票在市场上被低估或目标企业可以依靠自身的力量来改善经营效率。[2]

第三，并购与公司资本结构的选择行为相关。作为内部人的经理，拥有比局外人更多的关于公司状况的信息，就是所谓的信息非对称性。根据罗斯的理论[3]，在这种情况下，资本结构选择并非如莫迪利亚尼和米勒（简称 MM）所说的那样与企业市场价值无关，而是在下列条件下存在最佳的资本结构：①企业投资政策是通过资本结构选择行为向市场传输的；②经理报酬与资本结构信号的真实性相关联。这样，如果一家公司被标购，那么市场将认为该公司的某种价值还没有被局外人掌握，或者认为该公司未来的现金收入将增加，由此推动股价上涨；当并购方用本公司股票收购另一公司时，将会使被并购公司和其他投资人认为，这是并购公司股票被高估的信号；当某一公司回购其股票时，市场将会视此举为一个重要信号，表明该管理层认为本公司股价被低估，或者表明该公司会有新的增长机会。

在信息理论中，非对称信息的假设比较接近现实，而且从方法论上看也是崭新的，所以该理论有良好的前景。但在现实生活中，经理与其他人员勾结起来向市场输送错误信息从而使自己盈利的行为，是该理论所无法解释的。

3. 代理成本理论

詹森和麦克林[4]提出的代理问题，是在经理人员只拥有很少比例公司股权的情况下

---

[1] DODD P, RUBACK R. Tender offers and stockholder returns: an empirical analysis[J]. Journal of financial economics, 1977, 5（3）: 351-373; BRADLEY M. Interfirm tender offers and the market for corporate control[J]. Journal of business, 1980, 53（4）: 345-376.

[2] BRADLEY M, DESAI A, KIM E H. The rationale behind interfirm tender offers: information or synergy? [J]. Journal of financial economics, 1983, 11（1-4）: 183-206; BRADLEY M, DESAI A, KIM E H. Synergistic gains from corporate acquisitions and the indivision between the stockholders of target and acquiring firms[J]. Journal of financial economics, 1988, 21（1）: 3-40.

[3] ROSS S A. The determination of financial structure: the incentive-singalling approach[J]. Bell journal of economics, 1977, 8（1）: 23-40.

[4] JENSEN M C, MECKLING W H. Theory of the firm: managerial behavior, agency cost and ownership structure[J]. Journal of financial economics, 1976, 3（4）: 305-360.

产生的。因为在上述情形下，经理人员可能会选择不努力工作或者消费更多的奢侈品，而在股权分散的大公司中，缺乏足够的激励让小股东监督经理的行为。从根本上讲，代理问题是由于经理与所有者之间的合约不可能无成本地签订和执行而产生的。在这里，经理被认为是决策或控制的代理人，而所有者则被认为是风险承担者。由此造成的代理成本包括：构建一组合约的成本；由委托人监督和控制代理人行为而带来的成本；保证代理人作出最优决策，否则委托人将得到补偿的成本；剩余亏损，即由代理人的决策与使委托人福利最大化的决策之间的差异而使委托人蒙受的福利损失，剩余亏损也有可能是由于完全执行合约的成本超过收益而引起的。

解决代理问题，降低代理成本，一般可以考虑两个途径：①组织机制方面的制度安排；②市场机制方面的制度安排。通常的做法是将市场与组织两种途径相结合，或者说使其共同起作用。法马和詹森[1]指出，在企业的所有权与控制权分离的情况下，将企业的决策管理（如提议与执行）与决策控制（如批准与监督）分开，能限制决策代理人侵蚀股东利益的可能性。股东在保留决定董事会成员、并购、新股发行等权利的同时，将其余控制职能交由董事会去执行。

通过报酬安排以及经理人市场也可以减缓代理问题。[2]例如，可以通过设立奖金与股票期权的办法，将报酬与绩效联系起来，由此调动经理人员为提高绩效努力工作的积极性。经理人市场会在经理们的绩效声誉的基础上确定他们的收入水平。

股票市场则为企业股东提供了一个外部监督机制，因为股价集中体现了经理的决策带来的影响，股价水平低会给经理带来改变其行为并更多地为股东利益着想的压力[1]，从而降低代理成本。

当这些机制都不适于控制代理问题时，接管将可能是最后的外部控制机制。[3]通过公开收购或代理权争夺而造成的接管，将会改选现任经理和董事会成员。麦纳还强调指出，如果由于低效或代理问题而使企业经营业绩不佳，那么并购机制使得接管的威胁始终存在。

代理成本理论为我们深入探讨在所有权与控制权分离的情况下，所有权通过何种途径监督和制约控制权、控制权又以何种方式追逐自身利益的问题，提供了一个强有力的理论框架。虽然并购机制可以降低代理成本的观点是正确的，但仍然不够，还需要进一步发展理论来进行解释。

---

① FAMA E F，JENSEN M C. Separation of ownership and control[J]. Journal of law and economics，1983，26（2）：301-325；FAMA E F，JENSEN M C. Organizational forms and investment decisions[J]. Journal of financial economics，1985，14（1）：101-119.

② FAMA E F. Agency problem and the theory of the firm[J]. Journal of political economy，1980，88（2）：288-307.

③ MANNEH G. Mergers and the market for corporate control[J]. Journal of political economy，1965，73（2）：110-120.

 延伸阅读

惠普和康柏兼并案

2001年9月3日,惠普和康柏并购(Hewlett Packard-Compaq merger)的消息被公布于众。两家公司公开宣布它们未来的联合计划。它们指出兼并的主要原因是为了实现规模经济。两家公司预计兼并可达到25亿美元的成本协同效应。此项兼并被作为应对计算机和信息技术部门环境改变的一项战略。

股票交易市场对此项兼并案的反应没有像两家公司预计的那样令人乐观。公告的第一个交易日,惠普的股票价格下跌19%。目标公司康柏的股票价格也下降了10%。虽然这项兼并交易在2001年9月3日向公众公布,但在此之前几个月的时候两家公司就已经开始进行私下接触。正如表6-1所示,两家公司的首席执行官在2001年6月开始了首次关于联盟可能性的讨论。美国证券交易委员会的兼并档案文件中指明,这次接触主要进行了广泛的经营业务尽职调查。由此惠普与康柏分别与麦肯锡和埃森哲咨询公司(Accenture)合作来充实可能的兼并活动的战略因素、运作方法以及其他方面。2001年7月,惠普与康柏分别聘请高盛(Goldman Sachs)和所罗门美邦公司(Salomon Smith Barney)为兼并提供财务建议。由此可见,在交易首次公告之前它们已经进行了大量的分析和协商。

表 6-1 惠普与康柏兼并案

兼并原因	在个人电脑行业形成规模经济 成本协同交易价值25亿美元
公告日后的股价反应	惠普股价下降19% 康柏股价下降10%
兼并过程	
私下行为	首席执行官初次讨论(2001年6月) 广泛的经营业务尽职调查(2001年6月) 聘用财务顾问(2001年7月) 董事会批准兼并(2001年9月3日)
公开活动	联合向媒体发布信息(2001年9月3日) 沃尔特·休利特先生反对合并(2001年11月5日) 普卡德基金会反对(2001年12月8日) 美国联邦贸易委员会(FTC)批准(2002年3月7日) 康柏股东同意(2002年3月21日) 惠普股东正式同意(2002年5月1日)

结果是,分析和谈判一直持续到交易首次公告之后。一些最初创建惠普的成员站出来反对兼并行为,惠普的一名董事沃尔特·休利特先生直言不讳地反对这项交易。

普卡德基金会（Packard Foundation）也对兼并行为投了反对票。但是，在 2002 年 5 月的最后一次投票表决中，惠普的股东正式批准了此项兼并。

资料来源：威斯通，米切尔，马尔赫林. 接管、重组与公司治理[M]. 张秋生，张海珊，陈扬，译. 4 版. 北京：北京大学出版社，2006：133.

6.2.2　并购价值怀疑论

对并购价值抱怀疑态度的理论主要包括经理主义、自负假说、闲置现金流量理论、市场势力理论和再分配理论等几种。

1. 经理主义

与并购可以控制代理问题的观点相反，一些学者认为，并购恰恰是代理问题的表现，而不是解决办法，主要由穆勒[①]提出的"经理主义"观点就是其中之一。穆勒认为，经理具有很强烈的扩大公司规模的欲望，他假定，经理的报酬是公司规模的函数，经理将会接受资本预期回收率很低的项目，并热衷于扩大规模。但也有人通过研究发现，经理的报酬与公司的盈利水平而非销售额显著相关[②]，穆勒理论的基本前提由此而受到了很大的挑战。

在并购与接管过程中，投标企业至少在事先需要确认潜在的目标企业，并且评估其资产（股票）价值，只有在对目标企业估值很高的情况下，才会有真正的收购行为。

2. 自负假说

罗尔[③]提出的自负假说认为，由于经理过分自信、血气方刚，在评估并购机会时会犯过于乐观的错误。这样并购就有可能是并购方的自负引起的，如果并购确实没有收益，自负可以解释经理即使在过去经验表明并购存在一个正的估值误差的情况下仍然会作出并购决策的原因。

自负假说或许有一定意义，但由于假定存在很强的市场效率，与现实存在差距，所以对并购现象的理论解释较弱。现代企业理论表明，企业存在的原因正在于市场运行并非是无摩擦的，诸如不可分性、信息成本和交易成本等"不完善因素"，使得单个的生产投入在企业内仍保持单个和分立的形式是低效的。下文提出的控制权增效理论表明，接管和并购很可能是一种促使企业资源在企业之间有效地再配置的途径，在此过程中，可以使得交易成本最小化并维持企业价值。商品市场和劳动市场在变动的市

---

① MULLER D C. A theory of conglomerate mergers[J]. Quarterly journal of economics, 1969, 83（4）: 643-659.
② LEWELLEN W G, HUNTSMAN B. Managerial pay and corporate performance[J]. American economic review, 1970, 60（4）: 710-720.
③ ROLL R. The hubris hypothesis of corporate takeovers[J]. Journal of business of The University of Chicago, 1986, 59（2）: 197-216.

场条件下并不能自动取得效率，而需要在经济活动中进行资源的再配置。并购和收购有可能正是一种在最小成本基础上保持或恢复效率的过程。

3. 闲置现金流量理论

迈克尔·詹森在代理成本理论的基础上，进一步构建了闲置现金流量假说。[①] 所谓闲置现金流量，指在公司已有现金流量中，扣除再投资于该公司的可盈利项目的开支之后剩下的现金流量。他认为，由于股东与经理之间在闲置现金流量派发问题上的冲突而产生的代理成本是造成接管活动的主要原因。

詹森认为，如果企业是有效率的，并且希望股价最大化，闲置现金流量就应该派发给股东。闲置现金流量的派发将会缩小经理控制之下的资源规模，并相应削减经理的权力，从而降低代理成本；当经理试图通过发行新股融资时，他会在更大程度上受制于资本市场的监督和约束。但经理常常并不将这些闲置现金流量派发给股东，而是投资于回报率很低的项目或大举并购别的企业以扩大企业规模，由此造成更高的代理成本。此外，经理承诺支付的将来现金流量，也是一个问题。在詹森看来，如果以发行债券来取代股票，那么经理所做的将来支付现金的承诺会比其他任何股利政策更有效，但增加负债比例会增加破产可能性，这也可以看作债务的代理成本。沿着詹森的理论逻辑，可以看出他所定义的最佳债权股权比率，是在债务的边际成本等于债务的边际收益之时出现的。

闲置现金流量假说运用"闲置现金流量"的概念来解释股东和经理之间的矛盾冲突，并进而解释并购行为的起因，的确使理论研究更深入一步。但正如詹森本人所承认的，他的理论不适于分析成长型公司，因为这种公司的确需要大量的资金投入。这就不能不使这种理论的适用范围受到很大的限制，况且用增加负债的办法来约束经理行为，减少不必要的并购活动，是以增大企业风险为代价的。这种办法即使对某些行业是可行的，对其他行业也未必可行。

4. 市场势力理论

市场势力理论的核心观点是，增大公司规模将会增大公司势力。许多人认为并购的一个重要动因是增加公司的市场份额，但却不清楚增加市场份额是如何取得协同效应的。事实上，增加市场份额是指扩大公司相对于同一产业中其他公司的规模。

关于市场势力问题，存在两种意见相反的看法。第一种意见认为，增大公司的市场份额会导致合谋和垄断，并购的收益正是由此产生的，所以发达国家政府通常会制

[①] JENSEN M C. Agency costs of free cash flow, corporate finance, and takeovers[J]. American economic review, 1986, 76（2）: 323-329; JENSEN M C. The takeover controversy: analysis and evidence[M]//COFFEE J JC, LOWENSTEIN L, ROSE-ACKERMAN S. Knights, raiders and targets: the impact of the hostile takeover. New York: Oxford University Press, 1988.

定一系列的法律法规，反对垄断、保护竞争。第二种意见却认为，产业集中度的增加正是活跃的、激烈的竞争导致的结果。他们进一步认为，在高集中度产业的大公司之间，竞争日益激烈，关于价格、产量、产品类型、产品质量与服务等方面的决策所涉及的维度之巨大、层次之复杂是简单的合谋无法实现的。这两种相反的意见表明关于市场势力的理论尚有许多问题还没有得到解决。

5. 再分配理论

再分配理论的核心观点是，由于公司并购会引起公司利益相关者之间的利益再分配，并购利益从债权人手中转到股东身上，或从一般员工手中转到股东及消费者身上，所以公司股东会赞成这种对其有利的并购活动。

从某种程度上说，税收效应也可以看作并购利益从政府（一般公众）到并购企业的利益再分配。这种税收效应理论认为某些并购是以追求税收最小化为目的的，但税收效应是否真会导致并购的产生，取决于是否还有其他途径得到与税收效应等价的好处。

一般说来，在公司并购过程中，以及在以债权换股权的情形中，因债权人受损而使股东受益的情况是不多见的，但在杠杆收购活动中，由于公司的负债股权比过高，有些时候可能会损害债权人的利益。至于公司员工，如果在并购后的整合过程中，公司为了增强竞争力而裁减员工或降低工资率，那么员工将会因此而受损。

6.3　跨国并购的影响

跨国并购作为对外直接投资两种主导方式之一，分别对母国和东道国产生影响。前者为反馈效应，后者为前馈效应。本章只讨论后者，且分别着眼于短期和长期两个时间跨度讨论对资本、技术、就业以及市场结构等方面的影响。

6.3.1　对资本的影响

跨国并购发生时，只是将现有资产的所有权转移至外国投资者手中，以挽救某些濒于倒闭的东道国企业。

从短期来看，一定数量的跨国并购相对于相同数量的新建投资所带来的生产投资更少，甚至根本不会带来生产投资；对于一些被低估的出售企业，如果收购是受一种短期金融收益驱动的，那么一旦市场恢复，被收购资产很有可能会被加价转手卖掉，对东道国只会产生负面影响。

从长期来看，收购方很可能带来后续投资资本，特别是资金资本和人脉资本；还有可能扩大生产规模，最终导致生产投资的不断增加，产生与新建投资相同的效应。

6.3.2 对技术的影响

技术是当今企业立足、发展之根本,是国家竞争实力的表现之一。但是当跨国并购发生时,短期内,很有可能直接导致在东道国的生产或者职能活动(如技术研发活动)的暂停,甚至永久终止;如果为符合收购企业的战略意图而必须重新定位或调整生产和职能活动,那么东道国被收购企业的技术创新活动可能被抑制,导致其产品和技术的自主研发能力得不到发展。

从长远来看,进行跨国并购的企业通常会向被收购企业输入先进的生产技术、先进的管理理念和管理方法等,特别是通过对被收购企业进行重组来提高其生产效率、经营效率和管理能力的时候。此时,有可能会选择在东道国建立技术研发中心、营运中心等区域性职能部门。

6.3.3 对就业的影响

来自外国的跨国公司对东道国企业进行并购时,在短期内,对就业往往产生负面影响:①收购之后,收购企业不会很快对被收购企业投入生产性资源,不会很快形成新的生产能力,因此不会出现新增就业;②可能出现管理层接管、企业战略调整、组织结构变化等情况,很有可能造成被收购企业原有雇员的失业;③如果是投资性收购,一方面更不会形成新增就业,另一方面则会造成被收购企业更多原有雇员的失业。

长期内,跨国并购会对东道国就业形成正效应:①进行跨国并购的外国企业都会追加投资资金给被收购企业,不管战略是否调整,不管追加给哪个行业,都需要与人力资本进行有效结合(哪怕是最低限度的结合),否则不可能形成生产力,因此,跨国并购会增加东道国的就业;②如果为追求更高管理效率而进行重组,有可能降低单位资本所吸收的劳动力,造成相关雇员失业,但是它可能会创造另外一些上下游的连锁性的新增岗位,同样会增加东道国就业。

6.3.4 对市场结构的影响

外国跨国公司以并购方式进入东道国的时候,有可能增加东道国该产业的集中度,从而抑制其竞争。

从长期来看,跨国并购会比新建投资更容易改变东道国市场集中度,更利于东道国产业集聚的发生,特别是在一些监管相对比较松散的寡占行业;跨国并购对于东道国市场结构的影响存在不确定性,但是一旦产生正效应或者是负效应,那么此效应就会沿袭惯性继续下去。

小贴士

寡 占 市 场

从传统说法来看,寡占市场指的是一个只有少数几个厂商竞争的市场。由于厂商的数量相当少,所以任何一个厂商的行为都会影响市场的状况。其中的厂商就叫寡占厂商或寡头。此说法,有时显得模棱两可,却较为方便。

寡占市场的特点:①企业极少,企业间存在明显的相互影响依存,企业在决策时必须考虑其他企业的可能反应;②可能是因为产品差异导致的差别寡占市场,也可以是产品无差异的纯粹寡占市场;③存在较高的市场进入与退出壁垒。

资料来源:蒋殿春. 高级微观经济学[M]. 北京:经济管理出版社,2000:337;彭明鸿. 寡占发电市场特性及行为分析[D]. 武汉:华中科技大学,2008:51.

6.4 跨国并购的具体流程

每一起跨国并购,都会涉及一个具体的交易流程,从交易流程的基本形式到每一个交易阶段,包括尽职调查、估价、整合、融资、交易完成及后续事项。①但是不同的环境需要不同的方法。②天下没有一成不变的方法。

6.4.1 基本形式

企业发展始于一个长期的战略,涵盖美好的愿景、计划、政策和文化。不过,虽然战略立足于长远的发展观,但同时也需要兼顾短期的决策和行为。③对于一家买方企业,收购的理由多种多样;对于一家卖方企业,出售其业务时,需要考虑的因素则是多角度的。

1. 确定买方范围

当一家公司考虑出售其业务时,它需要广泛考察并确定潜在买方的范围:①寻找买家。作为出售方,公司第一时间想到的可能是其直接竞争对手。但是对其更有吸引力的买家却可能远在另外一个地区或者国家,也可能是另外一个行业的佼佼者。因此需要广泛寻找买家。②筛选买家。面对诸多的买家,卖方只能认真筛选。最关键的是

---

① 弗兰克尔. 并购原理——收购、剥离和投资[M]. 曹建海,主译. 大连:东北财经大学出版社,2009:106-212.

② 威斯通,米切尔,马尔赫林. 接管、重组与公司治理[M]. 张秋生,张海珊,陈扬,译. 4版. 北京:北京大学出版社,2006:671.

③ 威斯通,米切尔,马尔赫林. 接管、重组与公司治理[M]. 张秋生,张海珊,陈扬,译. 4版. 北京:北京大学出版社,2006:103.

要考虑潜在买方的全部资产和资源,然而再考虑出售给哪一类公司才能从中获得最大的价值。③排序买家名单。卖方应该考虑:一家公司愿意收购其业务的各种原因是什么?该公司是否属于战略收购?买方整合其业务的方式是什么?依据一系列的问题将买家进行排序。

2. 选择初洽方式

确定买方范围之后,买卖双方需要选择采取哪种方式进行初步接洽、商讨。方式既有比较正式的,如信函、面谈;也有非正式的,如电邮、电话、微信等。

信函和面谈虽然都比较正式,但是二者还是有区别的,效果也不同。信函不仅正式,而且还具有潜在危险性:①对有义务披露信息的上市公司来说,初步接洽越正式,就越有可能造成卖方向投资者透露更详细信息;②信函只是利用文字符号传递写信人的意图,但是却不能完全表达写信人的意图;③信函到达预期收件人手里的时间,可能会因为各种原因而被无法估计地延长。相对于信函,面谈的风险较小,双方还可以及时就某个问题交换意见,起到互动效果。

电邮、电话和微信也各有优劣之处。电邮类似于信函,但是电邮还会遭遇网络安全风险。电话虽然与面谈一样,双方可以随时就某个问题交换意见,但是如何获得目标人手机号码,获得之后,目标人是否接听又是一个问题;固定电话较易获得,但是很有可能被秘书接听等。微信同时具有电邮和电话的双重功能,但是如何获取目标人的微信号则是一个问题。

初洽方式有很多种,到底适用哪一种呢?卖方需要根据实际情况,斟酌选择。

3. 一对一谈判

一对一谈判是出售流程中的最基本形式,也是所有谈判的最终选择。此形式对双方都有明显好处。对于买方,可以消除出现竞争性招标程序的危险,但是卖方却可以随时选择中断谈判,与其他潜在买方开展竞争性流程,从而对买方造成一定程度的风险。对于卖方,也会承受风险,如果买卖双方无法达成协议,那么卖方就需要从头再来,重新寻找另外一个买方。

当买方向卖方提出收购要约时,卖方需要在寻求出价最高的目标与可能丧失交易机会的风险之间找到一个平衡点,最后决定是否接受一对一谈判。

一般情况下,一对一谈判都会遵循一定的谈判程序:①采用直接或间接方式彼此建立联系,确定利润水平。②如果买卖双方都确定对方有交易意向,通常会交换基本保密协议。此协议更多的是保护卖方,但在一定程度上也会保护买方。③买方收到进行交易的基本信息之后,就需要提供一个批示性的不具约束力的价格。目的在于保证买方对业务进行基本考察后仍然有收购意向,并且仍然愿意提出卖方所希望的价格。④谈判与尽职调查同步进行。⑤达成交易协议,完成尽职调查并完成法律文件,开始进行交易。⑥交易完成。①

一对一谈判属于最基本形式，但是在许多情况下，卖方不会选择直接的一对一谈判，而是选择更为复杂的流程。

6.4.2 尽职调查

尽职调查指的是射手企业深入探究并且确信其所购买的正是其所想要购买业务的一个过程。也就是说，尽职调查对于买方企业意义重大，但是对于卖方企业则意义不大。尽职调查始于法律层面，延伸至业务和管理层面，包括：对未来合作者必须进行全面的调查；公司应当确信没有法律纠纷，如环境问题或产品责任等；调查应当确认的重要因素有会计记录的相关性、设备的保养和质量保持以及成本控制的可能性；需要确认公司是否具有产品改进或提升的潜能。②

尽职调查需要特别关注管理关系。公司兼并必须能弥补管理能力的差距，并具有将资源扩展到多个方面的能力。需要考虑：怎样才能将两家公司的管理体系整合到一起？是否解雇或者新雇用管理人员？是否开发新产品线？新的开发是否利于公司？是否调整？等等。

技术则是射手企业需要特别关注的又一个重要方面。技术细节通常是保密的，因此需要射手企业深入目标企业技术平台和系统内部，确保了解技术水平和技术研发状况，特别是其中的缺陷，等等。

6.4.3 估价

估价是战略性交易能否成功的关键驱动力。③如果买方出价太低，目标企业可能会拒绝并寻找新的射手企业；如果出价太高，交易成功后的协同效应就不能补偿溢价。因此说，估价是一门艺术性极强的科学。

如何估价到恰到好处呢？究竟采用哪种估价方法最为合适？对于不同行业、不同企业，采用的估价方法不同。常用的估价方法包括：①贸易类比法。该方法是一种具有普适功能的方法，它通过对比分析目标企业和其他类似公开交易的公司之间的各类财务指标，来决定是否具有可交易性。而选取哪些指标、与哪些公司进行对比则具有一定的主观性。②交易类比法。此法是变形的贸易类比法。两种方法的不同之处在于交易类比法只考察买方选定企业的价值，因此可以直接反映买方交易的情况。③现金流量贴现（DCF）法。该方法是又一种普适方法，主要适用于那些发展状况良好，有稳定的、可预估的现金流的公司。④股本回报率（ROE）法。该方法适用于那些通过

---

① 林康. 跨国公司经营与管理[M]. 北京：对外经济贸易大学出版社，2009：110-112.
② 张继康. 跨国公司与直接投资[M]. 上海：复旦大学出版社，2004：653.
③ 林康. 跨国公司经营与管理[M]. 北京：对外经济贸易大学出版社，2009：149.

大规模举债来提供经营资金,且其财务绩效对公司及其业务发展具有特别价值的公司。

6.4.4 整合

世界经济发展到今天,全球化盛行,也为跨国并购创造了强大的推动力。但是战略交易能否成功呢?关键在于整合。整合之前,需要认真研究双方业务领域,确定以下内容:哪些业务领域可以整合?哪些需要先行整合?哪些需要后续整合?整合的最佳时机是什么?整合的最佳方式是什么?整合的最佳团队如何组成?

整合涉及的重要问题或相关问题有许多。尽管这些问题会随着交易的不同而不同,也会随着业务领域的不同而不同。但是某些问题在大部分整合工作中都非常重要,包括管理团队整合、研发团队整合、技术整合、产品整合、运营整合、品牌整合、营销网络整合等。针对不同行业、不同类型的交易,需要根据具体情况具体分析来确定不同问题的先后整合顺序和整合时机等。

6.4.5 融资

任何一项战略交易都会涉及支付。有时候,可以用现金、股票、债券等;有时候,则需要寻找外部融资。但是到哪里寻?如何寻?这在一定程度上取决于融资成本。融资成本包括资金成本和融资机会成本。

当以现金支付时,买方要么自持大量现金,要么外借。从理论上,任何一家公司都可以一定的利率借入大量资金。只是对任何一家企业,持有现金都有固定成本,无论是从银行贷款,还是从公开市场出售证券(既可以是债务证券,也可以是股票),都需要支付利率。其中,债券成本是固定的,而股权成本则是不确定的。但是,到底是选择股权融资还是选择债务融资取决于诸多因素。当以股权支付时,可以带来些许优势:买方可以限制发行大量股权的市场影响;通过限制发行时间、方式及数量,买方可以控制股票价格带来的影响。当然,以股权支付也有一些潜在风险。另外,在少数情况下,买方还可以资产方式支付。[①]

除资金成本之外,战略交易还存在机会成本。任何一起战略交易都需要公司动用许多资源,可以是时间资源,也可以是人力资源,还可以是财务、法律等外部资源,但这些资源都是有限的,因此在评价战略交易时,买方应该考虑这些可以用于其他交易的有限资源可能产生的机会成本。

6.4.6 交易完成及后续事项

交易究竟以何种方式完成,需要根据被出售公司的具体情况、当事人的具体需求,

---

① 林康. 跨国公司经营与管理[M]. 北京: 对外经济贸易大学出版社, 2009: 195-204.

以及常用的、适用的法律法规等具体情况具体分析，进而及时作出调整。

交易签署就是签署一份出售公司的合同，交易的完成则是实际上完成这笔交易，从交易签署到交易完成买卖双方还有很多事情需要做。交易合同即双方需要遵守的合约，列出双方完成交易需要满足的成交条件。通常情况下，双方都会采取各种步骤来满足成交条件，以期尽快完成交易。在此期间，双方可能会通过公开声明、私下声明和法律活动等与内外部相关人员之间互动。当所有条件都满足之后，双方将择日制定最后的正式文件从而完成交易。在签署合同时，双方还会大致签署一项并购协议，作为成交条件的补充，列举出具体的条款，包括购买价格、付款方式、陈述和保证，以及赔偿条款。

当所有成交条件都已经满足，双方将组织完成交易。交易完成后，整合小组会出面执行整合计划。

6.5 案例分析：英博天价收购雪津

雪津啤酒有限公司（简称"雪津"），总部位于福建省莆田市，前身为1986年创建的莆田啤酒厂，1996年5月组建成福建雪津啤酒集团公司。其净资产只有6亿元，但是却卖出高达58.86亿元的天价。这一案例有太多的精彩，也产生太多的效应。

6.5.1 基本案情

1. 背景材料

自2001年起，雪津通过规模和品牌扩张，逐步完成了从产品经营到品牌经营再到资本经营的跳跃式发展。2003年5月，雪津（三明）啤酒有限公司成立，标志着雪津并购扩张的开始。之后，雪津又进行了一系列并购扩张，不仅进一步扩大和巩固了福建市场，也开始走向全国。但与青岛、燕京、华润雪花等啤酒厂商相比，差距依然存在。

此时，正逢中国经济持续发展，人民生活水平不断提高，中国啤酒市场迎来巨大发展机遇，也使得各世界啤酒巨头蜂拥逐鹿中国啤酒市场。世界啤酒巨头瓜分中国啤酒市场的惨烈，不仅造成本土啤酒厂商的经营困难，也引发了世界啤酒巨头超越常规的并购行为。前者可以看作雪津出售的根源，后者可以看作英博天价收购的缘由。

2. 案情介绍

时任雪津总经理的陈志华经过考察哈尔滨、重庆等地啤酒企业转让之后，决定将私有股权和国有股捆绑出售，目的在于方便收购者绝对控股，以吸引更多竞争者参与竞购，拉升成交价格。

2005年6月中旬，雪津聘普华永道为财务顾问。

2005年7月底,福建省产权交易中心、莆田市国资委、雪津管理层以及两家法律顾问(威佳国际律师事务所,Weil Gotshal & Manges LLP;通力律师事务所,Links Law Offices)聚于上海普华永道办公室,共同商讨雪津股权转让事宜,且作出以下决定:①雪津啤酒股权转让采取场内交易方式。由福建省产权交易中心挂牌出让雪津国有股权,竞购者初步圈定在国际前四大啤酒巨头和国内前三大啤酒公司。②采取"两轮竞标"的招投标方案,第一轮招投标主要筛选竞标者,第二轮招投标为正式竞标和最终报价。③本次收购的前提是坚持"四不变"原则,即股权受让人必须保证雪津"注册地不变""品牌不变""纳税地不变",以及"管理层和员工基本不变"。

2005年8月初,普华永道按照国际惯例,对雪津股权转让进行了"路演"。不少意向投资者参加了普华永道主持的雪津股权转让介绍会,部分潜在投资者还专程前往莆田考察。

2005年8月31日,福建省产权交易中心正式发布《福建雪津啤酒公司国有股权转让公告》,雪津股权转让正式拉开帷幕。

2005年9月底,经过20个法定工作日公告后,福建省产权交易中心向潜在竞价者发布通知函,主要包括信息备忘录和潜在竞价者须知。

收到第一轮标书的意向购买人共计6家,它们是:英博、Anheuser Busch(简称AB)、华润雪花啤酒(中国)有限公司(以下简称华润)、燕京啤酒集团公司(以下简称燕京)、亚太醇酒(喜力)公司(以下简称喜力)和苏格兰纽卡斯尔啤酒股份有限公司(Scottish & Newcastle PLC,以下简称纽卡斯尔)。

2005年10月底,英博、华润、燕京和喜力向福建省产权交易中心递交了竞标书和正式报价。AB和纽卡斯尔退出。

2005年11月初,经福建省产权交易中心组织的雪津股权转让评审委员会综合价格和非价格因素之后,决定邀请英博、喜力和燕京参与第二轮报价。华润主动退出。

英博、喜力和燕京接到第二轮报价邀请之后,立即对雪津展开尽职调查。它们分别组织了包括财务和法律顾问在内的专业团队,分成若干小组,从经济、法律和财务等方面对雪津进行了全方位的考察和分析。

2005年12月上旬,尽职调查结束。燕京和喜力均宣布退出竞标,原因在于雪津竞价太高。

2005年12月7日下午,第二轮竞价在福建省产权交易中心举行。只有英博一家公司参加竞价,最后以58.86亿元报价成交。

2006年1月23日,位于比利时的英博总部正式宣布,将以58.86亿元人民币价格分两阶段收购雪津全部股权。首先以23.24亿元买下雪津39.48%的国有股权,然后于2007年底再以35.62亿元收购雪津剩下的60.52%的非国有股权。

之后的一个月,英博与雪津进行了具体谈判,确定股权转让的详细条款。最后,双方签署有 25 项收购协议。其中有 3 份协议最为重要：《股权收购协议》《保持纳税地不变的协议》和《承诺不做结构性裁员的协议》。

6.5.2 案例评析

英博收购雪津形成了正和博弈，参与的各方均获益。

1. 雪津获益

雪津至少获得以下好处：①最大化股东权益增值。创立于 1986 年的雪津，总资产仅 11 亿多元，年产量仅为 72 万吨，净资产仅 6 亿多元，却卖出了 58.86 亿元的天价，净资产溢价率高达 1 000%。②实现企业可持续发展和保护民族品牌。根据双方协议，股权转让后，英博"不能限制雪津的发展空间"，"不能限制雪津品牌的扩张"，必须长期持有雪津股权，必须利用母公司优势提升雪津的国际市场地位。③稳定就业和管理团队。协议规定，英博受让雪津股权后，在约定时间之内，不得进行结构性裁员，不得更换企业管理团队，同时必须逐步采取与国际接轨的激励机制。

2. 地方政府受益

雪津所在地福建省莆田市在交易中也受益：①实现引资新突破。雪津转让一下子获得 8 亿元收入，相当于福建省年实际引进外资额的 15%，这在莆田市是空前的。②实现了社会效益最大化。雪津坚持"注册地不变、品牌不变、纳税地不变"原则，不仅能够确保雪津对地方财政收入的贡献不减，还可以提升雪津和莆田市的国际形象。

3. 英博受益

英博在此次交易中也是受益方。该公司亚太法律与企业事务副总裁王仁荣认为，这起收购对英博来说，战略意义非同一般。英博收购雪津，不仅物有所值，而且是英博完成战略布局、扩大市场版图和谋求整体效益必不可少的举措。

资料来源：包明华. 企业购并教程[M]. 北京：中国人民大学出版社，2010：218-224.

6.5.3 思考

思考一：英博收购雪津可以用哪种并购理论解释？
思考二：试用跨国并购流程来说明英博收购雪津的过程。

本 章 小 结

跨国并购指的是涉及两个以上国家的企业间的合并和收购，是对外直接投资的方式之一。如果改变被兼并企业或被收购企业的控制权，并有外国投资者介入的东道国企业的私有化即为跨国并购。

跨国并购发生时，许多实体参与到战略交易中来，包括收购者、出售者、投资者/所有者、公司员工、顾问、监管机构以及其他。

跨国并购按照不同的分类标准可以划分为不同的类型。按照并购的功能不同，跨国并购可以划分横向并购、纵向并购和混合并购；按照并购过程是否有投资银行等中介机构参与，跨国并购可以划分为直接并购和间接并购；按照并购双方商定的支付方式不同，跨国并购可以划分为股票互换、债券互换、现金收购和杠杆收购。

并购赞成论主要涉及效率理论、信息理论和代理成本理论。效率理论又细分为管理协同效应理论、营运协同效应理论、财务协同效应理论、多样化经营理论，以及市场低估理论。信息理论持三种观点：并购与市场信息传递相关、并购与效率相关、并购与公司资本结构的选择行为相关。对并购价值抱怀疑态度的理论主要包括经理主义、自负假说、闲置现金流量理论、市场势力理论和再分配理论等几种。

跨国并购从短期和长期两个时间跨度上分别对东道国资本、技术、就业以及市场结构等方面产生不同影响。

跨国并购具体交易流程很繁杂，但还是有一些规律可循，主要包括确定买方范围、选择初洽方式、一对一谈判、尽职调查、估价、整合、融资、交易完成及后续事项。不同的环境需要不同的方法，交易流程也要作出相应调整。

跨国并购是许多跨国公司采用的对外扩张方式，英博天价收购雪津是众多案例中的一个。

思 考 题

1. 跨国并购会对东道国产生影响，会对母国产生影响吗？
2. 跨国并购包括哪些类型？
3. 每一起跨国并购都要经过同样的交易流程吗？为什么？

即 测 即 练

第 7 章

跨国公司的跨文化管理

【学习要点】

1. 文化是一个高频使用、高频出现,但却难以完美界定的词汇。其价值观是一个哲学命题。霍夫斯泰德开创性地提出了文化价值观四维度理论。
2. 跨文化差异源自不同国家或地区之间在语言、宗教、价值观、教育以及社会风俗习惯等方面的差异。它是任何一家跨国公司在其经营过程中都会遇到并需要努力消除的。
3. 跨文化差异是产生跨文化冲突的根源。跨文化冲突主要源自民族中心主义、风俗习惯差异、价值观差异和沟通障碍等。
4. 跨文化冲突对于跨国公司跨国经营的影响是全方位、全过程、全视域的。跨国公司在进行跨国经营过程中,必须弱化跨文化冲突,强化跨文化整合。

【学习目标】

1. 掌握跨文化冲突的内涵、特征。
2. 熟悉跨文化冲突的来源、跨文化整合的内容和策略。
3. 了解文化中的价值观、跨文化冲突的影响、跨文化整合的理论和模式。

林肯电气公司海外扩张的惨痛教训

唐纳德·哈斯丁斯(Donald Hastings)曾经是林肯电气公司(Lincoln Electric)的董事,该公司是一家弧焊产品的主要制造商。1992 年 7 月 1 日半夜,他首次听说公司在欧洲正在遭受巨大的经济损失。遭受损失意味着公司可能无法发放美国员工期待已久的年终奖金。奖金制度是生产商取得成功的关键要素,而且资金大约占美国员工年薪的一半,因此,与公司的糟糕绩效相比,不能如期发放员工的奖金才是对公司更大的威胁。从林肯电气公司成立迄今,这似乎是第一次不得不发布综合亏损的财务报表信息。

林肯电气公司总部设在美国俄亥俄州克利夫兰市,20 世纪 80 年代,该公司快速扩张,花了 3.25 亿美元用于收购外国公司。在哈斯丁斯看来,导致公司财务业绩急剧恶化的关键因素,是公司既不了解所收购的国外公司的企业文化,也不了解其经营所在的国家的文化。

第一,公司没有认识到,奖金制度不能激励欧洲的员工,因为他们很反感为了自己的年终奖金去和同事进行竞争。他们的工资方案是由工会领导和雇用他们的企业通过谈判确定的。所以,他们不会认同基于个人绩效的多劳多得、少劳少得的收入分配制度。

第二,林肯电气公司了解到,非欧洲国家生产的产品没有能力轻易地进入欧洲市场,因为欧洲人对本土生产的产品具有文化上的忠诚性。

第三,新近收购的欧洲公司的管理层只愿意和林肯电气公司的高层人士接触,而不愿意和从俄亥俄州派去的、比自己职位低的人员沟通。围绕地位尊卑产生的问题主要出现在德国,受到德国文化中等级观念的影响。

第四,德国、法国和其他欧洲国家的员工,通常在夏季都有1个月的假期,所以在那段时间生产就会减慢。林肯电气公司在俄亥俄州的运作不习惯于这样做。

第五,林肯电气公司的高层管理人员中没有一个人有国际工作经验或者在国外生活的经历,公司首席执行官甚至连护照都没有。一次,当他需要紧急前往欧洲时,公司上下忙作一团,在动身前才把护照办好。哈斯丁斯终于明白了,不进驻欧洲市场是不可能使公司重新恢复元气的,只有亲临现场,才能迅速处理工作中的问题,并了解自己以及其他管理者需要了解的关于欧洲文化的知识。

林肯电气公司的美国员工在得知公司在欧洲陷入财务困境之后,纷纷联合起来,帮助公司渡过难关。他们付出的巨大努力没有白费,公司走出了困境。同时,董事长和董事们也都得到一次惨痛的教训:海外运作必须首先了解当地的文化。

资料来源:比默,瓦尔纳. 跨文化沟通[M]. 孙劲悦,译. 4版. 大连:东北财经大学出版社,2011:14-15.

7.1 文化与跨文化

"文化"一词,英语为 culture,源自拉丁词"cultus",与祭祀和崇拜有关。发展至今,文化早已经成为一个高频使用、高频出现的词汇。为数不少的哲学家、社会学家、人类学家、历史学家、语言学家一直不懈努力,尝试给文化下一个完美定义,然而文化依然是一个仁者见仁、智者见智,无法统一、无法严格界定的词汇。从国际管理研究的角度来看,文化是已经获取的知识,利用这种知识,人类可以解释各种经验和产生社会行为。这些知识构成了人们的价值观,决定了人们的态度,影响了人们的各种行为。[1]而文化在不同国家之间可能存在很大的相似性,也可能存在很大的差异性,跨国公司如何认识这些相似性和差异性则决定了其能否顺利实现跨国经营。

---

[1] 卢森斯,多. 国际企业管理——文化、战略与行为[M]. 赵曙明,程德俊,译. 7版. 北京:机械工业出版社,2014:68.

7.1.1 文化中的价值观

荷兰学者杰尔特·霍夫斯泰德（Geert Hofstede）的文化四维度理论得到了国际管理界的广泛认可和接受，而荷兰另一位学者汤皮诺（Fons Trompenaars）的五个关系理论则引起越来越多的关注。在这里，本书主要介绍霍夫斯泰德的四维度理论。[①]

20 世纪 60 年代末，霍夫斯泰德对 IBM 公司在 70 多个国家的分公司进行了两次问卷调查，有 50 种岗位 66 种国籍的 11.6 万余名雇员参加了调查，通过分析总结这些调查问卷，霍夫斯泰德开创性地提出了四维度理论。四维度包括权力距离（power distance）、不确定性规避（uncertainty avoidance）、个人主义/集体主义（individualism/collectivism）和男性气质/女性气质（masculinity/femininity）。

1. 权力距离

权力距离指的是在一个国家的机构或组织中，弱势成员对于权力分配不平等的期待和接纳程度。霍夫斯泰德设定的问题是：员工是否敢于向上级表达自己的不同意见？下级认为上级的决策风格是专制式、家长式还是民主式？下级更喜欢上级的哪一种决策风格？通过被调查人员的回答，霍夫斯泰德计算出权力距离指数，并据此分析得出一个国家中人们之间的依赖关系。结果表明权力距离指数与经济发达水平成反比。

低权力距离指数在发达国家居多，这些国家的政治体系完善，国家政局较为稳定，政治权力的获取与维持以完整的规则体系为基础。在国家层面，社会成员在组织中强调分工不同、权力分散和自主决定，并不注重地位高低；在组织层面，下级对上级的依赖性较小，更容易与上级讨论问题并时常反驳上级，上下级之间关系讲求实效，多采用协商方式处理问题。

高权力距离指数集中于比较贫困的国家和地区，表现为权力集中、监管严密、有比较森严的等级制度。在国家层面，政治权力通常被少数社会精英垄断，获取和维持权力的方式往往是使用强权或暴力；在组织层面，下级对上级有相当大的依赖性，上下级之间的情感距离较大，下级不太可能直接与上级商讨问题，更不太可能直接反驳上级。

2. 不确定性规避

不确定性规避指的是人们受到不确定的或未知的情境威胁的程度以及为规避这些威胁而形成的信念和机制。霍夫斯泰德设定的问题是：你在工作中感到紧张或焦虑的频率有多高？是否不应该打破公司的规章制度，即使这是为了公司的利益？你认为你将继续为公司工作多久？依据被调查者对于上述问题的回答，霍夫斯泰德计算得出各国文化的不确定性规避指数。

霍夫斯泰德认为，在不确定性规避指数低的国家，社会崇尚自治，政府对民意的

[①] 最近的第五种维度，即时间导向不如其他维度出名，故不做介绍。

反应比较及时；成文规定比较少，组织结构比较少，敢于冒险的管理者比较多，员工流动率比较高，富有野心的员工比较多；组织鼓励个人充分发挥其创造性，并为其行动承担责任。

在不确定性规避指数高的国家，社会崇尚秩序，政府在社会中处于较强势的地位，倾向于对社会成员加以控制，以免出现意外情况；组织结构比较多，成文规定比较多；敢于冒险的管理者比较少，员工流动率比较低，富有野心的员工比较少。

3. 个人主义/集体主义

个人主义指的是一种结合松散的社会组织结构，其中的每个人只考虑自己和家庭的趋向，只重视自身的价值和需要，提倡依靠个人努力为自己谋取利益。集体主义指的是一种结合紧密的社会组织结构，其中的每个人都视群体利益高于个体利益，期望得到"群体"其他成员关照，并以对该群体的绝对忠诚作为回报。

霍夫斯泰德设定的问题是：在无须考虑自己目前是否具备相关因素的前提下，你认为一份理想工作的最重要组成部分是什么？答案主要集中于两方面：一些人认为最重要的是个人时间、自由和挑战；另一些人认为最重要的是培训机会、良好的工作条件、充分运用自己的技能。具有前者特性的国家被认为是个体主义社会，多集中于富有的国家；后者则是集体主义社会，多集中于贫穷的国家。

霍夫斯泰德用一个两极的连续统一体，测度该维度上的文化差异性，一极是个人主义，一极是集体主义。在个人主义指数较高的国家里，个体利益优先于群体利益，只有在个体利益得到有效维护的前提下，才考虑群体利益；组织中强调个性自由和个人成就，经常激励员工之间的个人竞争，奖励其个人表现，员工能否雇用和晋升则依其技能而定，员工流动率比较高。在集体主义指数较高的国家里，群体利益高于个体利益，每个人从出生即已融于强大而紧密的内群体之中。

4. 男性气质/女性气质

男性气质是指社会价值观以自信、坚强、注重物质成就等为主导，如德语国家。女性气质是指社会价值观以谦逊、温柔、关注生活质量等为主导，如挪威。

在男性化指数较高的国家，各类组织的重大决策往往都由高层来决定，雇员由于频繁更换工作和岗位对企业缺乏认同感，通常不会积极地参与管理工作。在女性气质指数较高的国家，组织注重维护和谐的氛围，更多时候则是采用吸引雇员积极参与管理的人本主义政策，雇员重视和他人的合作、同上司的良好工作关系，重视生活质量和工作保障等。

霍夫斯泰德的文化四维度理论面世之后，在管理学界引起巨大反响，更是被跨文化管理研究者推崇，其理论不仅有理论意义，也具有重要的现实意义：①不仅解释了不同国家和民族之间的文化差异性，而且还阐明了如何通过不同文化维度组合来认识一个国家，如配对和群体；②研究方法和研究结论值得其他社会学科借鉴，有助于推动人文社会学科的进步；③有助于人们更好地理解国家之间的文化差异，进而跨越文化障碍、提升企业跨文化管理水平；④有助于企业以其理论为指导在存在文化差异的国家之间进行国际化经营，有效利用文化差异。

7.1.2　跨文化的内涵和特征

不同国家或地区之间在语言、宗教、价值观、教育以及社会风俗习惯等方面的差异即形成跨文化差异。跨文化差异是任何一家跨国公司在其经营过程中都会遇到并需要努力消除的。消除跨文化差异的前提是，理解本国文化并对比分析本国文化与东道国文化，重点归纳总结出两国文化存在的差异之处。此分析工作进行得越完满，跨国公司的经营就越顺利；否则遇阻的可能性越大。

1. 跨文化的内涵

跨文化的英文有两种写法，即 intercultural 和 cross-cultural。不过，按照国际跨文化传播和交际研究领域的泰斗之一——美国加利福尼亚州立大学富勒顿分校言语交际系终身教授威廉·古第昆斯特（William B.Gudykunst）的解释，两种表达方式的内涵是不同的，他说："cross-cultural 涉及比较各种文化的沟通……而 intercultural 涉及来自不同文化的人们相互之间的沟通。"为了对两种文化或者更多文化环境中的沟通行为进行相互比较（cross-cultural 的视角），研究者们必须了解并描述每种文化中人们的行为；为了考察来自不同文化的人们在相互交往时所发生的事情（intercultural 的视角），研究者就需要解释来自不同文化的人们在相互交往中各方所表现出来的特定的文化特征。[①]前者强调比较，后者强调交往中的相互作用和相互影响。因此，二者的研究范围也必然存在差异，如表7-1所示。

表 7-1　跨越一种文化的沟通与不同文化间的沟通两种视角的部分研究范围

跨越一种文化的沟通（cross-cultural）	不同文化间的沟通（intercultural）
• 比较各种不同文化的沟通	• 考察不同文化背景的人沟通时的相互作用
➢ 把文化看作一个理论变量	➢ 用文化变量/文化维度来解释相互作用
➢ 包括跨文化心理过程，如认知和情感	➢ 包括不同文化间的心理作用，如身份管理、外表形象和表情
➢ 比较非言语沟通和其他沟通行为	➢ 关注沟通中相互作用的结果和过程，如文化适应、冲突管理、团队工作、谈判
➢ 考察各种文化言语（语言）沟通的差异	➢ 研究人们在其他文化环境中的适应性和心理调节
➢ 对比外在谈判行为；比较冲突管理方法	➢ 考察沟通网络

资料来源：比默, 瓦尔纳. 跨文化沟通[M]. 孙劲悦, 译. 4版. 大连：东北财经大学出版社, 2011：31.

---

① 比默, 瓦尔纳. 跨文化沟通[M]. 孙劲悦, 译. 4版. 大连：东北财经大学出版社, 2011.

从表 7-1 中可以看出，intercultural 比 cross-cultural 的内涵更为丰富，也更准确、更贴切地描述出跨国公司在海外经营过程中遇到不同文化和应对不同文化的精髓，intercultural 更契合本书的立意，由此，我们给出跨文化的界定。跨文化指的是跨国公司在东道国建立子公司、分支机构等进行海外经营活动中，当遇到与本民族文化有差异或冲突的文化现象、风俗、习惯等时，必须对它们进行充分的、正确的认识，进而以包容的态度予以接受和适应，达到促进跨国公司在海外顺利发展的目的。

2. 跨文化的特征

跨文化表现出许多不同特征，其中最主要的两个特征是相似性和差异性。对于跨国公司来讲，认识并有效管理跨文化的相似性和差异性等特征是极其重要，也是极具挑战的。

跨文化相似性"是由不同国家之间文化的相似现象来反映的。在研究一个部落或民族的文化时，如果考察它的个别特征，我们就会在各种不同的民族中找到与这些特征或多或少极为相近的类似的特征"[1]。有关跨文化相似性，文化人类学作出了多种解释。例如，素有英国"人类学之父"之称的泰勒（E.B.Taylor，1832—1917）相信，所有民族都具有一种心理上的一致性，足以用它来解释不同文化传统中存在平行演化顺序这一事实。换言之，一切民族都具有基本的相似之处，所以不同的社会对同样问题往往能独立地找到相同的解决方法。[2]再比如，文化生态学最著名的倡导者和代表人物，美国人类学家斯图尔德（J.H.Steward，1902—1972）在 20 世纪 60 年代就提出了"文化生态学"，认为社会是对周围环境适应的产物，文化生态学的研究即考察社会对其环境的适应过程。"文化生态学是就一个社会适应其环境的过程进行研究。它的主要问题是要确定这些适应是否引起内部的社会变迁或进化变革。但是，它还结合变革的其他过程来分析这些适应。这一方法要求对社会和社会机构之间以及它们与自然环境之间的互动进行考察。"[3]正是因为跨文化具有相似性，各国企业在管理活动方面也具有诸多相似性。例如，俄罗斯与美国两国的企业管理者都进行着类似的传统管理、沟通、人力资源和形成人际网络等活动；与美国管理者另一相似之处是，对于人际关系网络活动的关注增加了俄罗斯管理者提升的机会；沟通活动不管是在俄罗斯还是在美国都能显著地预示着高效的业绩。再比如，与美国一样，韩国工人在层级中的职位、当前职位的期限以及年龄也都与组织贡献有关；随着组织规模的扩大，贡献降低；随着组织结构越来越趋向以员工为中心，贡献就上升；组织文化氛围越积极，贡献就越高。[4]

---

[1] 冯孟钦. 试论文化人类学对文化相似性的解释[J]. 东南文化，1991（5）：15-23.
[2] 恩伯 C，恩伯 M. 文化的变异——现代文化人类学通论[M]. 杜杉杉，译. 沈阳：辽宁人民出版社，1988：8；崔日明，徐春祥. 跨国公司经营与管理[M]. 北京：机械工业出版社，2009：38-40.
[3] 斯图尔特. 文化生态学[J]. 潘艳，陈洪波，译. 南方文物，2007（2）；石群勇. 斯图尔德文化生态学理论述略[J]. 社科纵横，2008，23（10）：140-141.
[4] 卢森斯，多. 国际企业管理——文化、战略与行为[M]. 赵曙明，程德俊，译. 7 版. 北京：机械工业出版社，2014：102.

跨文化差异性指的是跨国公司所在母国文化传统与东道国文化传统之间的差异，具体包括文化理念、风俗习惯、价值观、道德与宗教等各个方面的差异。文化差异性是跨国公司管理失衡的根本因素之一。因此，跨国公司必须认真研究其计划进入的东道国或某个地区的文化，并及时恰当地作出相应调整，从而避免损失。在跨国公司对外扩张过程中，人力资源管理是其中最重要的部分，在整个跨国公司体系内部，对于不同国家或地区子公司员工评估所用的标准是相同的，但是优先次序却可能存在天壤之别。例如，壳牌石油公司使用一种 HAIRL 评估体系，5 个字母分别代表 5 种标准：①H（helicopter）为直升机，代表有统揽全局的能力；②A（analysis）为分析，代表完全地、有逻辑地评价情况的能力；③I（imagination）为想象，代表创造性和跳出框框思维的能力；④R（reality）为现实，代表现实地利用信息的能力；⑤L（leadership）为领导，代表有效激励和鼓舞员工的能力。当要求壳牌石油公司不同东道国子公司对这 5 个标准确定优先次序时，结果如表 7-2 所示。

表 7-2　壳牌石油公司不同东道国子公司员工评估标准优先次序

荷　兰	法　国	德　国	英　国
现实	想象	领导	直升机
分析	分析	分析	想象
直升机	领导	现实	现实
领导	直升机	想象	分析
想象	现实	直升机	领导

资料来源：卢森斯，多. 国际企业管理——文化、战略与行为[M]. 赵曙明，程德俊，译. 7 版. 北京：机械工业出版社，2014：103.

从表 7-2 可知，不同东道国子公司员工评估标准最优先者完全不同，荷兰、法国、德国、英国分别为现实、想象、领导和直升机；同样，最后考虑的标准也完全不同，4 个国家分别为想象、现实、直升机和领导。这些文化差异性充分说明跨国公司想要在其他国家成功，就必须根据当地文化进行经营管理上的必要调整，否则只能以失败告终。这种调整是任何一国的跨国公司都无法忽视和逃避的。

7.2　跨文化冲突

跨文化差异性是产生跨文化冲突的根源。跨文化差异性是客观存在的，当跨国公司实施跨国经营时，即成为一种跨地域、跨民族、跨政体、跨国体的跨文化经营的经济实体，势必会遇到客观存在的与本国文化相异的他国文化，彼此之间不可避免地会产生相互冲撞和对抗，即跨文化冲突。详细来讲，跨文化冲突指的是不同形态的文化或者文化要素之间相互对立、相互排斥、相互冲撞的过程。

7.2.1 跨文化冲突的来源

跨国经营过程中，跨国公司的跨文化冲突大致可以分为两个层面：一是跨国公司在他国经营时与东道国的文化观念不同而产生的冲突；二是企业内部由于员工分属不同文化背景的国家和地区而产生的文化冲突。[①]跨文化冲突主要源自民族中心主义、风俗习惯差异、价值观差异和沟通障碍等。

1. 民族中心主义

任何一个国家或地区或民族的任何一个人基本都是以"自我文化"作为参照标准的，都认为自己的文化是最合情合理的、最优秀的，并据此对其他文化作出评价，认为非我文化都是低等的、边远的，甚至是野蛮的。自我文化标准是典型的民族中心主义，常常表现出一种民族优越感。

每种文化都根植于其民族精神之中，因此可以说，身处自我文化标准中的跨国公司经营者都会自觉不自觉地用自身的文化传统或理解或评判与其相关的任何事物，难以脱离其文化固有的价值观、宗教信仰、思维方式、语言模式、行为准则、消费习惯等，也难以站在客观、中立的立场对待可能出现或已经出现的文化冲突。以消费习惯为例，麦当劳是美国快餐业中的佼佼者，专门为快节奏工作者提供方便快餐，食材以鸡肉为主，价格也相对便宜。当麦当劳进入中国后，由于中国民众的传统观念视吃鸡肉为正餐而不是快餐，所以许多中国民众进入麦当劳用餐是出于招待朋友，或是满足尝鲜之欲望，而不是因为时间紧、节奏快去吃快餐。正是因为中国和美国两国民众的消费观念存在差异，麦当劳在美国和中国两个国家的经营理念、经营模式、经营策略等方面都存在差异。由此可见，跨国公司在跨国经营过程中，如果不能认识、理解、融合由"自我文化"引致的文化差异，很可能导致经营失败。

2. 风俗习惯差异

风俗包含习惯。[②]习惯指的是在长时期里逐渐养成的、一时不容易改变的行为、倾向或社会风尚。[③]风俗是特定社会文化区域内的人们长期共同遵守的行为模式或规范，对本区域内人们有一种非常强烈的行为制约作用，也是社会道德与法律的基础和相辅部分，主要包括民族风俗、节日习俗、传统礼仪等。

不同国家、不同地区、不同民族的风俗存在很大差异，处于不同风俗氛围中的跨国公司，也会形成各种不同的商业风俗。因此跨国公司在跨国经营过程中，首先需要

---

① 秦学京. 企业跨国经营中的文化冲突与融合[J]. 经济与管理，2005，19（5）：34-37.
② 中国社会科学院语言研究所词典编辑室. 现代汉语词典[M]. 北京：商务印书馆，1978：330.
③ 崔日明，徐春祥. 跨国公司经营和管理[M]. 北京：机械工业出版社，2010：1233.

了解相对应的商业风俗。例如，南非就存在一些独特的商业风俗：①大多数南非人喜欢面对面地交流，但在第一次会议时却较少谈论业务，而是建立一种关系，鼓励问候家庭或讨论如橄榄球、板球、足球等运动项目；同时禁忌谈论种族、政治等话题。②人们喜欢早起，通常安排餐会（早餐或午餐会议）。因为餐会时的时间观念更松散，餐会往往要向后拖延，所以参会人员需要提前做好准备，保证有足够的餐会时间。③男人和女人并不经常握手，要等女性主动来握手。但女性伸出手时，男性并不一定会与之握手，不要将此视为粗鲁的行为。④会议结束后，男性应该比女性提前离开房间，以示一种"保护性"，当一名女性或年长者进入房间时，男性要站立。⑤南非人重视长期的业务关系，因此介绍尽量简短，并剔除浮华的各类图片。[①]再比如，商务活动中最常见的握手礼仪在不同国家或地区存在明显差异（表 7-3）。握手属于商务活动中的细节之一，但是如果不在意或者忽视，却可能直接造成合作不愉快甚至惨痛失败，所以需要谨记："商务活动无小事。"

表 7-3 不同国家握手礼仪的差异

国别	握手的类别
美国	很用力
亚洲	很温柔（在一些国家，握手是不熟悉和不自在的；唯一的例外是韩国，韩国人握手非常用力）
英国	软弱无力
法国	轻而快（不包括上司）；在到达和离开时会重复
德国	粗暴且用力；到达和离开时会重复
拉丁美洲	很轻柔地抓一下；时常重复
中东	很温柔，经常重复
南非	轻柔；长时间和内卷

资料来源：卢森斯, 多. 国际企业管理——文化、战略与行为[M]. 赵曙明, 程德俊, 译. 7 版. 北京：机械工业出版社, 2014：69.

3. 价值观差异

价值观就是人们基于生存和发展的需要，对事物价值的根本看法，是关于如何区分好与坏、善与恶、符合意愿与违背意愿的总体观念，是关于应该做什么和不应该做什么的基本原则。[②]

价值观具有广泛性特征，涉及人类社会生活的各个领域、各个方面。因此，对于身处不同国家、不同地区、不同民族的人们来讲，受到的文化熏陶不同，形成的价值观亦不同。如澳大利亚和印度两个国家成功管理者的价值观存在明显差异：澳大利亚

---

① 卢森斯, 多. 国际企业管理——文化、战略与行为[M]. 赵曙明, 程德俊, 译. 7 版. 北京：机械工业出版社, 2014：71.

② 杨耕. 价值、价值观与核心价值观[J]. 北京师范大学学报（社会科学版），2015（1）：16-22.

管理者最重要的价值观是高度的人本主义趋向，对成功、成就、竞争和风险不够重视；印度管理者则更看重高度的个人主义，注重组织义务和能力。这种价值观的差异可以导致一个国家成功管理者的价值体系在另一个国家难以取得理想效果[①]，也直接影响到跨国公司在国际扩张过程中的成败。同样，美国、日本和阿拉伯国家在主要的价值观方面也存在差异（表7-4），这些差异直接影响跨国公司在不同国家经营时的经营理念、经营模式、经营思路等各个方面。

表7-4 美国、日本和阿拉伯国家价值观的优先性

序号	美国	日本	阿拉伯国家
1	自由	归属	家庭安全
2	独立	团队和谐	家庭和谐
3	自力更生	集体主义	父母指导
4	平等	年龄/资历	年龄
5	个人主义	团体一致	权威
6	竞争	合作	妥协
7	效率	质量	奉献
8	时间	耐心	耐心
9	直接	间接	间接
10	坦诚	两者之间	热情

注："1"代表最重要的价值观；"10"代表最不重要的价值观。

资料来源：ELASHMAWI F，HARRIS P R. Multicultural management[M]. Houston：Gulf Publishing，1993：63；卢森斯，多. 国际企业管理——文化、战略与行为[M]. 赵曙明，程德俊，译.7版. 北京：机械工业出版社，2014：69.

4. 沟通障碍

沟通指的是通过信息，将信息发送者与接收者有效连接。如果不能有效连接则形成沟通障碍。沟通障碍通常来自语言和非语言等方面。

对于跨国经营的跨国公司来讲，东道国（跨国公司子公司、分支机构等所在国）与母国（跨国公司总部所在国）之间通常存在语言沟通障碍。语言沟通障碍指的是沟通双方不懂得彼此语言而导致的沟通障碍。在跨国经营中，通常指东道国员工不懂得母国语言，或者是英语这种国际通用的沟通语言，致使跨国公司总部的信息无法传递至东道国子公司、分支机构的情形。这种传递信息失效直接导致跨国公司总部的指令无法实施。例如，跨国公司总部位于中国，在非洲某地设立一个子公司，子公司员工只懂斯瓦希里语（Kiswahili），却不懂英语和中文，总部外派员工与子公司员工必定形成沟通困难，无法展开工作。

[①] 卢森斯，多. 国际企业管理——文化、战略与行为[M]. 赵曙明，程德俊，译. 7版. 北京：机械工业出版社，2014：73-74.

非语言沟通障碍是另外一种主要的沟通障碍。非语言沟通障碍指的是通过使用肢体语言或物理空间等途径未能有效传递信息的过程。肢体语言包括面部表情、目光接触、举手投足等肢体动作。世界各国的肢体语言丰富多彩、千差万别。如果不懂得彼此的肢体语言，极有可能造成严重的不良后果，影响业务拓展。例如，美国人在参加时间过长的会议时，把脚放到椅子上或桌子上是司空见惯的事情，但是中东人却视此动作为极具污辱性的动作。再比如，拇指和食指放在一起形成"O"形，美国表示"OK"的意思，日本表示钱，法国南部表示零或无价值，巴西则表示无礼或下流，等等。如果不了解各个国家相关手势的含义，很可能带来不必要的麻烦。

除去语言沟通障碍和非语言沟通障碍之外，还有文化沟通障碍和知觉沟通障碍等。

7.2.2 跨文化冲突的影响

跨文化冲突对于跨国公司跨国经营的影响是全方位、全过程、全视域的。它影响着跨国公司的管理效率、决策部署、对外扩张方式以及营销策略等。

1. 影响跨国公司管理效率

当跨国公司进入某个东道国时，面对的是不熟悉甚至是完全陌生的文化环境，出现文化冲突必不可免，只是冲突程度有大有小而已。但是不管程度如何，都会影响跨国公司内部管理效率。

首先，管理复杂化影响管理效率。进入东道国后，面对新的文化环境，以及在此文化环境中成长起来的员工，跨国公司需要归纳新的文化特点、制定新的沟通方法、出台新的激励政策、摸索新的领导方法、寻找新的控制手段等，这些都会使管理变得更为复杂化，从而影响管理效率。

其次，管理费用上升影响管理效率。在跨国公司内部管理方面，母国与东道国员工在价值观方面存在差异，会在生活目标、行为规范等方面发生冲突。为消除这些冲突，常常会增加跨国公司管理费用，导致其目标整合和实施的难度增加，最后导致跨国公司的管理效率下降。例如，中国企业习惯了母国的三班制和周末加班制，进入欧洲后就要适应欧洲的习惯，既无三班制，也无周末加班制；否则，冲突难免，管理效率自然受到影响。

📖 延伸阅读

文 化 环 境

文化环境既是整个社会环境的组成部分，又对社会稳定、发展和进步起着巨大的作用。那么如何理解文化环境呢？中国辩证唯物主义研究会理事、浙江省哲学学会副会长、杭州市哲学学会顾问、浙江大学哲学教授马志政先生认为文化环境存在以下三种理解。①

第一种,文化环境与社会环境"等同论"。这是对文化环境最宽泛的理解,认为文化环境就是全部社会环境。如有的学者在论述个人社会化问题时指出:"环境因素指影响个人社会化过程的全部社会环境,也称文化环境,它是个人社会化的必要条件。个人社会化的环境要素是十分复杂的……一般而言,个人社会化的环境要素,主要是家庭、学校、群体、阶级、工作单位、社会和大众传播。"

第二种,文化环境是社会环境的组成部分,社会环境的成分十分复杂,其中包括文化环境。这是对文化环境比较恰当的理解。中华人民共和国成立后第一部研究社会心理学的专著、林秉贤著的《社会心理学》分析社会环境对行为的影响时写道:"心理学上所讲的环境,一般泛指自然环境与社会环境这样两个方面。……人的生活,一方面受自然的影响,另一方面受社会的影响。但自然环境的变化比起社会环境的变化要缓慢得多,它对人的影响相对来说具有恒常性的特点,而人所创造的社会环境是有灵活多变的性质。随着社会的发展,社会环境的成分也越来越复杂起来,概而言之,这些成分基本上由经济、政治、法律、宗教、风俗习惯以及科学、文化艺术等方面所组成。"社会环境是整体,组成社会环境的经济构成了经济环境,政治、法律等构成了文化环境,可见文化环境是社会环境的组成部分。

第三种,文化环境是文化和文化发展的构成要素与组成方面。这是对文化环境最窄的理解。有的学者认为,可以从不同角度去界定文化,若从动态角度即文化发展角度去分析,那么文化由文化创造活动、文化环境(这种创造活动之成果的总和)和文化心理三方面构成。这三者是构成文化发展三个不可缺少的要素,它们相互制约、相互作用,推动文化的发展。一个社会的文化环境是由文化创造活动造成的;它又决定性地影响同代特别是下一代的文化心理,因为下一代的文化心理是既定的文化环境的产物;而下一代的文化心理决定了对上一代文化(上一代的文化创造活动及由这些活动成果形成的文化环境)的态度,是全盘接受还是作出某种取舍。文化的发展,就是借助上述文化的组成方面(文化创造活动、文化环境和文化心理),通过它们的相互制约和相互作用,通过文化在一代代之间的传递中得到实现的。

2. 影响跨国公司决策部署

文化冲突在跨国公司决策部署前、决策部署中以及决策部署后三个时间段内都会产生影响。

决策部署前,内部调研是一个重要环节,但是在跨国公司内部,员工来自不同国家,受到的文化熏陶不同,工作动机、目标需求、未来预期等都存在差异,导致内部调研结果五花八门,为跨国公司决策部署增加了难度。

决策部署中,在内部、外部调研的基础上,跨国公司管理层要作出相应的决策部

---

① 马志政. 论文化环境[J]. 浙江大学学报(人文社会科学版),1999,29(2):71-79.

署，但是来自不同国家的管理者价值观差异、民族中心主义等的存在，导致管理层针对某个问题的理解不同、想法不同，争论许久也难以作出一致的决策部署。例如，跨国公司进行产品国际营销时，需要确定广告语言，但是当今世界有 3 000 多种语言，最流行的语言有英语、日语、德语、法语、西班牙语、阿拉伯语等，语言的多样性给跨国公司产品国际营销带来了困难，更为采用哪种语言带来决策部署的困难。

决策部署后，不同文化环境熏陶下的员工对于相同的决策方案也会出现不同的理解，因此很有可能在工作中出现不同的行为表现；即便是出现相似的理解，也很有可能出现不同的工作行为；另外，"民族中心主义"有可能使员工为了显示其存在而故意表现出与众不同的行为。[①]文化冲突导致跨国公司实施决策部署的难度加大。

3. 影响跨国公司对外扩张方式

跨文化差异是出现跨文化冲突的根源之一，跨文化冲突影响跨国公司对外扩张方式，即跨文化冲突影响跨国公司选择绿地投资，还是跨国并购进行对外直接投资。按照交易成本理论，更大的文化差距导致更大的交易成本，其原因在于文化差异增加了信息交流成本和技术转移困难。当跨国公司投资于一个文化差异较大的国家时，一方面，管理者很难以一种有效管理方式处理这些差异；另一方面，对于身处与母公司不同文化背景下的东道国员工，在是否能够接受母公司管理层所带来的变革方面存在很大的不确定性。跨国公司可能会因此遭受不必要的管理成本增加。[②]

从东道国与母国文化差异程度来看，如果东道国与母国文化差异较小，产生跨文化冲突程度就较小，消除冲突的成本也相对较小，那么跨国公司应当选择绿地投资，而不是跨国并购，以最大化跨国公司自身特有优势；相反，如果东道国与母国文化差异较大，产生跨文化冲突程度就较大，消除冲突的成本也相对较大，那么跨国公司可能更适宜选择跨国并购，而不是绿地投资，以最小化跨文化冲突的潜在风险。

从霍夫斯泰德文化价值观四维度理论来看，东道国文化越趋向于高不确定性规避型，收购对直接投资方的吸引力越小。此情形归因于在一个高不确定性规避型社会中，如果通过收购进行投资，不仅管理者将很难找到一种有效方式来处理与被收购企业之间的文化差异，而且这一文化传统下的员工很少有人愿意接受因变革而导致的过高成本。[③]因此，为最小化不必要的成本支出，在一个高不确定性规避型的社会中更好的选择是绿地投资。在低不确定性规避型的社会中，不管是管理者还是员工都愿意接受变革，也更利于最小化成本，此时采取收购进行对外扩张进入东道国市场则是更好的选择。

---

① 秦学京. 企业跨国经营中的文化冲突与融合[J]. 经济与管理，2005，19（5）：34-37.
② 周凌霄. 东道国文化环境对跨国公司直接投资行为的影响[J]. 亚太经济，2006（5）：80-83.
③ KOGUT B, SINGH H. The effect of national culture on the choice of entry mode[J]. Journal of international bussiness studies, 1988, 19（3）：411-432.

4. 影响跨国公司营销策略

跨文化冲突影响跨国公司营销策略的制定和实施。

首先，影响产品设计、包装。国际市场竞争越来越激烈，在此背景下，跨国公司国际营销成功的第一步是必须有符合目标国文化特点的产品设计与包装；否则，只能失败。例如，日本民众非常注重细节。因此，在日本商品市场，诸如衣服夹里的式样、器具底部的做工、焊接背面等产品的内里、背面等不易被人关注的每个部分都与外表同样重要，都必须做到精致。但是这些部分恰恰是许多跨国公司产品设计时不注意的细节，难以在日本市场打开销路也是非常自然的事情。再比如，中日两国民众对于荷花花语的理解不同，在中国，荷花象征着高洁，出淤泥而不染，因此荷花被用来当作产品包装图案再正常不过。但是，日本则视荷花为祭奠的意思。如果跨国公司在进行产品设计和包装时，不了解此差异，产品销售遭遇惨败也不足为奇。

其次，影响产品定价策略。不同文化背景下的民众对于产品价格的理解和认同是不同的，因此产品定价既要考虑产品本身的价值，也要考虑目标国家民众的价值判断；否则营销失败是必然的。例如，欧美国家民众认为，高价格与高质量和贵重产品是紧密联系在一起的，因此对于高质量的产品定高价无可厚非。但是在日本则不同，产品定价之后就很难再提高价格，因此产品初次定价显得尤其重要。

再次，影响产品销售品种。随着通信手段、交通工具的不断发展，各国文化交流亦越来越频繁，并在交流中丰富自身原有文化。但是文化是经过千百年的长期积淀、发展而形成的，不同文化之间的"壁垒"是难以消除的，"鸿沟"是难以逾越的，因此亦会影响跨国公司产品销售的品种。例如，德国啤酒誉满全球，有些消费者以品尝原汁原味的德国啤酒为幸事。但是如果德国酿制啤酒的跨国公司前往伊斯兰国家销售啤酒，结果一定是惨败的！因为伊斯兰国家是禁酒的。

最后，影响产品宣传策略。跨文化差异导致各国民众消费偏好不同。因此，跨国公司进行国际营销时，针对不同目标国应该制定差异化的营销宣传策略；若在不同目标国使用同一种宣传手段，很可能以失败告终。例如，某跨国公司进行产品促销时，为表示关注环境和友好，特意制作了绿色棒球帽作为礼品赠送给消费者，这一宣传手段在美国特别有效。但是该跨国公司在中国台湾使用同样的宣传手段促销时，却遭到惨败。因为按照中国习俗，"绿帽子"是一个贬义词，意指妻子对丈夫不忠，在婚内出轨。

延伸阅读：跨文化冲突与各国文明交流互鉴

7.3 跨文化整合

跨国公司应当以一种整合的态度管理不同文化。整合，不同于融合。融合是客观发生的现象。整合是主体对于客体能动地驾驭。文化全球化或文化的麦当劳化是客观的文化融合。文化整合是包含着主体个人意志的主观行为。[1]因此，我们可以将跨国公司的跨文化整合界定为跨国公司经营者以一种包容性和吸收性的态度，积极主动地对整个体系内存在文化差异的各个要素进行调整，再重新组合，构建成独特的、有自组织能力的文化结构系统，使各个要素协调一致，从而实现效益最大化。

7.3.1 跨文化整合的内容

跨国公司进行跨文化整合时，主要包括两个方面的内容：一是不同文化之间的沟通；二是不同文化之间的协同。[2]

1. 不同文化之间的沟通

沟通是对言语的（用词语表达的）和非言语的（没有词语的，比如肢体语言）行为的感知，并赋予它们意义。跨文化沟通指的是文化认知力和符号系统截然不同的人之间的沟通，这种不同要大到足以改变沟通活动，它不仅是指意义的传送，更重要的是指意义必须被理解。一个完整的沟通过程应包括六个要素：发信者、编码、信息、渠道（媒介）、接收者、解码的反馈，并且受到多方面的影响。[3]

跨文化沟通困难重重，即便是两个来自不同文化背景的人能讲同一种语言，他们也可能曲解文化信息，导致沟通中的困惑和误解。因此，一种文化要与另一种文化实现有效的沟通，需要搞清楚事物在该文化背景中的含义。因为有效的沟通意味着良好的关系，而"良好的关系会促进生产率的提高和利润的增加；无效的沟通则会导致冲突、无效率和损失"[4]。

跨国公司需要经常实现不同文化之间的有效沟通，它涵盖涉及的管理者、雇员、供应商、采购商等所有人员在文化情境、及时性以及态度相关性等沟通领域获取必需的心理认知，为文化协同提供保证。为有效沟通，跨国公司可以采用多种方法：对所有相关雇员进行跨文化沟通培训、针对某些特定国家或地区培养或招聘雇用跨文化沟通的专门人才、子公司或其他分支机构同时雇用母国公民和东道国公民、雇用熟悉母国文化的东道国公民等。至于跨国公司采用哪种方法，要视其需求和财力而定。

跨国公司的沟通媒介有正式的，也有非正式的。正式的包括广播、电视、报刊（包括电子期刊在内）、会议等；非正式的包括公司内部员工之间、内部员工与外部人员之间的接触、会见、聊天、娱乐等。但不管是正式的还是非正式的沟通，它们的基本构成都是一定的语言符号，包括口头语、书面语、肢体语言等。这些语言符号拥有人类

---

[1] 任蕊，王慧. 论跨文化研究的整合视角[J]. 辽宁行政学院学报，2011，13（5）：127-131.
[2] 马述忠，廖红，国际企业管理[M]. 3版. 北京：北京大学出版社，2013：259.
[3] 杨柏，彭程，宋璐. 企业跨国经营中的文化冲突研究[M]. 北京：经济管理出版社，2015：55.
[4] 比默，瓦尔纳. 跨文化沟通[M]. 孙劲悦，译. 4版. 大连：东北财经大学出版社，2011：35-36，49..

赋予它们的特定内涵，通过这些符号的不断传递，跨国公司才能实现不同文化之间的沟通。但是不同文化背景的人们使用的沟通媒介不尽相同，如美国人崇尚契约，任何事情都喜欢以合同来完成，他们认为如果没有书面的、经过双方签署的合同，就不能得到双方的认可，也就不存在任何形式的协议；对于亚洲等其他一些国家来讲，在一定情景下的口头协议也是协议，与纸面合同具有同样的法律效力。这就要求彼此沟通确定媒介的有效性；否则，很可能产生冲突，即跨文化冲突。

跨国公司在不同文化之间实现有效沟通的步骤包括改进反馈体系、提供语言和文化培训、增强灵活性和合作。改进反馈体系最重要的方式之一是开放反馈体系，包括个人的（面对面的会议、电话交谈和私人电邮）和非个人的（如报告、预算和计划等）。①提供语言培训旨在方便非国际通用语言国家的跨国公司（如日本的跨国公司）内部员工之间实现有效沟通，减少沟通过程中的诸多复杂情况。提供文化培训有助于阻止因跨文化差异造成的沟通中断，培训应该基于国别和地区进行。增强灵活性和合作的目的在于为达到彼此合作顺利，增强彼此相互了解，在适当的时候必须作出适当让步。

2. 不同文化之间的协同

跨文化协同是指跨国公司管理者根据公司雇员或顾客个人的文化倾向或偏好制定相应战略、策略及其组织结构并实施管理的过程，以实现各要素总和的价值大于其个别价值之和，即实现 1+1＞2。它不仅尊重所有的文化，而且增加了有效工作的途径。

跨文化协同既包括积极文化对消极文化的规避和疏导，也包括合并重组企业通过协同创造一种全新的企业文化。例如，一家美国企业到日本成功收购了一家日本企业形成另外一家新的企业。新企业肯定存在跨文化差异，那么最小化跨文化差异应该是新企业必须首先面对和急需解决的。解决方式就是进行不同文化之间的整合，最终形成一种新的独特的组织文化，即"组织创造了文化；然而，为了组织革新和重组，组织又改变了文化"。只有这样，才能使新企业焕发新的光彩，带来更大的经济效益和社会效益。相反，无法消除跨文化差异而形成新的企业文化，收购即便成功，经营也会很艰难，甚至导致经营失败，收购方与被收购方分道扬镳。

跨文化协同一般包括三大步骤：①情境描述。在跨文化合作中，每一个参与者都先要根据自身的文化，以其独特的视角分别对当前的问题进行描述，这是最困难也是最关键的步骤。②文化解释。通过分析每一个参与者的文化，寻找不同文化彼此之间的相同点和差异之处，以达到相互之间的理解。此时，文化身份互换是一种行之有效的工具。③文化创新。基于不同文化背景的参与者都为解决方案出谋划策，以创造一

---

① 卢森斯，多. 国际企业管理——文化、战略与行为[M]. 赵曙明，程德俊，译. 7 版. 北京：机械工业出版社，2014：155.

种全新的文化。最终的方案是属于所有文化的，而不是效仿任何一种文化的解决方式，它超越任何一种文化的行为模式。[①]但是最终能否实现文化创新呢？这取决于多个因素，如管理层是否具有战略眼光，能否制定切实可行的具体策略，能否组建敢于担当同时又有跨文化协同实力的相关团队，等等。

7.3.2 跨文化整合的理论

任何组织的生存与发展都面临两个根本问题：内部整合和外部适应。[②]对于进行跨国并购的企业来讲，上述两个根本问题更为突出，而文化整合更是基础。因此，本书主要介绍关于跨国并购的跨文化整合理论，即文化匹配（culture fit）理论、文化建构（cultural construction）主义理论和文化适应（acculturation）理论。

文化匹配理论主要关注的是并购前并购双方企业的文化匹配程度与并购结果之间的关系，认为并购双方文化是否兼容决定了并购的结果。文化匹配理论特别重视并购前的文化调查。然而，学者们的研究结果并不一致，一些学者的研究支持了文化差异是并购结果的阻碍因素的观点，如文化差异与并购后的整合效果之间呈负向关系；文化差异与并购后的社会文化整合（身份认同）显著负相关；与并购后的财务绩效显著负相关。另一些学者的研究则持相反观点，认为文化差异利于并购后果，如斯塔尔等人（Stahl & Voigt）认为并购后的财务绩效、股票价值显著正相关。[③]

文化建构主义理论认为，并购双方企业雇员在并购后通过互动，会逐渐认清彼此双方文化；通过双方共同努力，最终有可能形成一套能够被双方企业雇员接受或认同的新的文化系统。该理论重视双方企业并购后的文化整合，强调的是培养雇员的文化认同，把并购后的文化整合看作雇员社会身份重新认同的过程。

文化适应理论分为人类学领域中的文化适应理论和管理学中的文化适应理论。前者是约翰·贝瑞（John W. Berry）为解释移民采取何种方式，来适应东道国主流社会的文化，认为可以用两个维度来考虑移民采用的文化适应模式。一个维度是，保留文化身份与特色是有价值的吗？另一个维度是，与其他群体维持联系是有价值的吗？由此形成四种文化适应策略，即融合（integration）、同化（assimilation）、分离（separation）和消亡（deculturation）。此为两维度文化适应模式。另外，还有互动文化适应模式（interactive acculturation model）和相对文化适应扩展模式。互动文化适应模式又细分为非主流群体的文化适应模式、主流群体的文化适应模式、主流群体和非主流群体文

[①] ADLER N J. International Dimension of Organizational Behavior[M]. 3rd ed. Boston：Kent, 1997；马剑虹，高丽，胡笑晨. 跨文化协同增效研究的3种典型视角[J].心理科学进展，2006，14（5）：757-761.

[②] SCHEIN E H. Organisational culture and leadership：a dynamic view[M]. San Francisco，CA：Jossey-Bass，1985.

[③] 朱金强，李海. 跨国并购中的文化整合理论的演变及其展望[J]. 现代管理科学，2014（1）：32-34.

化适应模式之间的相互影响；相对文化适应扩展模式承袭了文化人类学界最新的发展结果，此模式区分了移民和主流社会文化适应模式的理想情况与实际情况。后者，即管理学中的文化适应理论，纳哈雯蒂（Nahavandi）等人最早将文化适应模式引入管理学领域，用来分析并购双方的文化适应，并指出管理学与人类学中的文化适应的一个最大区别是：如果雇员感觉适应另一个组织的文化压力很大的话，他们可以选择离开组织，但对移民群体而言，很难通过选择离开而避免文化适应。①

7.3.3 跨文化整合的模式

跨文化整合模式研究，一直都是跨文化整合理论研究的重要内容，许多学者根据其研究角度，提出了多个跨文化整合模式。但是学者们的理论在内容和形式上并没有超出约翰·贝瑞提出的融合、同化、分离和消亡四种文化整合类型。②

约翰·贝瑞，也译作约翰·贝里，出生于20世纪40年代，是前国际跨文化心理学会主席，加拿大女王大学（Queen's University）心理学系终身荣誉教授，国际知名的跨文化心理学家。约翰·贝瑞的研究涉及跨文化心理学基础理论与研究方法、跨文化接触与心理适应、移民与土著青少年认同心理、种族关系调适、跨文化家庭观、本土心理学、文化与认知等。他在跨文化心理与族群关系研究方面取得杰出成就，也因此被美国、英国、法国、加拿大等国政府聘为族群关系问题顾问。

约翰·贝瑞认为文化融合（cultural integration）是经过并购双方文化的双向渗透和妥协而形成的双方文化要素的混合文化，目标是获得并购双方文化优势。③在融合过程中，双方文化相互影响，进行不同程度的调整和转变，彼此吸收对方企业文化的优点，从而形成一种独特的、更具竞争力的文化。在融合过程中，双方企业需要正视自身文化劣势和对方优势，摒弃彼此在文化认知方面的偏见或误解，彼此虚心学习、吸收、融合。美国惠普公司于2002年收购康柏电脑公司时就成功采用了该模式。

文化同化（cultural assimilation）指的是目标企业雇员自愿放弃其原有的组织运营系统、原有的组织文化，融进射手企业文化之中。事实上是，射手企业强势地将其企业文化输出给目标企业，使目标企业文化从根本上发生变化，放弃自身原有文化，采用射手企业文化，完全被射手企业同化。中国海尔吃"休克鱼"就是一个典型案例。

---

① BRADLEY M, DESAI A, KIM E H. The rationale behind interfirm tender offers: information or synergy? [J]. Journal of financial economics, 1983, 11（1-4）: 183-206; BRADLEY M, DESAI A, KIM E H. Synergistic gains from corporate acquisitions and the indivision between the stockholders of target and acquiring firms [J]. Journal of financial economics, 1988, 21（1）: 3-40.

② 黎正忠. 并购企业文化整合的影响因素及策略研究[D]. 广州：暨南大学，2006.

③ BERRY J W. Acculturation as varieties of adaptation[M]//PADILLA A M. Acculturation: theory, models and some new findings. Boulder Colorado: Westview Press, 1980: 9-46. （文化同化、文化分离与文化消亡的含义亦出自该处。）

> **小贴士**
>
> **休 克 鱼**
>
> "休克鱼"是中国海尔形容那些在硬件条件上比较优秀,但是却因管理能力不足而远远落后于其他同行业企业的企业。吃"休克鱼"专指中国海尔的并购策略。

文化分离(cultural separation)指的是控制双方的接触,保持并购双方各自的文化独立,减少并购双方的文化变革。之所以采用分离模式,原因在于双方企业文化均得到原企业雇员的认可与支持,在经营管理上也都取得了相当不错的业绩,但是彼此却存在非常大的文化差异,甚至相悖。当这样的两种文化相遇之后,很容易相互排斥甚至水火不容,并直接显现为雇员之间的言语冲突或更激烈的行为冲突或"非暴力不合作",以及管理层的决策冲突。为避免诸多冲突,双方管理层只能选择两种文化彼此独立,互不干涉,共同存在;否则,只能导致合作失败,中国台湾明基收购德国西门子以失败告终就是一个典型案例。

文化消亡(cultural deculturation)指的是并购企业的文化变动很小,被并购企业放弃原有的企业文化,同时又不愿意接受并购企业文化,从而处于一种文化迷茫状态。在现实中,该模式存在得很少,也因此很少被提及。

7.3.4 跨文化整合的策略

跨国公司对外经营过程中,不可避免地要进行跨文化整合,将跨文化差异可能带来的冲突降到最低。这就要求跨国公司经营管理者必须正视跨文化差异、组建跨文化团队。

正视跨文化差异的客观存在是跨国公司进行跨文化整合的关键第一步,跨国公司经营管理者能够正视跨文化差异则是关键中的关键。从理论上来讲,任何一种文化的价值观判断标准在其文化体系内都有其合理性,并不存在一种文化价值观优于另一种文化价值观或者落后于另一种文化价值观的情况。因此要想正确理解跨文化差异,就必须将一定的文化体系视作参照系进行考察、进行对比。正视跨文化差异是跨国公司经营管理者进行跨文化整合的基础和前提。从实践角度来讲,跨国公司经营管理者需要能够辨识跨文化差异,只有这样,才能够及时地进行跨文化整合方案。从心理上来讲,跨国公司经营管理者不应该抵触跨文化差异的存在,应该从心理上接受跨文化差异,并将其视为一种资产加以充分利用。

组建跨文化团队、实现跨文化团队的有效融合是实现跨文化整合的最佳路径。跨文化团队指的是在跨国并购过程中由来自不同文化背景下的人员组成的团队。跨文化团队有效融合指的是通过运用管理制度、领导措施、团队激励、组织文化等手段,与组织内成员在目标、愿景、价值观、文化等方面进行相互磨合、相互适应、相互促进、相互提升,形成高凝聚力的团队。有效融合的跨文化团队具有明显特征,即清晰的目标、一致的承诺、良好的沟通、相关的技能、恰当的领导、相互的信任、对文化差异的尊重、内外部的支持等。[①]

延伸阅读

联想与 TCL 跨文化整合策略对比[②]

联想和 TCL 是我国两家一流的企业,跨国并购的也都是国外著名企业的亏损业务部门。然而,结果却截然相反。究其原因在于,联想和 TCL 在各自的并购中,文化策略有着明显的差异(表 7-5)。

表 7-5 联想与 TCL 跨文化整合对比

文化策略	联想	TCL
战略	准备周期 14 个月,2003.10—2004.12 重视,推行尊重、坦诚、妥协,推行联想新文化	准备周期 5 个月,2004.4—2004.9 忽视,强势推行并购方文化
语言	改用英语为官方语言,聘请英语教师,帮助员工提高英语交流能力	不通
习俗	加强跨文化培训,实施 Quick Wins 计划,开展双方文化交流	没有对习俗引起重视
沟通	开通专门沟通渠道,领导与员工面对面直接交流,保障新联想高层之间高效沟通与工作	不畅
管理小组	成立联想全球文化整合小组	没有类似文化整合小组
管理方式	放弃联想命令式的文化 推行对话和沟通的人性化方式	推行奉献和牺牲,推行硬性执行 TCL 命令式管理方式

资料来源:赵霞. 战略协同视角下跨文化团队融合策略研究——联想和 TCL 海外并购的对比分析[J]. 中国人力资源开发,2011(11):32-37.

联想在决定并购之前就非常重视跨文化差异及其整合,尽职调查做得非常详细,准备周期长达 14 个月。为方便沟通,联想改用英语为官方语言,对管理者和员工进行跨文化培训,积极开展双方文化交流,吸收 IBM 相对比较宽容、比较民主、尊重个人的企业文化。对联想和 PC 的全球各地分支机构进行联想文化全面审计活动,严格执行整合文化计划,开展文化鸡尾酒等活动,最终成功整合并购双方

---

① 赵霞. 战略协同视角下跨文化团队融合策略研究——联想和 TCL 海外并购的对比分析[J]. 中国人力资源开发,2011(11):32-37.

② FAMA E F, JENSEN M C. Separation of ownership and control [J]. Journal of law and economics,1983,26(2):301-325;FAMA E F, JENSEN M C. Organizational forms and investment decisions [J]. Journal of financial economics,1985,14(1):101-119.

文化、确定新联想的核心价值观。由双方人员成立的整合团队负责向新任经理介绍公司文化和规则，邀请高层管理人员一起参加，公司为整合团队提供足够的资源和支持。

TCL并购之前认为阿尔卡特员工只有1 000人左右，人数比较少，所以也没有重视彼此的文化差异，没有考虑对并购双方文化进行评估，决策时也没有将组织文化作为一个决策影响因素。在并购整合阶段，没有制订详细的文化整合方案，只是一味地大力推行以TCL为主的文化，试图同化被并购企业文化；再加上中方人员不会讲法语，法方人员又拒绝说英语，导致沟通障碍。

7.4 案例分析：沃尔玛进军日本

沃尔玛（Wal-Mart Stores，Inc.）是一家世界性连锁企业，总部设在美国的阿肯色州，成立于1962年，主要涉足零售业。在2020年8月10日发布的最新《财富》世界500强排行榜，沃尔玛连续7年排名第一位。2019年营业收入高达5 239.64亿美元，同比上升1.9%；利润148.81亿美元，同比上涨123.1%。

7.4.1 基本案情

自成立之日起，沃尔玛发展迅速，从国内到国外一路扩张。1977年，收购密歇根和伊利诺伊的16家店面，这是沃尔玛历史上进行的第一次收购。1990年，成为美国第一大零售商。1991年，在墨西哥城开始营业，第一次进入国际市场。1993年，国际部成立，加速海外扩张的脚步，时任总裁波比·马丁出任国际部总裁。国际部成立的第二年，即1994年，在加拿大收购了122家Woolco商店，3家俱乐部在中国香港开业。之后，又强势进入阿根廷、巴西、中国内地、德国、韩国等地。

经过数年的海外扩张，沃尔玛决定进入日本市场。2002年3月，沃尔玛持有了日本第五大超市零售商西友百货公司（The Seiyu, Ltd.，简称"西友百货"）价值4 600万美元占6.1%的股票，从而第一次登陆日本市场。

西友百货主要经营连锁超市、杂货商店事业。它源于1956年的西武商店；1963年改名为西友商店；1980年开发原创品牌"无印良品"；1983年公司更名为西友；2000年，以西武百货作为交换条件，日本住友商事公司成为最大股东；2002年沃尔玛成为最大股东；2005年11月4日，沃尔玛对西友百货实施10亿美元的援助计划，增持西友百货股份到56.56%，西友百货成为沃尔玛集团旗下子公司。之后，沃尔玛继续收购西友百货股份，到2008年底，西友百货成为沃尔玛的全资子公司。

沃尔玛与西友百货，一家来自美国，一家来自亚洲，在经营过程中，会遇到哪些方面的差异？如何解决这些差异呢？

7.4.2 案例评析

西友百货原有的分销渠道为沃尔玛提供了现成的合作者,但是进军日本市场两年之后,沃尔玛的前景变得扑朔迷离。除去糟糕的经济环境和不利的生产条件等外在因素之外,更多在于两家公司在经营管理、营销等诸多方面存在很大差异:①选址在哪里。沃尔玛注重大规模的购物中心,主要分布在郊区;西友百货是注重盈利的便利店,主要分布于闹市区。不久之后,沃尔玛希望关闭现有店面,另择新址开新店。②价格与质量的关系。日本消费者往往把低质量等同于低价格,而美国却不是这样。沃尔玛很清楚改变消费者的感知不仅不容易,而且需要付出较高成本,特别是在日本同行意图加剧竞争激烈程度以阻止沃尔玛进入日本市场的前提下。此时的沃尔玛必须在日本消费者面前把自己打造成一家提供众多质优价廉商品的零售商,让他们相信天天低价并不等于质量低劣,这取决于沃尔玛向日本消费者传递信息的能力。③经营策略。西友百货一直作为高端零售商在运作,每天都会向消费者进行特别促销。例如,西友百货商店每周二都对某些商品执行 100 日元特价;通过刊登广告或赠券等形式进行为期一天的销售。西友百货的经营策略与沃尔玛的天天低价策略形成鲜明对比。④强化正确销售方法。为强化正确销售的重要性,沃尔玛对店面管理人员进行了为期一周的培训,还空运了数百名西友百货雇员到美国总部接受培训。"日本人可能认为我们的做法非常残酷,但是他们必须意识到这是世界标准。"雇员们接受了大量"文化培训"以便更加直率、乐观,且有目标导向。然而,日本是一个以谦逊为主导的社会,许多雇员很难接受沃尔玛的企业文化。⑤实现彼此有效互动的路径。日本人和美国人间的社会文化存在显著差异,那些负责管理西友百货运营的雇员必须能够理解并及时恰当地管理这些差异,才能促进两家企业之间彼此实现有效互动,这取决于沃尔玛恰当地向日本雇员传递信息的能力。

作为当时世界第二大消费市场的日本是沃尔玛雄心勃勃向海外扩张的关键环节。尽管抓住日本多变的消费者是一个不小的挑战,吸引越来越多渴望讨价还价的日本消费者也是一个不小的挑战,但是沃尔玛一直努力将其消费观念、经营管理理念等传递给西友百货和日本消费者。到 2015 年,沃尔玛在日本已经拥有 434 家门店。这一年,沃尔玛宣布为实施一项改造计划,关闭 30 家以西友百货品牌经营的门店,关闭的 30 家门店占整体数量的 7%。同时强调,关店并不代表沃尔玛不在日本市场发展;日本整体业务表现很好,2015 年是日本业务连续第 6 年实现销售额和利润的增长;沃尔玛在日本的在线业务也在迅速增长。

2018 年,沃尔玛与乐天超市(Rakuten)宣布形成战略联盟,即扩大消费者影响,以更好地服务日本和美国的消费者。联盟包括 2018 年底在日本启动的线上零售速递业务。截止到 2020 年 7 月 21 日，沃尔玛在日本共拥有 331 家零售店，包括 87 家大型综合超市。现任总裁兼首席执行官是莱昂内尔·德斯克雷（Lionel Desclée）。

资料来源：卢森斯，多. 国际企业管理——文化、战略与行为[M]. 赵曙明，程德俊，译. 7 版. 北京：机械工业出版社，2014：174-180；乐琰. 沃尔玛拟关闭 30 家日本门店[EB/OL]. [2014-10-31]. http://www.yicai.com/news/4035321.html；Walmart. Walmart International-Japan[EB/OL]. https://corporate.walmart.com/our-story/our-business/international/walmart-japan；财富. 沃尔玛. http://www.fortunechina.com/global500/3/2020.

7.4.3 思考

思考一：沃尔玛和西友百货为什么会出现经营管理等方面的诸多差异？

思考二：沃尔玛成功进军日本市场了吗？

本 章 小 结

从国际管理研究的角度来看，文化是已经获取的知识，利用这种知识，人类可以解释各种经验和产生社会行为。这些知识构成了人们的价值观，决定了人们的态度，影响了人们的各种行为。

荷兰学者杰尔特·霍夫斯泰德于 20 世纪 60 年代末开创性地提出了文化四维度理论，四维度包括权力距离、不确定性规避、个人主义/集体主义和男性气质/女性气质。权力距离指的是在一个国家的机构或组织中，弱势成员对于权力分配不平等的期待和接纳程度。不确定性规避指的是人们受到不确定的或未知的情境威胁的程度以及为规避这些威胁而形成的信念和机制。个人主义指的是一种结合松散的社会组织结构，其中的每个人只考虑自己和家庭的趋向，只重视自身的价值和需要，提倡依靠个人努力为自己谋取利益。集体主义指的是一种结合紧密的社会组织结构，其中的每个人都视群体利益高于个体利益，期望得到"群体"其他成员关照，并以对该群体的绝对忠诚作为回报。男性气质是指社会价值观以自信、坚强、注重物质成就等为主导，如德语国家。女性气质是指社会价值观以谦逊、温柔、关注生活质量等为主导，如挪威。

跨文化指的是跨国公司在东道国建立子公司、分支机构等进行海外经营活动中，当遇到与本民族文化有差异或冲突的文化现象、风俗、习惯等时，必须对它们进行充分的、正确的认识，进而以包容的态度予以接受和适应，达到促进跨国公司在海外顺利发展的目的。跨文化特征包括跨文化差异性和相似性。跨文化差异性指的是跨国公司所在母国文化传统与东道国文化传统之间的差异，具体包括文化理念、风俗习惯、价值观、道德与宗教等各个方面的差异。文化差异性是跨国公司管理失衡的根本因素之一。跨文化相似性指的是所有民族都具有一种心理上的一致性，足以用它来解释不同文化传统中存在平行演化顺序这一事实。换言之，一切民族都具有基本的相似之处，所以不同的社会对同样问题往往能独立地找到相同的解决方法。

跨文化冲突指的是不同形态的文化或者文化要素之间相互对立、相互排斥、相互冲撞的过程。跨文化冲突主要源自民族中心主义、风俗习惯差异、价值观差异和沟通障碍等。跨文化冲突对于跨国公司跨国经营的影响是全方位、全过程、全视域的。它影响着跨国公司管理效率、决策部署、对外扩张方式以及营销策略等。

跨文化整合指的是跨国公司经营者以一种包容性和吸收性的态度，积极主动地对整个体系内存在文化差异的各个要素进行调整，再重新组合，构建成独特的、有自组织能力的文化结构系统，使各个要素协调一致，从而实现效益最大化。跨文化整合主要包括不同文化之间的沟通和不同文化之间的协同。跨文化整合理论包括文化匹配理论、文化建构主义理论和文化适应理论。跨文化整合模式划分为融合、同化、分离和消亡四种类型。跨国公司经营管理者可以通过正视跨文化差异、组建跨文化团队实现跨文化整合。

沃尔玛进军日本是一个跨文化冲突与整合的典型案例。

思 考 题

1. 不同文化价值观有优劣之分吗？霍夫斯泰德开创性地提出了文化价值观四维度理论，如何将其有效运用于跨国公司管理中？
2. 在跨国公司经营过程中，如何有效规避跨文化冲突，实现跨文化有效整合？
3. 分别在何种情况下运用跨文化整合四模式？

即 测 即 练

自学自测　扫描此码

第 8 章

跨国公司的对外直接投资理论

【学习要点】

1. 跨国公司对外直接投资是一个非常复杂的问题，垄断优势理论、产品生命周期理论、内部化理论、小岛清比较优势理论等经典理论用不同方法、从不同角度对发达国家跨国公司对外直接投资进行了研究。但都缺乏普遍意义上的解释能力。国际生产折中理论有机结合了厂商理论、区位理论以及产业组织理论等相关理论内容，对跨国公司对外直接投资的行为动机和条件进行了系统研究。
2. 波特的对外直接投资竞争优势理论研究的核心问题是国际竞争环境与跨国公司竞争战略和组织结构之间的动态调整及相互适应的过程。

【学习目标】

1. 掌握垄断优势理论、产品周期理论、内部化理论、国际生产折中理论的主要内容及其评价。
2. 熟悉小岛清的比较优势理论和波特的对外直接投资竞争优势理论。
3. 了解垄断优势理论、产品周期理论的理论发展。

本田公司的美国梦

本田公司（Honda）全称为"本田技研工业株式会"，1948年成立于日本，在全球29个国家和地区拥有130个以上的生产基地，产品包括摩托车、汽车和通用产品等，除去产量和规模排在世界首位的摩托车，汽车的产量和规模也都排名世界十大厂家之列。2020年《财富》世界500强排名第39位。

20世纪80年代，本田、马自达、日产、丰田等日本汽车公司引领了投资美国的热潮。从1982年到1991年，这些汽车公司在北美总共投资了53亿美元用来建立汽车装配厂。本田公司从1979年开始在美国当地生产摩托车，1982年成为第一家在北美生产汽车的日本汽车制造厂商。到1991年，本田公司已经在北美投资了3家汽车装配厂，其中 2 家主要的装配厂在美国的俄亥俄州（表 8-1），较小的一家则在加拿大的安大略。本田公司还投资 5 亿美元，在俄亥俄州建立了发动机厂，以供给俄亥俄州的汽车装配厂；同时还在俄亥俄州的装配厂建立了主要的研发机构，并以 3 100 万美元收购了俄亥俄州装配厂相邻的一家汽车检测中心。

表 8-1　本田公司在美国的投资历程

制 造 工 厂	建立时间	员工人数/名	投资额/亿美元
俄亥俄州 Marysville 摩托车厂	1979.09	750	1.55
俄亥俄州 Marysville 汽车厂	1982.11	5 850	23
北卡罗来纳州 Swepsonville 电力设备厂	1984.08	350	1
俄亥俄州 Anns 发动机制造厂	1985.07	2 600	11
俄亥俄州 East Liberty 汽车厂	1989.12	2 550	7.93
俄亥俄州 Russells Point 传动设备厂	1996.07	930	1.1
南卡罗来纳州 Timmonsville 越野车厂	1998.07	825	1
亚拉巴马州 Lincoln 汽车和发动机厂	2001.11	2 300	5.8

这些投资的结果是，本田公司在俄亥俄州的装配厂大约雇用了 10 000 名工人。1990 年，本田公司在美国售出了 85 万多辆汽车，近 2/3 来自俄亥俄州装配厂。由此可见，美国市场对于本田公司的重要性。2015 年，本田公司获得美国联邦航空管理局（FAA）颁发的型号认证，并向客户交付了 HondaJet。2016 年底，本田汽车在加利福尼亚推出清澈燃料电池（Clarity Fuel Cell）。2017 年，本田汽车首次展出 3 款清澈系列汽车。2018 年，本田雅阁被评为北美年度最佳汽车。雅阁是本田汽车于 1982 年 11 月在俄亥俄州的马里斯维尔建厂以后，在美国生产的第一款汽车，在超过 35 年的时间里共计生产了超过 1 100 万辆。

从摩托车到汽车，再到船外机等，以陆地和海洋为舞台，本田公司通过技术创新，创造了各种丰富多彩的产品，也成功实现了其美国梦。

美国梦的成功实现主要在于：本田公司在投资前仔细考虑了影响投资决策的因素，权衡了其自身的所有权优势、内部化优势，以及东道国区位优势。所有权优势，本田公司汽车以小排量为主，节油省钱，正好符合 20 世纪 70 年代承受第二次石油危机打击的美国消费者的需求。内部化优势，本田公司在俄亥俄州建立装配厂之后，先是在该州投资建立了发动机厂，以及研发机构；之后又收购了邻近的汽车检测中心。这些都体现了本田公司的内部化能力及其优势。东道国区位优势，本田公司对比了日本与美国的劳动力成本因素、贸易保护主义因素，以及日元升值[①]等因素。

资料来源：本田汽车. 企业信息：公司概要——本田在全球[EB/OL]. http://www.honda.com.cn/company/profile/；Honda. About us. http://www.honda.com./history#future；卢进勇，林奇华，闫实强. 国际投资与跨国公司案例库[M]. 北京：对外经济贸易大学出版社，2005：82-94.

---

① 日元升值，即意味着美元贬值，美元贬值利于美国出口，不利于进口。因此，本田公司在美国投资建立装配厂，对其非常有利。

📖 **延伸阅读**

本田汽车哲学

本田汽车哲学由基本理念、企业宗旨与运营方针组成。

基本理念：尊重人、三个喜悦。

尊重人：自立、平等、信任。自立，即不被固有概念所束缚、任凭想象自由驰骋，基本信念自主行动，并为最终的结果负责。平等，即在认同人与人之间差异的基础上互相尊重，给予有进取心的人同等的机会，而不受其属性（国籍、性别、学历等）的影响。信任，即相互认同、互帮互助，以更大的诚意各司其职。本田期待所有员工均能相互信任、共同进步。

三个喜悦：购买的喜悦、销售的喜悦、创造的喜悦。购买的喜悦指的是本田的产品与服务不仅要让用户感到满意，更要令其产生感动与共鸣；销售的喜悦指的是以优质的产品与周到的服务获得用户依赖，令从事销售服务的员工在工作时充满自信；创造的喜悦指的是为使用户与经销商满意，本田始终致力于创造超越其期待值的优质产品，用心提供更好的服务。

企业宗旨：本田放眼全球，竭尽全力以更合理的价格提供更优质的产品，让全球用户满意。

运营方针：始终怀抱梦想与朝气；尊重理论、创意与时间；热爱事业，珍视交流；营造和谐、有条不紊的工作流程；不断努力，致力研究。

资料来源：本田汽车.企业信息：公司概要——本田在全球[EB/OL]. http://www.honda.com.cn/company/profile/.

8.1 垄断优势理论

8.1.1 理论形成

垄断优势理论又称特定优势理论，是产业组织理论在跨国公司和对外直接投资领域应用研究的结果，是跨国公司凭借其特定优势从事对外直接投资的一种跨国公司理论。该理论由美国学者海默于 1960 年在其博士论文《国内企业的国际经营：对外直接投资研究》[1]中提出，该论文在批判传统国际资本流动理论的基础上，首次提出了垄断优势理论，并得到其导师金德伯格的支持。之后金德伯格系统阐述了垄断优势理论，有力推动了对外直接投资理论从传统国际资本流动理论中独立出来。由此，学者们通

---

[1] HYMER S H. International operations of national firms: a study of direct foreign investment[M]. Cambridge, MA: MIT Press, 1976.

常将海默和金德伯格一同视为垄断优势理论的创始人,将其理论分析称为"海默-金德伯格传统"。

1. 与传统理论的不同

海默认为,传统国际资本流动理论并没有区别对外直接投资和对外间接投资(foreign portfolio investment,FPI),只是强调各国间利息率(或者利润率)差异是引起资本跨国流动的原因。然而,"利差论"在理论上的最大缺陷是它没有考虑 FDI 和 FPI 的不同特征:①两种投资方式的投资目的不同。FPI 只涉及资金流动,仅限于控制资本;FDI 涉及技术、知识、管理以及不同程度的控制权,FDI 企业的主要目的是控制国际经营,从而控制国际市场。②两种投资方式的运动形式不同。FPI 发生实际资本的国际流动;FDI 不一定发生实际资本的国际流动,如 FDI 企业可以在当地市场融资进行投资,可以工业产权、专利技术或者机器设备等实物形态作为出资方式,还可以利润再投资。③两种投资方式的理论基础不同。传统国际资本流动的理论基础是要素禀赋理论,是以完全竞争市场为基础的,FPI 是从资本丰裕国流向资本稀缺国,从利息低的国家流向利息高的国家;而现实市场则是不完全竞争的市场结构,传统理论已经不能解释,需要寻找新的理论解释。

2. 理论的主要内容

跨国公司对外直接投资时,相对于东道国竞争性企业来讲,在许多方面均处于劣势,如对东道国市场的熟悉程度、信息获得的便利性以及语言文化的融合程度等。跨国公司要想顺利进入并占领东道国市场,就必须利用市场不完全性依靠自己的垄断优势来弥补其相较于东道国竞争性企业的劣势及新增成本,以获得高额利润。垄断优势理论对市场不完全性和跨国公司垄断优势的具体表现进行了详细阐述,具体如下。

(1)市场不完全性的主要表现。市场不完全性是跨国公司对外直接投资的先决条件。[1]这主要表现于:①产品市场的不完全性。少数买主或者卖主通过控制购买量或者产量来影响市场价格的行为,如产品差别、商标、特殊市场技能或操纵价格等都可能产生产品市场的不完全性。②生产要素市场的不完全性。在生产要素市场上,由于信息不对称现象的存在,往往会出现市场不完全性,如在技术市场上。③规模经济引致的不完全性。规模经济存在时,挤出未达到一定规模的企业,留下处于垄断地位的企业,从而导致不完全性的出现。规模经济包括内部规模经济和外部规模经济,其中内部规模经济存在于企业层面,意指随着企业规模的不断扩大,直接导致单位产品成本降低;外部规模经济存在于产业层面,意指随着同行业生产集中度的提高,厂商通过资源共享特别是知识共享而提高生产效率。④政府干预引致的不完全性。政府是一只

---

[1] 赵春明. 跨国公司与国际直接投资[M]. 北京:机械工业出版社,2009:24.

"看得见的手",对市场的干预带有主观性,最终会引发市场的不完全性。

(2)垄断优势的主要表现。垄断优势理论认为跨国公司拥有的垄断优势主要表现在以下方面:①技术优势。技术优势是跨国公司拥有的最重要的垄断优势,主要表现于保持核心技术能力和技术创新能力,前者是跨国公司维持其垄断地位的保障,后者是跨国公司维持其垄断地位的手段。②管理优势。跨国公司经过长期竞争的洗礼,一方面积累了丰富的人力资本和智力资本,能够保证跨国公司高效运作;另一方面则积累了丰富的管理技术,足以满足跨国公司世界范围内一体化生产的需要。③资金优势。跨国公司资金来源于内部融资和外部融资。内部融资来源于公司内部未分配利润和折旧提成中抽取的资金,各国政府对此都会给予相应的优惠政策,因此跨国公司本身就有雄厚的资金实力;外部融资来源于向银行借款以及在国内外金融市场的融资,跨国公司凭借其良好资信能够顺利地得到公司外融资,较大程度上降低融资成本,从而降低公司总成本,有利于跨国公司增加对外投资。④信息优势。跨国公司分支机构、销售网络、地区总部等从组织结构层面上构成了跨国公司的信息网络,而通信设备则为信息网络的正常运行提供了基础,它们共同创造了跨国公司在信息服务上的垄断优势。⑤规模经济优势。跨国公司可以从两方面获得规模经济优势:一方面跨国公司通过横向一体化以及纵向一体化,可以使其生产达到最佳规模并获得最低成本,当一体化达到一定程度时,跨国公司就可以控制产品价格和原材料价格,从而获得更多利润[1];另一方面跨国公司与同行业其他跨国公司同时集聚于某一地区,彼此之间可以共享高技术劳动力市场和知识外溢所带来的利益。[2]⑥全球网络优势。跨国公司在全球范围内都布有采购、生产和销售网络,加快了企业价值链的运转效率,增加了跨国公司的垄断优势。

(3)垄断优势理论的形成逻辑。跨国公司进行 FDI 的先决条件是市场不完全性,市场不完全性又促使形成跨国公司垄断优势,当垄断优势使得跨国公司进行 FDI 的额外收益(或者边际收益)超过进入东道国市场而增加的额外成本(或者边际成本)时,跨国公司才开始进行 FDI,如图 8-1 所示。

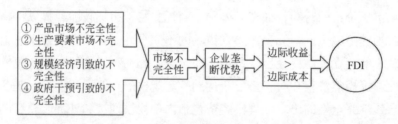

图 8-1 垄断优势理论的形成逻辑

资料来源:赵春明.跨国公司与国际直接投资[M].北京:机械工业出版社,2009:25.

---

[1] 藤维藻,陈荫枋.跨国公司概论[M].北京:人民出版社,1990:311.
[2] 张纪康.跨国公司与直接投资[M].上海:复旦大学出版社,2004:132.

8.1.2 理论评价

垄断优势理论开创了对外直接投资理论的先河，对后来的理论研究与实践具有积极的指导意义：①第一次将对外直接投资从传统的国际资本流动理论中分离出来，使其成为一个独立的研究领域；②强调指出跨国公司对外直接投资的先决条件是因为存在市场不完全性，并详细解释了不完全性的具体类型；③强调指出跨国公司对外直接投资的根本原因是跨国公司具有垄断优势，并详细阐述了垄断优势的来源。

垄断优势理论也有其历史局限性，主要在于垄断优势理论的研究对象是美国寡头企业的对外直接投资，它无法解释始于20世纪60年代的发展中经济体跨国公司的对外直接投资，也不能解释发达经济体非寡头企业的对外直接投资。正是因为该局限性，垄断优势理论随着跨国公司对外直接投资各种新现象的不断涌现而逐渐失去其普遍意义。

8.2 产品生命周期理论

1965年，美国哈佛大学学者维农运用动态研究方法，将国际贸易和国际投资相结合，解释美国企业第二次世界大战后对外直接投资的动机、时机和区位选择。在研究过程中，他发现美国企业对外直接投资活动与产品生命周期有关，故称其解释为对外直接投资的产品生命周期理论（product life cycle theory）。[①] 该理论提出之后，维农又先后多次进行阐述和补充。

8.2.1 理论的主要内容

在最初的理论中，维农认为产品生命周期是产品市场运动的普遍现象，包括创新、成熟和标准化三个阶段。在整个产品生命周期运动中，企业之所以选择对外直接投资而非产品出口或者技术专利转让等方式，是因为企业需要同时考虑生产条件和竞争条件。

1. 创新阶段

在创新阶段，产品生产一般都集中在创新国国内，此时企业并不特别关注生产成本、配销成本等。因为：①产品还没有达到标准化生产，所以需要企业不断改进产品设计以满足消费者的消费偏好，此时企业对于成本的关注自然退居次要地位。②产品在达到标准化生产之前，原材料投入和零部件需求处于不断变化之中，此时与成本相

---

① VERNON R. International investment and international trade in the product cycle[J]. Quarterly journal of economics, 1966, 80（2）: 190-207.

比，企业更希望能够及时获得适宜的原材料和零部件的稳定供给。③企业开发新产品之后，总是希望将差别产品作为竞争手段，以获得垄断利润。此时需要关注的是竞争对手的反应，以及市场上是否会出现竞争对手的仿制品等。④一般情况下，处于创新阶段的产品往往满足的是愿意尝试新产品、新工艺的追求时尚的消费群体，这个群体对于新产品的需求价格弹性非常低，生产成本自然对于企业的生产区位影响不大。

2. 成熟阶段

在成熟阶段，产品和技术逐渐标准化，企业开始考虑在国外进行生产。因为：①产品逐渐标准化，价格因素在竞争中的作用不断上升，产品的需求弹性增加；同时新产品的种类和式样日益增多，产品的交叉需求弹性增加。基于此，企业开始考虑扩大生产，以期通过规模经济，降低生产成本，降低产品价格，扩大市场占有率。②新产品和新技术趋于稳定，市场上的仿制品开始增多，产品成为大众产品，创新企业的垄断局面被打破，垄断地位下降，垄断利润减少，市场的价格弹性趋于下降，生产经营成本成为企业在竞争中获胜的关键。③国内市场饱和，国外需求增加；同时成本已经成为企业竞争胜败的关键因素，企业开始核算对外出口、许可证经营和对外直接投资三种方式进入国外市场的成本与收益，考虑对外直接投资。

3. 标准化阶段

进入标准化阶段，产品和技术都已经完全标准化，企业选择对东道国对外直接投资是必然结果。因为：①创新企业的垄断优势已经完全消失，价格和成本成为企业之间的竞争基础，因此企业期望能够将生产地点设立在成本较低的区位，劳动力成本较低的发展中经济体成为跨国公司进行海外生产的最优区位选择。在发展中经济体生产出来的产品，要么在国内销售，要么返销母国，要么销往其他国家。②企业在母国的生产规模已经逼近规模经济临界点，如果再进一步扩大生产规模，会出现规模不经济，生产效率会下降。为避免此种情况发生，企业选择海外生产。③受当地化战略驱使，跨国公司需要满足东道国当地消费者的需求，跨国公司选择对东道国进行直接投资以维持在当地的市场份额。

8.2.2　理论的完善与发展

产品生命周期理论适用于解释企业最初作为一个投资者进入国外市场的情况，但它不能解释跨国公司的投资行为。[①]为此，维农于1974年引入国际寡占行为来解释跨国公司的投资行为，重新将产品生命周期划分为"基于创新的寡占""成熟的寡占"和"衰老的寡占"三个阶段。

---

① 藤维藻，陈荫枋. 跨国公司概论[M]. 北京：人民出版社，1990：324.

1. 基于创新的寡占阶段

在这一阶段，具有创新优势的企业不再仅限于美国，还包括欧洲和日本的企业。各国创新企业均投入大量的研发费用，依据本国的要素禀赋状况集中在某个特定行业进行产品创新，既向市场推出新产品，也向市场提供现有产品的差异化产品，以维持其垄断优势。新产品的研发与生产集中于母国国内生产基地，以方便协调生产、研发以及销售活动。当出现技术扩散、产品和工艺标准化以及国外竞争时，跨国公司就会把生产向国外转移，维持和延续基于创新的寡占优势。但是各国企业的技术和生产成本结构不同，它们的区位选择可能会存在差异。

2. 成熟的寡占阶段

进入成熟的寡占阶段之后，跨国公司的竞争优势发生改变，从以创新为基础的竞争优势变为利用生产、销售与研发的规模经济优势，或者说从确保技术优势转向设置进入壁垒，以排斥竞争对手进入，维持其本身的寡占地位。此时，跨国公司往往采用两种战略：一是相互牵制战略，即跨国公司各自在竞争对手的主要市场上设厂经营，以此牵制竞争对手，避免其在自己的市场上削价竞争；二是追随战略，即领先跨国公司开辟新市场时，同一行业的寡头成员紧紧追随，进入同一市场，以维护寡占均衡。

3. 衰老的寡占阶段

在这一阶段，产品标准化已经完成，规模经济优势逐渐消失，跨国公司不得不寻求建立新的竞争优势。跨国公司通常采用的方法是：其一，跨国公司之间缔结卡特尔，通过操纵市场价格等来限制竞争并瓜分市场；其二，利用产品广告等宣传手段实现产品差异化，建立新的进入壁垒，以维持市场份额。但是竞争者不断进入，成本竞争和价格竞争成为跨国公司考虑的关键因素，高成本的跨国公司被迫退出，去寻找新的以创新为基础的优势；低成本的跨国公司继续留下，成为最后的寡占者，并依据成本因素来选择生产区位，把市场距离和寡占反应置于次要位置。

8.2.3 理论评价

产品生命周期理论的主要贡献在于：①弥补了古典贸易理论中比较优势理论静态分析方法的局限性，第一次从比较优势的动态转移角度将国际贸易和国际投资作为整体考察企业的跨国经营行为[①]；②比较清楚地解释了发达经济体向发展中经济体进行对外直接投资的经济现象；③补充了垄断优势理论无法清楚解释第二次世界大战后美国跨国公司为什么在世界范围内居于支配地位的不足。

产品生命周期理论关注的是以美国为代表的发达经济体对发展中经济体的对外直

---

① 赵春明. 跨国公司与国际直接投资[M]. 北京：机械工业出版社，2009：69.

接投资，理论结论有其局限性，表现于：①无法解释20世纪70年代以后出现的新现象，如发展中经济体向发达经济体的"逆向"投资；②缺乏对于资源开发型投资、技术开发型投资以及非出口替代型投资动因的解释能力；③无法合理解释与美国经济结构不一致的发达经济体对外直接投资的动因，以及20世纪60年代以后迅猛发展起来的跨国公司全球化经营浪潮，特别是制造业国际经济活动的主要变化①，因此产品生命周期理论也就失去普遍意义。

8.3 内部化理论

内部化理论（the theory of internalization）又称市场内部化理论，是在对当前跨国公司内部贸易增长的现象进行深入细致的研究之后，提出的一种解释对外直接投资的动机及决定因素的理论，是当代西方较为流行、较有影响的一般理论。所谓内部化，是指把市场建立在公司内部的过程，以内部市场取代原来的外部市场，公司内部的转移价格起着润滑内部市场的作用，使之像外部市场一样有效地发挥作用。

8.3.1 理论的主要内容

在内部化理论中，市场不完全性和企业性质是核心内容。英国里丁大学学者巴克利（P.G.Buckley）和卡森（M.Casson）②以及加拿大学者拉格曼（A.M.Rugman）③对该理论的形成与发展作出了贡献。

1. 前提假设

市场不完全性是内部化理论的关键性假设。巴克利和卡森认为市场不完全性并不是由规模经济、寡头行为、贸易保护主义或政府干预造成的，而是由于市场失效（market failure），以及某些产品的特殊性质或垄断势力的存在，企业市场交易成本增加造成的。市场失效是指由于市场的不完全性，企业在让渡自己的中间产品时无法保障自身的权益，也不能通过市场来合理配置其资源，以保证企业利润的最大化。

内部化理论特别强调了包括知识在内的中间产品市场的不完全性。中间产品不仅包括半加工的原材料和零部件，还包括专利、专用技术、商标、商誉、管理技能和市场信息等知识产品。中间产品市场是企业完成从研发到销售一系列经营活动的纽带，但是中间产品，特别是知识产品市场的不完全使得企业无法通过外部市场有效协调完成其经营活动，因此企业必须对不完全的外部市场实行内部化。当内部化行为超越国

---

① CANTWELL J.Technological innovation and multinational corporations[M]. Oxford：Basil Blackwell，1989.
② BUCKLEY P G，CASSON M.The future of the multinational enterprise[M]. London：Macmillan，1976.
③ RUGMAN A M.Inside the multinationals：the economics of internal markets[M]. New York：Columbia University Press，1981.

界的时候，企业就演变成了跨国公司。

2. 内部化的动机

内部化理论强调企业通过内部组织体系以较低成本在内部转移知识产权优势的能力，并把这种能力当作企业进行对外直接投资的真正动因。[①]在市场不完全条件下，跨国公司出于企业整体利润最大化的经营目的，往往倾向于将中间产品特别是知识产品在企业内部转让，实现中间产品市场内部化。

跨国公司实行市场内部化的动机和企业产品的性质及市场结构有关，其中知识产品的特殊性质、知识产品的市场结构及在现代企业经营中的重要地位决定了知识产品市场内部化的动机最强。知识产品及其市场结构有以下特点：①技术研发耗时长，费用大，风险高。跨国公司为获得垄断竞争优势，每年都会投入大量的研发费用用于产品的更新改造以及新产品的研发，并高薪聘请数量庞大的研发人员。跨国公司技术研发投入的人力和财力巨大，但是研发活动从开始到产品推向市场都充满着不确定性，本身就是一项高风险活动。②知识产品在一定时期内具有自然天成的垄断优势。知识产品往往会给其拥有者和应用者带来超额利润，因而其使用和处置一般具有专有性，在一定时期内易形成知识垄断及市场垄断，并且大部分知识产品会受到法律保护，禁止非所有者侵占。③知识产品难以通过市场决定其价格。生产知识产品的劳动个体存在差异性，知识产品中的不确定性和非程序性使知识产品生产的投入与产出在不同的劳动个体之间不具有可比性，这使得对知识产品的估价具有一定难度；难以通过市场决定其价格。④知识产品通过外部市场进行交易极有可能增加额外的交易成本。知识产品具有可复制性和公共物品的性质，因此也是外部性很强的产品。当知识产品在外部市场上转让时，很可能发生知识产品的外溢，造成企业的巨大损失。

由于知识产品及其市场结构具有上述特点，企业必须对知识产品实行内部化，将知识产品限制于企业内部使用，以维持企业在较长时期内拥有垄断优势，为企业谋求最大利润。

3. 内部化的收益

跨国公司实现市场内部化的目的是获得内部化本身的收益。内部化收益源于消除市场不完全性而带来的经济收益：①协调性收益，即协调价值链各个环节带来的经济收益。跨国公司把生产经营价值链相互依赖的各个环节统一于企业内部，可以避免外部市场不完全所造成的生产经营活动的"时滞"，或者外部市场价格信号失真对企业短期生产经营活动以及长期投资发展战略产生的负面影响。②差别性收益，即跨国公司实行差别性内部转移价格带来的经济收益。中间产品特别是知识产品的外部市场运行更多体现为低效运行，而中间产品又是跨国公司生产经营活动顺利完成的关键，因此

---

① 张纪康. 跨国公司与直接投资[M]. 上海：复旦大学出版社，2004：148.

跨国公司通过内部化中间产品制定差别性转移价格，可以避免外部市场的低效运行。③稳定性收益，即稳定买卖双方供求关系带来的经济收益。跨国公司内部化供求市场，以避免当外部市场存在买卖双方垄断时，供求关系不稳定导致延迟签订合同或者执行合同，增加企业经营风险。④垄断性收益，即长期维持技术垄断优势带来的经济收益。处于外部市场中的技术很容易产生外溢，威胁着跨国公司的技术优势，而技术优势是跨国公司最重要的垄断优势，为减少或者避免此类情况发生，跨国公司通过市场内部化建立技术的内部市场，将技术限制于企业内部转移，以长期维持企业本身的技术优势。⑤避免干预性收益，即避免政府干预带来的经济收益。在外部市场上，价格公开可能导致东道国政府出面干预，如东道国出于保护民族工业的目的制定市场价格控制政策，或者东道国政府通过税收、汇率政策等调控手段对外部市场干预等。跨国公司通过市场内部化，可以有效避开上述政府干预，获得更多经济收益。

4. 内部化的成本

跨国公司获得内部化收益的同时，也要承担内部交易成本。内部交易成本是指企业为克服外部市场交易障碍而额外增加的成本，即内部化成本。内部化成本包括：①资源成本。跨国公司内部化市场就是把一个统一的完整的竞争性市场分割为若干个独立的非竞争性的市场，限制了社会资源的最优配置，造成了社会资源的浪费，企业只能在低于最佳规模经济的水平上从事生产经营活动。②通信成本。跨国公司内部化之后，竞争对手会想方设法地获得其商业机密，基于防止公司商业机密外泄的目的，跨国公司会考虑内部通信网络，从而增加通信成本。另外，生产地点、销售网络遍布世界各地，跨国公司各分支机构之间彼此联络以及与当地政府、社会团体等之间进行公关联络都会增加通信成本。③国家风险成本。一方面跨国公司实行内部化之后，会改变东道国的市场结构，形成一定程度的垄断，对东道国经济发展产生不利影响；另一方面东道国政府从本国利益出发，会出面干预跨国公司的生产经营行为，甚至实行国有化，这些干预行为会把跨国公司的投资、生产经营活动置于风险之中，增加跨国公司的风险成本。④管理成本。市场内部化增加了跨国公司分支机构的数量，为有效管理，跨国公司只能不断创新其组织结构，完善或修正其规章制度，调整其管理方式，这就迫使跨国公司增加人力和物力的投入，从而增加了跨国公司的管理成本。

5. 内部化的实现条件

跨国公司实现内部化的初衷是消除外部市场的不完全性，获得内部收益，但是与此同时还要承担内部化带来的各种额外成本。那么，什么条件下跨国公司才会实行内部化呢？或者跨国公司内部化的实现条件是什么呢？一句话，跨国公司内部化的实现条件是：跨国公司内部化的边际收益等于其边际成本，如图8-2所示。

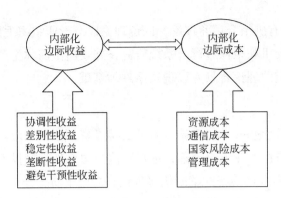

图 8-2　跨国公司内部化的实现条件

8.3.2　理论评价

内部化理论是西方跨国公司理论研究的重点转折，是一种研究跨国公司运行机制的新型理论（林康，2009）。内部化理论从跨国公司面临的内外部市场的差异、国际分工以及国际生产组织形式等方面研究了对外直接投资的行为和动机，其理论意义在于：①具有较为广泛的适用性，既可以解释发达经济体的对外直接投资，也可以解释发展中经济体的对外直接投资；②较好地解释了跨国公司选择出口贸易、许可证安排以及对外直接投资这三种参与国际经济方式的依据，其中对外直接投资占据主导地位，因为跨国公司可以通过对外直接投资市场内部化，保持其在世界范围内的垄断优势。

内部化理论也有其局限性，主要在于：①跨国公司市场内部化形成了一定程度的技术垄断，既阻碍了企业之间的公平竞争，也阻碍了新技术、新产品在世界范围内的迅速传播，从而阻碍了社会生产力的顺利发展；②内部化理论只考虑了如何维持跨国公司垄断优势、如何发挥企业本身的效率，却没有考虑东道国市场是否具有推动跨国公司发挥效率的基础与条件，因此说内部化理论具有一定的片面性。

8.4　国际生产折中理论

国际生产折中理论（the eclectic theory of international production）是英国里丁大学教授邓宁提出的。邓宁在 20 世纪 70 年代通过一系列论文系统阐述了其理论思想，并于 1981 年将这些论文汇编成论文集《国际生产与多国企业》[①]。

8.4.1　理论的形成基础

前文所述各理论缺乏普遍意义上的解释能力，邓宁力图摒弃这个共同弱点，开创

---

① DUNNING J H. International production and multinational enterprise[M]. London：George Allen & Unwin Press，1981.

一个"通论"。邓宁有机结合厂商理论、区位理论以及产业组织理论等相关理论内容，对跨国公司的行为动机和条件进行了系统研究，并提出了国际生产折中理论。国际生产折中理论具有一定的理论背景并以现实条件为基础。

1. 理论背景

邓宁认为从20世纪60年代开始，对外直接投资理论领域已经分化出以下四个方面的发展方向：①依据产业组织理论，进行跨国公司对外直接投资所拥有的净优势研究，集中表现为海默-金德伯格的垄断优势理论；②运用动态分析方法，把对外直接投资和对外贸易结合在一起进行研究，其代表是维农的产品生命周期理论模型及修正模型；③根据区位理论，研究跨国公司选择某个国家作为对外直接投资的东道国而非其他国家的原因，即对外直接投资的区位选择理论；④以厂商理论为基础，强调外部市场的不完全性对跨国公司对外直接投资的影响，即巴克利和卡森为主要代表的内部化理论。

2. 现实条件

邓宁认为当时世界经济的发展以及国际生产格局的变化需要更系统、更合理的理论来解释现实。这些现实主要包括以下四个方面：①投资主体多元化。投资主体不再仅仅局限于欧美、日本等发达经济体，发展中经济体都加入对外直接投资的行列里面。②投资行业分散化。投资部门从制造业扩展到了资源开发业、服务业以及其他行业。③投资方式多样化。投资方式除去独资经营之外，合资经营和合作经营更是迅速发展。④投资流向多样化。既包括从发达经济体向发展中经济体的传统投资，也出现了发达经济体之间的横向投资，以及发展中经济体向发达经济体的逆向投资。

8.4.2 理论的主要内容

国际生产折中理论是以三种优势为前提的，即所有权优势、内部化优势和区位优势。企业要成为跨国公司，应该同时具有这三种优势，缺一不可，即对外直接投资＝所有权优势＋内部化优势＋区位优势；否则，就只能以其他方式进行国际经营活动。例如，当企业具有所有权优势和内部化优势而不具备区位优势时，企业只能选择出口；当企业只具有所有权优势时，企业最好选择许可证安排。

1. 所有权优势

所有权优势又称企业优势、厂商优势等，指一国企业具有或者能够获得而其他企业不具有或者无法获得的资产或者所有权，或者说是企业通过本身不断积累而形成的特定优势。它回答了企业为什么进行对外直接投资的问题。

所有权优势包括可通过市场转让的优势和不可转让的优势两部分，可细分为技术优势、规模优势、管理优势以及资信优势等。

2. 内部化优势

内部化优势又称一体化优势，意指企业本身作为替代外部市场的一种组织制度优势。它回答了如何实现企业所有权优势的问题。

邓宁认为，企业将其拥有的各种特定优势加以内部化的动机在于避免外部市场的不完全性对其产生的不利影响，以实现资源的最佳配置，并继续保持和充分利用其特定优势的垄断地位。市场不完全性既存在于中间产品市场，也存在于最终产品市场。市场不完全性可以分为结构性的和知识性的，前者是由竞争壁垒、交易成本高而导致的市场不完全性；后者是指难以获得或需要付出高成本才能获得生产和销售信息而导致的市场不完全性。

3. 区位优势

区位优势，意指东道国本身具有的要素禀赋优势，如优良的地理位置、丰富的自然资源以及潜在的市场容量等。它回答了企业对外直接投资的选址及国际生产布局的问题。

区位优势取决于以下各因素：要素投入和市场的地理分布状况；生产要素成本；运输成本和通信成本、基础设施状况；政府干预经济的范围以及程度；金融市场发展状况和金融制度；国内外市场的差异程度；历史、文化、语言、风俗、偏好以及商业惯例等的差异。这些因素影响着企业的国际生产活动，只有国外的综合区位优势较大时，企业才会选择对外直接投资。

区位优势不仅决定着企业是否选择对外直接投资，而且还决定着其对外直接投资的类型和部门结构。对外直接投资的类型包括资源开发型、进口替代型、生产或加工专业化型、贸易和销售型、服务型以及其他类型。每一类型的对外直接投资都是由不同的所有权优势、内部化优势和区位优势组合决定的。

延伸阅读

劳动力成本

劳动力成本，是指生产单位产品或服务所要支付的劳动报酬。它既是生产要素成本的重要组成部分，也是跨国公司对外直接投资时需要考虑的重要因素之一。联合国贸易与发展委员会曾在《贸易与发展报告（2002）》中，以1998年的数据为例对世界一些国家或地区制造业平均工资和单位劳动力成本进行了比较。结果显示：①与美国、瑞典、日本等发达国家相比，中国平均工资很低，但单位劳动力成本并不占据明显优势。如美国平均工资是中国的47.8倍，但单位劳动力成本仅为1.3倍。②与发展中国家相比，中国的优势也并不明显。其中，只有印度与中国的差异最小，印度平均工资和单位劳动力成本分别是中国的1.5倍和1.4倍（表8-2）；由此可以说，印度是中国在制造业吸引外商直接投资方面强有力的竞争对手。

表 8-2　世界一些国家或地区制造业平均工资和单位劳动力成本比较

国家或地区	平均工资	单位劳动力成本
美国	47.8	1.3
瑞典	35.6	1.8
日本	29.9	1.2
新加坡	23.4	1.3
韩国	12.9	0.8
智利	12.5	0.8
墨西哥	7.8	0.7
土耳其	7.5	0.9
马来西亚	5.2	1.1
菲律宾（1997）	4.1	0.7
玻利维亚	3.7	0.6
埃及	2.8	1.5
肯尼亚	2.6	2.0
印度尼西亚（1996）	2.2	0.9
津巴布韦	2.2	1.2
印度	1.5	1.4

注：表中所列数据为相对于中国相应数据的比率。

资料来源：UNCTAD. Trade and development report 2002. [EB/OL]. http://unctad.org/en/PublicationsLibrary/tdr2002_en.pdf.

需要强调的是：①平均工资和单位劳动力成本不是静态的，不是一成不变的，而是动态变化的。因此，中国应该采取措施降低单位劳动力成本。②单位劳动力成本只是跨国公司进入东道国需要考虑的众多因素之中的一个，所以在衡量东道国吸引外商直接投资能力时，不应该一叶障目，只考虑单位劳动力成本，而应该从多角度、多层面综合考虑。③机器人的大量使用势必会影响劳动生产率，也会影响平均工资和单位劳动力成本。以德国为例，大规模使用机器人，伴随着产量和生产率的大幅度提高，就业和实际工资都有所提高。单位劳动力成本在 2007—2015 年下降了 10%。这主要是由该部门的出口增加引起来的。[①]

8.4.3　理论评价

国际生产折中理论的贡献在于：①综合吸收了其他理论有关跨国公司对外直接投资影响因素的分析，从中归结出三组变量，即所有权优势、内部化优势和区位优势，

[①] UNCTAD. Trade and development report 2017 [EB/OL]. http://unctad.org/en/PublicationsLibrary/tdr2017_en.pdf.

进而利用这三组变量来解释跨国公司对外直接投资应该具有的各种条件。②为投资发展周期理论奠定了基础。投资发展周期理论从动态角度研究了经济发展阶段与对外直接投资的相互关系，不仅能够解释欧、美、日等发达经济体的对外直接投资，还能够解释 20 世纪 70 年代之后发展起来的发展中经济体特别是"亚洲四小龙"的对外直接投资，推动了对外直接投资理论的发展。

不过，国际生产折中理论也不是完美无缺的，也有其缺陷：①三种优势彼此相互联系、相互决定，限制了该理论的解释能力。例如，所有权优势过度依赖内部化因素，如果没有内部化因素，很多所有权优势可能并不存在或根本不能被利用；所有权优势往往又由区位因素决定等。① ②现实解释能力受限。国际生产折中理论强调某国企业必须同时具有三种优势，才能发生对外直接投资，但是现实中，很多发展中经济体的企业并没有同时具有三种优势，却不仅发生了对外直接投资，而且还具有良好的发展趋势。

8.5　小岛清的比较优势理论

小岛清的比较优势投资论简称小岛清理论，又称小岛清模型、边际产业扩张论、边际比较优势理论，是日本学者小岛清于 20 世纪 70 年代在对日本企业对外直接投资特点进行研究的基础上提出的，其主要观点集中体现于《对外直接投资论：一个日本多国企业经营的模型》（1977）一书中。

8.5.1　理论提出背景

小岛清理论的诞生与 20 世纪 70 年代日本对外直接投资的兴起密切相关。日本学者用垄断优势理论和产品生命周期理论来解释日本的对外直接投资，却不能得出令人信服的结论，于是他们认为上述理论只适用于美国的对外直接投资，不适用于日本的情况。例如小岛清认为，海默等人有关结构性研究方法强调的是微观经济学的分析方法和在微观层面上对公司管理的考察研究，而忽略了宏观经济因素对跨国公司及其对外直接投资的影响，尤其是忽视了在国际分工基础上的比较成本理论的作用。

小岛清利用国际分工的比较成本理论从宏观层面详细比较分析了日本式对外直接投资与美国式对外直接投资的差异，并提出了比较优势投资论。

8.5.2　理论的主要内容

小岛清认为，日本与美国两国对外直接投资存在明显差异：①从投资主体来看，美国多是具有雄厚资本的垄断型企业，而日本则集中于中小型企业；②从投资动机来

---

① ITAKI M.A critical assessment of the eclectic theory of the multinational enterprises[J]. Journal of international business studies，1991，22（3）：445-460.

看，美国跨国公司意在通过内部市场顺利向国外转移创新型技术，以长期垄断这些技术，而日本则是向国外转移在本国已经处于比较劣势的产业，即边际产业，以期能够提升本国产业结构；③从投资类型来看，美国集中于技术密集型行业的投资，而日本则是集中于劳动密集型行业的投资；④从与国际贸易的关系来看，美国型投资与国际贸易是一种替代关系，是一种逆贸易导向型对外直接投资，而日本型投资则与国际贸易是一种补足关系，是一种顺贸易导向型对外直接投资。

基于上述对比分析，小岛清认为，对外直接投资应该从本国已经处于或即将处于比较劣势的产业（边际产业）开始按顺序依次进行。边际产业不仅包括渐趋比较劣势的劳动密集型部门，还包括一些行业中的装配或生产特定部件的劳动密集型的生产部门。这些部门、行业或企业的生产可以统称为"边际型生产"。与国际贸易按照既定的比较成本开展贸易相比，对外直接投资是按照从趋于比较劣势行业开始投资的原则，因此可以扩大两国的比较成本差距，创造出新的比较成本格局。这是小岛清理论的核心思想。

8.5.3 理论评价

小岛清理论对对外直接投资理论的发展作出了积极贡献：①拓展了对外直接投资领域的研究范围。在小岛清理论提出之前，对外直接投资理论都局限于研究欧美等发达经济体跨国公司的对外直接投资，而无人关注欧美之外国家的对外直接投资，这不能不说是对外直接投资理论内容的一个缺憾。而小岛清理论是针对日本对外直接投资展开研究，可以说正好弥补了上述缺憾。②将国际贸易与对外直接投资融为一体。在小岛清理论之前，学者们倡导的是国际贸易与对外直接投资之间的替代关系，或者说是一种转移行为，而小岛清强调的是国际贸易与对外直接投资之间的补足关系，或者说是一种创造行为，这就说明国际贸易与对外直接投资不再对立，而是一种融合。③突破了以往欧美学者局限于一种商品、一个企业、一个产业的研究基础，而是拓展至多种商品、多个企业、多个产业。

小岛清理论也有其缺陷：①缺乏普遍的解释能力。小岛清理论的研究对象仅限于日本的对外直接投资，而日本的自然地理位置及要素禀赋决定了日本经济属于自然资源匮乏型的海岛经济，再加上第二次世界大战后日本需要恢复经济、提升产业结构，这就决定了日本的对外直接投资必然集中于经济发展水平较低的资源型产业或劳动密集型产业，因此可以说小岛清理论是充分体现特定历史条件下寻求具有日本特色国际分工的理论，并不具有普遍的解释能力。②缺乏长期的解释能力。小岛清理论的研究集中于 20 世纪 70 年代中期之前的日本式对外直接投资，即垂直型投资方式。而事实上 20 世纪 70 年代中期之后，日本的对外直接投资也转为美国式的对外直接投资，即水平型投资方式。这种投资方式的转变自然不是小岛清理论所能解释的。③忽略了日本比较劣势产业向发展中经济体转移后给发展中经济体带来的制约，如阻碍发展中经济体的产业结构升级、加速发展中经济体的资源消耗、加大发展中经济体的环境污染等。

8.6 对外直接投资理论的新发展

对外直接投资理论不断推陈出新，形成了许多学说，但主要集中于两个方面：①基于原有经典理论，寻求新发展，最典型的就是对于垄断优势理论的发展；②另辟蹊径，从新的角度提出新的理论模型。

8.6.1 对外直接投资经典理论的发展

垄断优势理论开辟了西方学术界将 FDI 从传统国际资本流动理论分离出来进行单独研究的先河，为跨国公司理论的发展奠定了坚实的基础。自垄断优势理论提出之后，学者们从不同角度对垄断优势理论进行了补充、完善与发展。约翰逊（H.G.Johnson）和凯夫斯（R.E.Caves）继续沿着海默等人的思想，从微观角度的跨国公司经营决策行为来解释对外直接投资的决定因素；阿利伯（R.Z.Aliber）从宏观经济角度补充了垄断优势理论，将货币视为影响跨国公司对外直接投资的因素之一；尼克博克（F.T.Knickerbocker）则另辟蹊径，分析了寡占反应行为与企业对外直接投资的关系以及影响寡占反应行为的种种因素。[①]

1. 约翰逊的知识资产论

约翰逊于 1970 年发表了题为《国际公司的效率和福利意义》[②]的文章，文章指出："知识的转移是直接投资过程的关键。"知识包括技术、专有技术、管理与组织技能、销售技能等一切无形资产。对各种知识资产的控制构成了跨国公司的垄断优势。知识资产与其他类型的资产相比，具有不同特点：其一，知识资产的形成成本很高，但是通过对外直接投资使用知识资产的边际成本却很低，或者说边际收益递减规律在此失效；其二，知识资产的供给弹性非常大，可以在世界不同地方同时使用。基于上述特点，当知识资产对外转让成本很高或者其他条件不具备时或者为了保护本企业的知识资产，跨国公司通过对外直接投资直接把知识资产转让给分支机构，分支机构就可以以低成本获得母公司的知识资产，有望在竞争中获得更高利润，也充分显示了跨国公司的垄断优势。与此相反，东道国企业则要付出高额成本才能获得此类知识资产，其

---

① KNICKERBOCKER F T. Oligopolistic reaction and multinational enterprise[M]. Cambridge, MA: MIT Press, 1973.

② JOHNSON H G. The efficiency and walfare implications of the international corporation[M]. Cambridge, MA: MIT Press, 1970.

竞争力则大减。

2. 凯夫斯的产品差异论

凯夫斯于1971年2月在《经济学》杂志上发表了题为《国际公司：对外投资的产业经济学》[1]的文章，文章强调跨国公司拥有使产品产生差异的能力。产品差异源于两个方面：其一，实物形态的显性差异，如产品质量、外形及包装等的不同从直观上给消费者形成产品存在差异的印象；其二，营销技巧等引起的隐性差异，如商标、品牌等的不同从心理上令消费者产生产品存在差异的感觉。跨国公司利用其技术、营销技巧等优势可以不断地创造出差异性产品，满足不同层次、不同地区、不同偏好的消费者需求，同时还能够从一定程度上控制相关产品的价格及市场占有率。

3. 阿利伯的货币差异论

阿利伯于1970年发表了题为《直接投资理论》[2]的文章，文章引入了"通货升水"（currency premium）的概念，认为在国际金融市场上，存在以各种货币定价的债券。不同债券持有人需要承担对应货币相对贬值的汇率风险。为弥补该汇率风险，必须包括一项"通货升水"。不同货币中，坚挺货币的"通货升水"低，疲软货币的"通货升水"高，因此决定各种债券预期收入流量的货币贴现率各不相同。基于此原因，身处货币相对坚挺国家的跨国公司就能够依赖其"通货升水"低而获得贷款优势，以较低的市场利率在国内外金融市场上融资。第二次世界大战后一段时期的美国跨国公司便是一个典型案例。

阿利伯理论为人们提供了一个探析跨国公司对外直接投资影响因素的新角度。但是阿利伯理论也存在缺陷，它不能解释不同货币区域之间的交叉投资，也不能解释跨国公司对两个使用同样货币的国家同时进行对外直接投资，更不能解释疲软货币国家的跨国公司向坚挺货币国家进行对外直接投资的理由。

4. 尼克博克的寡占反应论

尼克博克于1973年发表了题为《寡占反应与跨国公司》[3]的文章，文章强调寡占反应行为是引起第二次世界大战后美国跨国公司对外直接投资的主要原因。尼克博克把对外直接投资分为进攻型投资与防御型投资。进攻型投资是指第一个在国外市场建立子公司的寡头公司的投资；防御型投资是指同行业其他寡头公司追随进攻型投资而至同一地点进行的投资。跨国公司采用不同类型投资的动机不同，前者可以用维农的产品

---

[1] CAVES R E. International corporation: the industrial economics of foreign investment[J]. Economica, 1971, 38(149): 1-27.

[2] ALIBER R Z. A theory of direct foreign investment[M]//KINDLEBERGER C P. The international corporation.Cambridge, MA: MIT Press, 1970: 17-34.

[3] KNICKERBOCKER F T. Oligopolistic reaction and multinational enterprise[M]. Cambridge, MA: MIT Press, 1973.

生命周期理论解释，后者则需要由寡占反应行为来解释。后者是尼克博克的研究重点。

寡占是指由少数国家的几家大公司组成的，或者由几家大公司占统治地位的行业或市场结构。身居其中的各家寡头企业实施寡占反应行为。寡占反应行为意指每一家寡头企业都对其他竞争对手的行为非常敏感，紧盯竞争对手的行动，一旦竞争对手进行对外直接投资，就紧随其后实施追随战略，以期保持与竞争对手一样的增长速度，维持本身的相对市场份额。寡占反应行为的主要目标在于抵消竞争对手率先行动所取得的"先行者优势"，规避本企业的经营风险。寡占反应行为的必然结果是引发对外直接投资的成批性，这种成批性与企业集中度正相关程度高，与盈利率以及东道国市场容量的正相关程度较高。美国1948—1967年对外直接投资的情况是最好的例证。

8.6.2　对外直接投资理论的新发展

前文所述的跨国公司对外直接投资经典理论都是针对发达国家的研究。随着发展中国家跨国公司的发展，也逐渐出现了发展中国家跨国公司对外直接投资理论。但考虑到后面有专门一章来介绍发展中国家跨国公司及其对外直接投资，所以相关理论将不在此讨论，而是放到后面。在这里，暂且只讨论基于经理扩张动机论的经理阶层的效用最大化动机理论（以下简称"经理阶层的效用最大化动机理论"）[1]和波特的对外直接投资竞争优势理论。

1. 经理阶层的效用最大化动机理论

经理阶层的效用最大化动机理论又叫企业管理论。该理论尝试从企业经营者的行为角度解释企业对外直接投资的原因。它认为，由于企业经理的效用函数和股东的效用函数存在差异，而经理的酬金取决于可支配资产的多少，所以，经理有可能为实现企业资产的最大化（非利润最大化）而产生扩张企业规模的动机。经理阶层的效用函数数可以表示为

$$U = f(S, M, I_d)$$

式中：S 为雇员工资；M 为经理酬金，$M = f(I_d)$ 即经理的酬金取决于企业规模；I_d 为经理阶层可支配的投资。

假设，经理的行为是理性的，那么他的行为目标必定是其效用函数 U 的极大化。因为经理阶层使用的是股东资本，所以效用函数 U 的约束条件是股东可接受的利润 πM。

根据以上函数关系和约束条件，可以图示出经理阶层效用函数极大化的解，如图8-3所示。图中，纵轴表示利润向量 R 和成本向量 C，横轴表示产出向量 Q。TC代表总成本曲线，TR代表总收益曲线，πM 代表股东可接受的利润线，π 代表边际利润线。

---

[1] 华民. 国际经济学[M]. 上海：复旦大学出版社，1998；崔日明，徐春祥. 跨国公司经营与管理[M]. 北京：机械工业出版社，2009：73-74.

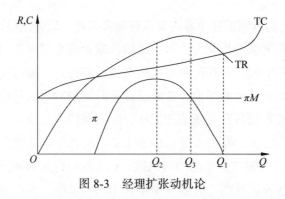

图 8-3　经理扩张动机论

如图 8-3 所示，企业利润最大化的产出点是 Q_2，该点也对应着边际利润最大值。但是由于处在该点的企业产量不够大，也就是说，该企业规模不够大，因而经理阶层的效用函数 U 并没有达到最大值。Q_1 是该企业销售收益最大化的产出点，这时的 U 值处在极大化的位置，但此时的边际利润却低于股东可接受的利润 πM，因而这也不是一个稳定的均衡解。一个既能使股东满意又能使经理阶层满意的稳定均衡解只能出现在边际利润 π 等于股东可接受利润 πM 的 Q_3 点。当然，这还必须以市场规模不受限制为前提条件。

假设该企业的经理阶层和股东对于这样一个均衡点已经没有歧异，但是该企业所在国的国内市场却不够大，以至于该企业的产出无法达到能够使股东与经理阶层双方均满意的 Q_3 点。一旦出现这种情况，经理阶层就会通过对外直接投资来解决这一难题，以便借助外部市场来实现其效用函数的极大化。也就是说，经理扩张动机论说明，如果国内市场小于 Q_3，则经理便具有向海外进行投资扩张的动机，以分别实现总收益 TR 和企业规模的次优和最优。

2. 波特的对外直接投资竞争优势理论

1990 年，美国哈佛大学教授、著名企业战略专家迈克尔·波特出版专著《国家竞争优势》[①]，其中提出了对外直接投资竞争优势理论，简称竞争优势理论，又称战略管理理论。该理论研究的核心问题是国际竞争环境与跨国公司竞争战略和组织结构之间的动态调整及相互适应的过程。

迈克尔·波特认为，构成竞争优势的四项环境因素包括生产要素，需求条件，相关与支持性产业，企业战略、企业结构和同业竞争，这些因素彼此相互影响，可能会加快本国企业创造国内竞争优势的速度，也可能造成企业发展停滞不前，如图 8-4 所示。其中，生产要素是一个国家在特定产业竞争中有关生产方面的表现，如员工素质或基础设施方面的差异；需求条件是指本国市场对该项产业所提供产品或服务的需求如何；相关与支持性产业是指这些产业的相关产业和上游产业是否具有国际竞争力；

---

① 波特. 国家竞争优势[M]. 李明轩，邱如美，译. 北京：华夏出版社，2002.

企业战略、企业结构和同业竞争强调的是企业采取的组织和管理形态，以及国内市场竞争对手的表现。

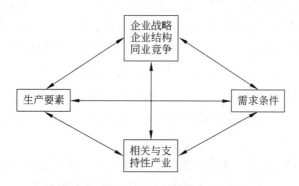

图 8-4　国家竞争优势的关键要素

资料来源：波特. 国家竞争优势[M]. 李明轩，邱如美，译. 北京：华夏出版社，2002：68.

迈克尔·波特认为，对于高度依赖自然资源或技术层次较低的产业，可能只需要具备其中两项因素就能得到竞争优势，但是这样的优势往往是不能持久的，因为竞争对手能非常轻松地战胜此优势。即使是由知识密集型产业构成骨干的先进经济体，也必须各项因素都具有优势，才能保持竞争力。而竞争自身越激烈越有可能带来成功，因此，一国要想在全球竞争中战胜对手，国内需要有激烈的竞争。这样的竞争，"一方面促使企业向海外发展对外直接投资，另一方面又为企业在国际竞争中获胜创造条件"。

对外直接投资竞争优势理论是对对外直接投资理论的新发展，以构成国家竞争优势的四项要素组成的模型为出发点，从动态角度阐释了国内竞争会促使企业获得竞争优势进而进行对外直接投资这种先国内、后国外的投资顺序，具有很强的理论和现实意义。但是该理论是基于对日本企业的研究得出的，对于其他国家的企业是否适用还有待进一步的实证检验。另外，迈克尔·波特没有详细分析四项要素之间的相互关联情况，只是进行了简单粗略的归纳，这不能不说是该理论的不足。

8.7　案例分析：宝洁公司的跨国之道

8.7.1　基本案情

宝洁公司（Proctor & Gamble Co., P&G）由普洛克特（Proctor）和盖博（Gamble）共同创建于 1837 年，总部位于美国俄亥俄州辛辛那提市。刚开始时，宝洁公司只是制作、销售肥皂和蜡烛。1897 年，宝洁公司开发了可与高质量进口白皂相媲美的廉价香皂"象牙皂"。在随后的年代中，宝洁公司不断创新产品和品牌。截至 2020 年 9 月，宝洁公司在全球大约70个国家设有工厂或分公司。

宝洁公司是世界上最大的日用消费品公司之一，产品涵盖洗发、护发、护肤用品、化妆品、婴儿护理产品、妇女卫生用品、食品、饮料、家居护理及个人清洁用品等。旗下品牌包括：①美容时尚类。玉兰油（OLAY）、SK-Ⅱ、伊奈美、潘婷、飘柔、海飞丝、沙宣、伊卡璐、威娜、舒肤佳、卡玫尔。②健康类。吉列博朗、护舒宝、朵朵、佳洁士、欧乐B、帮宝适。③家居类。汰渍、兰诺、金霸王、碧浪、品客。④彩妆类。安娜苏（ANNASUI）、封面女郎（Covergirl）等。在众多品牌中，65个领先品牌畅销在180多个国家和地区，每天为全球50亿的消费者服务；拥有10亿美元品牌共计25个。

宝洁公司的价值观是："领导才能、主人翁精神、诚实正直、积极求胜、信任。"遵循的公司宗旨是："为现在和未来的世世代代，提供优质超值的品牌产品和服务，在全世界更多的地方，更全面地亲近和美化更多消费者的生活。作为回报，我们将会获得领先的市场销售地位、不断增长的利润和价值，从而令我们的员工、股东以及我们生活和工作所处的社会共同繁荣。"宝洁公司认为，"宝洁品牌和宝洁人是公司成功的基石。在致力于美化世界各地消费者生活的同时，宝洁人实现着自身的价值"。宝洁公司居2020年《财富》世界500强第156名，2019年营业收入676.84亿美元，利润38.97亿美元，雇员97 000人；是500强中历史最悠久的一家跨国公司，是一家名副其实的"百年老店"。

8.7.2 案例评析

1. 不断推行创新，持续维持技术优势

在180多年的发展历史中，宝洁公司坚持不懈地创新，持续维持其行业竞争优势。"创新是宝洁业务增长的基石，是每个宝洁人的使命。这种创新既包括广为人知的品牌创新，更体现在研究领域的不断突破上。"

宝洁公司通过推行企业品牌和产品品牌，以达到地区扩张和行业扩张的目标。从创建初期开始，宝洁公司就坚持用细微但有意义的方式美化消费者每一天的生活，拥有众多深受信赖的优质领先品牌。宝洁公司已经开发出的品牌产品涉及洗涤和清洁用品、化妆品、美容美发用品、保健用品、食品饮料等几百种。

可以说，创新一直都是宝洁公司的DNA。宝洁公司是美国最早建立研发机构的大型企业之一。目前，宝洁公司在全球共有8 000多名研发人员。他们分布于五大洲的28个全球技术中心或者创新中心，并跨越多种学科。在以学识和生产率为基础的创新文化氛围中，宝洁公司的研究者们已经变成能够将其技能应用于多个品种的技术主宰者。他们擅长于数字化、模型化、模拟化、样机研究等，并将世界级的创新带给消费者。

2. 360 度全方位创新，赢得全球市场信赖

宝洁公司的创新历史既是一部恢宏的史诗，也是一个 360 度全方位创新的立体画面。从产品创新，到推动社会创新，再到商业创新，由此也获得了全球市场对宝洁公司的信赖。例如，1887 年，宝洁公司开创性地提倡利润分享计划，让员工拥有公司的股权。这一重大创新促使员工把自己的重要作用和公司的成功联系起来。1924 年，宝洁公司成为第一家面向消费者进行有针对性、基于数据的市场调查的公司。这种前瞻性的思维方式加深了宝洁公司对消费者的了解，让宝洁公司能够预测消费者的需求并相应对产品作出改进，以美化其生活。1946 年，宝洁公司推出了汰渍这一"洗衣奇迹"。由于使用比当时市场上任何产品都要优越的新配方，汰渍让洗衣变得更简单、更省时。消费者的广泛使用令汰渍在 1949 年成为全国洗涤产品的"领头羊"。1961 年，宝洁公司针对婴儿尿布由来已久的问题，为减少渗漏和宝宝红疹推出帮宝适纸尿裤，即第一款价格经济、成功应用的一次性尿布，让全球越来越多的宝宝体验帮宝适比其他纸尿裤品牌更为优越的干爽和舒适。1985 年，宝洁公司收购了制造潘婷、玉兰油以及 Vicks 心肺疾病保健产品的 Richardson-Vicks 公司。这一举措显著增强了宝洁公司在全球更多地区美化更多消费者日常生活能力。2006 年，为关注全球的安全饮用水问题，宝洁公司创建了"儿童安全饮用水"项目，使用宝洁公司独有的 PUR 净水剂。

资料来源：宝洁公司. 宝洁历史[EB/OL]. http://www.pg.com.cn/pg-history/；林康.跨国公司经营与管理[M]. 北京：对外经济贸易大学出版社. 2009：322-323.

8.7.3 思考

思考一：宝洁公司赢得全球市场的精髓是什么？

思考二：宝洁公司实行 360 度全方位创新的原因是什么？

本 章 小 结

垄断优势理论是产业组织理论在跨国公司和对外直接投资领域应用研究的结果，是跨国公司凭借其特定优势从事对外直接投资的一种跨国公司理论。该理论最初由海默提出，后经金德伯格完善。海默从批评传统国际资本流动理论出发，认为两种投资方式的投资目的不同、运动形式不同、理论基础不同。跨国公司对外直接投资时，必须利用市场不完全性依靠自己的垄断优势来弥补其相较于东道国竞争性企业的劣势及新增成本，以获得高额利润。市场不完全性包括产品市场的不完全性、生产要素市场的不完全性、规模经济引致的不完全性、政府干预引致的不完全性。垄断优势包括技术优势、管理优势、资金优势、信息优势、规模经济优势、全球网络优势。当垄断优势能够使得跨国公司进行 FDI 的额外收益超过进入东道国市场而增加的额外成本时，跨国公司才开始进行FDI。

产品生命周期理论是维农提出的，他运用动态研究方法，将国际贸易和国际投资相结合，解释美国企业第二次世界大战后对外直接投资的动机、时机和区位选择。他认为产品生命周期是产品市场运动的普遍现象，包括创新、成熟和标准化三个阶段。在整个产品生命周期运动中，企业之所以选择对外直接投资而非产品出口或者技术专利转让等方式，是因为企业需要同时考虑生产条件和竞争条件。在创新阶段，产品生产一般都集中在创新国国内，此时企业并不特别关注生产成本、配销成本等。在成熟阶段，产品和技术逐渐标准化，价格因素在竞争中的作用不断上升，企业开始考虑在国外进行生产。在标准化阶段，产品和技术都已经完全标准化，价格和成本成为企业之间竞争的基础，企业选择对东道国对外直接投资是必然结果。之后，维农引入国际寡占行为解释跨国公司的投资行为，并将产品生命周期划分为基于创新的寡占、成熟的寡占和衰老的寡占三个阶段。

内部化理论是一种解释对外直接投资的动机及决定因素的理论，是当代西方较为流行、较有影响的一般理论。巴克利、卡森、拉格曼等学者为该理论的提出与发展作出了贡献。认为市场不完全性是内部化理论的关键性假设，并特别强调了包括知识在内的中间产品市场的不完全性。跨国公司实行市场内部化的动机和企业产品的性质及市场结构有关，其中知识产品的特殊性质、知识产品的市场结构及在现代企业经营中的重要地位决定了知识产品市场内部化的动机最强。知识产品及其市场结构有其自身特点。跨国公司实现市场内部化的目的是获得内部化本身的收益。内部化收益源于消除市场不完全性而带来的经济收益，包括协调性收益、差别性收益、稳定性收益、垄断性收益、避免干预性收益。与此同时，跨国公司也要承担内部交易成本，包括资源成本、通信成本、国家风险成本、管理成本等。当内部化的边际收益等于其边际成本，跨国公司则进行内部化。

国际生产折中理论是由邓宁有机结合厂商理论、区位理论以及产业组织理论等相关理论内容，对跨国公司的行为动机和条件进行了系统研究之后提出的。该理论是跨国公司对外直接投资的集大成者。它是以一定的理论背景和现实条件为基础产生的。其核心是以三种优势为前提的，即所有权优势、内部化优势和区位优势。企业要成为跨国公司，应该同时具有这三种优势，缺一不可，即对外直接投资＝所有权优势＋内部化优势＋区位优势；否则，就只能以其他方式进行国际经营活动。

小岛清比较优势理论是由日本学者小岛清提出的。他认为日本与美国两国的对外直接投资存在明显差异，这就决定了原有的对外直接投资理论只适用于美国的对外直接投资，不适用于日本的情况。小岛清认为，对外直接投资应该从本国已经处于或即将处于比较劣势的产业（边际产业）开始按顺序依次进行。边际产业不仅包括渐趋比较劣势的劳动密集型部门，还包括一些行业中的装配或生产特定部件的劳动密集型的生产部门。

对外直接投资理论不断推陈出新,形成了许多学说,但主要集中于两个方面:①基于原有经典理论,寻求新发展,最具典型的就是对于垄断优势理论的发展。②另辟蹊径,从新的角度提出新的理论模型。对于前者,学者们从不同角度对垄断优势理论进行了补充、完善与发展,如约翰逊的知识资产论、凯夫斯的产品差异论、阿利伯的"货币差异论"、尼克博克的"寡占反应论"等。对于后者,主要包括经理扩张动机论和波特的对外直接投资竞争优势理论。经理扩张动机论尝试从企业经营者的行为角度解释企业对外直接投资的原因。波特理论研究的核心问题是国际竞争环境与跨国公司竞争战略和组织结构之间的动态调整及相互适应的过程。

宝洁公司的跨国之道是值得用跨国公司对外直接投资经典理论解释的案例之一。

思 考 题

1. 邓宁理论中所提三优势的内涵是什么?
2. 产品生命周期理论三个阶段的主要特点是什么?
3. 垄断优势理论是如何阐述市场不完全性和跨国公司垄断优势的?
4. 内部化的收益与成本是什么?
5. 小岛清认为日美两国跨国公司对外直接投资的差异是什么?
6. 简述对外直接投资理论的新发展。

即 测 即 练

第 9 章

跨国公司对外直接投资与经济发展

【学习要点】

1. 跨国公司对外直接投资对世界经济、东道国经济以及母国经济均产生影响，主要集中于国际贸易、技术创新、产业结构升级、就业等方面。
2. 东道国发展程度不同，对于外商直接投资的态度不同。
3. 跨国公司对外直接投资对母国的影响越来越受到母国各界的关注。

【学习目标】

1. 掌握跨国公司对外直接投资对母国经济的影响，包括出口贸易、技术创新、产业升级、投资以及就业等方面。
2. 熟悉跨国公司对外直接投资对东道国经济的影响，并能对现实作出相应的解释。
3. 了解跨国公司对外直接投资对世界经济的影响。

丰田汽车的全球生产体系

日本丰田汽车公司（简称"丰田汽车"）在 2020 年《财富》世界 500 强排行榜中，位居第 10，营业收入 2 752.88 亿美元，利润 190.96 亿美元。丰田汽车拥有 50 个海外生产基地，分布在北美洲、拉丁美洲、欧洲、非洲、亚洲、大洋洲等各大洲及中东等地共计 28 个国家和地区。遍布海外的生产基地，一方面，为丰田汽车在全球范围内实施生产提供条件，各个分支机构不仅向丰田汽车全球生产体系中的整车及总成件装配厂出口，还向丰田汽车的总部所在地日本供应大量的零配件。比如，2019 年丰田汽车全球产量共计 9 053 517 辆，其中海外 5 637 653 辆，约占总产量的 62.3%；日本国内生产 3 415 864 辆，约占 37.7%。另一方面，丰田汽车向全球超过 160 个国家和地区的客户销售整车。2019 年丰田汽车销售 9 714 253 辆，其中海外销售 8 104 084 辆，约占 83.4%；日本国内 1 610 169 辆，约占 16.6%。①

---

① 丰田汽车产量、销售量来源于官网。但是占比由笔者根据相关数据计算而得。TOYOTA. Sales, Production, and Export Results[EB/OL]. https://global.toyota/en/company/profile/production-sales-figures/.

丰田汽车的全球化生产体系，使其与世界各个方面发生广泛的、多层次的、多维度的联系：①与政府之间发生联系，包括与母国各级政府之间的联系，以获得投资保护、利益支持；与东道国各级政府之间的联系，以寻求政策倾斜、社会经济利益、经营保护等。②母公司与基地所在国家和母国所在子公司的联系，以获得资源支持、协调效益、协同效应等额外的经济利益。③母公司与海外子公司的联系，主要涉及母、子公司的利益分配、资源分配、长短期利益的协调、经营配合、资源转移等各种关系。④与其他企业之间的关系，如与竞争性跨国公司之间的竞争关系、合作关系、联盟关系等；与上游企业之间的市场与准市场交易关系；与市场关联企业之间的经营利益关系；与下游客户企业和消费者之间的市场关系、公共关系、分配关系、销售网络关系等。⑤与各类国际政治、社会、经济组织之间的关系，包括国际法律关系、国际经济制度与次序方面的关系。⑥与社会公众之间的关系，企业行为、雇员行为都会在社会经济生活乃至政治生活等各方面与社会发生错综复杂的联系。

正是由于存在如此复杂的关系，丰田汽车在国际化过程中才有可能对世界经济、东道国经济以及母国经济产生影响。

资料来源：http://www.toyota-global.com/；张纪康，跨国公司与直接投资[M]．上海：复旦大学出版社，2004：26-27．

9.1 对外直接投资对世界经济的影响

第二次世界大战后，对外直接投资得到长足发展，20 世纪 80 年代之后，对外直接投资更是增长迅猛，流量与存量双双激增，成为当代最重要的国际经济现象之一；与此同时，对外直接投资对世界经济的影响受到越来越广泛的关注。

9.1.1 对国际贸易的影响

跨国公司在世界范围内对外扩张，对国际贸易产生影响，主要包括来自跨国公司体系之内的影响和来自跨国公司体系之外的影响。

1. 来自跨国公司体系之内的影响

跨国公司在海外增加直接投资，需要新建、扩张子公司，生产需要的机器设备、原材料、中间产品等可以由母国进口，也可以由第三国进口；子公司生产的产品既可以在东道国销售，也可以销往第三国，甚至母国。无论是母公司出口生产设备、原材料、中间产品到子公司，还是子公司出口产品到第三国、母国，都会促进国际贸易的发展。

需要强调的是，跨国公司的生产网络已经不再局限于一两个国家，而是遍布全球许多国家。通常情况下，跨国公司将整个产品的生产"化整为零"，将产品分解为若干个零部件,待加工生产完成后,再将各个零部件运往某一个国家或地区的子公司进行组装。这种围绕跨国公司整个体系完成跨国界的来来往往的运输即形成国际贸易,也促进了国际贸易流量的发生与增长。例如,美国杜邦化学公司在欧洲的 12 家子公司分设在 11 个国家,在英国主要经营塑料,在比利时经营油漆,在(联邦)德国经营摄影材料等。这种分散生产、集中装配的经营方式,使美国的国际贸易量大大增加。[①]

2. 来自跨国公司体系之外的影响

跨国公司在生产过程中,还会从其体系之外进口原材料或中间产品;同时,也会出口最终产品到其体系之外。这些都会间接促进国际贸易的增长。

9.1.2 对技术创新的影响

国际竞争愈演愈烈,跨国公司为在激烈竞争中立于不败之地,通常会想方设法维持其技术先进性。不过,跨国公司既可以使新技术也可以使旧技术在国际流动。无论是新技术还是旧技术,都可以通过直接和间接两个渠道促进国际技术交流,助推技术进步与创新。

1. 直接影响

对于新技术来讲,跨国公司通过对外直接投资直接传播先进技术。跨国公司不断对外扩张,通过直接投资在海外建立、扩建子公司,使得子公司遍及世界各地,有利于新技术在子公司之间、母公司与子公司之间、子公司与母公司之间进行转移,从而完成先进技术在国际间的流动,促进技术进步与创新。

除去新技术之外,跨国公司还会出口旧技术到相对落后的发展中国家,促进相对落后发展中国家的技术进步。如果跨国公司为满足本地消费者需求而改进产品,那么又助推了落后发展中国家的技术创新。

2. 间接影响

跨国公司可以通过出口最终产品,以及研发人员在本体系内流动间接促进国际技术交流,间接助推技术创新:①通过增加研发投入,或者在某个东道国直接投资建立研发中心,并将先进技术用于新产品更新、开发,提高原产品质量,之后出口产品到其他国家,由此间接实现先进技术的国际交流。②研发人员是科技创新的主体,他们可以在跨国公司体系内进行流动,或者从母公司流动到子公司,或者从子公司流动到母公司,或者从一个子公司流动到另外一个子公司,通过体系内的流动而间接促进国际技术交流和技术创新。

---

① 陶继侃,王继祖,姜春明,等. 世界经济概论[M]. 2 版. 天津:天津人民出版社,1995:186-187.

9.1.3 对国际市场结构的影响

跨国公司的发展使生产进一步国际化。生产国际化表现为跨国公司在进行国际经营决策时，将世界各个国家或地区作为一个整体进行考虑，采购、生产、销售和服务面向整个国际市场，从而在一定程度上实现资源优化配置。跨国公司会选择将某一个产品的生产过程分散到海外不同国家或地区的分公司、子公司完成，形成跨越不同国家或地区的国际生产网络。①随着国际生产网络的扩大，对外直接投资也会随之增长。例如，笔记本电脑、手机、汽车等行业的跨国公司都是在全球范围内进行对外直接投资，利用全球资源，节约成本，提高生产率，实现利润最大化。

跨国公司在全球重新配置资源，产业链从低端到高端分布于不同的国家或地区，从而形成全球产业链，也使得不同国家或地区形成不同的产业集聚和市场结构。然而，相关国家或地区资源会不断发生变化，导致全球产业链发生变化，引发产业集聚变化，从而加剧国际市场结构发生变化。

9.1.4 对国际金融市场的影响

跨国公司对外直接投资增长，加剧国际资本在国际的流动。例如，母公司向海外子公司提供资金；海外子公司汇回利润；母公司与子公司之间以及子公司之间的商品、劳务、技术等，经常会引起大量资金转移。出于整体利益的权衡，跨国公司会通盘考虑，也会采用相应手段和方法。这会加剧所在国和相关国家货币金融市场的动荡。

跨国公司引起动荡的原因在于：①跨国公司经营活动引起的巨额国际资本频繁流动将加剧国际金融市场的动荡。跨国公司拥有用各种货币表示的现金和流动性很大的资产，它们是国际金融投机的主要资金来源，不仅数量巨大，而且在各主要国家之间频繁进出，各国政府难以做到有效监管，特别是在网络化高度发达的今天。因为各国金融市场紧密相关，一旦一国金融市场出现扰动，哪怕是最微小的扰动，也会出现蝴蝶效应而导致全球金融市场的动荡。另外，跨国公司融资等许多业务离不开跨国银行，而银行资本和产业资本更是进一步融合，二者彼此相互联系、相互渗透、相互竞争，一旦出现扰动，跨国银行就会推波助澜。②跨国公司使用各种手段扰乱国际金融市场。例如，在金融市场之间套利套汇、买卖证券，利用各国汇率差异转移资金，利用转移价格转移利润等，都会引起东道国以及相关国家金融市场的动荡。②

延伸阅读：跨国公司与全球治理

---

① 滕维藻，陈荫枋. 跨国公司概论[M]. 北京：人民出版社，1991：50-51.
② 毕红毅. 跨国公司经营理论与实务[M]. 北京：经济科学出版社，2006：54-55；王林生. 跨国经营理论与实务[M]. 北京：对外经济贸易大学出版社，2002：189.

9.2 对外直接投资对东道国经济的影响

东道国分为发达经济体和发展中经济体。发达经济体自身发展水平高,企业国际竞争力相对较强,市场容量相对较大,资本相对丰裕,对于资本流入一般持中性态度。发展中经济体则是患得患失,既渴望外商直接投资能够在短期内助其经济快速发展,又担心外商直接投资为其经济发展带来诸多的负面影响。由此可见,跨国公司对外直接投资对于发展中经济体的影响要大于发达经济体。

9.2.1 对出口贸易的影响[①]

跨国公司对外直接投资对东道国进出口贸易的积极效应可以划分为直接影响和间接影响。东道国更关心是否促进出口贸易发生,故此处更多讨论对出口贸易的影响。

1. 直接影响

直接影响表现为外资企业直接出口产品对东道国对外贸易的贡献,主要来源于四种途径:①当地原材料加工出口。一般来讲,跨国公司都具有优于东道国企业的加工技术、营销网络和营销策略。跨国公司投资于一些自然资源丰富的发展中东道国,可以使用其先进的加工技术将原材料加工,再利用其覆盖全球的营销网络,以及高超的营销策略将加工产品出口。②进口替代型转变为出口加工型产品出口。东道国引资初期,出于追求利润的目的,跨国公司会投资于进口替代型部门。随着东道国经济发展,进口替代型部门逐渐转变为出口加工型部门,从而扩大了东道国对外出口。③新的劳动密集型产品出口。发展中东道国劳动力丰裕且成本低廉,但加工技术、营销网络、营销技巧、产品设计包装以及售后服务等与跨国公司相比都存在一定的差距,进而阻碍了东道国当地企业劳动密集型产品出口。为弥补此差距,东道国会选择吸引跨国公司,或与其一起建立合资企业,或允许其设立分支机构,并利用跨国公司特有优势,跃过国际市场的进入障碍,扩大出口规模,实现东道国与跨国公司的"正和"博弈。④垂直一体化国际生产中劳动密集型产品和零部件的出口。在垂直一体化国际生产中,跨国公司从事的国际贸易主要表现为内部贸易。尽管内部贸易有别于一般国际贸易,但是内部贸易将产生一定的外部效应,则有助于东道国对外贸易的发展。

2. 间接影响

间接影响表现为外资企业进入东道国后,促进当地企业增加出口的贡献。它主要体现在以下四方面:①跨国公司进入之后,东道国市场竞争加剧,迫使东道国企业努

[①] 李东阳. 国际直接投资与经济发展[M]. 北京:经济科学出版社,2002:181-183.

力扩大出口，抢占国际市场。②外资企业当地采购等增加了东道国当地企业与国际市场的联系。③通过出口，东道国当地企业与贸易公司建立联系，有助于了解国外消费者的消费偏好，进一步增强彼此之间的联系。④跨国公司在东道国培训从事出口贸易的当地专业雇员，一方面可以提高当地员工的专业素养，另一方面"跳槽"雇员可以将其技能以及国外客户联系扩散到当地企业。

9.2.2　对技术进步的影响

现代经济增长理论认为，影响一个国家经济发展的要素不仅仅是劳动和资本等生产要素，更重要的是技术要素。作为技术创新、技术转让、技术扩散和技术外溢的主体之一，跨国公司对外直接投资已经成为东道国技术进步的重要途径。跨国公司通过直接效应和间接效应两种渠道影响东道国技术进步。

1. 直接效应

跨国公司在海外设立分支机构，通过内部贸易直接转让先进技术到东道国；或者在东道国建立合资企业，通过一般国际贸易直接转让先进技术到东道国，从而直接影响东道国技术进步。对于东道国来讲，与跨国公司一起建立合资企业，更有利于促进其技术进步。对于跨国公司来讲，在母公司与海外分支机构之间转让先进技术，能更有效地抑制先进技术扩散和技术外溢。但是，不管怎样，东道国企业都会或多或少获得一些技术信息，以此为基础进行技术模仿、技术研发，可以在一定程度上增强其技术创新能力，掌握技术设计、技术创新、技术管理所需要的知识，有助于东道国技术进步。

2. 间接效应

通过海外分支机构的技术扩散和技术外溢等效应，跨国公司对外直接投资间接影响东道国技术进步。它主要表现在以下几方面：①东道国的分支机构与东道国企业之间的前向或后向关联。跨国公司进入东道国，往往与东道国企业形成前向关联或后向关联，如果东道国企业可以从中获得更多利益，而不用支付更多费用，那么技术外溢效应就出现了。②培训东道国雇员。本土化是跨国公司发展的趋势之一。雇用东道国当地人员则是本土化的表现之一。为此，跨国公司往往对东道国雇员进行培训，如现场传授、举办讲座、派往总部培训、基地培训等，之后，他们在跨国公司分支机构工作。随着在跨国公司分支机构任职时间的增加，他们会不断积累各种技能，当他们选择"跳槽"或者创业时，自然就会出现技术外溢效应。③示范与竞争效应。跨国公司进入东道国，在为东道国企业提供示范的同时，也增加了东道国企业的竞争压力。出于生存与发展的需要，东道国企业通过模仿或创新等方式赶超跨国公司先进技术，进而促进东道国技术进步。

9.2.3　对产业结构的影响

跨国公司对外直接投资对于东道国产业结构的影响主要表现在五个方面：①通过资本、技术等生产要素的流入，改变东道国的投资结构，从而直接改变东道国的产业结构。这是跨国公司对外直接投资对于东道国产业结构最直接的影响。②通过跨国公司的资本流入而带来的经济增长效应使得东道国居民的收入水平不断提高，改变东道国的消费结构，从而间接地促进了东道国的产业结构优化。③跨国公司对于当地企业的示范带动效应，在一定程度上也可以改变东道国投资结构。④跨国公司生产的产品对东道国居民消费有一定的引导作用，也会在一定程度促进东道国产业结构优化。⑤跨国公司管理人员的消费习惯、文化观念等对东道国雇员会有一定的示范效应，也会在一定程度上促进东道国产业结构优化。

需要强调的是：①只有当东道国当地生产要素与跨国公司带来的外来生产要素实现有效融合时，才能使得外商直接投资对东道国产业结构优化产生最大限度的正效应。①②外商直接投资对东道国产业结构产生的是正效应还是负效应，不是单纯由一个因素决定的，而是取决于诸多因素的共同作用。

9.2.4　对资本形成的影响

跨国公司对东道国进行直接投资，在形成直接效应的同时，还会诱发产业前向关联效应和后向关联效应，以及示范带动等间接效应。

1. 直接影响

跨国公司对外直接投资流入东道国，可以增加东道国用于投资的储蓄，弥补储蓄缺口，流入的资金直接形成生产能力，对促进东道国资本形成以及国民经济增长有直接推动作用。如果直接投资集中于少数几个对于东道国经济增长特别重要的产业，那么实际的直接影响要高于表面数据表示的直接影响。如果流入的是外汇资金，恰好东道国又是外汇短缺，那么还可以弥补外汇缺口。

跨国公司在海外的分支机构可以利润汇回，也可以利润再投资。利润汇回可能会对东道国产生负效应，但一般情况下会小于外商直接投资流入时产生的正效应。利润再投资对东道国的资本形成产生双重效应：①虽然没有直接带来即时的资本流入，但却在一定程度上减弱或消除了资本流出的负效应。②收益的最终流出具有一种扩大的倍数效应，使得外国跨国公司仅以较少的原始资本而获得较大的所有权和收益流量，对东道国未来的资本形成产生负效应。一般来说，如果跨国公司在东道国的分支机构

---

① UNCTAD. 世界投资报告（2018）[EB/OL]. http://www.unctad.org：165-168.

在母国金融市场和国际金融市场筹措资金,会对东道国的资本形成产生正效应。①

2. 间接影响

跨国公司直接投资于东道国,对东道国资本形成起到间接影响,主要表现为外商直接投资通过带动产业前向关联性投资和后向关联性投资,产生示范带动效应。

产业前向关联性投资主要来自投资于东道国的外国跨国公司的中间产品供应商、原料供应商等;产业后向关联性投资则来自其产品的经销商和售后服务商等。前向和后向关联性投资可以来自海外,也可以来自东道国内。如果是来自海外,那么就可以吸引更多的外国跨国公司投资于该东道国,进一步促进东道国资本形成;如果是来自东道国内,则有利于东道国融入全球产业链之中,参加全球竞争。如果是大型跨国公司,那么产业前向和后向关联性投资会更明显一些。

示范带动效应指的是当跨国公司投资于东道国某个行业之后,会加剧该行业的竞争,迫使当地企业更新技术,提高生产效率,促使原先缺乏竞争甚至资金的小规模、分散、低效率的生产逐渐向大规模、集中、高效率的生产转化。此为示范带动正效应。如果该行业属于资本密集型行业,且当地企业追随跨国公司转向该行业时,有可能会造成东道国资本更加紧张,使得示范带动负效应出现。

9.2.5 对就业的影响

增加就业可能是世界各国吸引跨国公司直接投资的直接目的之一。跨国公司在东道国的经营活动既可以直接创造就业,也可以间接创造就业,还可以提高就业质量。

1. 直接就业效应

跨国公司在东道国或投资建厂,或设立研发机构,或设立结算中心等,都会直接为东道国创造就业机会。但是创造直接就业机会的数量受到诸多因素的影响:①投资规模。投资规模大小直接影响就业机会的多少。如果跨国公司投资到劳动密集型行业,那么规模越大,就业机会就越多。②进入方式。如果跨国公司以绿地投资的方式进入东道国,且未挤出东道国同行业企业,那么会直接创造就业机会,增加东道国就业数量;如果以跨国并购方式进入东道国,那么可能会保持就业机会不变或减少。③劳动力资源。跨国公司在全球范围内布局生产网络,旨在重新配置全球资源,包括劳动力资源。如果东道国劳动力成本较低,那么跨国公司投资于劳动密集型行业的可能性比较大,创造更多就业机会的可能性也比较大。如果东道国劳动力质量较高,那么跨国公司投资设立功能性部门的可能性比较大,其结果不仅可以创造就业,还可以提高产

---

① UNCTAD. 世界投资报告(2018)[EB/OL]. http://www.unctad.org:158-159.

业结构。④经营战略。如果跨国公司实施本土化战略,雇用更多东道国员工,那么就可以创造更多就业机会。

2. 间接就业效应

跨国公司在东道国进行直接投资,可以形成前向关联和后向关联,因此可以产生间接就业效应。其主要表现为:①关联带动。跨国公司投资于东道国,可以带动前向或后向关联行业的就业机会增加。②税收带动。跨国公司在东道国的子公司向东道国纳税,增加东道国国民收入,促进经济发展,从而间接带动就业。③消费带动。跨国公司外派人员的消费习惯会影响周边相应供应,因而会间接带动就业。

3. 就业质量效应

跨国公司对外直接投资会提高东道国的就业质量,主要表现在以下两方面:①采取激励措施。一般来讲,跨国公司进入东道国,需要规避自身的"外来者劣势",因此会采取诸多措施吸引雇员,如高薪、良好工作环境等,来激励东道国雇员提高生产效率,在竞争中获胜。②培训。通过培训,既可以为跨国公司获得较高素质的雇员,也可以帮助东道国提高就业人员整体素质。

延伸阅读

外来者劣势与优势

外来者劣势(liability of foreignness)概念是由美国学者 Zaheer 于 1995 年提出的,认为由于地域、制度和文化等方面的差异,跨国公司从事跨国经营活动必须承担东道国当地企业无须承担的额外成本,克服当地企业无须面临的经营障碍。

外来者优势(benefits of foreignness)是一个与外来者劣势相对立的概念,指的是外来者身份给外国跨国公司带来的当地企业所不具备的好处或优势。

外来者劣势和外来者优势是跨国公司作为外来者身份而对跨国经营带来的双重影响,具体如表 9-1 所示。

表 9-1 外来者劣势和外来者优势的比较

外来者劣势	外来者优势
Hymer(1976);Zaheer(1995);Eden 和 Miller(2004)	Kostova 和 Zaheer(1999),Insch 和 Miller(2005),Sethi 和 Judge(2009)
因不熟悉环境而造成的信息获取成本;因东道国政府、消费者和企业歧视外国企业而造成的成本;因难以建立外部信任关系和管理内部关系而带来的成本	当地企业失去公众信任;过度保护造成当地企业竞争力低下;东道国消费者青睐外国产品;东道国采取优惠外来投资的政策;范围经济、规模经济和跨国经营知识

资料来源:任兵,郑莹. 外来者劣势研究前沿探析与未来展望[J]. 外国经济与管理,2012,34(2):27-34.

9.3 对外直接投资对母国经济的影响[①]

随着各国开放程度的加大,对外直接投资规模越来越大,母国越来越关心对外直接投资能给自身带来什么好处,怎样才能带来好处。基于此,本书侧重从出口贸易、技术创新、产业升级、投资、就业等方面阐述对外直接投资对母国经济产生的正面影响。

9.3.1 对出口贸易的影响

《世界投资报告(2006)》认为影响跨国公司投资决策的动因是:寻求市场、寻求资源、寻求效率和寻求创新资产,前三者为资产利用战略,最后者是资产扩展战略。[②] 相应地,本书把对外直接投资归为:市场寻求型(market-seeking)、资源寻求型(resource-seeking)、效率寻求型(efficiency-seeking)和创新资产寻求型(created-asset-seeking)。投资动因不同,对地方经济的影响亦不同。一般来讲,对外直接投资会直接或者间接地对出口贸易规模和出口贸易结构产生影响。

1. 市场寻求型对外直接投资对出口贸易的影响

市场寻求型是发展中国家对外直接投资最重要的动因,主要形成于区域内或发展中国家之间。在一系列产业中,如白色商品和个人电脑,许多亚洲跨国公司如中国的海尔公司和联想公司以及土耳其的 Arcelik 公司都是通过对外直接投资成功获取国外市场的,对外直接投资帮助这些公司成长为全球性公司。[③]

我国作为全球最大的发展中国家,市场寻求型当然是我国企业对外直接投资的重要动因。我国对外直接投资行业分布主要集中于贸易依附型服务业和制造业。服务业影响我国对外出口贸易规模。2017年,中国对外投资涵盖国民经济的18个行业大类,其中流向商务服务、制造、批发零售、金融领域的投资超过百亿美元,占比在八成以上;存量规模超过千亿美元的行业有6个,其中服务业占据4席,它们是租赁和商务服务业、批发和零售业、信息传输/软件和信息技术服务业、金融业。[④]这些服务业对外直接投资旨在服务于中国对外贸易特别是出口贸易,因此对外直接投资的增加一定会促进对外贸易特别是对外出口贸易规模的增加。[⑤]

[①] 国家社科基金重大项目"推进双向投资布局的开放体制创新与内外战略协同研究"(15ZDC018)的阶段性成果。
[②] UNCTAD. 世界投资报告(2006)[EB/OL]. http://www.unctad.org.
[③] Nexans. Innovation[EB/OL]. http://www.nexans.cn/eservice/China-zh_CN/navigate_281912/_.html.
[④] 中华人民共和国商务部,中华人民共和国国家统计局,国家外汇管理局. 2017年度中国对外直接投资统计公报[R], 2018.
[⑤] 张春萍. 中国对外直接投资对进出口贸易的影响[J]. 学术交流, 2012(7): 85-88.

制造业既影响我国对外出口贸易规模，也影响对外出口贸易结构。如果出于绕过某种最终产品的贸易壁垒而进行对外直接投资，那么会出现出口替代效应，会减小我国对该最终产品原有国外市场的出口规模；与此同时，在国外建厂将会增加对我国中间产品、资本品以及服务品的需求，会导致我国对外出口贸易结构变化。如果出于抢占海外新市场而在国外新建厂，那么不会出现出口替代效应，出口贸易规模会扩大。

2. 资源寻求型对外直接投资对出口贸易的影响

资源寻求型对外直接投资正在逐渐成为我国对外直接投资的重要领域之一。一些国家的资源寻求型对外直接投资来自国有跨国公司，它们肩负着中央政府的战略目标。一些政府还会鼓励跨国公司为母国获得关键的投入品，如原材料。例如，中国和印度两国的跨国公司正在向资源丰裕的国家进行投资，特别是石油和天然气。[1] 2016 年，受国际大宗商品价格低迷的影响，流向采矿业的投资仅为19.3 亿美元，同比下降82.8%，从而创下 2005 年以来中国企业对该领域投资的新低。但是采矿业投资存量依然居于中国对世界各洲投资存量的前 5 位，截至 2016 年末，采矿业（不含开采辅助活动）存量为 1 451.3 亿美元，占第二产业的 47.1%。[2]资源寻求型对外直接投资既影响对外出口贸易规模，也会影响对外出口结构。资源寻求型对外直接投资的主要目的是寻求自然资源，自然资源进口增加；待进口后，我国国内母公司或其他分支机构用这些自然资源生产制成品再出口，促使制成品出口规模扩大。与此同时，资源寻求型对外直接投资会增加对我国机械设备、总部服务等的需求，扩大对外出口规模，影响对外出口结构。

3. 效率寻求型对外直接投资对出口贸易的影响

效率寻求型对外直接投资是跨国公司为节约生产成本，在全球范围内进行生产和经营布局，从而提高生产效率的对外直接投资。它是相对较先进（因而劳动力成本较高）发展中国家对外直接投资的另一个重要原因。[2]从我国来看，经济发达的沿海地区劳动力成本不断上涨，迫使许多企业将生产基地向生产成本更为低廉的我国中西部地区以及亚洲、非洲、拉丁美洲等发展中国家转移。如果是转移到我国中西部地区不会影响对外出口贸易，如果转移至亚洲、非洲、拉丁美洲等国则同时出现两种情况：①我国国内最终产品生产会下降，国外生产会增加，有可能返销到我国境内，增加我国进口贸易规模；②在国外建立生产基地，需要由国内母公司提供相应的总部服务、技术、机械设备甚至原材料等，从而增加我国的出口规模，并影响出口结构。

就目前来讲，我国"一带一路"倡议下的对外直接投资更多意义上应该属于效率寻求型对外直接投资。

---

[1] Nexans. Innovation[EB/OL]. http://www.nexans.cn/eservice/China-zh_CN/navigate_281912/_.html.
[2] 商务部，国家统计局，国家外汇管理局.2015 年度中国对外直接投资统计公报[R]，2016.

4. 创新资产寻求型对外直接投资对出口贸易的影响

创新资产寻求型对外直接投资的主要目的在于获取高新技术，所以大部分流向发达经济体[①]，如高端制造业、科学研究、技术服务、信息传输、计算机服务和软件业等行业，主要表现形式是建立联合研发中心和国外研发中心等。[②]通过对外投资，更有利于创新资产寻求型跨国公司获得专长和技术以增强其公司自身特有优势，提升其竞争力和绩效，最终提高母国竞争力。目前，我国许多跨国公司都在欧美国家建立了研发基地，如海尔、华为、联想等。一般情况下，此类投资既出口技术，又进口反馈型的技术，因此对我国出口贸易规模和贸易结构，以及进口贸易规模和贸易结构均产生影响。

9.3.2 对技术创新的影响

创新活动是经济增长与发展的关键。研发仅仅是创新的一个来源，但却是重要来源。研发可采取多种形式：基础研究、应用研究、产品和加工开发。基础研究仅限于公共部门，后两种方式则是企业竞争的核心。目前，研发创新正呈现一种国际化趋势，在此趋势中，跨国公司是主角。研发国际化的原因是：①企业竞争激烈，迫使企业不断创新。②研发对快速技术变化反应的更大弹性需求需要大量的各种专业领域的研究专家，且需要把研发活动置于研究者团队便利的地方。③许多发达经济体老龄化可能不足以供给专业化的、最新的技能，迫使跨国公司到国外其他地方寻找技术人才。④通过积累向当地企业与机构的学习过程，参加研发国际化的发展中国家大大增强其自身的研发能力。目前只有由中国和印度做领袖的少数发展中国家以及一些东南欧与独联体（CIS）经济体具有加入其中的条件。[③]

联合国贸易和发展会议认为，研发国际化可以帮助一个国家的跨国公司通过接近战略性资产和新技术、以竞争性价格获得独特知识、增强研发专业化、降低成本、增加弹性和扩大其市场份额而增强其竞争力。跨国公司竞争力增加必定为其母国经济带来正效应。[④]其中一个重要方面就是跨国公司利用对外投资提升母公司技术创新能力，提升路径主要包括：研发要素的吸纳机制、研发成果的逆向转移机制、研发人员的培养机制。

1. 研发要素的吸纳机制

海外子公司通过吸纳东道国的研发要素（资金、人才、技术等战略资源）而获得最新的技术，把握技术的动态发展。资金是跨国公司研发能否成功的重要资源，跨国

---

① Nexans. Innovation[EB/OL]. http://www.nexans.cn/eservice/China-zh_CN/navigate_281912/_.html.
② 张纪康. 跨国公司与直接投资[M]. 上海：复旦大学出版社，2004：7.
③ UNCTAD. 世界投资报告（2005）[EB/OL]. http://www.unctad.org.
④ 林康. 跨国公司经营与管理[M]. 北京：对外经济贸易大学出版社，2009.

公司为将更多资金运用到核心技术研发上保持其核心技术垄断优势，往往与东道国政府和企业分摊非核心技术研发费用，此情形在研发资源导向型的跨国公司中尤为盛行。人才是跨国公司技术创新的决定因素。而在研发国际化扩张的一系列新动因中，研发人力成本及其可获得性正在变得越来越重要。不断上升的研发成本，与削减成本以及将产品快速投放市场的压力，正在迫使跨国公司寻求多种方法以达到更快速研究、剥离非核心工作以及选址研发到低成本且更丰裕科学人力的国家。如果跨国公司，特别是以科研为主的公司，在母国不能找到足够多的科研人员的话，这种情况就更甚。①由上可知，科研人才决定着跨国公司技术创新的成败，甚至是一个跨国公司的生存。技术是跨国公司能否在激烈竞争中取胜的关键因素。

2. 研发成果的逆向转移机制

海外子公司利用东道国的技术资源优势，对新产品进行研发活动，并将研发成果通过逆向转移使母公司获取更加先进的海外技术。最直接的表现是跨国公司在海外选址设立研发中心，以期扩大母公司的技术资产。这是许多电子信息技术公司在美国硅谷建立研发机构、医药研发单位集聚于波士顿的原因。英国著名国际投资专家邓宁（1990）对世界大型跨国公司申请专利数进行了研究，研究结果表明：一是海外子公司所占专利数所占整个跨国公司系统的比率，从 1969—1972 年的 9.8% 上升到 1983—1986 年的 10.6%；二是海外子公司研发的新技术能够更好地反映东道国的要素禀赋优势和消费者偏好，扩大跨国公司的产品竞争优势。②总之，海外子公司的研发不仅利于自身技术更新，而且还利于母公司及其他子公司的技术更新，即对母公司和其他子公司有技术溢出效应。

3. 研发人员的培养机制

海外子公司可以通过与东道国高技术研发人才合作、在东道国科研机构学习等途径培养自己的研发人员，这些研发人员在跨国公司内部的流动可以提高母公司的技术创新能力。

通过上述三条路径的融合，母公司可以获得海外研发溢出并对此进行消化、吸收以转化为自身的技术创新能力，进一步通过示范效应扩散到本地区及全国，带动母国的技术创新能力提升。虽然 ODI（境外直接投资）能够为母国提供获得东道国技术溢出的机会和渠道，但技术溢出和扩散效果受接受方技术吸收能力影响③，并与双方技术差距大小密切相关；而且直接投资的流向不同，带动技术创新的机理也不同。对于发

---

① 林康. 跨国公司经营和管理[M]. 北京：对外经济贸易大学出版社，2009：159.
② 古广东. 对外直接投资与母国经济利益：理论分析与实证研究[M]. 北京：中国社会科学出版社，2013：54.
③ 陈菲琼，钟芳芳，陈珧. 中国对外直接投资与技术创新研究[J]. 浙江大学学报（人文社会科学版），2013（4）：170-181.

达经济体的投资,更多是从技术转移和逆向技术溢出提高创新效率的角度促进母国技术进步;对于发展中经济体的投资,主要是以影响创新投入来影响母国技术进步和创新能力。

9.3.3 对产业升级的影响

对外直接投资促进母国产业升级的观点源于三位日本学者的研究,即赤松的"雁行模式"理论、小岛清的"边际产业扩张"理论和小泽辉智的"增长阶段模型"理论。"雁行模式"理论创立于20世纪30年代,主要研究的是对外直接投资和产业结构关系理论,该理论认为一个国家某一产业的发展大致要经过进口、本地生产、开始出口和出口增长几个阶段,该模式最早出现于生产低附加值的消费品产业中,之后出现于生产资料行业,最后出现于整个制造业。"边际产业扩张"理论在考察20世纪50—70年代日本对外直接投资现象的基础上,把国际贸易中的比较优势理论运用到国际直接投资上,认为对外直接投资应该按照"边际产业"的顺序进行,既可以实现产业的国际转移,又可以促进国际贸易发展。"增长阶段模型"理论则是以"边际产业扩张论"为基础发展起来的,把对外直接投资对经济增长和经济发展的作用结合在一起,用经济一体化理论解释发展中国家在经济发展到一定时期后,如何进行对外直接投资从而促进产业转型和经济发展。

一般来讲,一国通过对外直接投资促进其产业结构调整,往往有以下几种机制:边际产业转移机制、逆向传导互动机制和产业关联成长机制。

1. 边际产业转移机制

边际产业即在一国处于比较劣势的产业,也称"夕阳产业"。一国边际产业在国际区域间进行转移,在一定程度上利于该国新兴产业的发展,主要源自以下三个方面:①企业通过对外直接投资将边际产业转移到国外,获得比国内更为低廉的生产要素、更为广阔的发展空间,以及更为丰厚的利润。企业可以将利润汇回,从而增加国内财富。企业利用此部分增加的财富或者投资新兴产业或者改造升级边际产业。②边际产业转移到国外,可以释放该产业在国内的沉淀生产要素以支持新兴产业的发展,如由传统制造业释放出来的劳动力可以向电子商务等服务业转移等。③国内未转移/留存的边际产业,一方面沉淀成本降低,负担减小;另一方面获得国外利润汇回后,投资资金增加,或者改造升级原有产业或者投资发展新兴产业,产业存量得到有效调整。

2. 逆向传导互动机制

逆向传导互动机制意指东道国与母国在技术上互相影响、互相作用的一种现象。在以开放经济为主题的世界经济发展到今天,技术的重要性不仅表现在使各国经济中技术密度和生产要素质量得到提高,以及技术进步成为经济增长、结构升级的关键性因素；而且还体现在技术的跨国转移在沟通和连接各国经济，包括产业促进国际区域间产业结构的互动演进，从而推动全球化进程中起着越来越重要的作用。[①]

一国企业可以通过在海外建立子公司或者研发机构，在空间上接近东道国企业的领先技术，也可以通过跨国并购占有被并购海外企业的核心技术。但不管哪种方式，投资于海外的子公司都能够引进东道国的某项先进技术，经过消化吸收再反馈回母国。之后，可能会出现两种情形：①母国企业进行技术创新之后再反馈回东道国，如此反复，母国与东道国两国企业之间形成吸收—反馈—再吸收—再反馈的不断上升的螺旋形技术创新，带动两国相关产业共同成长。②母国企业利用反馈回的东道国领先技术进行规模型生产、规模型出口，将挤占东道国企业原有的国际市场和东道国市场，东道国企业被迫退出原有技术市场，并转向新技术开发，从而带动技术的结构性调整，进而优化产业结构。

3. 产业关联成长机制

按照美国经济学家 Hirschman 在《经济发展战略》中提出的观点，产业关联可被区分为前向关联和后向关联。前向关联和后向关联会产生不同关联效应，以不同方式促进关联产业成长。

前向关联是指某一产业存在对生产投入品的需求而与其他产业发生的产业链下游到上游的关系。当该下游产业进行对外直接投资之后，将从以下三个方面从量与质两个角度促进关联产业成长：①该产业规模扩大，必定增加对其上游关联产业产品的需求。需求增加会导致上游产业扩大产业规模以增加产出量、开发新技术以提高劳动生产率。②该产业面临更为激烈的国际市场竞争，为维持和扩大市场份额，需要提升产品国际市场竞争力，必定会提高对投入品的质量要求，迫使上游产业通过加强管理、严控产品质量、鼓励技术创新等来满足该产业需求。③处于上游产业的企业为争夺新市场，产业内竞争加剧，必定会采取各类革新以求得产业内竞争优势。其结果会导致整个产业规模增加、产品质量增加、管理水平和技术水平提高，整个产业竞争力增强。

后向关联是指某一产业的产出品作为供给与其他产业之间发生的产业链上游到下游的关系。当该上游产业进行对外直接投资之后，将从以下两个方面带动整个产业链的成长：①该上游产业可以带动整个产业链的生产规模增加和技术创新。一般来说，上游产业属于原材料或者中间产品等劳动密集型产业。当母国经济发展到一定程度时，劳动力、原材料或者中间产品供给紧张、成本上涨，为保障供给和有效控制成本，上游产业会选择对外直接投资。投资后，原材料或者中间产品的生产规模和供给规模均增加，由此带动下游产业生产规模增加，并引致处于下游产业的企业间竞争加剧，促

[①] 古广东. 对外直接投资与母国经济利益：理论分析与实证研究[M]. 北京：中国社会科学出版社，2013：47-48.

使下游产业进行技术创新,增加自身竞争力,从而带动整个产业链整体升级。②该上游产业自身技术创新带动整个产业链升级。该上游产业对外直接投资,会释放出国内有限的生产要素,促使国内资源重新配置,也有机会将释放出来的生产要素投放至高附加值产品的研发与生产,促进产品更新换代;同时,对外直接投资后,该上游产业面临更为激烈的市场竞争,为争夺和保持国际市场份额,也会进行技术创新,增强自身竞争力,从而带动产业升级。

9.3.4 对投资的影响

"价值链扩张型"对外直接投资可以通过广告宣传、文化融合、资本融合等多个平台形成"投资溢出",以利于母国吸引投资。

1. 广告宣传平台

跨国公司对外直接投资自然形成一定的广告宣传效应,发挥一定的广告宣传作用,利于母国吸引投资:①广告宣传效应会向东道国传播母国企业的管理理念、引导东道国消费者的消费理念,有利于母国跨国公司进一步向全球扩张,甚至加快其扩张速度。一方面可以增加利润汇回,增加母国财富;另一方面还可以吸引同行业企业出于防御或者学习的目的逆向投资于母国,从而增加母国的投资资金。最著名的案例就是麦当劳和肯德基在全球的扩张。对于我国来讲,对外直接投资虽然起步较晚,但是近几年来发展迅速,令世人瞩目,也因此发挥着很好的广告宣传作用。②"走出去"企业自然成为母国投资环境的代言人,通过与东道国企业家、政府等各界的交流与沟通向外传输相关政策环境、人文环境、法律环境、政治环境、社会环境等,为东道国各界搭建了一个了解母国的桥梁,缩短东道国与母国之间的心理距离,既有利于与东道国企业合作,也有利于吸引东道国企业投资于母国。我国企业对外直接投资起着国家代言人的作用。③"走出去"企业贯彻落实国家战略,如"一带一路"倡议等。我国企业对外直接投资的同时,还可以兼具其他功能:一方面可以增强与相关国家的友好关系,另一方面则可以增强我国在国际事务中的话语权。这些功能均有利于吸引外商直接投资。

2. 文化融合平台

文化因素是影响对外直接投资的主要因素之一,对对外直接投资起着正反两方面的作用,既有潜在的制约作用,也有潜在的促进作用。它们共同作用的结果是达到文化融合,而跨国公司则是文化融合平台。由此东道国企业可以了解母国文化、缩短心理距离,从而为吸引资金回流到母国提供了前提。

文化因素的制约作用。跨国公司对东道国知识、管理经验的学习和获取存在一些障碍,使得跨国公司在与东道国企业的竞争中处于不利地位。东道国与母国的文化距离和母国对外直接投资流向之间存在负相关关系,即文化距离越大,投资额越小;反之，则越大。也由此出现了渐近投资理论，该理论认为在企业投资过程中，与投资地的心理距离是至关重要的，一般会选择文化习俗等比较熟悉的地方进行投资，之后再慢慢向不熟悉的地方扩张。

文化因素的促进作用。从一定程度上来讲，文化距离可以看作跨国公司的特有优势，外来企业文化的差异化带来产品的差异化，这种差异可以使外来企业避开与本地企业的竞争并占有一定市场；此外，不同文化的碰撞还可以创造出创新的思维和管理模式等。

无论是制约作用还是促进作用，它们都会与东道国原有文化之间发生文化冲突，在不断冲突中共同影响跨国公司对外直接投资，直到达到一种文化融合。跨国公司则是文化融合平台。一旦文化能够融合，彼此了解，那么就为吸引东道国资金回流到母国提供了前提。

3. 资本融合平台

跨国公司作为大企业，其资金来源基本上和国内企业相同，但由于其经营活动有一部分是在世界范围内进行的，因此在筹措资金的渠道上多于一般企业；而且对拥有不同股权的子公司采取不同的筹资策略。

跨国公司无论是采用内部融资还是采用外部融资，其结果必然是将积累的自有资金与外部多渠道筹集来的资金融为一体，形成一个以跨国公司为平台的整体，共同为跨国公司在全球范围内的经营提供资金支持。资金融合效果的直接体现是跨国公司在国外经营绩效的好坏程度。如果资金整合效果好，那么跨国公司在国外的经营绩效就好；反之，则不然。前者不仅可以起到一种吸引多方外部资金的"马太效应"作用，而且还会利于更多资金方了解母国企业和母国，吸引它们投资于母国；反之，不仅只会导致外部资金撤资，使跨国公司国外经营成为无源之水，而且会大大减小投资于母国的可能性。

9.3.5　对就业的影响

一直以来，对外直接投资对母国就业的影响都是一个富有争议的话题。对外直接投资就业效应因投资动机不同而不同。效率寻求型对外直接投资对母国经济提出许多问题。即便效率寻求型投资可以引致对更多母国高技术人员的需求，但是却限制了低技术人员就业。其他类型的对外直接投资对就业有长期正效应，但要取决于企业动机及其海外投资类型。[①]就业效应包括就业替代效应、就业创造效应等。就业替代效应因为受到多方因素的制约而得到减缓，如对外直接投资的出口倾向仍然较低；从部门结构及其发展趋势看，许多国际直接投资都投资于服务部门，减缓了对母国的就业替代；

---

① Nexans. Innovation[EB/OL]. http://www.nexans.cn/eservice/China-zh_CN/navigate_281912/_.html.

资本追求利润最大化的规律本身决定了对母国就业替代的有限性。事实上,对外直接投资会对投资母国的经济发展和就业产生较大的促进和带动作用。它主要通过投资的开拓和收入的增加来带动市场的扩张,从而引致就业的增加,即市场的"外向嫁接"和"内向增容"。①

1. 市场的"外向嫁接"

按照对外直接投资经典理论之一的内部化理论,跨国公司对外直接投资会扩容一系列的外部市场:①知识性资产将通过内部贸易在跨国公司系统内部进行转移,特别是母公司研发成果向东道国子公司的转移,以及东道国子公司研发成果向母公司的反馈。它们分别带动母国出口与进口增加,从而带动就业规模增加、就业结构调整。②投资初期,无论是新建投资还是跨国并购,都会增加对机械设备、技术人员等的需求,出口增加,带动就业增加。③投资初具规模之后,或者带动处于上下游产业的企业竞相进行追随性投资,从而带动相关产业的产品出口增加;或者带动相同产业的企业进行防御性投资,内部贸易规模扩大,从而带动就业增加。

在"外向嫁接"市场中,必定存在就业替代和就业创造。但是对于不同发展阶段的经济,其最终效果可能是不同的。一些亚洲经济体,如中国香港和新加坡等实证表明,在条件恰当的前提下,对外直接投资在减少非熟练劳动力就业的同时,可以创造额外的熟练技术人员和管理人员的就业。在这些经济体中,就业创造效应要超过就业减少效应。然而,幅度大小取决于该国人力资源容量对其结构变化的适应性。②

2. 市场的"内向增容"

跨国公司通过对外直接投资参加到国际经济活动中,会对母国市场产生以下影响:①在国内可以释放部分生产要素,促使资源重新配置,激活潜在经济活动,扩大国内市场,从而刺激就业增加或者调整就业结构。②会出现外派人员收入汇回,增强了国内购买力,刺激国内需求增加,市场扩大,从而增加就业。③涉外商务活动增加,促使国内服务业(如航空服务业、旅店服务业、餐饮服务业、旅游服务业等)以及各类教育培训业(如语言培训、再就业培训等)的快速发展,从而带动就业规模增加,就业结构优化。④会出现企业利润汇回,国内财富增加,刺激国内投资扩大,从而刺激就业。按照美国和日本自己的数据,其对外直接投资的收益率均在10%以上③,从而会出现大量的利润汇回,不仅可以增加母国财富,而且还会弥补因为对外直接投资而出现的资金外流及其可能产生的就业替代。④

---

① 弗兰克尔. 并购原理——收购、剥离和投资[M]. 曹建海,主译. 大连:东北财经大学出版社,2009:65-67.
② Nexans. Innovation[EB/OL]. http://www.nexans.cn/eservice/China-zh_CN/navigate_281912/_.html.
③ 张纪康. 跨国公司与直接投资[M]. 上海:复旦大学出版社,2004.
④ 弗兰克尔. 并购原理——收购、剥离和投资[M]. 曹建海,主译. 大连:东北财经大学出版社,2009:68.

9.4 案例分析：中联重科国际化的影响

9.4.1 基本案情

中联重科全称为"中联重科股份有限公司"，它创立于 1992 年，主要从事工程机械、农业机械等高新技术装备的研发制造。目前，中联重科拥有的主导产品覆盖 10 大类别、56 个产品系列、600 多个品种。中联重科从 2001 年开始国际化，2012 年 8 月 30 日，商务部、国家统计局、国家外汇管理局发布《2011 年度中国对外直接投资统计公报》，第一次权威发布中国跨国企业 100 强，中联重科、三一重工和华菱集团榜上有名。中联重科已经形成了中联重科网络，对世界经济、东道国经济以及母国均产生不同程度的影响。

9.4.2 案例评析

1. 对世界经济的影响

中联重科在国际化过程中，改变了整个行业的竞争结构，主要体现在影响行业竞争结构和国内外联动等方面。

1）积极参与国际竞争，影响行业竞争结构

中联重科于 2001 年 11 月整体收购英国保路捷公司，正式开始跨国经营。之后几次的跨国并购以及参与行业国际标准制定，不仅奠定了其行业霸主地位，而且对整个行业的竞争结构产生影响。2008 年 9 月 28 日，中联重科联合弘毅投资、高盛、曼达林基金以现金收购方式，完成对意大利 CIFA 股份的全部收购，改变了整个行业的生产竞争结构。先后在东亚、东南亚、欧洲等多个地区建立子公司，则进一步改变行业的生产竞争结构。截至 2020 年 9 月，中联重科网络已覆盖全球 100 余个国家和地区，在"一带一路"沿线均有市场布局。产品远销中东、南美、非洲、东南亚、俄罗斯以及欧美、澳大利亚等高端市场，进而在全球范围之内改变了行业的销售服务竞争结构。通过参与制定行业标准，影响行业竞争结构。公司是国际标准化组织 ISO/TC96 起重机技术委员会秘书处承担单位，流动式起重机、塔式起重机分技术委员会的国内归口单位，代表中国参与国际标准的制修订；制修订国家/行业标准 300 余项，推动行业的技术进步。

2）构建全球生产制造基地，形成国内外联动发展

中联重科生产制造基地分布于全球各地。在国内，中联重科建有中联科技园、中联麓谷工业园、中联望城工业园、中联泉塘工业园、中联灌溪工业园、中联汉寿工业

园、中联德山工业园、中联津市工业园、中联沅江工业园、中联渭南工业园、中联华阴（华山）工业园、中联上海（松江）工业园、中联芜湖工业园、中联开封工业园14个园区。在海外拥有意大利 CIFA 工业园、德国 M-TEC 工业园、德国 WILBERT 工业园、印度工业园、巴西工业园、中白工业园6个工业园；将新建土耳其工厂、沙特工厂。在东亚、东南亚、欧洲等近20个国家建有分子公司，在全球设立50多个常驻机构；以阿联酋、巴西为中心，正逐步建立全球物流网络和零配件供应体系。

中联重科以全球生产制造基地为基础，在国内外逐步形成了中联重科生产、研发、销售、售后服务等配套产业链，促进形成国内外联动发展。路径包括：①国内外分子公司中间产品相互出口、成品机械出口等可以在世界范围内影响进出口贸易规模和结构；②彼此之间相互转让研发成果、形成技术人才相互交流，进而影响世界技术进步、人才培养模式、各国国民素质，以及消费方式等；③工业园内形成以中联重科为核心的产业集聚、产业关联等效应影响各个相关国家的产业结构和市场结构。

2. 对东道国经济的影响

中联重科对外直接投资对东道国，特别是东南亚各国发展亦产生影响，主要表现为通过本土化战略满足东道国市场需求，促进东道国当地就业并改变其市场结构。

1）本土化战略为基础，满足东道国市场需求

中联重科对外扩张过程中，一直倡导"本土化"战略：①在"一带一路"沿线的东南亚市场通过根植性运营，已经牢牢占据东南亚市场。其中，起重机产品在马来西亚市场占有率高达65%，居首位，也是泰国当地人最熟悉的中国品牌；叉车在东南亚成为新"宠儿"；混凝土设备多次批量发往印度尼西亚。②开发适应东道国市场需求的产品，最大限度满足其市场需求。例如，中联重科于2009年与马来西亚团毅力集团针对工程起重机、桩工机械代理签约，之后，双方共同开发了一系列贴合市场需求的产品，开发和提供了有竞争力的购买与租赁方案，以及高效的售后支持和及时的零部件供应。在双方共同努力下，截至2016年底，销售的中联重科移动式起重机、桩工产品已突破300台。团毅力集团认为："闪耀的业绩既巩固了团毅力集团在马来西亚起重机市场的领导者地位，又让中联重科牢牢地占据着马来西亚市场首位，中联重科起重机产品在当地市场占有率高达65%，并创造了中国出口东南亚最大吨位履带吊的纪录——中联重科 QUY650 履带式起重机。这台设备将用于马来西亚 MRT 隧道盾构设备的施工，为马来西亚当地建设出力。"

2）促进东道国就业

中联重科采用多种方式走出国门的同时，也一直倡导"本土化"战略，势必对东道国就业形成直接或者间接带动。一方面中联重科通过在海外建立工业园、分子公司、销售机构、物流网络和零配售供应体系等，对各个东道国形成就业促进；另一方面则

通过直接投资建厂的方式带动东道国就业，比如2012年8月21日，中联重科与印度Electromech公司签署合资建厂协议，该工厂为中联重科第一个海外直接投资建厂的项目。

3）影响产业结构

中联重科以跨国并购、建立分子公司、建立常驻机构等各种方式进入东道国，对于各东道国的产业结构形成影响。例如，作为亚洲移动式起重机中高端市场之一，韩国对于起重机的进口有较严格的准入门槛，进口起重机近些年几乎被日本、德国、美国品牌垄断。随着韩国对移动式起重机法规的调整，中联重科成功进入韩国市场，也将引起该国移动式起重机市场发生重大变化。2017年11月22日，中联重科与韩国知名制造企业 RETECH 公司在韩国世宗举办双方合作的首台 RGT-270V 汽车起重机客户见面会。此外，双方共同签署了中联重科 ZTF250 上装的韩国独家代理商协议以及2018年度商业计划书，并共同规划在轮胎吊产品上的进一步合作。这也是中联重科汽车起重机首次批量进入具有高壁垒准入门槛的韩国市场。RGT-270V 型起重机是一款采用中联重科 4.0 版 ZTF250 起重机上安装并搭载韩国大宇底盘的 25 吨汽车起重机，是中联重科与韩国本土企业合作组装的首台"本地化"汽车起重机。随着中联重科与韩国企业合作深度不断加深，必定影响韩国相关产业结构。

3. 对母国经济的影响

以中联重科为代表的"走出去"企业对湖南省以及全国许多省市的经济社会发展作出了卓绝贡献。

1）扩大国际市场规模，带动出口规模增加，塑造全球品牌

中联重科收购意大利 CIFA 之后，一跃成为全球最大混凝土机械制造企业，也用实例证明对外直接投资能够进一步拓展国际市场规模，赢得更多的市场份额，赚取更多品牌效应。2007年，CIFA 实现销售收入30多亿元，中联重科混凝土机械销售收入约35亿元，两者相加销售收入近70亿元，中联重科混凝土机械出口6 000万元。收购后，经过3年多的整合和技术创新，2011年，中联重科混凝土机械的年销售额增长到250亿元，复合增长率达到50%，远高于中国混凝土机械行业的复合增长率30%。其中，中联重科国内混凝土机械出口额4亿元，是2007年的6倍多。中联重科混凝土机械的行业占有率由并购当年的18.4%提升到2012年的36.5%。2013年，在"全球工程机械制造商50强排行榜"排名第六；2016年6月22日，中联重科连续13年荣登中国500强最具价值品牌榜，名列第73位，品牌价值达406.34亿元；2016年在亚洲品牌500强占第133位；2019年12月，《人民日报》发布"中国品牌发展（企业）指数100榜单"，中联重科位列45名。

2）深度融合，创新技术，提升自我，促进升级

在不断发展壮大的过程中，中联重科通过国际协同、国际整合和自主创新的深入

实践,探索和总结了一套"中联创新模式"。该模式包括:①国际协同与融合创新。2011年,中联重科通过与并购的意大利 CIFA 公司的深度协同,运用划时代的碳纤维复合材料轻量化技术,将底盘的承载能力发挥到极致,研发出系列碳纤维臂架泵车,实现了前沿技术与工程应用的完美结合。②买断吸收与整合创新。2011 年 6 月,中联重科买断全球顶尖的德国 JOST 平头塔系列产品技术,并迅速吸收、整合和创新,实现了塔机技术从中国领先到国际领先的跨越。③顶层设计与自主创新。中联重科以核心技术、核心产品研发为中心,通过积极开展共性技术、关键零部件以及全球领先产品开发,基于自主创新的全球起重能力最强的超大吨位履带起重机诞生,打破了国外对于 3 000 吨级履带起重机的垄断地位。通过上述创新模式,中联重科从国际化的角度协同、整合全球技术资源,成功实现自主创新、技术进步,有效提升了其产品国际竞争力和产业升级。

资料来源:中联重科官网. http://www.zoomlion.com/;湖南省政府官网. http://www.hunan.gov.cn/.

9.4.3 思考

思考一:中联重科国际化对其他企业的借鉴意义是什么?

思考二:中联重科国际化具有普适性吗?

本 章 小 结

跨国公司对外直接投资对世界经济的影响受到越来越广泛的关注。其影响主要包括:从跨国公司体系内外部分别对国际贸易产生直接影响和间接影响;既可以通过对外直接投资直接传播先进技术,还可以通过出口最终产品,以及研发人员在本体系内流动间接促进国际技术交流,间接助推技术创新;在全球范围内重新配置资源而影响国际市场结构;随着对外直接投资增长,加剧国际资本在国际的流动,从而引发国际金融市场动荡。

跨国公司对外直接投资会对东道国经济产生影响,主要对出口贸易、技术进步、产业结构、资本形成、就业等方面产生影响,包括直接影响和间接影响。

随着各国开放程度的加大,对外直接投资规模越来越大,母国越来越关心对外直接投资对其自身经济发展的影响。影响主要集中于出口贸易、技术创新、产业升级、投资、就业等方面。跨国公司因对外投资的动机不同,如寻求市场、寻求资源、寻求效率和寻求创新资产,对出口贸易的规模和结构的影响亦不同;跨国公司利用对外投资提升母公司技术创新能力,提升路径主要包括:研发要素的吸纳机制、研发成果的逆向转移机制、研发人员的培养机制;一国通过边际产业转移机制、逆向传导互动机制和产业关联成长机制等机制促进其产业结构调整;跨国公司对外直接投资可以通过广告宣传、文化融合、资本融合等多个渠道形成"投资溢出",促进母国吸引投资;主要通过投资的开拓和收入的增加来带动市场的扩张,从而引致就业的增加,即市场的"外向嫁接"和"内向增容"。

中联重科国际化对世界经济、渠道国、母国均产生了相应的影响,非常值得深入研究。

思 考 题

1. 当下的中国是对外投资国,还是外商直接投资接受国?净效应如何衡量?
2. 印度与美国对于吸引外商直接投资的态度相同吗?为什么?
3. 跨国公司筹措资金的渠道包括哪些?各渠道对国际金融市场的影响如何?
4. 通常情况下,跨国公司对外直接投资时,在发达经济体和发展中经济体采用相同的投资方式吗?为什么?

即 测 即 题

自学自测　扫描此码

第 10 章

发展中经济体的跨国公司及其对外直接投资

【学习要点】

1. 发展中经济体跨国公司对外直接投资晚于发达经济体,但发展迅速,可以大致划分为 20 世纪 80 年代之前的起步期、20 世纪 80 年代至 90 年代末的发展期以及进入 21 世纪之后的稳定增长期。
2. 与发达经济体相比,发展中经济体呈现出国际化程度相对较低、净对外直接投资额持续为负、投资流向具有较强地区性等特点。
3. 针对发展中经济体跨国公司对外直接投资,威尔斯的小规模技术理论、邓宁的投资发展周期理论、技术创新和产业升级理论等从不同角度作出了解释。
4. 发展中经济体跨国公司对外直接投资地位相对越来越重要,投资领域越来越广泛,科技行业越来越受到青睐,新冠肺炎疫情影响明显。

【学习目标】

1. 掌握发展中经济体、净对外直接投资额等概念;掌握威尔斯小规模技术理论、邓宁投资发展周期理论、技术创新和产业升级理论。
2. 熟悉发展中经济体跨国公司对外直接投资的特点和趋势。
3. 了解发展中经济体跨国公司的发展历程。

印尼影响汽车工业的投资措施

1997 年 4 月 17 日、5 月 12 日和 6 月 12 日,日本、欧盟和美国分别请求世界贸易组织(WTO)设立专家组,审查印尼某些影响汽车工业的措施是否符合 WTO 协议的规定。1998 年 7 月 2 日,专家组完成报告,明确指出:印尼汽车计划中与税收和关税优惠有关的当地含量要求违反了 TRIMs(《与贸易有关的投资措施协议》)的第 2 条,建议修改。1998 年 7 月 23 日,WTO 争端解决实体(Dispute Settlement Body,DSB)通过了专家组报告。这一典型的与贸易有关的投资措施案引起了人们的广泛关注。

本案涉及的是印尼有关汽车工业的多项措施:①1993 年激励计划(1995 年和

1996 年做过修改）；②国产汽车计划；③融资激励措施。

从 1993 年开始，印尼实行 1993 年激励计划，该计划具体措施包括：根据国产化率和汽车类型对汽车中使用的进口汽车部件减税或免进口关税；根据国产化率和汽车的类型对汽车中使用的进口汽车零配件免进口关税；对某些特定种类的汽车减征或免征奢侈品税。这些措施通过印尼工业部 1993 年第 114 号令、印尼财政部 1993 年第 645 号令、印尼财政部 1993 年第 547 号令、印尼财政部 1995 年第 223 号令、印尼财政部 1997 年第 36 号令来具体实施。

国产汽车计划包括 1996 年 2 月计划和 1996 年 6 月计划。1996 年 2 月计划规定，对设备的所有权、商标使用及技术方面达到规定标准的公司，授予"先锋"公司或国产汽车公司的称号，具有这一称号的公司可以免除国产汽车奢侈品税和进口零部件的关税。要保持这一称号，就必须在获得称号后 3 年内增加国产化程度。根据有关规定，印尼国民在国外生产的汽车只要达到印尼工业与贸易部规定和国产化率的要求，应当与印尼国内生产的国产汽车得到相同待遇。根据 1996 年第 142 号令，如果外国生产的汽车中使用的印尼生产的零配件达到汽车价格的 25% 以上，可以视为满足了 20% 的国产化率的要求。

融资激励包括给 PT TPN 公司（唯一的先锋公司）提供的 6.9 亿美元贷款。1997 年 8 月 11 日，按照印尼政府的指示，由 4 家政府银行和 12 家私营银行组成的银团决定向 PT TPN 公司提供 6.9 亿美元的 10 期贷款，用于实施国产汽车计划；其中政府银行提供的融资至少为 50%。

专家组认为，判断印尼的汽车国产化投资激励措施是否应被禁止，关键要看印尼的措施是否为 TRIMs 清单所禁止的投资措施。专家组的逻辑顺序是：先判定印尼的措施是否是与贸易有关的投资措施，再看该措施是否属于 TRIMs 清单中的四项措施。

专家组发现，印尼的汽车计划中有众多的"促进国内汽车工业的发展""为了实现国产汽车工业的发展""实施国产车计划时，有必要确定投资许可""实施国产计划时，有必要确定投资许可制度"等字样。因此，汽车计划具有投资目标、投资特点和投资计划，是为了提升汽车的当地制造能力，当然对投资具有重要的影响。有鉴于此，对"投资措施"一词不论做怎样的合理解释，印尼的措施都属于其范围。

至于是否"与贸易有关"，专家组认为，只要这些措施是当地含量要求，那就一定是"与贸易有关"的，因为这些要求总是鼓励使用国内产品而不是进口产品，因而影响了贸易。

TRIMs 清单规定的当地含量措施为：不论按照特定产品、产品数量或价值规定，还是按照其当地生产在数量或价值上所占比例规定，要求企业购买或使用东道国产品或自东道国国内来源的产品。印尼的措施是对使用一定比例当地含量价值的整车提供税收优惠，对用于使用一定比例含量价值的整车的零部件的进口给予特别的关税优惠。另外，外国生产商也可以通过购买印尼的零部件而满足当地含量的要求。因此，这些措施显然属于清单的范围。最后，专家组的结论是：印尼的措施违反了投资措施协议第 2 条第 1 款的规定。

印尼作为发展中经济体，希望通过投资发展本国经济、振兴本国产业。但制定投资政策不能触碰投资激励的底线。事实上，为促进本国经济、产业的发展与振兴，采取各种激励措施是世界各国的普遍做法，不仅发展中国家如此，发达国家也是如此。根据 WTO 贸易与投资工作组的报告，发达国家也在普遍实施投资激励措施，而且种类更复杂、效果更隐蔽。印尼的汽车振兴计划受到美国、欧盟等发达国家和地区的投诉并最终受挫，不得不警示那些制订投资激励措施的发展中国家，不仅要避免同 WTO《与贸易有关的投资措施协议》的要求相冲突，还要避免触碰其底线。TRIMs 附件中所列举的属于禁用之列的投资措施主要包括 4 项，即当地成分要求、贸易平衡要求、进口用汇限制和国内销售要求。

资料来源：卢进勇，杜奇华，闫实强. 国际投资与跨国案例库[M]. 北京：对外经济贸易大学出版社，2005：113-116.

延伸阅读

WTO 与 GATT

WTO，即 World Trade Organization，中文译为世界贸易组织，建立于 1995 年 1 月 1 日，其机构设在日内瓦，截至 2020 年 10 月，共有成员 164 个。WTO 是约束各成员方之间贸易规范和贸易政策的国际贸易组织。WTO 的各种协定是国际贸易制度运行和各成员方贸易政策制定的法律基础。它继承了关贸总协定（The General Agreement on Tariffs and Trade，GATT）的主要原则，但比关贸总协定约束的范围更广泛，它是一个真正意义上的国际贸易组织。WTO 的基本原则是：非歧视原则、通过谈判逐渐推行贸易自由化原则、可预见性原则、促进公平竞争原则、鼓励发展和经济改革的原则。WTO 的基本职能是：监督执行世界贸易组织的各项协定；组织国际贸易谈判，并提供成员方进行贸易谈判的场所；解决成员方之间的贸易纠纷；指导各成员方制定对外贸易政策；向发展中经济体提供技术帮助和培训；与其他国际组织进行合作。

GATT 是以贸易自由化为基本目标的，因此，其宗旨和原则总体上是以推进贸易自由化为内容的。GATT 的宗旨是：以提高生活水平、保证充分就业、保证实际收入和有效需求的增长，促进世界资源的充分利用以及发展生产和交换为目的；并期望通过达成互惠互利的贸易协议，促进进口关税和其他贸易障碍的大幅度削减，取消国际贸易中的歧视待遇。GATT 的基本原则是：自由贸易原则、非歧视原则、关税减让原则、一般禁止数量限制原则、公平贸易原则、自我保护原则、透明度原则、磋商调解原则。

WTO 与 GATT 有着本质区别：①性质不同。WTO 是一个合法的国际经济组织；

GATT 则是一个多边的国际协定。②时效性不同。WTO 是一个合法的长期的国际组织；GATT 则是一个临时性协定。③对参加方的称谓不同。WTO 的成员被称为"成员方"；GATT 的签字方被称为缔约方。④约束范围不同。WTO 约束成员方的商品贸易、服务贸易及与贸易有关的知识产权问题；GATT 只约束缔约方之间的商品贸易。⑤争端解决机制运转速度不同。WTO 在解决贸易纠纷的速度上更快，且内在机制运行比较顺畅，特别是其纠纷解决的最终判决具有权威性，在很大程度上要强制执行；GATT 没有强大的约束力，且争端解决颇费时日。

资料来源：李坤望. 国际经济学[M]. 北京：高等教育出版社，2010：147-152；WTO. About WTO: members and observers[EB/OL]. https://www.wto.org/english/thewto_e/whatis_e/tif_e/org6_e.htm. 世界贸易组织概况[EB/OL]. https://www.fmprc.gov.cn/web/wjb_673085/zzjg_673183/gjjjs_674249/gjzzyhygk_674253/sjmy_674535/gk_674537/.

10.1　发展中经济体跨国公司发展历程

发展中经济体泛指所有不属于发达经济体和转型期经济体之列的经济体。其中，发达经济体包括经济合作与发展组织成员（智利、墨西哥、韩国和土耳其除外），加上不属于经济合作与发展组织成员的部分欧盟成员（保加利亚、塞浦路斯、拉脱维亚、立陶宛、马耳他、罗马尼亚），还包括安道尔、百慕大、列支敦士登、摩纳哥和圣马力诺；转型期经济体包括东南欧国家和独立国家联合体。①与发达经济体相比，出于对经济发展水平以及对本经济体企业竞争力的担心，发展中经济体跨国公司发展较晚，但是发展却迅速，可以从大致分成的三个时期的发展中经济体的跨国公司数量及对外直接投资额得到证实，这三个时期包括：20 世纪 80 年代之前的起步期、20 世纪 80 年代至 90 年代末的发展期以及进入 21 世纪之后的稳定增长期。

10.1.1　20 世纪 80 年代之前的起步期

发展中经济体最早的对外直接投资可以追溯到 20 世纪 20 年代。1928 年，阿根廷的美洲工业机械公司的油泵制造企业在巴西开设了一家子公司，在智利和乌拉圭分别建立了工厂，在纽约和伦敦分别设立了贸易机构。

进入 20 世纪 60 年代，一些发展中经济体依据本经济体实情，相继采取了相应的经济发展战略，经济得到了举世瞩目的高速增长，对外直接投资也相继出现，如亚洲的印度、韩国、新加坡、菲律宾以及中国香港、中国台湾等，拉丁美洲的巴西、墨西哥和委内瑞拉等。20 世纪 70 年代之后，包括许多中小企业在内的发展中经济体的跨国公司纷纷到海外投资。截至 1980 年，发展中经济体对外直接投资总额为 50 亿～100

---

① UNCTAD. 世界投资报告（2011）[EB/OL]. http://www.unctad.org.

亿美元。发展中经济体拥有跨国公司 963 家，海外子公司和分支机构共计 1 964 家，其中 938 家从事制造业，子公司遍布 125 个国家和地区。[①] 1975—1978 年 15 个发展中经济体的对外直接投资的企业以中小型企业为主，部门分布虽然很广，但是却以制造业为主，多数集中于母经济体制成品出口中占主导地位的那些产业，再就是农矿业和建筑业，如表 10-1 所示。

表 10-1　1975—1978 年发展中经济体对外直接投资

发展中经济体	对外投资额[a]/百万美元	子公司数量[b]/家	
		子公司总数	其中：制造业子公司
中国香港	976	325	202
印度	88	215	168
阿根廷	38	146	76
新加坡	370	89	57
菲律宾	276	66	26
巴西	41	147	25
韩国	71	155	25
墨西哥	23	62	22
秘鲁	4	37	18
哥伦比亚	35	37	18
委内瑞拉	64	18	9
智利	14	11	7
玻利维亚	3	0	0
厄瓜多尔	19	2	0
巴拉圭	0	2	0

注：a 表示政府提供的资料；b 表示银行提供的资料。

资料来源：WELLS L T. Third world multinationals: the rise of foreign investment from developing countries[M]. Cambridge: MIT Press, 1983: 10.

10.1.2　20 世纪 80 年代至 90 年代末的发展期

20 世纪 80 年代以来，随着发展中经济体，特别是一些新兴工业国家和地区经济实力的大幅提升以及经济全球化的有力推动，发展中经济体的跨国公司得到快速发展。进入 20 世纪 90 年代中后期，发展中经济体跨国公司增至 12 518 家，同时共有 355 324 家跨国子公司和分支机构入驻这些发展中经济体。[②]与 20 世纪 80 年代之前相比，均出现大幅增加。

[①] WELLS L T. Third world multinationals: the rise of foreign investment from developing countries[M]. Cambridge, MA: MIT Press, 1983: 2.

[②] UNCTAD. 世界投资报告（2000）[EB/OL]. http://www.unctad.org.

另外，发展中经济体对外直接投资额也在不断增加，特别是相对数，如 1980—1984 年，发展中经济体对外直接投资占世界对外直接投资总额的平均比重为 5%，1985—1989 年平均为 6%，1990—1994 年平均为 10%，1995—1998 年，尽管受东南亚金融危机的巨大冲击，这一比重仍然维持在平均 10%以上的水平；从增长速度来看，1981—1990 年，发展中经济体的对外直接投资以 41%的速度增长，1993 年、1994 年、1995 年的增长率分别为 52%、17%和 20%。①这不能不说是一个奇迹。

10.1.3 21 世纪之后的稳定增长期

进入 21 世纪之后,发展中经济体和转型期经济体的崛起在国际生产格局中非常明显。这些经济体为其他经济体子公司提供了大部分劳动力，2008 年，其数量在全球 82 000 个跨国公司中占到了 28%，比 2006 年上升了 2 个百分点，而 1992 年这一比例还不到 10%。这充分反映出发展中经济体和转型经济体作为母经济体的分量也在增加。②截至 2010 年，发展中经济体拥有跨国公司 345 家，占全球的 52.8%，超过发达经济体 9%。③

发展中经济体和转型期经济体跨国公司数量不断增加，与此同时，国际化率也在增长。近年来大型跨国公司的国际化率增长近 2%，其中海外资产和销售增长最快（表 10-2）。外国资产增长率是由中国和韩国企业集团（主要是科技行业）推动的。华为（中国）海外资产在 2017 年至 2018 年间增长了 3 倍以上，也使得其在全球电信网络中的地位不断上升。另外两家中国企业，即科技集团腾讯（Tencent）和联想（Legend）海外资产分别增长了约 50%。韩国的 LG 电子通过各种交易和项目，将其在北美和欧洲的非流动性资产增加 3 倍，包括以 12 亿美元收购奥地利的汽车电气设备制造商 ZKW 公司。这些投资使得该公司几年后重回排名。同样，韩国的 IT 集团 SK 控股通过垂直一体化其子公司 SK 海力士（Hynix）的芯片制造业务，以及以 30 亿美元收购日本东芝存储器（Toshiba Memory）股份，既大幅增加了其海外资产，也获得了市场份额。2018 年缩减或没有快速增加海外业务，并退出排行榜的公司，包括巴西的 BRF 食品公司、南非 Mediclinic 健康集团、巴西的 Petrobras（国家石油公司）和马来西亚的 Sime Darby 企业集团。

随着跨国公司的发展，发展中经济体 FDI 流入量和流出量也在波动中发展。从绝对量来看，流入量和流出量在波动中呈现上涨渐缓趋势，流出量更明显一些。其中流入量于 2015 年达到 7 298.89 亿美元的历史高位，2016 年回落至 6 519.79 亿美元，2017 年回升至 7 006.36 亿美元之后，连续两年出现小幅回落，2019 年为 6 847.23 亿美元。

---

① 崔日明，徐春祥. 跨国公司经营与管理[M]. 北京：机械工业出版社，2009：244.
② UNCTAD. 世界投资报告（2010 简版）[EB/OL]. http://www.unctad.org.
③ UNCTAD. 世界投资报告（2011）[EB/OL]. http://www.unctad.org.

流出量于 2017 年达历史最高，为 4 673.57 亿美元，之后出现连续两年较大幅度回落，至 2019 年的 3 731.02 亿美元（图 10-1）。

表 10-2　全球发展中经济体和转型期经济体前 100 位非金融类跨国公司国际化统计表

变量	全球					发展中和转型期经济体		
	2017[a]	2018	2018—2017 变化/%	2019[b]	2018—2019 变化/%	2017[a]	2018	变化/%
资产/十亿美元								
经济体外	9 139	9 335	2.1	9 535	2.1	2 434	2 581	6.1
经济体内	6 625	6 710	1.3	6 819	1.6	5 726	5 430	−5.2
全部	15 763	16 045	1.8	16 354	1.9	8 160	8 011	−1.8
经济体外比重/%	58	58	0.2	58	0.2	30	32	2.4
销售/十亿美元								
经济体外	5 366	5 916	10.3	5 796	−2.0	2 224	2 599	15.1
经济体内	3 539	3 919	10.8	3 870	−1.3	2 576	2 751	6.8
全部	8 904	9 836	10.5	9 666	−1.7	4 800	5 311	10.6
经济体外比重/%	60	60	−0.1	60	−0.3	46	48	1.9
雇员/千人								
经济体外	9 750	9 604	−1.5	9 466	−1.4	4 691	4 693	5.8
经济体内	9 536	8 548	−10.4	9 049	5.9	9 118	9 248	1.4
全部	19 286	18 152	−5.9	18 515	2.0	13 808	14 211	2.9
经济体外比重/%	51	53	2.4	51	−3.4	34	35	1.0

注：a 表示修改数据；b 表示初步统计数据。

资料来源：UNCTAD. World investment report (2020)[ED/OL]. http://www.unctad.org. Table I.8.

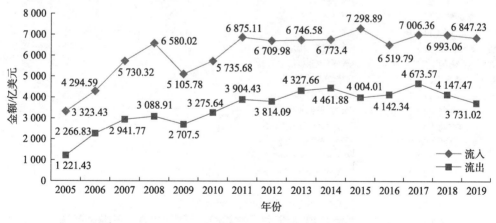

图 10-1　2005—2019 年发展中经济体 FDI 流入量与流出量

资料来源：UNCTAD. World Investment Report (2020)[EB/OL]. http://www.unctad.org.

从相对量来看，流入量占全球总流入量的比例在 2014 年达到历史高位 48.2%，之后 2015—2016 连续两年回落至 32.9%，经过 2017—2018 连续两年的回升至 46.8%，此为仅次于 2014 年的次高位，2019 年回落至 44.5%。流出量占比在 2007—2014 年一路上涨至 32.6%，2015 年出现较大幅度回落至 23.5%，之后 2016—2018 年连续 3 年回升，且第三年急速回升至 42.0%，2019 年则急速回落至 28.4%（图 10-2）。

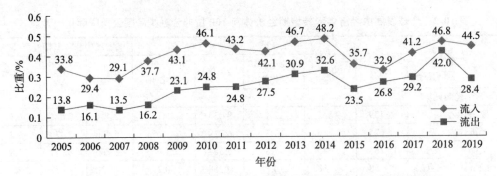

图 10-2　2005—2019 年发展中经济体 FDI 流入量与流出量占全球比重
资料来源：UNCTAD. World investment report (2020)[EB/OL]. http://www.unctad.org.

在全球 FDI 流入中，发展中经济体和转型期经济体的表现较 2017 年[①]有所回调。2019 年，共有 8 个国家或地区跻身 FDI 流入的全球前 20 位，它们是中国内地、新加坡、巴西、中国香港、印度、墨西哥、俄罗斯、印度尼西亚（图 10-3）。

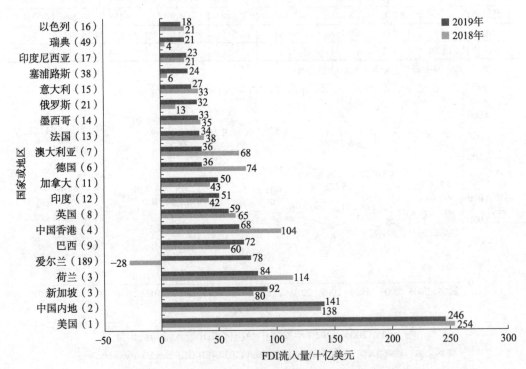

图 10-3　2018—2019 年全球前 20 位 FDI 流入国家或地区
注：括号中的数字表示相关国家或地区 2018 年的位次。
资料来源：UNCTAD. World investment report (2020)[EB/OL]. http://www.unctad.org：15.

---

① 2017 年，发展中与转型期经济体 FDI 流入量前 20 位国家或地区为 9 个。

与 FDI 流入相似，发展中经济体和转型期经济体的 FDI 流出量也出现回调。2019年，共有 7 个国家或地区位列全球 FDI 流出前 20 位。它们是中国内地、中国香港、韩国、新加坡、俄罗斯、阿拉伯联合酋长国、巴西（图 10-4）。在未来，中国将"深度参与全球产业分工和合作，维护多元稳定的国际经济格局和经贸关系。"因此，中国对外直接投资有望继续增长。

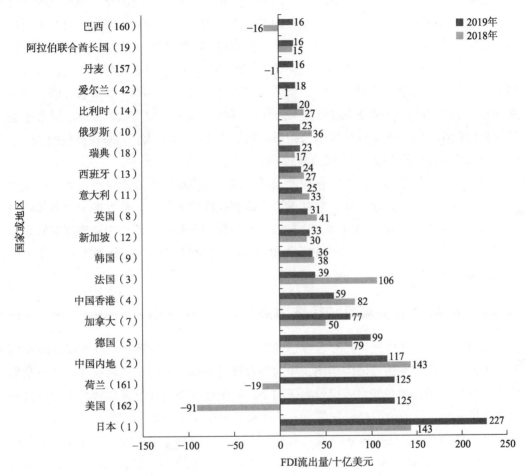

图 10-4　2018—2019 年全球前 20 位 FDI 流出国家或地区

注：括号中的数字表示相关国家或地区 2018 年的位次。

资料来源：UNCTAD. World Investment Report (2020)[EB/OL]. http://www.unctad.org：15.

10.2　发展中经济体跨国公司对外直接投资的特点

与发达经济体相比，发展中经济体政治情况非常复杂，经济发展水平悬殊，使得各发展中经济体的跨国公司发展差异非常大，但依然能够寻得一些共同的发展特点。

10.2.1 国际化程度相对较低

经过几十年的发展,发展中经济体和转型期经济体跨国公司的实力明显增强,但是与全球跨国公司相比,其跨国公司从海外资产、海外销售量和海外雇员数量来看,国际化程度相对较低:①从海外资产来看,2018年,全球前100位跨国公司海外资产为93 350亿美元,占总资产量的58%,发展中经济体和转型期经济体前100位跨国公司海外资产为25 810亿美元,占总资产量的32%,占全球前100位跨国公司海外资产的16.1%。②从海外销售量来看,2018年,全球前100位跨国公司销售量为59 160亿美元,占总销售量的60%,发展中经济体和转型期经济体前100位跨国公司销售量为25 990亿美元,占总销售量的48%,约占全球前100位的26.4%。③从海外雇员数量来看,全球前100位跨国公司雇员数量为9 604 000人,占总雇员数的53%,发展中经济体和转型期经济体前100位跨国公司雇员数量为4 693 000人,占总雇员数的35%,约占全球前100位的25.8%。如表10-2所示。

发展中经济体跨国公司国际化程度较低,源于起步晚,企业规模小;大部分企业还处于边投资边摸索阶段,缺乏海外投资经验和战略性规划。但是发展中经济体跨国公司增长势头不容忽视。2018年,全球前100位跨国公司中,发展中经济体与转型期经济体海外资产占其总资产比例和海外销售量占其总销售量比例分别较上一年上涨2%和2%,分别较2016年上涨3%和4%。

10.2.2 净对外直接投资额持续为负

发展中经济体跨国公司经过起步、发展与稳定增长三个时期,对外直接投资规模不断扩大,但是与发达经济体相比,净对外直接投资额一直处于负增长状态,只是负增长的幅度不同。净对外直接投资额指的是一国企业对外直接投资总额减去引进对外直接投资总额,它与该国经济发展水平存在密切的正相关关系。[①] 2011—2014年,发展中经济体净对外直接投资额负增长减小;2015年负增长急剧扩大;2016年负增长较快减小,2017年承袭2016年减小势头,但是势头明显变弱;之后,2018—2019年连续两年负增长重新进一步扩大(图10-5)。

相对于发达经济体来讲,发展中经济体净流出额的变化相对较小。2011—2019年,发达经济体净对外直接投资额大致分为两个阶段:2011—2016年期间呈现波动下降阶段;2016—2019年期间呈现较大波动阶段。前一阶段,从2011年的3 056.43亿美元下降至2012年的1 171亿美元,2013年出现回弹,之后从2014—2016年连续3年下降,其中2016年净流出额为-1 614.27亿美元。后一阶段,继2016年净流出额为负值之后,2017年快速回升至1 450.05亿美元,但是2018年重新演绎2016年的情形,出

---

① DUNNING J H. International production and the multinational enterprise[M]. London: George Allen and Unwin Ltd., 1981: 144.

现大幅下降至 –2 273.63 亿美元，2019 年则演绎 2017 年的情形，快速回升到 1 166.40 亿美元（图 10-5）。此状况充分说明：发达经济体跨国公司拥有强有力的竞争优势；发展中经济体跨国公司还需要进一步强化自身的所有权优势。

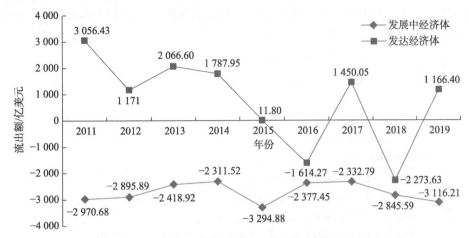

图 10-5　2011—2019 年全球发达经济体与发展中经济体净流出额

资料来源："UNCTAD. World investment report (2020)[EB/OL]. http://www.unctad.org."

所有权优势、内部化优势的强弱是跨国公司对外直接投资的决定因素。邓宁认为，一国的经济发展水平决定了其对外直接投资。发展中经济体的平均经济发展水平低于发达经济体，决定了发展中经济体跨国公司在所有权优势、内部化优势等方面弱于发达经济体，也最终决定了发展中经济体的净对外直接投资地位弱于发达经济体。但是随着发展中经济体经济发展水平的不断上升，净对外直接投资地位也会不断上升。

10.2.3　投资流向具有较强地区性

一般情况下，发展中经济体优先选择向周边经济体或者其他同水平或更低经济发展水平的经济体进行投资，主要原因在于：①与周边国家和地区彼此之间长期频繁的接触与交流，缩小了彼此之间的心理距离，在文化和消费习惯等方面都存在明显的相似性，这就决定了发展中经济体的跨国公司更易于进入周边国家和地区的市场，形成渐进扩散式投资。②与周边国家和地区较近的地理距离，可以节约运输成本和旅行成本，再加上相似的生产方式和技术水平，助推了发展中经济体向周边国家和地区进行投资。③发展中经济体本身也需要进行产业结构升级，改变经济增长方式，这就需要发展中经济体将其相关产业转移至与其经济发展水平相似甚至更低的经济体，这种情况完全符合全球产业结构梯度转移规律。

基于上述原因，发展中经济体形成了一种较明显的地区性投资现象，即集中于经济发展水平相似的发展中经济体彼此之间的水平型投资，以及较高经济发展水平的发展中经济体向较低经济发展水平的发展中经济体的新的纵向型投资。这种情况反映于区域间和区域内的对外直接投资。

不同区域间发展中经济体投资存量在增加。在非洲，2018年投资存量居前10位的经济体中有3个来自亚洲，它们是中国内地、中国香港和新加坡。与2014年相比，中国内地、中国香港和新加坡在非洲的投资存量均有所上涨，其中中国内地上涨最多，从320亿美元上涨到460亿美元（图10-6）。在亚洲，2018年投资存量居于前10位的国家或地区中，南非属于跨区域的发展中经济体。与2014年相比，南非在亚洲的投资存量出现上涨，由250亿美元上涨至350亿美元（图10-7）。

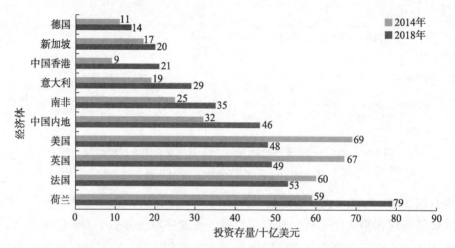

图10-6　2014—2018年非洲投资存量中前10位的经济体

资料来源：UNCTAD. World investment report (2020)[EB/OL]. http://www.unctad.org：28.

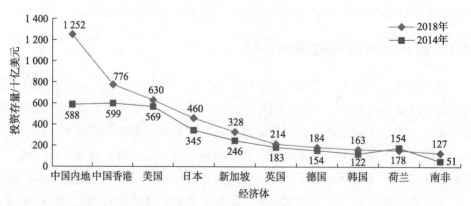

图10-7　2014—2018年亚洲投资存量中前10位的经济体

资料来源：UNCTAD. World investment report (2020)[EB/OL]. http://www.unctad.org：36.

区域内部各经济体之间的投资正在兴起。最为典型的是亚洲。2018年，亚洲投资存量居前10位的经济体中，有5个来自亚洲内部，它们是中国内地、中国香港、日本、新加坡、韩国。与2014年，上述5个经济体在亚洲的投资存量均呈现上涨态势。其中，中国内地表现最佳，从2014年的5 880亿美元猛增到2018年的12 520亿美元；其次为中国香港，从 5 990 亿美元增至 7 760 亿美元；日本居第三位，从 3 450 亿美元增至 4 600 亿美元（图 10-7）。流量方面，区域内部各经济体之间的投资依然明显。中国内地作为全球第二大 FDI 接受经济体，呈现轻微上扬态势，并创下历史新高 1 410 亿美元。中国内地主要投资者构成基本保持不变。尽管美国和欧洲的流入量有所下降，但是地区性投资继续增长，比如来自东盟国家流入增加。韩国和日本的企业继续进行战略性调整，将一些劳动密集型生产转移到国外，同时投资于高端生产活动。比如，2019 年 10 月，三星关闭了其在中国的最后一家手机制造厂，但在随后的一个月，三星在中国投资了 80 亿美元用于内存芯片生产。印尼则上涨 14%达到历史新高 230 亿美元，主要投资于制造业、金融服务业和采矿业。2019 年，约占总流入资金的 65%。亚洲公司（主要是日本和东盟内部）是最大的投资者。①

10.3　发展中经济体跨国公司对外直接投资理论

20 世纪 80 年代以来，迅速崛起的发展中经济体跨国公司对外直接投资已经成为全球对外直接投资的重要组成部分。然而，在规模、技术、营销网络等方面都与发达经济体跨国公司存在较大差距，针对发达经济体跨国公司解释的对外直接投资主流理论却无法对此作出合理解释。事实上，学者们在 80 年代之前就开始在努力寻找解释，主要包括威尔斯的小规模技术理论、邓宁的投资发展周期理论、技术创新和产业升级理论等。

10.3.1　威尔斯的小规模技术理论

1983 年，威尔斯出版了《第三世界跨国公司》一书，书中提出了发展中经济体对外直接投资的小规模技术理论。

威尔斯认为，发展中经济体跨国企业的相对优势来自低生产成本和反映母经济体市场规模的特点。这种低生产成本是与其母经济体的制成品市场需求有限、规模很小紧密相关的。威尔斯主要从以下三个方面分析了发展中经济体跨国企业的相对优势。

1. 拥有为小市场提供服务的小规模生产技术

低收入经济体制成品市场需求量有限，大规模生产技术无法从这种小市场需求中获得规模效益，而这个市场空档正好被发展中经济体的跨国企业所利用，它们以此开发出满足小市场需求的生产技术而获得竞争优势。

2. 民族产品的海外生产具有非常大的优势

这些发展中经济体的海外投资主要是为服务于海外某种团体的需要而建立的，如

---

① UNCTAD. World investment report (2020)[EB/OL]. http://www.unctad.org：42-43.

为旅居海外的华人提供食品加工、餐饮以及新闻出版等，带动了来自中国、东南亚国家和地区的海外投资。这些民族产品的生产利用母国资源，在生产成本上占有优势。

3. 低价产品营销战略

物美价廉是发展中经济体产品最大的特点。这一特点成为发展中经济体跨国企业提高市场占有率的有力武器。发展中经济体企业营销费用明显低于发达经济体的水平，适于中低收入水平的阶层。

威尔斯的小规模技术理论对于发展中经济体发展对外直接投资具有重要意义。随着世界市场向多元化发展，即使是技术不够先进、生产规模不够大的发展中经济体的小企业也有机会实现对外直接投资，参与世界市场的竞争。

10.3.2 邓宁的投资发展周期理论

20世纪80年代，邓宁研究了1967—1979年世界上67个经济体的对外直接投资流出量与流入量和人均国民生产总值之间的关系，提出了投资发展周期理论，认为一个经济体的净对外直接投资地位与该经济体的经济发展水平存在密切的正相关关系。净对外直接投资地位，即一个经济体的对外直接投资流出总额减去对外直接投资流入总额。

投资发展周期理论按人均国民生产总值把各经济体分为四个组别，对应于投资发展的四个不同阶段。

第一阶段，属于人均国民生产总值低于400美元的发展中经济体的对外直接投资阶段。此时所有权优势、内部化优势和区位优势都缺乏，这些经济体的对外直接投资流入量非常小，流出量几乎为零，净对外直接投资额为负值。

第二阶段，属于人均国民生产总值在400～2 500美元的大多数发展中经济体对外直接投资阶段。此时这些经济体对外直接投资流入量上升，但流出量很小，故净对外直接投资额继续保持负值。

第三阶段，属于人均国民生产总值在2 500～4 000美元的新兴工业化国家或地区的对外直接投资阶段。此时这些国家或地区直接投资流出量大幅增加，其速度可能超过流入量，因此净流入量在减少，但净对外直接投资额依然为负值。

第四阶段，属于人均国民生产总值高于4 000美元的发达经济体直接投资阶段。此时企业的所有权优势、内部化优势以及利用区位优势的能力明显，这些经济体的对外直接投资迅速增加，净对外直接投资额转为正值。

10.3.3 技术创新和产业升级理论[①]

技术创新和产业升级理论即技术累积优势理论，由英国雷丁大学技术创新与经济

---

① 张纪康. 跨国公司与直接投资[M]. 上海：复旦大学出版社，2004：185-186.

发展问题著名专家约翰·坎特威尔（J.A.Cantwell）及其学生托兰惕诺（P.E.Tolentino）于1991年共同提出。他们在系统研究发展中经济体对外直接投资问题的基础上，提出了发展中经济体技术创新和产业升级理论，该理论试图从动态化与阶段化的角度剖析发展中经济体的对外直接投资。

该理论认为，发展中经济体跨国公司对外直接投资的增长，与其技术能力的提高密切相关，而技术能力的提高则受到母经济体产业结构升级的影响。换句话说，技术能力的存在和累积既是经济体内生产活动模式和增长的重要决定因素，也是国际生产活动的重要结果。因此说，某一个特定发展中经济体对外直接投资的产业分布和地理分布，是随着时间的推移逐渐变化的，在某种程度上是可预测的。

坎特威尔和托兰惕诺剖析了发展中经济体跨国公司对外直接投资的产业特征和地理特征，认为由于国内产业结构和技术创新能力的影响，发展中经济体跨国对外直接投资的发展是有规律可遵循的：①从产业特征来看，先是以自然资源开发为主的纵向一体化生产活动，后是以进口替代和出口导向为主的横向一体化生产活动。②从地理特征来看，发展中经济体跨国公司在很大程度上受到"心理距离"的影响，对外进行直接投资时往往采用渐进扩散式，即遵循"周边经济体—发展中经济体—发达经济体"的路径。

因此说，技术创新和产业升级理论是以地域扩展为基础、以技术累积为内在动力的。随着技术累积固有能量的扩展，直接投资逐步从低级阶段向高级阶段发展，即从资源信赖型向技术信赖型投资发展。

韩国是一个很好的例子。韩国对外直接投资出现较快增长始于1968年，但是在20世纪80年代之前，韩国的对外直接投资以资源寻求型为主，投资部门主要集中于煤炭、石油、铁矿业和林业；投资流向也集中在资源丰富的东南亚相邻经济体。1968—1986年，韩国资源开发类对外直接投资占对外直接投资总额的比重为51.4%，同期制造业对外直接投资的比重仅为21.7%。在20世纪80年代以后，韩国的对外直接投资就转化为以市场寻求型为主，对外直接投资主要集中在钢铁、汽车、电子等优势产业，制造业对外直接投资逐渐上升并居于主导地位；1987—1994年制造业对外直接投资累计达55.1亿美元，占同期对外直接投资总额的55.7%。同期的投资流向也转向发达经济体或正经历高速经济增长的亚洲经济体，以开拓市场或借此由发达经济体获取知识技术。

10.4　发展中经济体跨国公司对外直接投资的发展趋势

进入21世纪第三个10年之后，发展中经济体跨国公司的发展将更多依赖于世界经济发展的大环境以及自身发展水平，并呈现出以下几个方面的发展趋势。

10.4.1 投资地位相对重要

发展中经济体作为受资方和投资方的地位相对重要。2010年，随着国际生产与国际消费向发展中经济体和转型期经济体转移，在效益型和市场型的投资项目上，跨国公司对这些经济体的投资越来越多。2011—2019年期间，发展中经济体吸引外商直接投资额占全球总流入量的比重除2015—2016年低于40%以外，其他年份均在40%~50%期间波动。其中2014年达48.25%，超过发达经济体的47.69%（图10-8）。这些情形充分说明发展中经济体越来越重要的投资区位。

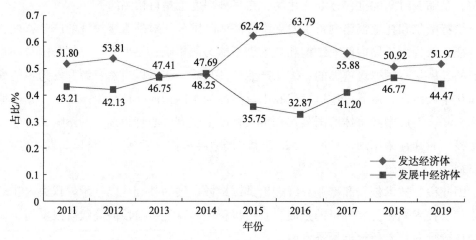

图10-8 2011—2019年不同经济体FDI流入量占全球份额
资料来源：UNCTAD. World investment report (2020)[EB/OL]. http://www.unctad.org.

相对于FDI流入量占比来说，发展中经济体FDI流出量占比远低于发达经济体。2011—2019年期间，除2018年上升至42.05%之外，其他年份基本上保持在30%上下波动。一方面说明发展中经济体FDI还有很大的发展潜力；另一方面发展中经济体FDI

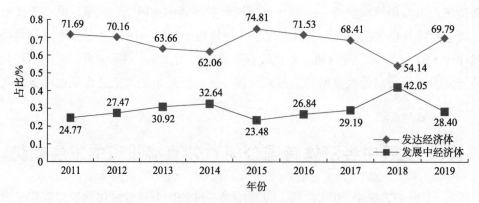

图10-9 2011—2019年不同经济体FDI流出量占全球份额
资料来源：UNCTAD.World investment report (2020)[EB/OL]. http://www.unctad.org.

在波动中保持基本平稳,充分显示了发展中经济体经济较大的韧性以及不容忽视的重要地位。

10.4.2 投资领域涉及广泛领域,科技行业渐受青睐

发展中经济体与转型期经济体的投资领域更为广泛,从发展中经济体和转型期经济体前100位跨国公司所处行业家数可以窥得一斑。2011年,发展中经济体和转型期经济体前100位跨国公司涉及采矿、石油和精炼;科技;电信;食品、饮料和烟草;批发和零售贸易;建筑;金属与金属制品;公用事业;其他行业;其他服务业。可以说,投资领域非常广泛,从传统行业到新兴行业,从制造业到服务业,几乎涉及各个领域。

从发展中经济体和转型期经济体前100位跨国公司所处行业的家数变化来看,科技行业渐受青睐。从2011年开始,经过5年的发展,2016年,前100位跨国公司在各行业的数量发生变化。其中,科技行业增加的家数最多,从2011年的13家增至15家,食品、饮料和烟草由9家增至10家,金属与金属制品由7家增至8家,公用事业由5家增至6家。建筑、其他行业没有发生变化,分别是8家和12家。采矿、石油和精炼,电信以及其他服务业均减少1家,分别由16家减至15家、由11家减至10家、由11家减至10家;批发和零售贸易减少得最多,由9家减少至6家,如表10-3所示。从海外销售额和海外资产来看,发展中经济体科技与数字型公司在前100位跨国公司的地位越来越重要。其中5家新兴市场公司增长较快,它们是鸿海(Hon Hai,中国)、三星(Samsung,韩国)、腾讯(Tencent,中国)、华为(Huawei,中国)和联想控股(Legend Holdings,中国)。[①]

表10-3 发展中经济体和转型期经济体前100位跨国公司

行 业	2011年	2016年
采矿、石油和精炼	16	15
科技	13	15
电信	11	10
食品、饮料和烟草	9	10
批发和零售贸易	9	6
建筑	8	8
金属与金属制品	7	8
公用事业	5	6
其他行业	12	12
其他服务业	11	10
全部	100	100

注:2011年一栏的各行业数据加总之后是101,而非100,但此处依据引用原文而写为100。
资料来源:UNCTAD. 世界投资报告(2018)[EB/OL]. http://www.unctad.org.

---

① 资料来源:UNCTAD. World investment report (2020)[EB/OL]. http://www.unctad.org.

科技行业渐受青睐的原因在于：全球正在经历使生产比之前更好、更便宜、更快的前沿科技和机器人化进展推动的第四次产业革命。这次产业革命以难以想象的规模性潜在利益为经济增长和持续性发展提供更大的机会。新技术拥有保证产业升级和跃升的可能性。更便宜的交通和通信，以及更有效率的物流，也有助于发展中经济体更好地链接全球价值链。目前，一些最发达的新兴经济体已经接近成为一些产业的全球技术领导者。[①]这种情形的出现主要是源自于这些国家对于科技行业的支持，比如中国正在"加快发展数字经济，促进数字经济和实体经济深度融合，打造具有国际竞争力的数字产业集群。"因此，发展中经济体科技型跨国公司的兴起是必然的。

10.4.3 新冠肺炎疫情影响明显，各国正在采取不同措施应对

2020年新冠肺炎疫情在全球暴发，从不同角度、不同程度影响发展中经济体参与全球价值链。在非洲，新冠肺炎疫情影响了所有产业，其中航空、酒店、旅游和休闲等服务行业受创最为严重，这些行业约占2019年对外宣布的770亿美元非洲绿地项目的10%。受到严重影响的还有占2019年对外宣布的绿地项目7%的全球价值链（GVC）密集型的制造业，这是努力促进非洲经济多样化和工业化方面需要关注的迹象。全球市场石油过剩将进一步加剧疫情对经济和投资的影响，这将引致极低的石油价格和大宗商品价格普遍下跌。进入非洲的大部分FDI都是资源寻求型的，其中2019年40%绿地项目公告都直接与自然资源行业有关。尽管非洲并没有深度融入全球价值链之中，但是非洲大陆在关键的国际化产业中发挥着输入提供者的角色（从其高比例的全球价值链前向参与可看出），导致其5个最大的出口行业受到对制成品和服务较低需要的明显影响。2020年，随着第一季度采掘行业（82%）和石油化工行业（75%）的绿地项目公告急剧下降，疫情和低石油价格双重冲击的影响变得非常明显（表10-4）。尽管如此，各国正在采取不同措施进行应对。

表10-4 非洲：5个最大出口行业与已公布的绿地项目　　　　　　　　　　%

行业	出口 （非洲份额）	出口增加值 （全球份额）	GVC 前向参与	GVC 后向参与	2020年第一季度宣布的 绿地FDI项目变化
采掘	32.8	11.3	83	17	−82
石油和化工	10.6	1.6	51	49	−75
电器和机械	6.6	1.9	68	32	−36
汽车	6.5	0.6	45	55	−29
农业	6.4	5.5	76	24	18

资料来源：UNCTAD. World investment report (2020)[EB/OL]. http://www.unctad.org：31.

---

① UNCTAD. 世界投资报告（2018）[EB/OL]. http://www.unctad.org.

小贴士

全球价值链

全球价值链指的是在全球范围内为实现商品或服务价值而连接生产、销售、回收处理等过程的全球性跨企业网络组织,涉及从原料采集和运输、半成品和成品的生产与分销直至最终消费和回收处理的过程。它包括所有参与者和生产销售等活动的组织及其价值利润分配,并且通过自动化的业务流程和供应商、合作伙伴以及客户链接,以支持机构的能力和效率(UNIDO,2002)。UNIDO 即联合国工业发展组织,它在 2002—2003 年度工业发展报告《通过创新和学习来参与竞争》(Competiong Through Innovation and Learning)中对全球价值链进行了界定。该界定强调了全球价值链不仅由大量互补的企业组成,而且是通过各种经济活动联系在一起的企业网络的组织集,关注的焦点不只是企业,也有契约关系和不断变化的联结方式。

跨国公司通过内部化(所有权)和外部化(包括非股权安排)管理全球价值链。基于相对成本、收益、风险等因素,非股权安排和 FDI 是可以相互替代或补充的。当今全球价值链中,跨国公司很大一部分能力或资产与其如何管理、控制和协调全球网络有关。因此,跨国公司在设计其公司结构、管理过程、职能服务和相关程序与工具时会考虑若干目标,以管理全球价值链,包括:①与相关技术、技能和技术规格等一起,传递与产品、过程和活动有关的目标和要求给子公司、合同伙伴和独立公司(用于正常交易);②对上述各个公司尽可能维持和强化权力平衡;③最大化整个价值链收益。这些机制或控制杠杆遍及通过各种合同形式的部分所有权或合资企业,到基于由技术、市场准入以及标准而形成的跨国公司战略性资产的讨价还价能力。这些机制或控制杠杆不具有排他性,它们是代之以 FDI 的补充。

资料来源:陈柳钦. 有关全球价值链理论的研究综述[J]. 重庆工商大学学报(社会科学版),2009(6):55-65;UNCTAD. World investment report (2013)[EB/OL]. http://www.unctad.org.

10.5 案例分析:印度塔塔集团的海外扩张之路

10.5.1 基本案情

1. 背景材料

塔塔集团由詹姆斯特吉·塔塔于 1868 年创立,是总部位于印度的大型跨国企业。塔塔集团的早期发展深受民族主义精神的鼓舞。印度开辟了数个对国家具有重要意义的行业:钢铁、电力、酒店和航空。随着塔塔集团的不断扩张,塔塔集团旗下拥有超过 100 家运营公司,在"全球范围内改善所服务社区的生活质量,并长期为其利益相关者创造价值"的集团宗旨指引下,其办事机构遍布世界六大洲 100 多个国家。塔塔有限公司（Tata Sons）是塔塔集团的主要投资控股公司和发起人，塔塔有限公司的股权资本中有 66%由慈善信托持有并用于支持教育、医疗、生活领域、艺术和文化事业。塔塔集团 2017—2018 财年总收入为 1 107 亿美元，全球各地的职员人数超过 70 万。每家塔塔公司或企业都在自己的董事会和股东的指导和监督下独立运作。塔塔集团共有 28 家公开上市公司，其市值总额约 1 453 亿美元（截至 2018 年 3 月 31 日）。

塔塔集团旗下的许多公司在其相关行业都取得了全球领先地位。塔塔咨询服务公司雇用了众多世界上最优秀的技术咨询人员，并占到塔塔集团员工总数的一半以上，该公司最初服务于集团内其他公司的计算机业务，如今已成为集团在这一领域的旗舰公司，也成为印度最大的公司，并跻身世界前三。塔塔钢铁是一家全球领先的钢铁公司，年生产能力为 3 300 万吨/年，在 2018 财年实现收入 204.1 亿美元，是分布最广的钢铁生产商之一，在 26 个国家开展业务，在 50 多个国家进行商业贸易，其员工遍布五大洲；在 2015 年被道琼斯可持续发展指数评为全球"钢铁行业领导者"。塔塔通信公司是全球领先的数字基础设施提供商，为当今快速增长的数字化经济提供助力。塔塔汽车公司（Tata Motors）是全球领先的汽车制造商，生产轿车、多用途车辆、公共汽车、卡车和国防车辆，通过 97 家子公司和 9 家联营公司组成的强大全球网络，包括英国的捷豹路虎和韩国的塔塔大宇，塔塔汽车业务的全球足迹遍及英国、韩国、南非和印度尼西亚，居 2020 年全球《财富》500 强第 337 名，营业收入 372.42 亿美元。塔塔全球饮料公司（Tata Global Beverages）是世界第二大品牌茶叶公司；塔塔化工公司是世界第二大纯碱生产商；还有塔塔电力公司、Titan、印度酒店集团等。塔塔集团的运营公司在各自所在的地区创造了大量的就业机会，为当地的投资建设作出了巨大的贡献。

塔塔集团一直在寻求创建价值驱动型企业组织。这些价值标准将继续导引集团公司的发展与业务拓展。塔塔集团的五个基本价值观是：①真诚。公正、诚实、透明。一言一行必须能够经受得住公众的监督和考验。②理解。对待同事和客户，必须关心、尊重、博爱，一切应符合所服务社会的根本利益。③卓越。日常工作、产品及服务质量必须满足最高标准要求。④团结。必须与同事、客户和合作伙伴同心协力，在宽容、谅解和相互合作的基础上，创建更加牢固的关系。⑤责任。对国家、对社区、对环境，要有责任感，真正履行"取之于民、用之于民"的承诺。

2. 案情介绍

塔塔集团的扩张由来已久。其中具有代表性的对外扩张如下列示。

1932 年，塔塔航空作为塔塔有限公司的一个分支机构成立，成为印度第一家航空运营公司；1953 年，塔塔航空归为国有。

1962 年，塔塔出口公司成立，现已改名为塔塔国际，是印度领先的出口贸易公司。

1998 年，印度第一辆自主设计制造的国产汽车由塔塔汽车公司生产，从此，塔塔集团进入轿车领域。

2000 年，塔塔茶叶公司收购英国泰特莱（Tetley）集团。这是印度企业集团首次收购国际品牌，也使得塔塔集团能够向茶叶生产链的下游产业渗透。

2002 年，塔塔咨询服务公司成为印度第一家销售额突破 10 亿美元的软件公司。

2004 年，塔塔汽车公司以 1.05 亿美元的价格收购了韩国第二大重型卡车制造商大宇商务汽车公司，目的是取得大宇商务汽车公司的卡车制造技术，并以韩国为跳板全面进军亚洲市场。

2007 年，塔塔钢铁收购了英荷钢铁集团康力斯，成为世界第五大钢铁制造商。

2008 年，塔塔汽车从福特汽车收购了捷豹路虎品牌；塔塔化工收购美国通用化工。

2012 年，塔塔全球饮料公司与国际咖啡巨头星巴克建立合资企业，受到咖啡爱好者的欢迎。

2015 年，塔塔有限公司与新加坡航空建立合资企业 Vistara。

2018 年，塔塔信息咨询成为印度第一家市值突破千亿美元的上市公司，开启本土企业发展新里程。

2019 年，塔塔全球饮料公司同塔塔化工宣布合并旗下的消费品牌，进而成立一个全新的公司——塔塔消费产品有限公司。

塔塔集团在中国有着长期悠久的历史。早在 1859 年，塔塔集团创始人詹姆斯特吉•塔塔先生当时正在他叔父的公司工作，被派到中国香港开办分支机构。数月之后，他转迁上海，直到 1863 年才离开中国。

随着塔塔集团国际化进程的不断推进，中国已经成为塔塔集团的战略重点之一。2017 年，塔塔集团在中国的销售额约 122 亿美元，从中国采购约 8.3 亿美元。塔塔集团当前在中国拥有 14 家公司，约有 9 700 名员工。目前，集团在中国开展业务的旗下公司包括塔塔咨询服务、捷豹路虎、塔塔国际、塔塔汽车零部件系统、塔塔全球饮料、优克运输设备公司、铁肯姆国际货运代理、塔塔工程有限公司、塔塔科技以及塔塔通信公司等。

资料来源：塔塔中国. 关于我们：塔塔集团历史大事件[EB/OL]. http://www.tatachina.com.cn/；TATA. About us/worldwide/TATA in Asia[EB/OL]. http://tata.com/tataworldwide/index/Tata-in-Asia；财富. 2020 年《财富》世界 500 强排行榜[EB/OL]. http://www.fortuneChina.com/for.tune500/c/2020-08/10/content_372148.htm.

10.5.2 案例评析

1. 勇于开拓的企业家精神助推塔塔集团实现扩张

塔塔集团成功实现对外扩张，得益于塔塔集团勇于开拓的企业家精神。塔塔集团的开拓精神在其旗下的公司中得到了体现。这些公司包括塔塔咨询服务公司，该公司是印度第一家软件公司；还包括塔塔汽车公司，该公司于1998年生产出印度第一辆本土研制汽车 Indica；该公司2008年亦推出了经济小型车塔塔 Nano。追求卓越的理念也在不断创新中显露无遗，例如塔塔钢铁欧洲公司研发的静音轨道技术，捷豹路虎研发的第二代全地形反馈适应系统——通过红外线激光扫描来判断地形，以及涉水行车协助系统。

2. 创新驱动塔塔集团不断发展壮大

从创建之初，塔塔集团就是创新驱动式地发展：①以组织结构创新适应公司发展战略。早在20世纪60年代，为了与世界其他国家发生经济联系，塔塔集团就开始建立出口公司，负责海外事务。②以技术创新保持集团优势。塔塔集团的战略重心已经转移到了新技术创新方面，推动公司在印度及全世界的业务发展。例如，Nano 汽车，以及 Eka 超级计算机（由另一家塔塔公司开发），2008年该计算机的运算速度世界排名第四。③以创建基金的形式回报社会。塔塔有限公司是塔塔集团的控股公司，其 2/3 的股权由慈善基金持有。这些慈善基金建立了国家级的科学技术机构、医学研究机构、社会研究机构和表演艺术机构。这些慈善基金还为教育、医疗和生活领域的非政府组织提供援助和支持。塔塔集团旗下的各家公司还将社会公益活动扩展到其企业单位周围的社区。

总之，塔塔集团正在成长为一家国际性的大企业，它扎根于印度并恪守传统价值观和良好的道德标准，在兼顾股东、雇员和社会利益的同时，通过以客户为中心、创新、企业家精神、信誉和价值驱动来实现企业的长足发展。

3. 以跨国并购实现品牌扩张

塔塔集团作为印度最古老、规模最大、最受尊敬的企业集团之一，通过收购国际品牌实现扩张的同时，也为世界各地的消费者带来了全球知名品牌，方便了他们每日生活所需。随着旗下公司的足迹遍布世界各地，塔塔集团的国际知名度也不断提高。英国咨询公司品牌金融（Brand Finance）在2016年对塔塔品牌综合评估价为230亿美元。可以说，塔塔集团实现了真正意义的品牌扩张。

10.5.3 思考

思考一：塔塔集团成功扩张的核心原因是什么？
思考二：塔塔集团的成功对我国企业有哪些启示？

本 章 小 结

发展中经济体泛指所有不属于发达经济体和转型期经济体之列的经济体，其最早的对外直接投资可以追溯到20世纪20年代，发展至今，基本可以划分为20世纪80年代的起步期、20世纪80年代至90年代末的发展期，以及21世纪之后的稳定增长期。

与发达经济体相比，发展中经济体政治情况非常复杂，经济发展水平悬殊，使得各发展中经济体的跨国公司发展差异非常大，但依然能够寻得一些共同的发展特点；从海外资产、海外销售量、海外雇员数量等方面可以衡量出发展中经济体的跨国公司国际化程度相对较低，原因在于发展中经济体的跨国公司起步晚、国际化程度与跨国公司对外扩张不同步等。与发达经济体相比，发展中经济体净流出量的变化相对较小，且一直为负。发展中经济体跨国公司对外投资流向具有较强地区性，可以从区域间和区域内的投资得到反映。

发展中经济体跨国公司对外直接投资理论主要包括威尔斯的小规模技术理论、邓宁的投资发展周期理论、技术创新和产业升级理论等。威尔斯认为发展中经济体跨国企业在小规模生产技术、民族产品的海外生产，以及低价产品营销战略等方面具有相对优势。邓宁的投资发展周期理论认为一个经济体的净对外直接投资地位与该经济体的经济发展水平存在密切的正相关关系。净对外直接投资地位，即一个经济体的对外直接投资流出总额减去对外直接投资流入总额。投资发展周期理论按人均国民生产总值把各经济体分为四个组别，对应于投资发展的四个不同阶段，每个阶段有其投资特点。技术创新和产业升级理论认为发展中经济体跨国公司对外直接投资的增长，与其技术能力的提高密切相关，而技术能力的提高则受到母经济体产业结构升级的影响。发展中经济体跨国公司对外直接投资呈现产业特征和地理特征。

发展中经济体跨国公司对外直接投资的地位相对越来越重要，可以从发展中经济体跨国公司对外直接投资的流入量占比和流出量占比得到证实。从发展中经济体与转型期经济体前100位跨国公司所处行业家数可看出其投资领域越来越广泛；从发展中经济体和转型期经济体前100位跨国公司所处行业的家数变化来看，科技行业渐受青睐。然而，2020年新冠肺炎疫情在全球多点暴发，从不同角度、不同程度影响发展中经济体参与全球价值链。比如在非洲，新冠肺炎疫情影响了所有产业，其中航空、酒店、旅游和休闲等服务行业受创最为严重。

在发展中经济体，许多跨国公司值得研究，其中印度塔塔集团海外扩张是典型案例之一。

思 考 题

1. 发展中经济体跨国公司如何进入21世纪蓬勃发展期？
2. 简述发展中经济体跨国公司对外直接投资的特点。

3. 威尔斯是从哪些方面分析发展中经济体跨国公司相对优势的?

4. 邓宁是如何利用净对外直接投资阐述投资发展周期理论的?

5. 简述技术创新和产业升级理论如何从动态化与阶段化角度剖析发展中经济体对外直接投资。

6. 在哪些方面可以体现出发展中经济体跨国公司正在积极融入全球价值链?

即 测 即 练

第 11 章

金砖国家的跨国公司及其对外直接投资

【学习要点】

1. 金砖国家跨国公司正在迅速发展，大型跨国公司占全球的份额不断上升，对外直接投资更是波动较大，净对外直接投资持续为负，各国表现不一致，内部投资量也很小。
2. 金砖各国国情不同，跨国公司及其对外直接投资各有各的特点。
3. 金砖国家未来的对外直接投资有可能会出现投资规模扩大、投资多元化以及价值链参与率提高等特征。

【学习目标】

1. 掌握金砖国家对外直接投资概况。
2. 熟悉金砖各国对外直接投资的特点。
3. 了解金砖国家对外直接投资的未来趋势。

金砖国家领导人第十二次会晤

2020年11月17日晚，金砖国家领导人第十二次会晤以视频方式举行。俄罗斯总统普京主持，中国国家主席习近平、印度总理莫迪、南非总统拉马福萨、巴西总统博索纳罗出席。

习近平发表题为"守望相助共克疫情 携手同心推进合作"的重要讲话。习近平指出，当前，世纪疫情和百年变局交织，国际格局深刻演变。在这样一个重要时刻，我们举行这次会晤，共商抗疫合作大计，共绘金砖发展蓝图，具有特殊重要意义。环顾全球，疫情使各国人民生命安全和身体健康遭受巨大威胁，全球公共卫生体系面临严峻考验，人类社会正在经历百年来最严重的传染病大流行。国际贸易和投资急剧萎缩，人员、货物流动严重受阻，不稳定不确定因素层出不穷，世界经济正在经历20世纪30年代大萧条以来最严重的衰退。单边主义、保护主义、霸凌行径愈演愈烈，治理赤字、信任赤字、发展赤字、和平赤字有增无减。同时，我们坚信，和平与发展的时代主题没有改变，世界多极化和经济全球化的时代潮流也不可能逆转。我们要为人民福祉着想，秉持人类命运共同体理念，用实际行动为建设美好世界作出应有贡献。我们坚信，和平与发展的时代主题没有改变，世界多极化和经济全球化的时代潮流也不可能逆转。我们要为人民福祉着想，秉持人类命运共同体理念，用实际行动为建设美好世界作出应有贡献。

第一，要坚持多边主义，维护世界和平稳定。面对多边和单边、公道和霸道之争，金砖国家要坚定维护国际公平正义，高举多边主义旗帜，捍卫联合国宪章宗旨和原则，维护以联合国为核心的国际体系，维护以国际法为基础的国际秩序。尊重彼此根据自身国情选择的社会制度、经济模式、发展道路。倡导共同、综合、合作、可持续的安全观，通过协商和谈判化解分歧，反对干涉内政，反对单边制裁和"长臂管辖"，共同营造和平稳定的发展环境。

第二，要坚持团结协作，合力克服疫情挑战。要加强国际联防联控，支持世界卫生组织发挥关键领导作用。中方愿积极考虑向有需要的金砖国家提供疫苗。推动金砖国家疫苗研发中心建设。中方倡议召开传统医药研讨会，探索传统医药在新冠肺炎防治方面的作用。要以团结取代分歧，以理性消除偏见，凝聚起各国携手抗疫的最大合力。

第三，要坚持开放创新，促进世界经济复苏。一手防疫情，一手稳经济。加强宏观经济政策协调，推动落实"人员与货物跨境流动便利化倡议"，保障产业链、供应链安全畅通。利用疫情搞"去全球化"，最终只会损害本国和各国共同利益。要坚定不移构建开放型世界经济，反对滥用国家安全之名行保护主义之实。加强科技创新合作，营造开放、公平、公正、非歧视的营商环境。中方将在福建省厦门市建立金砖国家新工业革命伙伴关系创新基地。希望金砖国家支持中方发起的《全球数据安全倡议》。

第四，要坚持民生优先，推进全球可持续发展。将落实《联合国2030年可持续发展议程》置于国际发展合作核心，将消除贫困作为首要目标，让资源更多向减贫、教育、卫生、基础设施建设等领域倾斜。支持联合国发挥统筹协调作用，推动构建更加平等均衡的全球发展伙伴关系，让发展成果更多惠及发展中国家，更好满足弱势群体需求。

第五，要坚持绿色低碳，促进人与自然和谐共生。落实好应对气候变化《巴黎协定》，恪守共同但有区别的责任原则，为发展中国家提供更多帮助。中国将提高国家自主贡献力度，已宣布采取更有力的政策和举措，二氧化碳排放力争于2030年前达到峰值，努力争取2060年前实现碳中和。我们将说到做到。

习近平强调，中国将开启全面建设社会主义现代化国家新征程，我们将科学把握新发展阶段，坚定贯彻新发展理念，积极构建新发展格局。中国开放的大门不会关闭，只会越开越大。中国将更加积极地融入全球市场，更加主动地深化对外合作，为世界经济复苏发展创造更多机遇和空间。

习近平最后强调，我们都在同一艘船上。风高浪急之时，我们更要把准方向，掌握好节奏,团结合作,乘风破浪,行稳致远,驶向更加美好的明天。

五国领导人围绕"深化金砖伙伴关系,促进全球稳定、共同安全和创新增长"主题,共商抗疫合作大计,共绘金砖发展蓝图,就金砖合作和当前国际形势深入交换意见,达成广泛共识。

五国领导人表示,面对新冠肺炎疫情,五国应团结互助,加强疫苗和药物方面合作,支持世界卫生组织发挥重要协调作用,反对将疫情政治化,维护产业链供应链稳定,推动实现世界经济复苏和增长。推进金砖国家经济伙伴关系,深化贸易投资、数字经济、科技创新、能源、气候变化等领域务实合作。加强政治安全合作,包括反恐、反腐败、外空安全和网络安全等领域合作,尊重各国主权、安全和领土完整,致力于通过和平方式解决争端。拓展人文交流合作,深化民间友好。领导人同意,继续就重大国际地区问题密切沟通,坚持多边主义,完善全球治理,维护以联合国为核心的国际秩序,维护以世界贸易组织为代表的多边贸易体制,推动构建人类命运共同体。

五国领导人还听取了金砖国家相关机制负责人工作报告。

会晤通过了《金砖国家领导人第十二次会晤莫斯科宣言》。

资料来源:习近平. 守望相助共克疫情 携手同心推进合作——在金砖国家领导人第十二次会晤上的讲话. http://www.gov.cn/xinwen/2020-11/17/content_5562128.htm.

11.1 金砖国家跨国公司及其对外直接投资概况

金砖国家作为新兴经济体中的重要组成部分,跨国公司得到快速发展,对外直接投资也得到不同程度的发展,但是各个国家表现不同。

11.1.1 跨国公司发展迅速,占世界 500 强近 30%

作为一个经济集团,金砖国家有近 30%的企业属于全球 500 强。在 2020 年的榜单中,金砖国家共计有 151 家上榜,其中 7 家属于印度、4 家属于俄罗斯、7 家属于巴西,其余 133 家均来自中国。

中国企业中,中国内地公司数量居前五的行业是采矿和原油生产、金属产品、贸易、银行/商业储蓄、工程与建筑。榜单中,居前 100 位的中国企业共计 25 家(表 11-1)。8 家中国公司首次上榜,它们是上海建工、深圳投资控股、盛虹、山东钢铁、上海医药、广西投资,中国核工业和中煤能源。

7 家印度企业涉及能源、制造业、银行和贸易,它们是信实工业公司(Reliance Industries)第 96 位、印度石油公司(Indian Oil)第 151 位、印度石油天然气公司(Oil and Natural Gas)第 190 位、印度国家银行(State Bank of India)第 221 位、巴拉特石油公司(BHARAT PETROLEUM)第 309 位、印度塔塔汽车公司第 337 位、Rajesh Exports 公司第 462 位。

4家俄罗斯企业中,3家为能源企业,1家为银行。它们分别是俄罗斯天然气工业股份公司(Gazprom)第55位、卢克石油公司(Lukoil)第57位、俄罗斯石油公司(Rosneft Oil)第76位、俄罗斯联邦储蓄银行(Sberbank)第240位。

7家巴西企业涉及银行和能源行业,包括巴西国家石油公司(Petrobras)第120位、巴西jbs公司第213位、伊塔乌联合银行控股公司(Itaú Unibanco Holding)第216位、巴西布拉德斯科银行(Banco Bradesco)第268位、巴西银行(Banco Do Brasil)第288位、巴西联邦储蓄银行(Caixa Econômica Federal)第326位、巴西淡水河谷公司(Vale)第333位。

表11-1 《财富》世界500强前100位的中国企业(2020年) 百万美元

排名	公司名称	营收	利润
2	中国石油化工集团公司(Sinopec Group)	407 008.8	6 793.2
3	国家电网有限公司(State Grid Corporation of China)	383 906	7 970
4	中国石油天然气集团有限公司(China National Petroleum Corporation)	379 130.2	4 443.2
18	中国建筑集团有限公司(China State Const Ruction Engineering)	205 839.4	3 333
21	中国平安保险(集团)股份有限公司(Ping An Insurance)	184 280.3	21 626.7
24	中国工商银行(Industrial & Commercial Bank of China)	177 068.8	45 194.5
26	鸿海精密工业股份有限公司(Hon Hai Precision Industry)	172 868.5	3 730.9
30	中国建设银行(China Construction Bank)	158 884.3	38 609.7
35	中国农业银行(Agricultural Bank of China)	147 313.1	30 701.2
43	中国银行(Bank of China)	135 091.4	27 126.9
45	中国人寿保险(集团)公司(China Life Insurance)	131 243.7	4 660.3
49	华为投资控股有限公司(Huawei Investment & Holding)	124 316.3	9 062.1
50	中国铁路工程集团有限公司(China Railway Engineering Group)	123 324	1 535.3
52	上海汽车集团股份有限公司(Saic Motor)	122 071.4	3 706.1
54	中国铁道建筑集团有限公司(China Railway Construction)	120 302.2	1 359.2
64	中国海洋石油集团有限公司(China National Offshore Oil Corporation)	108 686.8	6 957.2
65	中国移动通信集团有限公司(China Mobile Communications Corporation)	108 527.3	12 145.1
75	太平洋建设集团(Pacific Construction Group)	97 536.4	3 455
78	中国交通建设集团有限公司(China Communications Construction Group)	95 096.2	1 332.6
79	华润(集团)有限公司(China Resources)	94 757.8	3 571.6
89	中国第一汽车集团公司(China Faw Group)	89 417.1	2 847.8
90	中国邮政集团公司(China Post Group)	89 346.8	4 440.9
91	正威国际集团(Amer International Group)	88 862.1	1 807.3
92	中国五矿集团有限公司(China Minmetals)	88 357.4	230.1
100	东风汽车集团股份有限公司(Dongfeng Motor Group Co., LTD.)	84 048.5	1 328.4

资料来源:财富. 2020年《财富》世界500强排行榜[EB/OL]. http://www.fortunechina.com/fortune500/c/2020-08/10/content_372148.htm.

延伸阅读

世界 500 强

"世界 500 强"是中国人对美国《财富》(Fortune)杂志社每年评选的"全球最大五百家公司"排行榜的一种约定俗成的叫法。《财富》世界 500 强排行榜一直是衡量全球大型公司最著名、最权威的榜单,被誉为"终极榜单",由《财富》杂志每年发布一次。

第一份《财富》500 强排行榜诞生于 1955 年,当时上榜的仅限于美国公司。自诞生之初起,《财富》杂志的编辑就决定将收入作为企业排名的主要依据,因为收入是衡量增长和成功最可靠、最有力的证明,以及最有意义的指标。

1957 年,美国之外的大公司首次拥有了专门的排行榜。1976 年,第一份国际 500 强排行榜出炉,但仅包括美国之外的公司。

1995 年,第一份包含美国和其他各国企业在内的综合榜单才正式问世,这也是第一份真正意义上的世界 500 强排行榜。这份榜单后来常被作为基准,用来对企业、行业或国家之间历年的表现进行数据对比。

《财富》500 强排名依据不同于《商业周刊》(Business Week)和《福布斯》(Forbes)。《财富》以销售收入为依据进行排名,比较重视企业规模;《商业周刊》则把市值作为主要依据;《福布斯》综合考虑年销售额、利润、总资产和市值。《商业周刊》的排名仅限于发达国家,《财富》则将世界各国的企业都进行排名。

《财富》是美国人亨利·卢斯(Henry Robinson Luce,1989—1967)在 1929 年经济萧条的背景下创办的。他认为商业文化是一个社会的核心,期望借助《财富》杂志为低迷的经济描绘出未来的希望。

资料来源:2017 年世界 500 强排行榜[EB/OL]. http://www.fortunechina.com/fortune500;凤凰网商业. 世界 500 强介绍[EB/OL]. http://biz.ifeng.com/news/detail_2012_05/29/209868_0.shtml.

11.1.2 对外直接投资总额波动较大,各国表现各异

金砖国家对外直接投资总额波动较大。在 2007—2019 年期间出现四次波峰,分别是 2008 年、2010 年、2013 年和 2017 年,分别为 1 444.64 亿美元、1 478.58 亿美元、2 090.13 亿美元和 2 299.95 亿美元。其间分别在 2009 年、2012 年和 2015 年出现明显波谷,分别是 1 071.91 亿美元、1 223.94 亿美元和 1 744.3 亿美元;2018—2019 年连续两年回落,2018 年回落幅度较大,较 2017 年回落幅度高达 22.6%;2019 年回落放缓,较 2018 年回落 4.3%。

各国对外直接投资表现差异较大。中国在观察期内出现截然不同的两种情形,

2016年达到最高峰1961.49亿美元,此前呈现单边上涨,此后出现单边下跌。俄罗斯的波动相对较大,在2013年达到865亿美元的峰值,2014—2015年连续两年较急速回落至270.9亿美元;2016—2019年徘徊于225亿美元至360亿美元之间,但总体低于2007—2012年期间的对外直接投资额。巴西最不稳定,观察期内,2009年、2012—2016年、2018年期间7年出现对外直接投资负值,说明该国出现大量反向投资债务流动,2018年最为严重,达163.36亿美元;2010年出现对外直接投资峰值,达220.6亿美元。印度相对窄幅波动,分别在2008—2011年、2014年、2017—2019年出现较大对外直接投资兴趣,保持在100亿美元以上;其他年份则处于100亿美元以下。南非总体态势向好,除2008年、2010年和2011年3年出现反向投资债务流动导致对外直接投资出现负值之外,其他年份均为正值,峰值出现于2014年,达76.69亿美元;次峰值出现在2017年,达73.71亿美元,2018—2019年连续两年出现回落,但依然保持在30亿美元正值(图11-1)。

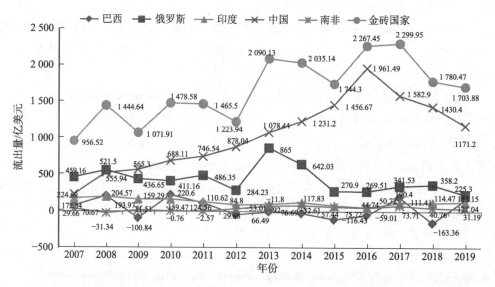

图11-1 金砖国家FDI流出量(2007—2019年)

资料来源:根据以下文献绘制。中华人民共和国国家统计局.金砖国家联合统计手册(2017)[M]. 北京:中国统计出版社,2017:14; UNCTAD. World investment report(2020)[EB/OL]. http://www.unctad.org: 237-241.

11.1.3 净对外直接投资波动较大,持续为负

金砖国家净对外直接投资波动较大。在观察期内,一直在−1 692亿美元至−404亿美元之间波动,波动区间较大。在2011—2014年间,对外直接投资发展态势非常好,由2011年的净对外直接投资−1 691.20亿美元一路收窄至2014年的−511.87亿美元;经过2015年的调整,2016年继续收窄,但是2017年微微回调之后,2018—2019年急

转直下,迅速回落,分别至–808.94 亿美元和–1 297.38 亿美元,从而出现对外直接投资流出额明显低于流入额的情形,这很可能由两个方面原因导致:一方面说明金砖国家对于 FDI 的吸引力非常大;另一方面说明金砖国家对外直接投资的稳定性还需要进一步加强(图 11-2)。

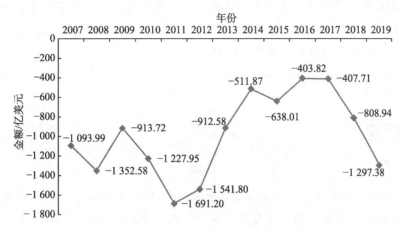

图 11-2　金砖国家 FDI 净流出(2007—2019 年)

资料来源:根据以下文献绘制。中华人民共和国国家统计局,等. 金砖国家联合统计手册(2017)[M]. 北京:中国统计出版社,2017:14;UNCTAD. World investment report (2020)[EB/OL]. http://www.unctad.org: 237-241.

金砖国家净对外直接投资持续为负。观察期内,金砖国家 FDI 净流出额一直为负,最小负值是–403.82 亿美元,最大负值是–1 691.2 亿美元。此情形说明金砖国家跨国公司正在实行"走出去"战略,正在注重对外直接投资,但是却一直都属于 FDI 净接受国,还没有成为强大的对外直接投资国(图 11-2)。

延伸阅读

金 砖 国 家

2001 年,美国高盛公司首次提出 BRICs 概念,用巴西、俄罗斯、印度、中国四国英文名称首字母组成缩写词。因"BRICs"拼写和发音同英文单词"砖"(bricks)相近,我国媒体和学者将其译为金砖国家。2011 年,南非正式加入金砖国家,英文名称定为 BRICS。

2006 年,金砖国家外长举行首次会晤,开启金砖国家合作序幕。2009 年 6 月,金砖国家领导人在俄罗斯叶卡捷琳堡举行首次会晤。2011 年 11 月,金砖国家领导人在法国戛纳二十国集团峰会前夕举行首次非正式会晤。截至 2017 年 12 月,金砖国家领导人共进行了 9 次会晤和 7 次非正式会晤。

金砖国家合作机制成立以来,合作基础日益夯实,领域逐渐拓展,已经形成以领导人会晤为引领,以安全事务高级代表会议、外长会晤等部长级会议为支撑,在经贸、财金、科技、农业、文化、教育、卫生、智库、友城等数十个领域开展务实合作的多层次架构。金砖国家合作的影响已经超越5国范畴，成为促进世界经济增长、完善全球治理、促进国际关系民主化的建设性力量。

金砖国家国土面积占世界领土总面积的26.46%，人口占世界总人口的42.58%。据估算，2016年5国经济总量约占世界的23%，贸易总额和对外投资比重分别占世界的16%和12%，对世界经济增长贡献率达50%。5国在世界银行的投票权为13.24%，在国际货币基金组织的份额总量为14.91%。

资料来源：金砖国家[EB/OL]. http://www.fmprc.gov.cn/web/gjhdq_676201/gjhdqzz_681964/jzgj_682158/jbqk_682160/.

延伸阅读

G20

G20，即二十国集团，由七国集团财长会议于1999年倡议成立，最初为财长和央行行长会议机制，2008年国际金融危机后，升格为领导人峰会。2009年9月举行的匹兹堡峰会将G20确定为国际经济合作主要论坛。

（1）组成。G20由中国、阿根廷、澳大利亚、巴西、加拿大、法国、德国、印度、印度尼西亚、意大利、日本、韩国、墨西哥、俄罗斯、沙特阿拉伯、南非、土耳其、英国、美国以及欧盟20方组成。

（2）特点。G20成员涵盖面广，代表性强，构成兼顾了发达国家和发展中国家以及不同地域利益平衡，人口占全球的2/3，国土面积占全球的60%，国内生产总值占全球的85%，贸易额占全球的80%。

（3）组织结构。G20峰会采用协调人和财金渠道双轨筹备机制，按照协商一致原则运作，目前无常设机构。

（4）主要活动。2008年国际金融危机前，G20每年举行财长和央行行长会。截至2017年1月，G20已举行过11次峰会，主要讨论全球重大经济金融热点问题，为推动世界经济复苏及国际金融体系改革作出重要贡献。每次G20峰会前不定期举行协调人会议及财长和央行行长会，以及贸易、劳工就业、农业、能源等专业部长会议。

资料来源：二十国集团[EB/OL]. http://www.fmprc.gov.cn/web/gjhdq_676201/gjhdqzz_681964/ershiguojituan_682134/jbqk_682136/.

11.2 金砖各国跨国公司及其对外直接投资特点

金砖国家传统上是作为西方跨国公司的投资目的地国，它们进行对外投资是一个新的趋势。来自新兴经济体跨国公司的对外直接投资，正日益成为向其他新兴经济体国家、发达国家和发展中国家，尤其是非洲国家投资的重要来源之一。①但是金砖各国的投资目的地、投资行业并不完全一致，而是各有特点。

11.2.1 巴西跨国公司及其对外直接投资特点

巴西作为次区域最大经济体和地区内主要的 FDI 目的地，也正在进行对外直接投资。2019 年大幅回升至 155.15 亿美元，成为 2007—2019 年观察期内 6 次对外直接投资表现为正值中的一次。

1. FDI 流量规模较小，波动较大

巴西对外直接投资流量规模较小。2010 年流出量达到观察期内的峰值为 220.6 亿美元，明显低于流入量，比当年低 616.89 亿美元，比 2011 年流入量峰值低 740.92 亿美元（图 11-3）。一方面说明巴西企业需要进一步增强其在国际市场上的竞争力；另一方面说明巴西企业对外直接投资还有很大的发展空间。

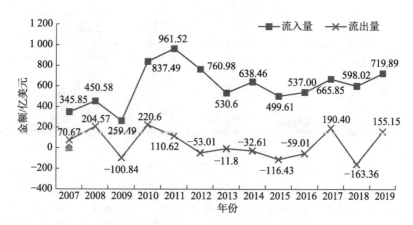

图 11-3 巴西 FDI 流量对比（2007—2019 年）

资料来源：根据以下文献绘制。UNCTAD. World investment report (2020)[EB/OL]. http://www.unctad.org: 237-241.

巴西对外直接投资波动较大。观察期内，流出量在–163.36 亿美元至 220.6 亿美元之间较大幅度波动（图 11-3）。原因是：反向投资债务流动（以定向为基础时，该项在 FDI 统计中以负值出现）增加以及跨国并购使得巴西企业外国资产剥离增加。②

尽管如此，巴西作为拉丁美洲最大的经济体，对该区域对外直接投资作出了相当大的贡献。源于前几年减少总额的负流出在下降，2019 年拉丁美洲的跨国公司对外直接投资大幅增加至 420 亿美元。增幅最大的是巴西、墨西哥和智利等国，其中巴西企业表现最佳，因为巴西国内利率已经下降到历史低点，似乎已经暂停了通过外国子公

---

① 科林斯. 金砖国家对外直接投资[M]. 朱莺, 顾健, 译. 北京：化学工业出版社, 2017：3.
② UNCTAD. World investment report (2020)[EB/OL]. http://www.unctad.org: 62.

司募集资金完成国内业务融资的做法。①此情形使得巴西从 2018 年全球 FDI 流出量排名第 160 位成功一跃，跻身于前 20 位，排名第 20 位，与居于第 18 位和第 19 位的丹麦和阿拉伯联合酋长国的对外直接投资流出量一致，均约为 160 亿美元（图 10-4）。

2. FDI 存量规模相对较低，但呈现持续增长

观察期内，相对于 FDI 流入存量来讲，巴西流出存量规模较低。2000 年、2010 年、2016 年、2019 年分别是 519.46 亿美元、1 493.37 亿美元、1 724.41 亿美元、2 239.47 亿美元，仅分别占当年流入存量的 34.95%、27.55%、23.32%、42.49%。尽管相对占比较低，且出现波动，但绝对规模呈现持续性增长（图 11-4）。究其原因：①巴西企业在国际化过程中，遭遇法规壁垒阻碍。②2018 年，巴西 GDP 达到 1.87 万亿美元，相对于此经济总量，巴西对外直接投资额仍处于较低水平。这表明巴西企业从国内消费者身上看到了消费商品和服务的压力市场，也成为打消跨国公司进行国际化的最主要原因。②

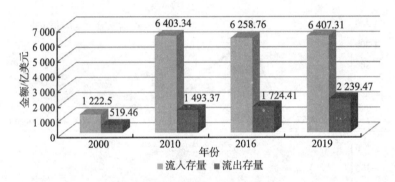

图 11-4　巴西 FDI 存量对比（2000/2010/2016/2019）

资料来源：根据以下文献绘制。UNCTAD. World investment report (2017)[EB/OL]. http://www.unctad.org: 228. UNCTAD. World investment report (2020)[EB/OL]. http://www.unctad.org: 244.

巴西对小岛屿发展中国家投资存量的排名基本稳定，2018 年以 230 亿美元的存量规模继续居于第 3 位，但是较 2014 年下降 60 亿美元。对小岛屿发展中国家 FDI 存量居前两位的经济体分别是美国和加拿大，2018 年分别为 720 亿美元和 690 亿美元，分别比 2014 年增长 120 亿美元和 40 亿美元（图 11-5）。

3. 少数大型跨国公司发挥龙头作用，其他中小型企业跟随

巴西对外直接投资中，一般由少数大型企业带头进行全球化，如巴西国家石油公司、巴西淡水河谷公司等，其他中小型企业跟随。巴西国家石油公司是巴西政府于 20 世纪中期实施进口替代战略时期建立的一批国有超大型企业之一。之后的几十年里

---

① UNCTAD. World investment report (2020)[EB/OL]. http://www.unctad.org：14-53.
② 科林斯. 金砖国家对外直接投资[M]. 朱莺, 顾健, 译. 北京：化学工业出版社, 2017：27.

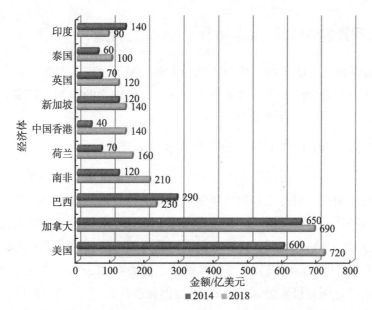

图 11-5　2018 年小岛屿发展中国家 FDI 存量前 10 位经济体

资料来源：根据以下文献绘制。UNCTAD. World investment report (2020)[EB/OL]. http://www.unctad.org: 79.

一直得到政府支持，不仅维持巨大规模，也引领巴西对外直接投资方向，该公司主要集中于自然资源行业，包括石油天然气、矿物和农产品等。不过，随着国内外投资环境的变化，很多中小型企业也开始参与到国际竞争中来。这些中小型企业从建立之初就具有全球思维，并建立国际联盟关系，常常被媒体称为"生而全球化"。①

4. 投资目的地以拉美为主，但也逐渐向中国等地扩张

巴西对外直接投资目的地以拉美为主，是该区域主要的商品和服务提供者。主要因为：①具有地理位置优势。巴西几乎与所有的拉美国家接壤（智利和厄瓜多尔除外），彼此之间的风俗习惯、宗教信仰、生活方式等都存在一定的相似性，节约了谈判成本，为巴西将此区域视为其投资主要目的地奠定了先决基础。②拥有议价能力。巴西是拉美地区经济最发达的发展中经济体，在拉美地区具有很高的议价能力，竞争优势比较明显。

近年来，巴西也向其他国家扩张，如中国。主要原因在于：①中国市场几乎对全球的跨国公司都具有吸引力，巴西也是其中之一；②中国与巴西同属于金砖国家，彼此之间的投资贸易往来会越来越多；③中国的"一带一路"倡议吸引各国跨国公司以各种方式加入其中。

---

① 2017 年世界 500 强排行榜[EB/OL]. http://www.fortunechina.com/fortune500；科林斯. 金砖国家对外直接投资[M]. 朱莺，顾健，译. 北京：化学工业出版社，2017：30-31.

11.2.2 俄罗斯跨国公司及其对外直接投资特点

俄罗斯位于欧亚大陆北部,地跨欧亚两大洲,国土面积为1 707.54万平方千米,不仅是世界上面积最大的国家,也是世界上有较大影响力的国家,其军工实力雄厚,特别是航空航天技术,居世界前列。

1. 传统目标国家 FDI 减少,但在努力寻找新市场

俄罗斯对向国外扩展持谨慎态度,导致对传统目标国家 FDI 减少。一如之前,俄罗斯依然是转型期国家对外直接投资最多的国家。俄罗斯跨国公司对向国外扩张持小心谨慎态度,特别是对发达市场,在这些市场,它们在获得国际融资和技术方面面临越来越多的限制以及国际制裁。这影响了俄罗斯大型跨国公司。2019年跨境收购净额降至–40亿美元。俄罗斯跨国公司曾多次撤资,例如将 Sberbank 在土耳其 Denizbank 的资产出售给迪拜国有投资公司(Cic,阿拉伯联合酋长国)。①2019年,俄罗斯对外直接投资存量2 866.22亿美元,较2016年的3 357.91亿美元有所下降,是2000年的14.92倍(图11-6)。

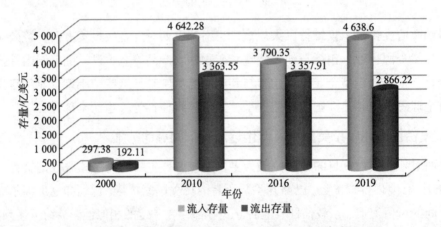

图11-6 俄罗斯 FDI 存量对比(2000—2019年)

资料来源:根据以下文献整理绘制。UNCTAD. World investment report (2017)[EB/OL]. http://www.unctad.org: 229. UNCTAD. World Investment Report (2020)[EB/OL]. http://www.unctad.org: 243.

尽管如此,但是俄罗斯却在一定程度上得到对新市场投资的补偿。2019年,国有俄罗斯天然气工业股份公司(Gazprom Neft)扩大了伊拉克库尔德斯坦地区的石油生产,诺瓦泰克(Novatek)也在越南启动了一个液化天然气项目。俄罗斯跨国公司还在非洲大陆发起各类项目,其中一些得到俄罗斯政府的支持,旨在加强与非洲大陆的经济联系。2019年,受第一届俄非峰会和经济论坛公开倡议的鼓舞,俄罗斯跨国公司继

---

① UNCTAD. World investment report(2020)[EB/OL]. http://www.unctad.org: 14-59.

续在非洲大陆寻找各种投资机会。尽管俄罗斯对非洲年投资额很小，但是也有例外。比如2019年，刚果获得俄罗斯最大对外直接投资者——卢克石油公司以7.79亿美元收购马里尼西亚天然气公司（Marine Ⅻ）25%股份的投资，目前正处于勘探阶段。其他投资于非洲的俄罗斯企业还包括国有Alrosa公司（投资于安哥拉、博茨瓦纳和津巴布韦），巴哈马注册但俄罗斯所有的Renova公司（采矿于加蓬、莫桑比克和南非），国有核运营商Rosatom公司（投资于埃及和尼日利亚），以及国有Rosneft公司（投资于埃及）。①

2. 积极参与全球价值链，但稳定性有待进一步提高

俄罗斯拥有参与全球价值链的热情，但是稳定性还有待进一步提高。2008年之前，FDI流入量和流出量都呈现持续上升状态，此状态说明俄罗斯既被动参与全球价值链活动，也主动参与其中，且热情不断增加。但是2009—2019年期间，流入量和流出量都出现较大波动，此情形说明俄罗斯拥有参与全球价值链的热情，但受多方面因素影响或制约，导致参与稳定性还需要进一步增强（图11-7）。

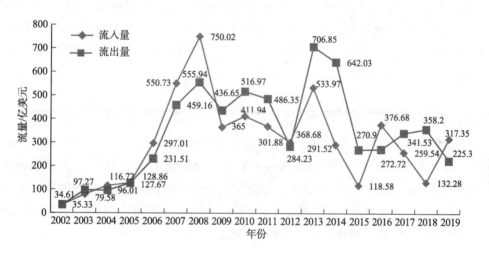

图11-7　俄罗斯FDI流量对比（2002—2019年）

资料来源：根据以下文献整理绘制。UNCTAD. World investment report (2017)[EB/OL]. http://www.unctad.org: 225. UNCTAD. World investment report (2020)[EB/OL]. http://www.unctad.org: 241.

从流入量和流出量动态变化来看，2002—2008年间，基本上都是流入量高于流出量，说明被动融入全球价值链活动多一些；2009—2019年间，仅有2012年、2016年和2019年的流出量低于流入量，说明俄罗斯跨国公司对外直接投资能力以及主动参与全球价值链的热情在增强。2019年出现回落，2020年疫情也会影响流出量，但依然不能阻止俄罗斯主动走出去参与全球价值链的热情与脚步（图11-7）。

---

① UNCTAD. World investment report（2020）[EB/OL]. http://www.unctad.org: 59-60.

3. 传统优势行业利润受损，但科技型企业抗风险能力较强

自然资源是俄罗斯对外直接投资传统优势行业，但是利润正在受损。在过去 10 年间，石油和天然气工业占据了俄罗斯对外直接投资相当大的部分。2020 年第一季度，依据海外资产计，作为俄罗斯第三大跨国公司的国有俄罗斯石油公司出现 8 年来的第一次亏损，约 22 亿美元。其他行业，在外向型 FDI 中的比重有限，表现为更多元的结果。2020 年 1—3 月，国有俄罗斯联邦储蓄银行盈利大幅下降 47%。与此相反，科技型企业（比如互联网企业 Yandex 和 Mail.Ru）经历了更有限的利润下降（分别为 5% 和 22%），但同时两家企业的销售依然继续增加。此情形有可能因为：一方面，第一季度的结果并没有完全反映新冠疫情的影响[①]；另一方面，科技型企业属于朝阳产业，抗风险能力更强一些。

4. 国有跨国公司具有重要地位，但私营企业也不容小觑

俄罗斯参与对外直接投资的跨国公司中，国有跨国公司占据非常重要的地位。非金融类国有跨国公司中，有位列 2020 年《财富》世界 500 强排行榜榜单第 55 位和第 76 位的俄罗斯天然气工业股份公司和俄罗斯石油公司，二者排位较 2018 年榜单分别上升 6 位和 82 位，营业收入分别为 118 009.1 百万美元和 96 312.7 百万美元，利润分别为 18 593 百万美元和 10 943.6 百万美元。金融类跨国公司中，俄罗斯联邦储蓄银行榜上有名，位于第 240 位，营业收入 48 340.3 百万美元，利润 13 059.6 百万美元，资产 482 464.1 百万美元。[②]

除国有跨国公司之外，私营企业对外扩张也不容小觑。2020 年《财富》世界 500 强排行榜榜单中，卢克石油公司位列第 57 位，营业收入 114 621.2 百万美元，利润 9 895.2 百万美元，员工数 101 000 人。卢克石油公司成立于 1991 年，由 Kogalym、Langepas 和 Uray 3 家石油生产企业，以及包括 Perm 和 Volgograw 在内的几家炼油厂整合而成。[③]公司总部在莫斯科，截至 2020 年 10 月，卢克石油公司业务除俄罗斯之外，遍及欧洲、亚洲、美洲和非洲 28 个国家和地区。[④]

延伸阅读

独立国家联合体

（1）成立日期。1991 年 12 月 8 日，苏联的俄罗斯总统叶利钦、乌克兰总统克拉

[①] UNCTAD. World investment report（2020）[EB/OL]. http://www.unctad.org: 58.
[②] 财富. 2020《财富》世界 500 强排行榜[EB/OL]. http://www.fortunechina.com/fortune500/c/2020-08/10/content_372148.htm.
[③] LUKOIL. Company-history-history.1991.[EB/OL]. [2020-10-17]. https://www.lukoil.com/Company/history/History1991.
[④] LUKOIL. Company-business model-geographic reach.[EB/OL] [2020-10-17]. https://www.lukoil.com/Company/BusinessOperation/GeographicReach.

夫丘克、白俄罗斯最高苏维埃主席舒什克维奇在白俄罗斯的别洛韦日会晤，签署了一项关于建立独立国家联合体（简称"独联体"）的协定。同年12月12日，苏联的哈萨克斯坦等5个中亚加盟共和国的领导人在土库曼斯坦首都阿什哈巴德会晤并发表声明，表示愿意作为"平等的创始国"参加独联体。12月21日，苏联的阿塞拜疆、亚美尼亚、白俄罗斯、吉尔吉斯斯坦、摩尔多瓦、哈萨克斯坦、俄罗斯、乌兹别克斯坦、乌克兰、塔吉克斯坦、土库曼斯坦11国领导人在阿拉木图会晤，通过了《阿拉木图宣言》和《关于武装力量的议定书》等文件，宣告成立独立国家联合体及苏联停止存在。格鲁吉亚派代表以观察员身份与会。12月25日，戈尔巴乔夫发表电视讲话，辞去苏联总统职务。苏联正式解体。

（2）宗旨。《独联体章程》规定：独联体以所有成员国的主权平等为基础。独联体不是国家，也不拥有凌驾于成员国之上的权力，它为各成员国进一步发展和加强友好、睦邻、族际和谐、信任、谅解和互利合作关系服务。各成员国在国际安全、裁军、军备监督和军队建设方面实行协调的政策，采用包括观察员小组和集体维持和平部队等手段保证独联体内部安全。当成员国的主权、安全和领土完整以及国际和平与安全受到威胁时，各成员国应立即进行协商，协调立场，采取相应措施。

（3）成员。阿塞拜疆、亚美尼亚、白俄罗斯、格鲁吉亚（1993年12月起）、吉尔吉斯斯坦、摩尔多瓦（1994年4月起）、哈萨克斯坦、俄罗斯、乌兹别克斯坦、乌克兰、塔吉克斯坦、土库曼斯坦。目前，格鲁吉亚已于2009年8月正式退出独联体，土库曼斯坦和乌克兰分别于2005年和2014年宣布计划退出独联体。[①]

（4）总部。白俄罗斯首都明斯克。

（5）组织机构。①独联体国家元首理事会和政府首脑理事会：国家元首理事会是独联体的最高机构，通常每年召开两次会议。政府首脑理事会每年召开四次会议。会议轮流在各国首都举行，各国领导人按照其国家俄文名称字母的顺序轮流主持会议。②跨国议会大会、跨国经济委员会和支付联盟以及外交、国防等部长级理事会等。③协调协商委员会：为独联体常设执行和协商机构，每个成员国派两名全权代表常驻该委员会。独联体工作语言为俄语。

资料来源：独立国家联合体（CIS）[EB/OL].（2006-03-28）. http://world.people.com.cn/GB/8212/65943/65948/4465090.html.

11.2.3 印度跨国公司及其对外直接投资特点

印度作为南亚面积最大的国家和世界第二大人口国，成为发展中国家第二大经济

[①] 新浪新闻中心. 土库曼斯坦宣布计划放弃独联体正式成员资格[EB/OL]. http://news.sina.com.cn/w/2005-08-30/04156812805s.shtml；任瑞恩. 格鲁吉亚退出独联体程序结束正式退出独联体[EB/OL]. http://news.sohu.com/20090818/n266054528.shtml；中国网. 乌克兰正式启动退出独联体程序，莫斯科表遗憾[EB/OL]. http://world.people.com.cn/n/2014/0320/c1002-24692785.html.

体的速度惊人。从20世纪90年代开始,印度开始实施开放经济,国有企业私有化,放松对国际贸易和对外直接投资的管制。因此,印度对外直接投资得到发展,其具体特点如下。

1. 传统上倾向于发达国家企业占统治地位的知识密集型高科技行业

印度对外扩张大致可以分为两个阶段:①1990年之前,主要集中于低技术行业,如纺织业和制造业,目标在发展中国家,尤其是南亚。国际化的主要方式是通过少数参股来获得新市场和资源,目的是规避印度政府限制性的国内经济政策。②1991年以后,对外投资蔓延到所有行业,尤其是以信息技术和通信为代表的服务行业更是在全球占有越来越重要的地位。目标国更为广泛,以多数拥有股权或独资经营为主,进军发达国家以获得战略性资产,如技术、营销技能、品牌和营销渠道。①

信息技术和商业服务是两个特别吸引印度对外直接投资的行业。印度在美国进行的跨国并购案的80%都与信息技术及相关服务有关,欧洲也是如此。随着印度跨国并购活动的增加,在海外建立的分支机构也越来越多,也吸引了印度的银行业走出国门。这方便了印度企业为国际商务活动进行离岸融资,同时,也使得银行业顺利获得海外的成功。另外,印度的电信公司也在积极向海外扩张,比如巴帝电信公司(Bharti Airtel)。巴帝电信公司成立于1995年7月7日,是一家领先的综合通信公司,公司总部位于新德里,业务遍及亚洲、美洲、欧洲、中东和非洲的20个国家。②

2. 以跨国并购方式快速获取资源

近年来,印度跨国公司活跃在跨国并购交易中,如2000年,塔塔茶叶公司收购英国泰特莱集团。这是印度企业集团首次收购国际品牌,也使得塔塔集团能够向茶叶生产链的下游产业渗透。2002年,塔塔咨询服务公司成为印度第一家销售额突破10亿美元的软件公司。2007年,塔塔钢铁收购了英荷钢铁集团康力斯,成为世界第五大钢铁制造商。2008年,塔塔汽车从福特汽车收购了捷豹路虎品牌;塔塔化工收购美国通用化工。2016年,印度企业在俄罗斯对其石油和天然气部门的企业进行数次并购。2019年,印度以及其他发展中亚洲国家和欧盟的投资者在毛里求斯进行了数量最多的并购交易。

印度进行跨国并购的大多是私人企业,从多元化的大型集团公司到中小企业都有。印度跨国公司跨国并购的目标涵盖各个行业,一般都是大公司。2000年以后,印度跨国公司的投资目标转向寻求发达国家的战略性资产。与其他金砖国家相比,印度在美国、西欧、日本等发达国家和地区进行的跨国并购更多一些。在西欧,印度投资最多

---

① 科林斯. 金砖国家对外直接投资[M]. 朱莺,顾健,译. 北京:化学工业出版社,2017:81.
② Airtel. Partner-our partnership goal.[EB/OL]. [2020-10-18]. https://www.airtel.in/partnerconnectprogram?icid=ab-footer.

的是英国，其次是德国。印度更倾向于使用跨国并购，远远多过于绿地投资。①跨国并购可以使跨国公司以最快的速度进入东道国市场，并获取相应资源和专业知识。

3. FDI 流出日趋稳定

印度 FDI 流出日趋稳定。观察期内，大致可以划分为两个阶段：其一，向好期。2013 年和 2016 年出现两次波谷，分别是 16.79 亿美元和 50.72 亿美元。2016 年波谷值明显高于 2013 年波谷值，从一定程度上可以说明印度对外直接投资趋势向好。其二，日趋稳定期。2017 年至 2019 年连续 3 年在稳定中小幅增加，从一定程度上说明印度对外直接投资进入日趋稳定期（图 11-8）。

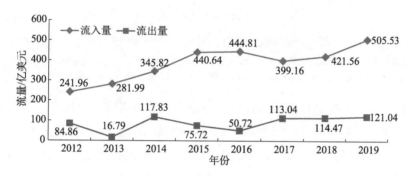

图 11-8　印度 FDI 流量对比（2012—2019 年）

资料来源：根据以下文献整理绘制。UNCTAD. World investment report (2017)[EB/OL]. http://www.unctad.org: 186. UNCTAD. World investment report (2020)[EB/OL]. http://www.unctad.org: 240.

印度跨国公司是南亚地区最大对外直接的投资者。2019 年，印度投资流量占该地区的比重超过 90%。在印度投资的推动下，南亚对外投资流出量增长 6%。但是此规模还很小，仅占全球资金外流的 1%。②

国有印度石油天然气公司（ONGC）近年来热衷于投资海外资产，继 2016 年购买了俄罗斯 Vankorneft 石油公司 26% 股权之后，再于 2017 年购买了图洛石油公司（Tullow Oil，创建于爱尔兰，总部设在英国）纳米比亚近海油田 15% 的股权。截至 2017 年底，印度石油天然气公司在 18 个国家拥有 39 个项目，每天生产 285 000 桶石油及与石油等量的天然气。③其居 2020 年《财富》世界 500 强榜单第 190 位，营业收入 57 170.7 百万美元。

4. FDI 存量呈现上升态势

观察年份内，印度流出存量一直低于流入存量，但处于持续上升态势。2019 年，流出存量 1786.94 亿美元，约为流入存量的 41.86%。但分别是 2017 年 1 553.41 亿

---

① 科林斯. 金砖国家对外直接投资[M]. 朱莺，顾健，译. 北京：化学工业出版社，2017：83.
② UNCTAD. World investment report (2020)[EB/OL]. http://www.unctad.org: 45.
③ UNCTAD. 世界投资报告（2018）[EB/OL]. http://www.unctad.org.

美元、2010年969.01亿美元、2000年17.33亿美元的1.15倍、1.84倍、103.11倍（图11-9）。观察年份数据从一定程度上可以说明印度对外扩张的脚步比之前不断加快，使得FDI流出存量不断增加。

图11-9　印度FDI存量对比（2000—2019年）

资料来源：根据以下文献整理绘制。UNCTAD. World investment report (2017)[EB/OL]. http://www.unctad.org: 190. UNCTAD. World investment report (2020)[EB/OL]. http://www.unctad.org: 243.

同巴西一样，印度也是小岛屿发展中国家的主要投资国。2018年，印度对小岛屿发展中国家的投资存量居前10位投资经济体中的第10位，为90亿美元。在前10位经济体中，只有印度和巴西较2014年投资存量出现不同程度下降，分别下降50亿美元和60亿美元，其他经济体均呈现不同程度上升（图11-15）。

11.2.4　南非跨国公司及其对外直接投资特点

南非属于中等收入的发展中国家，也是非洲经济最发达的国家，其国内生产总值占非洲国内生产总值的20%左右。矿业、制造业、农业、服务业是南非经济四大支柱，深井采矿等技术居世界领先地位。南非的制造业门类齐全、技术先进，主要包括钢铁、金属制品、化工、运输设备、食品加工、纺织、服装等。南非的自身优势为其进行对外直接投资奠定了基础。

1. 持续为非洲FDI流出最大经济体

从投资流量来看，南非继续成为非洲地区最大经济体。2019年，尽管南非的流出量同比下降23.5%，从41亿美元下降到31亿美元，且是其中唯一一个同比下降的经济体，但是南非继续成为非洲最大的FDI流出国。位于南非之后的经济体依次是摩洛哥、多哥、埃及和科特迪瓦，其中多哥涨幅最大，为863.8%（图11-10）。

从投资存量来看，南非依然是非洲对外直接投资最大经济体。2000年、2010年、2019年三个观察年份里，南非分别实现FDI流出存量27.28亿美元、832.49亿美元、2 079.47亿美元，分别占非洲FDI流出存量的68.64%、60.43%、72.84%（图11-11）。三个观察年份的占比均超过非洲总存量的半成，进一步说明南非是非洲对外直接投资最大经济体。

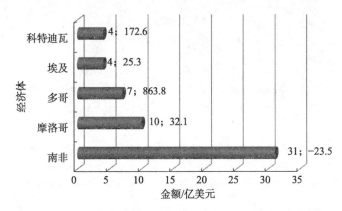

图 11-10　非洲地区 FDI 流出量居前五位的经济体（2019 年）

资料来源：根据以下文献整理绘制。UNCTAD. World investment report (2020)[EB/OL]. http://www.unctad.org: 28.

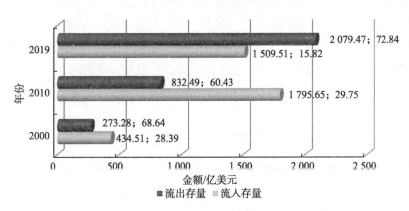

图 11-11　南非 FDI 存量（2000 年/2010 年/2019 年）

资料来源：根据以下文献整理绘制。UNCTAD. World investment report (2020)[EB/OL]. http://www.unctad.org: 243.

2. 对外直接投资在波动中兴起

从 FDI 净流出来看，南非对外直接投资正在兴起，但是波动有些大。观察期内，净流出从负值猛增至正值再迅速回落至负值，变动幅度较大。其中 2014—2017 年间净流出尽管出现波动，但均为正值，表现出了南非强烈的对外直接投资愿望和行动，特别是 2017 年，净流出高达 53.63 亿美元。但是其他年份，特别是 2018 年大幅回落至 –13.74 亿美元，2019 年沿袭回落之势至 –15.05 亿美元（图 11-12）。主要原因可能是：2018 年下半年，南非、尼日利亚、安哥拉等非洲主要经济体复苏乏力，非洲经济增速趋缓。但总体来说，非洲经济整体发展势头良好，特别是非洲大陆自贸区的成立和运营，将为非洲经济的提升和增长提供动力。①

---

① 中华人民共和国商务部. 中国对外投资发展报告（2019）[EB/OL]. http://images.mofcom.gov.cn/fec/202005/20200507111104426.pdf：75.

图 11-12　南非 FDI 净流出（2012—2019 年）

资料来源：根据以下文献整理绘制。UNCTAD. World investment report (2017)[EB/OL]. http://www.unctad.org: 185. UNCTAD. World investment report (2020)[EB/OL]. http://www.unctad.org: 238.

3. 投资区位呈现多元化

很大一部分来自非洲国家的 FDI 流出都集中于非洲大陆内部流动，这一点可以通过南非和摩洛哥企业在非洲大陆的一些重大投资得到证实。[①]尽管如此，作为非洲大陆最大的 FDI 流出国，南非也正在向非洲以外的国家和地区进行投资，并成为它们各自 FDI 存量前 10 名的投资经济体。2018 年，南非 FDI 流出存量居于亚洲第 10 名、最不发达国家第 8 名、内陆发展中国家第 6 名、小岛屿发展中国家第 4 名，分别达到 1 270 亿美元、50 亿美元、50 亿美元、210 亿美元（图 11-13）。

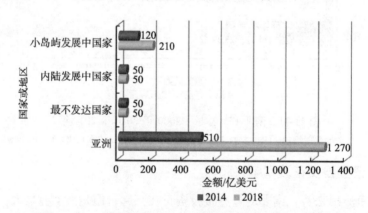

图 11-13　FDI 存量前 10 位的国家或地区（2014/2018）

资料来源：根据以下文献整理绘制。UNCTAD. World investment report (2020)[EB/OL]. http://www.unctad.org: 36, 67, 74, 79.

4. 女性在公司治理中的作用正在增强

在南非，女性在公司治理中的作用正在增强，助推了南非跨国公司及其对外直接投资发展。据联合国贸易和发展会议的一项调查结果表明，从全球范围来看，最大跨国公司女性雇员占 17%、女性经理占 9%、女性董事成员占 18%。不同地区之间存在着显著差异，反映了彼此之间的文化差异和行业权重差异（表 11-2）。

---

① UNCTAD. World Investment Report (2020)[EB/OL]. http://www.unctad.org: 35.

表 11-2　2018 年各地区跨国公司不同层面的女性代表　　　　　%

地　　区	女性雇员	女性经理	女性董事成员
世界	17	9	18
欧洲	28	18	28
北美	10	6	21
其他发达经济体	15	8	10
发展中亚洲	15	6	9
拉丁美洲和加勒比地区	19	11	7
非洲	28	20	21
转型期经济体	32	12	11

资料来源：UNCTAD. World investment report (2020)[EB/OL]. http://www.unctad.org: 207.

在董事会层面，欧洲、北美和非洲的女性董事会成员比例更高一些，均超过20%。其中南非拥有22%的女性董事会成员，居发展中经济体首位，只有欧洲和北美企业高于南非，均为25%（图11-14）。其主要原因是来自欧盟、南非等地的法规，以及这些地区的公司政策和投资者压力等。①

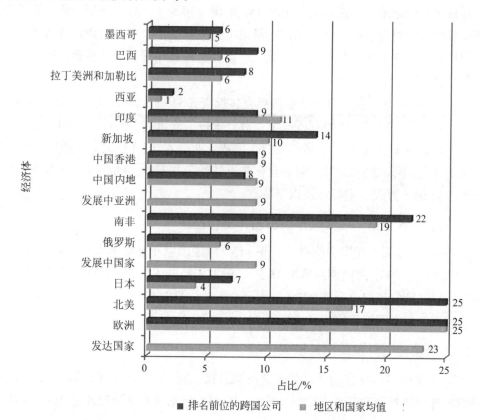

图 11-14　排名前位跨国公司女性董事席位的国家和地区平均数
资料来源：UNCTAD.世界投资报告（2018）[EB/OL]. http://www.unctad.org: 32.

---

① UNCTAD. World investment report (2020)[EB/OL]. http://www.unctad.org: 207.

从某种程度上来说，南非企业的发展及其顺利扩张，正是得益于女性在董事会中的地位。近年来，董事会多样化正逐渐成为被认可的改进公司治理的一个因素。一个多样化的董事会有更多机会获得新奇信息和观点，从人才和技能更好的融合中获利，所以被认为有更多细致且知情的讨论，也能更好地捕捉消费者的偏好。另外，拥有性别均衡董事会的企业比没有的企业拥有更好的财务状况。

11.2.5　中国跨国公司及其对外直接投资特点

中国是在20世纪70年代末实行改革开放，将封闭了几十年的国门向世界打开，并逐步融入世界经济之中。其中最具代表的是中国跨国公司的发展及其对外直接投资的发展。

2019年，中国经济运行总体平稳，对外开放水平不断提升，有关部门积极引导有条件的中国企业"走出去"，发展质量稳步提升。据《2019年中国对外直接投资统计公报》称，2019年中国对外直接投资主要呈现的特点：对外直接投资流量蝉联全球第二，存量保持全球第三；投资覆盖全球188个国家和地区，对"一带一路"沿线国家投资稳步增长；投资领域多元，八成存量集中在服务业；中央企业和单位对外直接投资较快增长，地方企业存量占比超四成；对东道国税收和就业贡献显著，对外投资双赢效果凸显。①

2020年1—9月，我国对外非金融类直接投资5 515.1亿元人民币（折合788.8亿美元），同比下降0.6%，降幅有所收窄。对外承包工程新签合同额10 504.3亿元人民币（折合1 502.4亿美元），同比增长4.5%；完成营业额6 381.3亿元人民币（折合912.7亿美元），同比下降8.8%。对外劳务合作派出各类劳务人员20.8万人，9月末在外各类劳务人员63.5万人。主要呈现以下特点。②

1. 对"一带一路"沿线国家投资合作稳步推进

2020年1—9月，我国企业对"一带一路"沿线国家非金融类直接投资130.2亿美元，同比增长29.7%，占同期总额的16.5%，较上年提升4.1个百分点。在"一带一路"沿线国家新签承包工程合同额837.1亿美元，完成营业额531.3亿美元，分别占同期对外承包工程新签合同额和完成营业额的55.7%和58.2%。

2. 地方企业对外投资增长较快

2020年1—9月，地方企业对外非金融类直接投资570.8亿美元，同比增长13.5%，占同期对外直接投资总额的72.4%。其中，东部地区对外投资473.4亿美元，同比增

---

① 中华人民共和国商务部，国家统计局，国家外汇管理局. 2019年度中国对外直接投资统计公报[EB/OL]. [2020-10-24]. http://hzs.mofcom.gov.cn/article/date/202009/20200903001523.shtml.
② 中华人民共和国商务部. 商务部对外投资和经济合作司负责人谈2020年1—9月我国对外投资合作情况[R/OL]. [2020-10-24]. http://www.mofcom.gov.cn/article/news/202010/20201003008353.shtml.

长 18.7%；西部地区对外投资 44.5 亿美元，同比增长 17.1%。

3. 部分领域对外投资增长明显

2020 年 1—9 月，对外非金融类直接投资主要流向租赁和商务服务业、制造业、批发和零售业等领域。其中，租赁和商务服务业对外投资 309.3 亿美元，同比增长 18.6%；批发和零售业对外投资 120.1 亿美元，同比增长 41.1%。

4. 对外承包工程新增明显

新签大项目较多。2020 年 1—9 月，新签合同额在 5 000 万美元以上的项目 518 个，合计 1 248.8 亿美元，占新签合同总额的 83.1%。其中上亿美元项目 301 个，较上年增加 10 个。部分行业对外承包工程走势良好。2020 年 1—9 月，一般建筑、石油化工、水利建设类项目新签合同额增长较快。其中，一般建筑类新签合同额 359.3 亿美元，同比增长 31.8%；石油化工类新签合同额 130.9 亿美元，同比增长 46.9%；水利建设类新签合同额 38.4 亿美元，同比增长 65.5%。

11.3 金砖国家跨国公司及其对外直接投资的发展趋势

面对处于变革中的全球经济景观以及深度结构重组，近年来各国政府都在积极变革其产业政策。各国政府的共识是：结构转变不会自己发生，也不需要一种便于向新部门或者向获得更高生产率和更高附加值活动转变的刺激性政策，而是培养持续性和包容性发展。不过，各国都追求多个目标，运用从贸易到教育多重工具，使得新产业政策变得越来越错综复杂，且这些产业政策的核心是外国投资。投资构建和升级产业，不仅与国际市场联系，而且还驱动必要的创新和竞争力。总之，当下的争论已经不再是政府要不要干预，而是如何干预。①处于世界大变革的大背景下，金砖国家也正在积极融入变革的世界中去，在吸引外商直接投资的同时，也会进行对外直接投资，促进投资规模越来越大、投资方式越来越多元化、价值链参与程度越来越高等。

11.3.1 投资规模将扩大

1. 对集团外部直接投资规模将扩大

对于一个国家来讲，对外资开放及其对外直接投资是相辅相成的。换句话说，就是一个国家对吸引外资的态度，在很大程度上决定了该国跨国公司是否能够顺利发展，是否能够成功进入其他东道国市场。

正因为如此，金砖国家正在从以下几个方面积极努力：①进行国内经济的市场化

---

① UNCTAD. 世界投资报告（2018）[EB/OL]. http://www.unctad.org.

改革,努力改善国内营商环境,努力吸引外商直接投资,特别是高质量的外商直接投资。②逐渐扩大开放从制造业到服务业等多个领域,能够使本国企业有机会与国外跨国公司在本国市场上同台竞技,在本国市场间接参与国际市场竞争,从而增强自身竞争力。例如,2018 年 3 月,中国宣布了汽车和金融产业放松限制的时间表;印度于 2018 年 1 月放松了包括单品零售贸易、航空等在内相关产业的引资规则。①③进行产业政策调整、产业升级,鼓励创新,制定新的对外投资政策等,从政策上给予企业以保障。特别值得一提的是,2016 年"G20 全球投资政策制定指导原则出台"。指导原则是一种关于国际投资政策制定的核心问题达成一致性的重要而有效的手段。①以中国为代表,积极实施"双向投资战略",制定相关激励政策,努力让本国企业"走出去",主动融入国际市场竞争之中,增强本国企业在国际市场上的竞争力。企业实施国际化战略,将其视为一种应对国内市场竞争手段的同时,增强自身竞争力。从某种程度上来讲,这种投资体现了交叉投资的性质。

作为世界上最有发展潜力的经济集团,金砖国家经过上述努力之后,对外直接投资将会得到进一步发展,规模也将会得到进一步扩大。

2. 集团内部相互直接投资规模将扩大

目前,金砖国家集团内部相互投资规模很小。以跨国并购为例,2016 年,集团内部跨国并购额为 220 亿美元,分别是 2014 年和 2015 年的 1 110 倍和 733.3 倍;2016 年,集团占全球跨国并购份额为 22%,分别比 2014 年和 2015 年高出 17%和 16%,如图 11-15 所示。

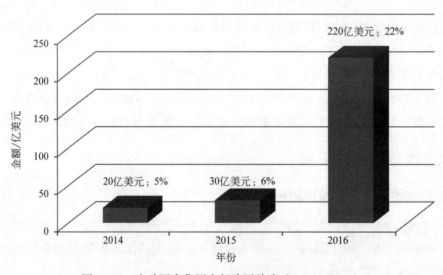

图 11-15 金砖国家集团内部跨国并购(2014—2016)
资料来源:UNCTAD. 世界投资报告(2017)[EB/OL]. http://www.unctad.org.

---

① UNCTAD.世界投资报告(2018)[EB/OL]. http://www.unctad.org.

金砖国家内部各国都在做积极努力。比如 2019 年俄罗斯和非洲举办了第一届俄非首脑会议与经济论坛，受此鼓舞，俄罗斯跨国公司将继续在非洲大陆寻找投资机会。南非作为非洲大陆主要经济体，俄罗斯跨国公司已经在南非进行投资，比如在巴哈马注册但归俄罗斯所有的 Renova 公司已经投资于南非采矿业。①在未来，俄罗斯与南非之间的投资往来还会进一步加强。再比如，中国作为非洲最重要的投资来源国之一，伴随着 2019 年中非经贸博览会的举办和中非"八大行动"②的逐步落实，中非政治互信和合作机制将进一步增强，中国对非洲投资合作广度和深度将不断扩展。③在中国与非洲投资合作光明前景之下，中国与南非将会迎来新的投资合作机遇，从而进一步促进金砖国家内部投资规模的扩大。

11.3.2 投资多元化兴起

投资多元化涵盖投资主体多元化、投资市场多元化、投资方式多元化等多个方面。从投资主体来看，对外投资已经不再是大型跨国公司的专利，许多中小型企业也已经实施对外扩张战略；从投资市场来看，跨国公司从传统的投资市场转向在全球范围内寻找新的投资机会；从投资方式来看，跨国公司已经不再囿于绿地投资和跨国并购两种传统投资方式，而是因时因地创新出更多的投资方式。

1. 投资主体多元化

在全球范围内，国有企业国际化已经构成许多国家对外直接投资的重要组成部分。大多数国有跨国公司来自发展中经济体和转型期经济体。2017 年，全球约有 1 500 家国有跨国公司，拥有 86 000 余个外国子公司，其中最大规模的 400 余家国有跨国公司总部位于欧盟；有超过一半以上的国有跨国公司总部位于发展中经济体，大约接近发达国家的 2/5，特别是欧盟；其余的都在转型期经济体。一些国家是特大型国有跨国公司的母国，其中 18% 的总部在中国，之后是马来西亚 5%、印度 4%、南非 4%，俄罗斯 3%。国有跨国公司规模巨大，且在其母国的关键经济活动中扮演主要角色。④

除国有跨国公司之外，各国投资主体也呈现多元化特征。以中国为例，①企业所属类型结构呈现多元化。截至 2018 年末，中国对外直接投资企业中，有限责任公司仍是主力军，占企业总数的 43.5%，较上一年增加 2.1 个百分点；其次是私营企业，占总

---

① UNCTAD. World investment report（2020）[EB/OL]. http://www.unctad.org: 60.
② 2018 年 9 月，中非合作论坛北京峰会暨第七届部长级会议在北京召开。峰会提出中国将同非洲共同实施产业促进、设施联通、贸易便利、绿色发展、能力建设、健康卫生、人文交流、和平安全"八大行动"。资料来源：中华人民共和国商务部. 中国对外投资发展报告（2019）[EB/OL]. http://images.mofcom.gov.cn/fec/202005/20200507111104426.pdf: 76.
③ 中华人民共和国商务部. 中国对外投资发展报告（2019）[EB/OL]. http://images.mofcom.gov.cn/fec/202005/20200507111104426.pdf: 76-77.
④ UNCTAD. World investment report (2017)[EB/OL]. http://www.unctad.org: 30-31.

数的 24.3%，比例有小幅下降；股份有限公司占 11.1%；外商投资企业占 5%；国有企业占 4.9%；港、澳、台商投资企业占 3.7%；个体经营占 2.4%；股份合作企业占 1.6%；集体企业占 0.4%；其他企业占 3.1%。②中国境内投资者行业类别呈现多元化。截至 2018 年末，制造业仍是中国对外投资最为活跃的行业，其企业数量超过对外投资企业总数的三成，主要分布在计算机/通信和其他电子设备制造业、专用设备制造业、通用设备制造业、纺织服装/服饰业、纺织业、医药制造业、电气机械和器材制造业、化学原料和化学制品制造业、金属制品业、橡胶和塑料制品业以及汽车制造业等领域。其次是批发和零售业，其开展对外投资的企业约占中国对外投资企业总数的 26.6%。以上两个行业开展对外投资的企业合计 15 753 家，占投资企业总数的 58.1%。①

2. 投资市场多元化

市场主体、市场体系和市场机制是市场经济三要素：①市场主体是指市场的参与者和主宰者。②市场体系是指由各类市场如商品市场、劳务市场、资本市场等构成的市场组织和各项制度法规有机联系的整体。③市场机制是指由价格、利率等市场信号推动的市场运行规律。市场运行机制是市场经济的总体功能，是经济成长过程中最重要的驱动因素。②市场运行机制是经济社会化乃至经济全球化发展不可缺少的重要方面。

从现实来看，市场经济三要素从某种程度上决定着跨国公司对外直接投资由传统投资市场向新投资市场。比如：①非洲自贸区为南非创造了新机会。有证据表明，非洲大陆内投资有所增加，南非在非洲的投资存量由 2017 年的 70 亿美元增加到了 2018 年的 350 亿美元。③随着非洲自贸区的建立，非洲投资市场的碎片化情况得到改善，进而孵化出一个覆盖了 12 亿人口、成员国国内生产总值规模达到 3.5 万亿美元的巨大市场，进一步增加了非洲大陆对大规模投资的吸引力。④南非作为非洲最发达经济体，有机会利用非洲自贸区形成的大市场效应，扩大对非洲其他国家的投资，进一步巩固其在非洲大陆内的投资地位。②如前文所述，发达市场对于国际融资和技术方面越来越多的限制或国际制裁，影响了俄罗斯跨国公司对于传统市场的投资，使其尝试在全球范围内寻找新市场，比如开辟非洲新市场。③中国实施"双向投资"战略以及"一带一路"倡议，中国境内投资者以亚洲为主要投资市场，逐渐向其他地区扩散。截至 2018 年末，中国境内投资者共在全球 188 个国家（地区）设立境外企业 4.3 万家，遍布全球超过 80%的国家（地区）。其中，中国在亚洲设立的境外企业数量最多，超过 2.4 万家，占投资境外企业总数的 57%。其次是北美洲和欧洲，投资境外企业数量分别超过

---

① 中华人民共和国商务部. 中国对外投资发展报告（2019）[EB/OL]. http://images.mofcom.gov.cn/fec/202005/20200507111104426.pdf: 163-164.
② 市场经济三要素[J]. 农业经济. 1993(12): 24.
③ UNCTAD. World investment report (2020)[EB/OL]. http://www.unctad.org: 35.
④ 中华人民共和国商务部. 中国对外投资发展报告（2019）[EB/OL]. http://images.mofcom.gov.cn/fec/202005/20200507111104426.pdf: 77.

6 200 家和 4 500 家，占投资境外企业总数的比重分别为 14.5%和 10.7%。①

3. 投资方式多元化

从传统上来看，跨国公司对外直接投资最基本的两种投资方式是绿地投资和跨国并购。但是随着世界科技的发展，新经济时代，特别是 5G 时代的到来，以及科技创新步伐的加快，有可能会导致更严重的经济混乱和更大的不均衡。现存的投资方式，依据投资流动及其内容可能会经历更深刻和深远的改变。

比如数字经济的兴起对于 FDI 的影响就是一个很好的例子。②由此可以得出，跨国公司要想在对外扩张中取得成功，需要跟上时代的潮流，不断地进行创新，进而形成创新驱动的多元化投资方式。

以中国为例，党的十九大报告提出，"创新对外投资方式，促进国际产能合作，形成面向全球的贸易、投融资、生产、服务网络，加快培育国际经济合作和竞争新优势"。中国对外直接投资方式经历了一次又一次的创新，已经从绿地投资和跨国并购最基本的两种方式，创新出若干种投资方式，基本形成了绿地投资、跨国并购、联合投资、实物投资、股权置换、返程投资等多种形式并存的现状。

如中国一样，其他金砖国家也已经开启创新新纪元，形成创新驱动的多元化投资方式是必然趋势。

11.3.3　价值链参与度将进一步提高

价值链包括全球价值链和区域价值链，因此，金砖国家可以参与全球价值链，也可以参与到区域价值链之中。但不管参与哪种价值链，它都可以提升金砖国家的价值链参与率。

1. 经济特区推高全球价值链参与度②

世界各国多种形式的经济特区为金砖国家全球价值链参与率的提高提供了前提条件，原因如下。

经济特区是许多国家助推产业发展的重要工具。许多国家设立经济特区就是为了吸引外国投资，将国内企业融入 GVCs 中，促进出口导向型增长以及创造就业。同时也有一些经济特区被用来启动一些产业部门，且助推技术转移到本国。

通常情况下，经济特区的营商环境比其他地方更加自由且更有效率，也会提供一些财政激励、基本设施和服务、精简的企业登记及海关程序、便利的移民许可证，以及其他一些投资便利服务。因此，经济特区能更多地吸引外国投资，也因此使得经济

---

① 中华人民共和国商务部. 中国对外投资发展报告（2019）[EB/OL]. http://images.mofcom.gov.cn/fec/202005/20200507111104426.pdf: 170.

② UNCTAD. 世界投资报告（2018）[EB/OL]. http://www.unctad.org.

特区如雨后春笋般出现。例如，从20世纪70年代，发展中国家出现了许多特区。1986年，47个国家有176个经济特区；1995年，大约有500个经济特区；2006年，130个国家有3 500个经济特区；2015年，全球范围内大约有4 500个经济特区。

经济特区对于发展中国家的经济发展、吸引外资有着举足轻重的作用，为它们融入GVCs创造了良好的条件。目前，以经济特区为基础的出口更多是发生在发展中国家，以中国等国家最为出名。尽管发达国家有经济特区，但是其出口额不及发展中国家。另外，经济特区在发展中国家结构转型方面起到了不可替代的作用。例如，中国将经济特区作为支持发展出口导向型制造业的平台等。

经济特区有很多形式，如产业园区（industrial zone or industrial estate）；出口加工区（export processing zone）；自由园区，如自由产业园区、自由贸易区（free zone, free industrial zone, free trade zone）、科技园区（science and technology park）、特殊试验区（special pilot zone）、边境经济特区（border special economic zone）、区域经济走廊（regional economic corridor），等等。

经济特区形式及其数量的不断增多，为世界各国进一步提高其全球价值链参与率创造了条件，如通过经济特区寻找战略联盟伙伴等。作为世界的重要组成部分，金砖国家通过投资经济特区，能够在全球范围内寻找到战略联盟伙伴，进而逐步实现其国际化战略。这些潜在合作的目标和利益主要包括信息共享、可持续性发展目标投资机会的技术合作和营销等。

由此可见，投资经济特区为金砖国家的全球价值链参与率进一步提高提供了前提保障，以及便利条件。

2. 国际生产区域化推高区域价值链参与度

据《世界投资报告（2020）》称，国际生产区域化成为全球国际生产的新特征之一。区域价值链在区域或当地采用零散和特殊纵向价值链的标准化模式。价值链的区域化既可以是GVCs退回的结果（全球跨国公司在区域层面上复制价值链），也可以是国际生产在区域内增长的结果（跨国公司构建其近岸业务）。从全球到区域的转变使得价值链两端在地理上更为接近。同时，附加值的地理分布也趋于增加。

数字化在促进区域价值链协调方面发挥着重要作用。就集中协调的区域价值链来讲，鉴于需要对国际生产进行垂直和水平协调，整条价值链在区域内复制意味着复杂性显著增加。数字化发展，不仅包括数字技术，也包括数字基础设施，特别是发展中经济体，将成为区域价值链的关键推动者。

与当地原材料资源有着紧密上游联系的区域加工业，如食品与饮料行业、化工行业，已经呈现出一种通过区域价值链与组织相一致的国际生产格局，即跨越许多区位（高度的地理分散）复制零散的价值链。这些行业可能的轨迹将进一步巩固它们的区域影响力。比如，食品与饮料行业不仅依赖于将来源与消费之间的物理接近视为一个竞争因素的易腐原料，也依赖于以区域市场分割与溢价为下游特点的本地化生产。

原则上，GVC 密集型产业也可以在区域层面复制其模式。在某种程度上，这种复制已经发生了，比如汽车行业。发展中国家廉价消费产品市场的增长，比如电子或纺织品行业，将推动这些行业的区域价值链。传统 GVC 密集型产业区域价值链的发展障碍包括持续的规模经济和机器的高资本成本，以及劳动力成本差异和对专门劳动力或供应商的需求。其中一些因素，特别是涉及劳动力成本的因素，可能随着时间推移变得不重要了，从而为进入 GVC 密集型产业中的区域价值链主流铺平道路。

价值链区域化的势头正劲，加上几个区域一体化倡议也取得了进展，在未来几年，区域价值链可能会得到进一步增长。另外，新冠疫情暴发之后，许多国家可能会将地区主义视为全球主义之外的现实又有效的选择，以建立某种程度上的自力更生和韧性。①

在上述背景下，金砖国家应当利用数字化发展机遇，以及新冠疫情带来的全球生产链供应链重构等现实需求，积极参与到区域价值链之中。事实上，金砖国家已经积极参与到了区域价值链之中，比如以南非为核心形成了一个联系不同国家的区域价值链。美国通用汽车将其南非生产基地卖给了日本五十铃；北京汽车集团公司宣布投资 0.88 亿美元与南非工业开发公司合资建立汽车制造生产基地；德国和英国牵头的欧洲投资者通过刺激诸如宝马工厂重组而在南非非常活跃。汽车 FDI 流入南非，快速发展了区域价值链：现在莱索托（Lesotho）生产汽车坐垫、博兹瓦纳（Botswana）生产点火接线装置，这些都是为南非的汽车制造商生产的。流入中国的汽车行业 FDI 则强调的是一个国家内部价值链联系。比如，美国通用汽车作为核心企业投资中国上海，在上海周边集聚了包括中国本土企业以及国外跨国公司在内的不同零配件的供应厂商。

延伸阅读：金砖国家合作与"一带一路"倡议

11.4 案例分析：阿里巴巴改变俄罗斯人的生活

11.4.1 基本案情

1. 背景材料

阿里巴巴，全称阿里巴巴网络技术有限公司，创立于 1999 年，总部设在浙江杭州，创始人包括马云在内共计 18 人。他们创办该公司的目的是：维护小企业的利益，他们相信互联网能够创造公平的竞争环境，让小企业通过创新与科技扩展业务，并在参与国内或全球市场竞争时处于更有利的位置。阿里巴巴集团的价值观是：客户第一，即

---

① UNCTAD. World investment report (2020)[EB/OL]. http://www.unctad.org.

客户是衣食父母；团队合作，即共享共担、平凡人做非凡事；拥抱变化，即迎接变化、勇于创新；诚信，即诚实正直、言行坦荡；激情，即乐观向上、永不言弃；敬业，即专业执着、精益求精。该价值观在如何经营业务、招揽人才、考核员工以及决定员工报酬等方面扮演着重要的角色。

自推出让中国的小型出口商、制造商及创业者接触全球买家的首个网站以来，阿里巴巴集团不断成长，成为网上及移动商务的全球领导者。阿里巴巴及其关联公司目前经营领先业界的批发平台和零售平台，云计算、数字媒体、娱乐以及创新项目和其他业务。阿里巴巴以及其关联公司的业务已经涵盖淘宝网、天猫、聚划算、全球速卖通、阿里巴巴国际交易市场、1688、阿里妈妈、阿里云、蚂蚁金服、菜鸟网络等。

从阿里巴巴的发展大事记可以大致窥得其发展脉络，即重视创新、全球布局、以互联网为基础进行多样化经营，以跨国并购为主进行投资等。具体如下。

2007年11月，阿里巴巴网络有限公司在中国香港联交所主板挂牌上市。

2008年9月，阿里巴巴研发院成立。

2009年9月，宣布收购中国领先的互联网基础服务供应商中国万网。

2010年4月，全球速卖通正式推出，让中国出口商直接与全球消费者接触和交易；同年7—8月，收购两家服务美国小企业的电子商务解决方案供应商Vendion和Auctiva；11月，宣布收购国内一站式出口服务供应商一达通。

2012年9月，阿里巴巴完成对雅虎初步的股份回购并重组与雅虎的关系。

2014年2月，作为天猫平台延伸方案的天猫国际正式推出，让国际品牌直接向中国消费者销售产品；6月，阿里巴巴完成收购移动浏览器公司UC优视并整合双方业务；7月，阿里巴巴与银泰成立合资企业，在中国发展O2O业务；9月，阿里巴巴于纽约证券交易所上市。

2015年8月，阿里云宣布将在新加坡设立国际业务总部；11月，阿里巴巴于香港及台湾启动阿里巴巴创业者基金；12月，阿里巴巴集团与香港南华早报集团就收购《南华早报》达成协议。

2016年3月，阿里巴巴中国零售交易市场的2016财年交易总额超越人民币3万亿元，集团随后成为全球最大的零售体；4月，阿里巴巴签署协议认购东南亚领先的电商平台Lazada的控股股权；11月，阿里云宣布在中东（迪拜）、欧洲（法兰克福）、澳大利亚（悉尼）和日本（东京）开设4个全新的数据中心。

2017年1月，国际奥委会与阿里巴巴达成期限直至2028年的长期合作；3月，阿里巴巴宣布将与马来西亚数字经济发展局成立eWTP项目的首个海外e-hub；8月，阿里巴巴升级淘宝和天猫会员计划，同时与美国万豪国际集团组建合资公司，为中国消费者重新定义旅行体验；10月，阿里云于马来西亚设立数据中心；10月，阿里巴巴成立全球科学研发项目"阿里巴巴达摩院"，推动科技创新；11月，阿里巴巴eWTP首个海外e-hub在马来西亚正式启动。

2018年2月，阿里巴巴集团与新加坡南洋理工大学成立联合研究院；3月阿里云于印尼的首个数据中心投入运作，阿里巴巴集团宣布向Lazada集团增资20亿美元；4月，阿里巴巴集团全面收购中国领先的即时配送及本地生活服务平台饿了么，阿里巴巴集团与泰国政府签署战略合作协议，共同推动泰国数字经济发展；5月，领先巴基斯坦、孟加拉国、斯里兰卡、缅甸和尼泊尔市场的电商公司Daraz宣布获阿里巴巴集团全资收购，阿里巴巴集团、商汤集团及香港科技园公司宣布合作成立香港人工智能实验室；6月，阿里巴巴倡议成立、多位诺贝尔奖得奖者和国际顶尖社会学家共同发起研究机构罗汉堂；10月，阿里云于英国开设两个可用区，加强欧洲业务，阿里巴巴集团与卢旺达政府签署谅解备忘录，双方将在卢旺达共同建设eWTP枢纽；12月，阿里巴巴集团与比利时政府签署谅解备忘录，双方将共同通过eWTP项目推动普惠贸易。

2019年1月，阿里巴巴集团推出"阿里巴巴商业操作系统"，提供全方位的一站式解决方案，助企业伙伴加快数码转型步伐；3月，阿里巴巴集团获得阿里影业控股权；9月，阿里巴巴集团收购中国进口电商平台考拉，阿里巴巴集团收到蚂蚁金服新发行的33%股份；11月，阿里巴巴集团增持菜鸟网络，持股比例提升至约63%，埃塞俄比亚政府与阿里巴巴集团签署协议共建eWTP据点，阿里巴巴集团于香港联合交易所主板正式挂牌上市。①

2020年8月公布的《财富》世界500强榜单中，阿里巴巴排名第132位，营业收入73 165.9百万美元，利润21 450.2百万美元，员工117 600名。②

2. 案情介绍

阿里巴巴集团不到20人的队伍，在短短4年里不仅撬动了俄罗斯的物流和银行系统，而且改变了俄罗斯人的生活。中国的资本和技术，正在悄然改变俄罗斯。阿里巴巴集团在俄罗斯主要做了以下几件事情。

其一，将物美价廉的中国货销往俄罗斯。阿里巴巴速卖通的办公室位于"莫斯科城"帝国大厦16层。2015年底，阿里巴巴速卖通开始在帝国大厦办公。办公室虽然不大，却见证了阿里巴巴在俄罗斯的大跨步。马克·扎瓦茨基是阿里巴巴速卖通派到俄罗斯的第一个员工，现在是阿里巴巴俄罗斯分公司总经理。2012年，刚进公司时，

---

① 阿里巴巴集团. 历史及里程碑[EB/OL]. [2020-10-26]. https://www.alibabagroup.com/cn/about/history?year=2007.

② 财富. 2020年《财富》世界500强排行榜. [EB/OL]. [2020-10-26] http://www.fortunechina.com/fortune500/c/2020-08/10/content_372148.htm.

因为没有自己的办公室，他只能在家办公。从零开始，坚持了4年，从2012年到2016年，阿里巴巴速卖通的员工不断地把一个个包裹从中国发到俄罗斯消费者手中，培养俄罗斯人的网购习惯。在亚马逊等国际电商和俄罗斯本土电商的夹击中，阿里巴巴以绝对优势胜出，成为俄罗斯市场上最大的电商。之所以如此成功，得益于中国商品的物美价廉。

其二，撬动俄罗斯物流和银行系统。阿里巴巴刚来到俄罗斯时，发现俄罗斯人对网购并不热衷，电商在俄罗斯属于一个边缘产业。易贝（eBay）、亚马逊在俄罗斯水土不服，俄罗斯本土电商则举步维艰。事实上，电商们的主要难题是货源不足和物流系统落后。但是对于阿里巴巴集团来讲，第一个问题已经不是问题，因为背靠中国，货源自然充足。只需要解决第二个问题。针对于此，阿里巴巴集团的员工也是想尽办法，但是根本改变还是源于2013年阿里巴巴速卖通在俄罗斯举行的一次大型促销活动。此次活动将俄罗斯邮政推到了风口浪尖，迫使俄罗斯邮政进行改革。当时，来自中国的包裹堆积在俄罗斯海关。以前一个月就能收到中国包裹的俄罗斯买家，发现这次竟然两三个月才能收到货。网上铺天盖地都是对俄罗斯邮政的抱怨和指责，有人甚至给普京发了抗议俄罗斯邮政的信件。俄罗斯政府迅速更换了新的负责人。为彻底解决物流问题，阿里巴巴直接与俄罗斯邮政以及俄罗斯海关对接，开会讨论对策；帮助俄罗斯海关建立了电子清关系统，提高了清关速度；并预先把电子订单信息发给俄罗斯邮政，提高了送货效率。另外，俄罗斯邮政还增加了可以处理国际邮包的网点，由以前只有莫斯科一个城市，到后来增加了圣彼得堡和叶卡捷琳堡。现在，俄罗斯整个物流行业的业务量和服务水平都得到提升，为俄罗斯经济发展注入了活力。

与此同时，阿里巴巴也推动了俄罗斯的银行系统升级。2015年的"双11"，几家俄罗斯银行的系统被堵住了。几百万买家同时提出支付请求，这是俄罗斯银行从未遇到的情况。后来，阿里巴巴帮助一些银行进行了系统技术改造，在大促前提前沟通，让它们预估到规模。2016年的"双11"，俄罗斯买家普遍反映网上支付很顺利。俄罗斯企业在改变，普通俄罗斯人的生活也在改变。起初，俄罗斯人不喜欢网购，如果网购的话，基本都是采取货到付款。这个现象说明他们不信任电商。不过，为了买到来自中国的商品，很多俄罗斯人办了银行卡，学会了网上支付，成为网购一族。在阿里巴巴强大的服务保障之下，他们接受了先付款后收货。

其三，帮助俄罗斯商品走向全球。为根植于俄罗斯，阿里巴巴实施了本土化战略，主要包括员工本土化和商品本土化。阿里巴巴俄罗斯的员工快速增加到了70人，其中大部分都是俄罗斯人。相对于员工本土化，商品本土化则更难一些。过去几年，俄罗斯买家在速卖通平台上购买的大部分都是跨境运输的中国商品。而阿里巴巴正在将越来越多的本地商品卖给俄罗斯人，实现商品和商家本地化。本地商品包括两大类，即俄罗斯企业在本地生产的商品，以及在俄罗斯有分公司、有库存的外国企业商品，如三星、苹果、华为、联想等。本土化把中国商品的到货时间由原先的 20 天左右缩减到了两天左右。在俄罗斯，阿里巴巴不仅培养了庞大的网购人群，也帮助无数中小企业借助网络销售发展壮大。在阿里巴巴的帮助下，已经有一些俄罗斯企业入驻速卖通，涉及家具、服装、小家电等行业。阿里巴巴希望这些俄罗斯商家通过与速卖通的合作掌握网上销售的技能，不仅扩大在俄罗斯市场的份额，同时也走向中国、欧洲乃至全球市场。

资料来源：孙萍，赵宇，王申. 改变俄罗斯，这家中国企业竟然只用了不到 20 人[EB/OL]. http://intl.ce.cn/qqss/201707/03/t20170703_23997722.shtml；阿里巴巴集团. 关于我们：历史及里程碑[EB/OL]. https://www.alibabagroup.com/cn/about/history?year=2017.

11.4.2 案例评析

1. 全球化战略与本土化战略相结合，以根植于东道国

阿里巴巴实施全球化战略，以实现对外扩张。除去数次对国内外相关企业进行并购之外，阿里巴巴还宣布在中东（迪拜）、欧洲（法兰克福）、澳大利亚（悉尼）和日本（东京）开设 4 个全新的数据中心。

全球化战略与本土化战略并不矛盾，它们是相辅相成、相互促进的。为此，阿里巴巴在进驻俄罗斯之后，不但实现员工本土化，而且还实施商品本土化，以达到根植于东道国的目标，完全融入东道国之中。

2. 以电商平台助推东道国企业融入区域价值链

中国与俄罗斯同属于金砖国家，它们地理相邻，彼此守望，友好往来。或许正因为如此，阿里巴巴集团更有责任帮助俄罗斯的电商发展，通过电商平台助推俄罗斯中小型企业融入区域价值链，甚至全球价值链。

阿里巴巴分两个步骤基本完成：第一步，在网上销售本土商品，包括俄罗斯企业生产的，以及在俄罗斯有分公司、有库存的外国企业商品；第二步，通过网络平台将俄罗斯企业生产的商品销售到中国、欧洲以及世界其他国家。

3. 以创新理念服务社会实现共赢

实现共赢几乎成了 21 世纪各个领域的合作共识。如何才能实现共赢？这是阿里巴巴进驻俄罗斯前后必须考虑的。

如果说不断创新是实现共赢的核心，服务社会则是实现共赢的必由之路。阿里巴巴帮助俄罗斯改进其基础设施，帮助俄罗斯海关建立了电子清关系统，提高了清关速度；预先把电子订单信息发给俄罗斯邮政，提高了送货效率；还帮助俄罗斯的银行系统升级，等等。之后，阿里巴巴又帮助俄罗斯本土中小型企业进行网络营销技能。

基于此，阿里巴巴仅仅用了4年的时间，完成了其他电商都没有办法完成的事情，有力推动了俄罗斯的电商发展，改变了俄罗斯人的生活。

11.4.3 思考

思考一：阿里巴巴如何改变了俄罗斯人民的生活？

思考二：电商的发展如何影响传统跨国公司的组织结构？

本 章 小 结

金砖国家跨国公司发展迅速，占全球500强的30%左右。但是对外直接投资总额波动较大，各国表现各异；净对外直接投资波动较大，持续为负。金砖各国跨国公司及其对外直接投资各有特点：巴西作为次区域最大经济体和地区内主要的FDI目的地，FDI流量规模较小，波动较大；FDI存量规模相对较低，但呈现持续增长；少数大型跨国公司发挥龙头作用，其他中小型企业跟随；投资目的地以拉美为主，但也逐渐向中国等地扩张。俄罗斯传统目标国家FDI减少，但在努力寻找新市场；积极参与全球价值链，但稳定性有待进一步提高；传统优势行业利润受损，但科技型企业抗风险能力较强；国有跨国公司具有重要地位，但私营企业也不容小觑。印度传统上倾向于发达国家企业占统治地位的知识密集型高科技企业；以跨国并购方式快速获取资源；FDI流出日趋稳定；FDI存量呈现上升态势。南非持续为非洲FDI流出最大经济体；对外直接投资在波动中兴起；投资区位呈现多元化；女性在公司治理中的作用正在增强。中国对"一带一路"沿线国家投资合作稳步推进；地方企业对外投资增长较快；部分领域对外投资增长明显；对外承包工程新增明显。

在未来，金砖国家对外直接投资前景看好，对集团外部投资规模和集团内部各国相互之间直接投资规模都将进一步扩大；以投资主体、投资市场、投资方式等为代表的投资多元化兴起；经济特区和国际生产区域化均将推高全球价值链参与度。

金砖国家中，有很多跨国公司参与到了对外直接投资之中，也都表现出了卓越贡献，其中代表之一就是阿里巴巴进驻俄罗斯，也改变了俄罗斯人的生活。

思 考 题

1. 简述金砖各国跨国公司及其对外直接投资的特点。
2. 结合世界经济发展背景阐述金砖国家对外直接投资趋势。
3. 结合相关数据统计简述南非的投资地位。

即 测 即 练

自学自测 扫描此码

第 12 章

中国跨国公司及其对外直接投资

【学习要点】

1. 中国跨国公司起步于 20 世纪改革开放初期,发展至今大概经历了四个阶段,每个阶段都有其特点。
2. 中国跨国公司发展过程中,逐渐形成四种不同类型,而作为后发展型跨国公司,中国跨国公司对外直接投资动机主要包括追求资源、追求市场以及追求效率。
3. 随着国内外投资环境的不断变化,中国跨国公司会呈现独具特色的未来发展趋势;在对外扩张过程中,也会逐渐出现一些有待进一步完善之处。

【学习目标】

1. 掌握中国跨国公司类型及其对外直接投资动机。
2. 熟悉中国跨国公司的发展阶段。
3. 了解中国跨国公司对外直接投资未来发展趋势,以及有待进一步完善之处。

万达收购西班牙大厦以失败告终

2017 年,万达集团与西班牙马德里有关方结束了长达两年的谈判,把两年前购买的西班牙大厦的全部股权卖给了西班牙某企业,一出跨国并购的"肥皂剧"终于落下帷幕。这个涉外商业事件是一个个案,不必过分在意,但反思一下这个案例,对中国企业如何"出海"不无裨益。

西班牙大厦位于西班牙首都马德里市中心广场北侧,共有 25 层、高达 117 米,2006 年以前是一座"酒店+商场",2006 年后大厦一直空置。2014 年 3 月,万达集团董事长到西班牙考察,看中了这座大厦,当即与马德里政府方面达成协议买下这座大厦,打算拆掉后重建成一个集豪华酒店、商场和公寓为一体的综合体。这个消息一出,顿时引起了一场风波,遭到马德里市民的强烈反对。2015 年 6 月,有 7 万余名市民联名上书坚决反对万达集团拆除重建的方案。

西班牙大厦始建于 1948 年，落成于 1953 年。这座以白色与红色砖墙建成的大厦与邻近的塔楼共同组成了一组新哥特风格的建筑群，后被市历史遗产委员会列为二级历史保护建筑。西班牙《国家报》称，西班牙大厦或许是一个时代的记忆、一批建筑师的记忆，也是马德里乃至西班牙人民共同的记忆，它现在已经不仅仅是一座建筑，更是西班牙文化、历史的一个象征。这座大厦成了城市历史的标志和西班牙民众情感的归所。

当时与万达集团签约的那届人民党市政府相当支持这个项目，让地方历史遗产委员会将大厦的历史保护级别从二级下调至三级，同意在保留大厦整体外观前提下重建，但仍未得到民众的认可。2015 年 4 月，今日马德里党在选举中以绝对优势胜出，结束了人民党在首都 25 年的执政。新政府对人民党执政期间所签各类合同进行重新审议，该项目名列其中。新政府的政见和民众的诉求一致，决定了这桩交易的命运。

当年万达集团高层把国内房地产投资的经验搬到了国外，从考察到买下这座大厦只花了不到 1 个月的时间，满以为用 2.65 亿欧元买下这栋地标式建筑是一桩稳赚的买卖，但是没有想到由此而衍生一系列问题。后来尽管万达集团承诺不改变大厦名称、不拆掉重建、保留大厦的外立面等条件，但"中国式重建"的模式依然没有跨越"水土不服"这个坎。

长期以来，像万达这样的明星企业是地方政府竞相追求的对象，拿地建楼轻而易举。在国内拆旧建新也是常事，产权归我、由我处置，似乎天经地义。但一旦企业走出国门，面对的社会环境完全不同，任何商业行为都不是政府官员说了算。中国企业出海投资建设任何项目要避免"水土不服"，就必须对当地的商业规范、政治制度、政党关系、政商关系、劳资关系、环保政策、城乡规制、建筑标准、文物政策、宗教信仰、人文传统、民情民意和风俗习惯等进行深入周密的调查研究，最好聘请当地的律师顾问、商业顾问，研讨上、中、下几套应对预案，细致地评估投资风险，而这一切需要耐心、细心与理性，切不可脑袋发热、贸然拍板，更不可用国内的投资套路想当然决策。了解中外社会生态环境差异是海外投资、出海创业一门必修的基础课。

就这个案例而言，虽有马德里市执政党轮换等偶然因素，但与万达集团先是贸然决策后来危机公关，应对涉外事件缺乏经验不无关系。虽然以 2.65 亿欧元购入、以 2.72 亿欧元售出，用欧元计算并不亏损，但如以人民币为单位计算，由于汇率变化亏损了约 2 亿元，加上这 3 年间的商务交涉费用，经济损失可谓大矣。所幸能及时刹车、果断出手，避免陷得更深。此页虽已翻过，但若能对此案件进行总结，付这点"学费"也值得。当前在大力推进"一带一路"倡议愿景、各类企业纷纷扬帆出"海"之际，拿这个案例当教案也许会有一点启发。

资料来源：王兴斌. 万达收购西班牙大厦：万达收购西班牙大厦案例的一点思考[EB/OL]. http://www.sohu.com/a/148324971_109002.

12.1 中国跨国公司的发展阶段

中国跨国公司真正意义上的发展始于 20 世纪 70 年代末的改革开放初期，从那时到现在经历了从无到有、从小到大的发展过程。总体来看，中国跨国公司及其对外投资经营经历了起步探索、渐进发展、调整发展和迅速发展四个阶段。

12.1.1 起步探索阶段（1979—1985 年）

1978 年 12 月，中国共产党第十一届三中全会召开，中国开始实行改革开放政策。1979 年 8 月 13 日，国务院颁布了 15 项经济改革措施，其中第 13 项明确提出：要出国开办企业。这是中国第一次以政策的形式把发展对外直接投资正式确定下来。这项政策的颁布，为中国跨国公司的发展开辟了道路。一些中国企业陆续出资在海外建立分支机构，进行对外直接投资。但是总体来讲，1979—1985 年，中国处于改革开放初期，中国企业的海外投资是在中央高度集中的严格审批条件下少数企业进行的尝试性活动，不仅企业数目少，投资规模也小，其间累计建有 185 个海外分支机构，对外直接投资 20 704 万美元（表 12-1），分布于全球 45 个国家和地区。因此，此阶段被认为是中国跨国公司及其投资经营的起步探索阶段。

表 12-1　1979—1985 年中国非贸易类海外企业及对外直接投资

年　份	1979	1980	1981	1982	1983	1984	1985	累计
海外企业数/个	4	13	13	13	18	47	77	185
中方投资额/百万美元	0.53	30.9	2.56	3.18	8.7	80.66	80.51	207.04

资料来源：杜奇华，白小伟. 跨国公司与跨国经营[M]. 北京：电子工业出版社，2008.

在起步探索阶段，中国对外直接投资的主体主要是大型的贸易集团和综合性集团，投资业务以贸易活动为主，进入海外市场的方式多为海外代表处或合资企业。非贸易性企业的经营业务主要涉及餐饮、建筑工程、金融保险和咨询服务等，并出现了中国跨国公司发展史上的若干个第一。例如，1979 年 11 月，北京市友谊商业服务公司同日本东京丸一商事株式会社合资在日本东京开办了京和股份有限公司，建立了中国自对外开放以来的第一家海外合资企业；1980 年 7 月，中国银行与美国芝加哥第一国民银行、日本兴业银行和中国香港华润（集团）有限公司合资，在香港创办了第一家中外合资金融企业——中芝兴业财务有限公司；1984 年，中信公司投资 4 000 万元在美国合资组建了西林公司，它被公认为是中国第一家跨国公司。

12.1.2 渐进发展阶段（1986—1992 年）

随着对外开放程度的逐步深化、企业海外经营经验的不断积累以及部分企业海外投资审批权限的下放，越来越多的中国企业走出国门，到海外进行直接投资。1986—1992年被认为是中国跨国公司及其投资经营的渐进发展阶段。

在此阶段，对外投资规模扩大，进行海外投资的企业数目增加，其间累计建有1 223个分支机构，投资额为144 521万美元（表12-2），分别比1979—1985年增加了1 038个和1 238.17百万美元。另外，在此阶段，海外投资的地域分布扩大，由上一阶段的45个国家和地区增加到120多个国家和地区；投资领域扩展到资源开发、加工装配、交通运输、医疗卫生等行业；投资主体更加多元化，已经由原来的外贸专业公司和省市国际技术合作公司向多行业的生产型企业和集团企业转变。

表12-2　1986—1992年中国非贸易类海外企业及对外直接投资

年　份	1986	1987	1988	1989	1990	1991	1992	累计
海外企业数/个	92	124	169	119	157	207	355	1 223
中方投资额/百万美元	75.51	350	153	230	74.7	367	195	1 445.21

资料来源：杜奇华，白小伟. 跨国公司与跨国经营[M]. 北京：电子工业出版社，2008.

12.1.3　调整发展阶段（1993—1998年）

1992年，中国经济体制改革和对外开放进入一个新的发展阶段，为中国企业国际化经营增添了活力。但同时，中国经济也出现了增长过快、物价上涨过快，以及投资结构不合理等现象。为抑制上述现象进一步恶化，从1993年，国家决定对中国经济实行"软着陆"。与此相适应，中国企业进军海外的脚步也开始放缓。国家开始清理和整顿对外直接投资，国家主管部门重新加强对新申请的海外投资项目的严格审批，并重新登记各部门和地方已开办的海外企业，致使刚刚进入成长期的中国企业海外经营不得不放缓脚步，这种状态一直持续到1998年。因此，1993—1998年被认为是中国跨国公司及其投资经营的调整发展阶段。

在此阶段，中国企业的对外直接投资明显放缓，累计海外投资企业个数为1 033个，累计投资额为99 400万美元（表12-3），分别比上一阶段下降了15.4%和31.2%。投资领域继续扩展到资源开发、工业生产加工、交通运输、工程承包、旅游餐饮、研发、咨询服务、农业及农产品综合开发等行业；投资主体逐步转向以大中型企业为主，生产企业海外投资所占份额逐渐增加；投资地域向亚太、非洲和拉美等发展中经济体转移。

表12-3　1993—1998年中国非贸易类海外企业及对外直接投资

年　份	1993	1994	1995	1996	1997	1998	累计
海外企业数/个	294	106	119	103	158	253	1 033
中方投资额/百万美元	96	66	106	294	196	236	994

资料来源：杜奇华，白小伟. 跨国公司与跨国经营[M]. 北京：电子工业出版社，2008.

放缓的态势一直到 1998 年才基本结束。1997 年 12 月，在全国外资工作会议上，中国政府提出了新的发展海外投资的战略方针，即鼓励发展能够发挥我国比较优势的对外投资，更好地利用两个市场、两种资源；组建跨行业、跨部门、跨地区的跨国经营企业集团；在积极扩大出口的同时，要有领导、有步骤地组织和支持一批有实力、有优势的国有企业"走出去"，到国外，主要是到非洲、中亚、中东、东欧、南美等地区投资办厂。

12.1.4 迅速发展阶段（1999 年至今）

经过 1993—1998 年的调整，中国政府于 1999 年明确提出"走出去"战略，并着力改进了对外投资管理体制和政策环境。1999 年 2 月，国务院办公厅转发了外经贸部、国家经贸委和财政部联合制定的《关于鼓励企业开展境外带料加工装配业务的意见》[①]，该意见提出了支持中国企业以境外加工贸易方式"走出去"的具体政策措施，并先后向 100 多家企业颁发了"境外加工贸易企业批准证书"。这些政策措施的实施有效推动了中国企业的对外直接投资活动。从 1999 年开始到现在是中国跨国公司及其经营迅速发展的黄金时期，从 2003 年中国有关部门权威发布年度数据开始，一直到 2016 年，中国对外直接投资实现 14 年连增，之后 2017—2019 年连续 3 年出现回调，幅度超过 40%，金额降至 1 369.1 亿美元（图 12-1）。这使得中国跨国并购海外购买下降至过去 10 年以来的最低水平。该下降归因于对外投资的持续限制、地缘政治的紧张局势、全球贸易和投资政策环境的挑战。与此同时，中国香港流出也出现下降。[②]

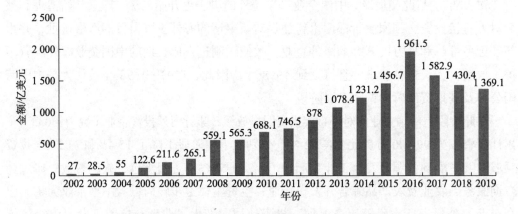

图 12-1　2002—2019 年中国非金融类对外直接投资流量

资料来源：中华人民共和国商务部，国家统计局，国家外汇管理局. 2019 年度中国对外直接投资统计公报[M]. 北京：中国商务出版社，2020：6.

---

① 中华人民共和国国务院办公厅.国务院办公厅转发外经贸部、国家经贸委、财政部关于鼓励企业开展境外带料加工装配业务意见的通知（国办发〔1999〕17 号）[EB/OL]. http://www.gov.cn/xxgk/pub/govpublic/mrlm/201011/t20101112_62616.html.

② UNCTAD. 世界投资报告（2020）[EB/OL]. http://www.unctad.org.

尽管如此，中国跨国公司的国际化程度正在加强。因为"从现在起，中国共产党的中心任务就是团结带领全国各族人民全面建成社会主义现代化强国、实现第二个百年奋斗目标，以中国式现代化全面推进中华民族伟大复兴。"该中心任务的确定，为中国跨国公司及其对外直接投资的进一步发展奠定了坚实基础。一方面，科技与数字型企业成为国际化经营发展最快的企业，并推动了该行业整体国际化进程。比如，科技与数字型公司海外资产、海外销售额占前100位跨国公司的份额，分别由2018年的10%和不到17%分别上涨到2019年的11%和超过18%。其中包括3家来自中国的科技与数字型公司发挥了重要带动作用，它们是腾讯、华为和联想控股。另一方面，国际化率正在增长。2019年，中国和韩国两国企业共同驱动了发展中与转型期经济体国际化率的上涨（表10-2）。其中中国企业依然是腾讯、华为和联想控股3家企业。[①]

12.2 中国跨国公司类型及其对外直接投资动机

12.2.1 中国跨国公司类型

中国跨国公司经过几十年的发展，逐渐形成不同类型，主要包括大型贸易集团、大型金融保险集团、生产型企业集团，以及科技型民营企业。

1. 大型贸易集团

在中国历史上，一些大型企业一直受到政策重点扶持，它们在国内市场上已经形成一定程度的垄断，在国际市场上则长期从事商品及服务等国际贸易活动，具有一定程度的海外市场网络、营销渠道，以及相对稳定的业务范围。这些为它们进行对外扩张提供了先决条件，也因此促使它们成为中国跨国公司对外直接投资的先锋力量。

中国化工进出口集团、中国五矿集团公司、中国建筑工程总公司、中国远洋运输（集团）总公司等企业都属于大型贸易集团。从某种程度上来说，它们是中国第一批对外直接投资的企业。

2. 大型金融保险集团

一般情况下，大型金融保险集团最初的对外扩张采取的都是"追随"战略，即以服务其客户对象为目的，追随其客户对外扩张而扩张。它们通过在海外设立各类分支机构，满足国内企业从事国际贸易活动而产生的结算、信贷、保险等金融服务方面的需求。之后，再延伸到区域性甚至国际性金融中心，进行多元化经营，也实现了对外扩张。另外，它们还可以为中国企业对外直接投资提供融资便利。

中国银行、中国建设银行、中国农业银行、中国工商银行、中国交通银行、中国

---

① UNCTAD. 世界投资报告（2020）[EB/OL]. http://www.unctad.org.

国际信托投资公司、中国人民保险公司等都属于大型金融保险集团。它们在中国香港和新加坡等区域性金融中心，以及伦敦、纽约等国际金融中心都设立了分支机构。

3. 生产型企业集团

生产型企业集团都是经过国内激烈竞争之后才生存、发展起来的。它们都有比较强大的经济实力，有相对成熟的生产技术，有一定程度的研发创新能力，有较为广泛的营销网络，有相对完善的现代企业制度，因此在资金、技术、管理等诸多方面存在较为明显的竞争优势。这些优势也促使它们勇敢地走出国门，来到国际市场上进行竞争。通常情况下，它们通过海外资源开发、市场开发，逐渐向国际市场渗透的同时，也增强其自身的国际竞争能力。

首钢集团、海尔集团、科龙电器、春兰集团等都属于生产型企业集团。海尔集团在制定海外市场差异化的发展策略时，创新性地提出"走出去、走进去、走上去"的"三步走"战略，即先以缝隙产品进入欧、美、日等传统家电强国，并带动发展中国家市场的快速布局。截至 2020 年 10 月，海尔已在全球拥有 10+N 个研发基地、25 个工业园、122 个制造中心、108 个营销中心，全球销售网络遍布 160 多个国家和地区。海尔在全球范围内已实现了设计、制造、营销"三位一体"的网络布局。

4. 科技型民营企业

科技型民营企业的出现与发展是中国改革开放取得的成果之一，也得益于全球第四次科技浪潮的推波助澜。这类企业，将成为最有活力的投资企业，它们正在谋划向全球各个地区扩张；也正在受到汽车行业跨国公司的追捧，当这些汽车行业跨国公司投重金在新产品开发时，它们通常寻求与科技型民营企业合作。因此，可以说中国的科技型民营企业也将在国际市场上大有作为。

华为集团、腾讯科技等都属于此类企业，它们都在国际市场不断地积累自身资产，不断实现对外扩张。

12.2.2 中国跨国公司对外直接投资动机

作为后发展型跨国公司，中国跨国公司主要是想通过对外直接投资获得更多的自然资源，特别是战略性自然资源；进入东道国市场，获得更多的市场份额；提高自身的国际化程度及其在全球范围内的经营效率，以更有效地利用各类资源、统筹全球生产和经营布局、提高自身的竞争能力。简言之，追求资源、追求市场以及追求效率构成了中国跨国公司对外直接投资的三个主要动机。

1. 追求资源

资源包括自然物质资源、人力资源、智力资源、资金资源、资产资源及信息资源在内的多个种类。一方面，这些资源不均衡地分布于世界各国，这决定了不同国家具有不同的区位优势,对中国跨国公司具有不同的吸引力。例如,拥有丰富自然物质资源的国家和地区对中国资源开发型跨国公司就具有很强的吸引力。另一方面,近年来中国出现了全球有目共睹的快速的经济增长、工业化和城市化进程,这使得中国面临严重的资源短缺。对此,不同行业的企业通过对外直接投资有效利用与整合国内外各类资源。其具体如下:①中国自然资源型企业通过对外直接投资落实国家能源开发国际化战略。截至 2018 年末,采矿业是中国对非洲地区投资存量 5 个主要行业领域之一,占 22.7%,仅次于建筑业(32.0%)。在未来,非洲是中国对外直接投资的一个"热土"市场。一方面,非洲将成为继亚洲之后世界上经济增长最快的地区,因为:一是从 2019 年初开始,不少国际大宗商品价格在上涨,这使得非洲不少依赖出口"矿产品"的国家经济增速得以提高;二是非洲大陆自贸区的成立和运营,将为非洲经济的提升和增长提供动力,非洲自贸区不局限于传统的商品贸易,采矿业等多个领域都可成为中非合作的重点领域。另一方面,凭借中国在全球供应链中的配置能力和优势,中国企业正在全球范围内寻找更加合适的市场进行投资,非洲则是不错的选择。① ②一批有实力的建筑企业凭借在技术储备、运营管理、资源整合等方面的竞争优势,尝试新的合作/运营模式,积极实行对外直接投资。截至 2018 年末,中国建筑业对外投资存量 416.3 亿美元,占整体对外投资存量的 2.1%,投资主要流向房屋建筑业、建筑装饰和其他建筑业、建筑安装业等行业。从投资区域看,非洲地区是中国建筑业对外投资的主要区域,截至 2018 年末,中国建筑业累计对非洲投资 147.6 亿美元,占对非洲投资总额的 32%。拉美市场成为中国企业开展并购和基建投资项目的重要市场,三峡国际通过并购已经成为巴西第二大私营发电商,中国交建收购巴西 Concremat 公司、中国港湾先后以 BOT 模式开发建设牙买加南北高速,并以 PPP 方式签约哥伦比亚波哥大地铁项目,均是典型案例。企业在非洲市场的合作模式也在不断转变,积极寻求 BOT/PPP 等投资机会,越来越多地实施"投建营一体化"项目,不仅参与公路、铁路、电站的建设运营,也参与了工业园区、农业、地产、矿产资源开发和建材等领域项目的开发和投资,弥补当地产业空白,提升所在国经济发展能力。①

2. 追求市场

中国属于发展中经济体,在纺织、服装和机电制造等劳动密集型加工制造业领域具有相对优势,包括产品的工艺设计和产品功能定位方面的技术优势和管理优势。利用这些优势不仅可以对其他发展中经济体进行直接投资,还可以对发达经济体进行直接投资。

中国对其他发展中经济体的直接投资,有以下好处:①提供其他发展中经济体有能力承接的相对优势技术,既能满足这些国家的技术需求,也能为中国企业进一步实现技术创新留下空间,以达到共赢。②有助于中国向外转移国内过剩的生产能力,缓

---

① 商务部. 中国对外投资发展报告(2019)[EB/OL]. http://images.mofcom.gov.cn/fec/202005/20200507111104426.pdf.

解国内市场压力，利于企业提高经营利润。③扩大中国在海外的市场份额，提高企业在国际上的影响力。④向落后于中国的发展中经济体转移相应的产业，既可以帮助较落后的国家提高生产能力，也利于中国的产业结构升级。

中国对外直接投资存量的八成分布在发展中经济体，主要原因在于：①中国与其他发展中经济体发展水平相近或者相对较高，这使得其他发展中经济体完全有能力承接中国的相关技术，这为中国跨国公司进行直接投资提供了基础。②自20世纪90年代以来，发达经济体纷纷减少对发展中经济体的直接投资，与此同时，各发展中经济体又都在积极开放市场，实施各种优惠政策吸引各国前往投资，这就给中国提供了投资机会。③中国与其他发展中经济体彼此之间比较熟悉和了解，为中国向其他发展中经济体投资提供了可能。④中国"一带一路"倡议的提出，以及"双向投资"国家战略的实施是促进中国企业对外直接投资不断扩大的重要激励。

中国对发达经济体的直接投资，不仅可以充分发挥中国在家电、纺织服装等行业的相对优势，还可以绕过非关税壁垒，满足欧美发达国家旺盛的需求，扩大市场占有率。截至2018年，中国对欧洲地区直接投资存量1 128亿美元，占中国对外直接投资存量的5.7%，主要分布于英国、荷兰、卢森堡、俄罗斯、德国、瑞典、法国、瑞士、意大利、挪威、西班牙等国家；对欧盟直接投资存量907.4亿美元，占中国对外投资存量的4.6%，存量上百亿美元的国家包括英国、荷兰、卢森堡和德国。中国对美投资存量为755.1亿美元，占中国对外直接投资存量的3.8%，占对北美洲投资存量的78.4%；对加拿大投资存量125.2亿美元，占比13.0%；对百慕大群岛投资存量为82.7亿美元，占比8.6%。①欧洲地区是中国企业投资并购的主要目的地之一。从实际并购金额上看，2018年，中国企业对外投资并购项目分布的前10个国家和地区中，3个属于欧洲地区，依次为德国、法国、瑞典。主要并购项目包括：上海国际集团下属的美丽境界欧洲并购基金以2.4亿欧元对价收购德国Cordenka公司100%股权，巨星科技以1.845亿瑞士法郎收购瑞士专业工作存储解决方案提供商及设备制造商Lista100%股权。中国向发达经济体进行直接投资有以下好处：①在中国处于优势的一些行业，如纺织服装行业，在欧美发达经济体中则处于劣势，正处于衰退的边缘，属于夕阳产业，其生产远远不能满足欧美发达经济体巨大的市场需求，这为中国跨国公司的投资提供了机会。②与欧美发达经济体的企业合资、合作，有助于中国跨国公司从中汲取先进的管理经验和技术，增强其竞争力。③开放合作，互联互通，共同进步，取得双赢。

3. 追求效率

在全球不同地点，通过集中化的生产区位配置来更有效地利用不同国家或地区的

---

① 商务部. 中国对外投资发展报告（2019）[EB/OL]. http://images.mofcom.gov.cn/fec/202005/20200507111104426.pdf.

资源禀赋、文化行为差异、制度政策差别、市场竞争环境，构成了中国跨国公司对外直接投资追求效率的动机。

效率主要来源于：①调整投资项目的地理安排，以合理甚至优化配置跨国公司的全球生产经营竞争力。②充分合理地配置使用投资要素资源，可以使跨国公司拥有成本更低、质量更高、效率更佳的全球性要素资源。③调整生产经营的全球布局，包括供应链网络、销售服务网络，以深化跨国公司的产品和工艺的专业化程度，实现分工协调效率经济和协同效率经济。④调整跨国公司管理总部、地区总部、国家总部的分工管理格局，以更好地协调现有配置格局基础上的管理资源、管理功能、管理技巧，促进资源优化和重点使用。

中国跨国公司在追求效率动机的驱使下，纷纷在欧、美、日等发达经济体设立研发机构，或者与国外企业合作以跟踪行业先进技术。华为公司作为中国跨国公司的杰出代表，坚持走开放式创新道路，积极吸纳世界范围内的专业人才共同创新。截至2019年底，华为公司进行产品与解决方案的研究开发人员约9.6万名（占公司总人数的49%）。与全球300多所高校、900多家研究机构和公司合作，比如与Fraunhofer等欧洲研究机构密切合作，将研究、标准、开源、实验床、产业联盟等多种手段融合，并融入各区域AI、车联网等ICT产业发展项目中，与代表产业前沿的欧洲科学家建立密切合作，共同推动产业发展；以网络5.0项目为技术基础，与15家公司共同成立网络5.0产业和技术创新联盟，覆盖8个主要工作方向；以DIP网络安全架构为基础，在ETSI和IRTF进行标准预热，抢占标准先发优势；以光网络2.0产业项目为基础，通过ON2020产业联盟推动光产业生态的共识架构，推进WTN标准的发展，引领产业方向。华为公司通过开放创新，让创新成果为全人类、全产业共享，照亮世界，也照亮华为。①

延伸阅读

中国企业的成长模式

中国企业在国际化发展过程中，由于经营行业、经营水平、经营战略、初始条件的差异，形成了各具特色的成长模式，比较有代表性的成长模式主要有规模经济/低成本型成长模式、范围经济/综合集团型成长模式。成长模式与某些特定行业密切相关，行业成功的关键因素是模式形成的基础。可以看出，在电子、食品、纺织服装等最佳经济规模比较低的行业，都是以低成本型成长模式成长为跨国公司的，比较典型的代表是海尔集团。另一类是某企业先具有了综合集团的优势——主要指资金或信息方面的特长，再向海外发展，逐渐成长为跨国公司，主要由于范围经济性而节约了成本，

---

① 华为. 华为年报（2019）[EB/OL]. https://www.huawei.com/cn/annual-report..

延伸阅读:"双向开放"战略与大国担当

较典型的代表是中信集团。还有一类主要以获取海外的技术和资源为目标,以强化总公司整体实力而成长起来的跨国公司,较典型的代表是首钢集团。

资料来源:赵春明. 跨国公司与国际直接投资[M]. 北京:机械工业出版社,2007.

12.3 中国跨国公司对外直接投资未来趋势及有待完善之处

12.3.1 中国跨国公司对外直接投资未来趋势

2020年《财富》世界500强排行榜中,最引人注目的变化是中国(不含中国台湾)公司实现了历史性跨越,上榜数量达到124家,历史上第一次超过美国(121家),上榜企业数量位列第一。自1995年《财富》世界500强公司排行榜设立以来,还没有任何一个别的国家和地区上榜企业数量如此迅速地增长。[1]那么,中国企业特别是中国跨国公司及其对外直接投资的未来发展趋势如何呢?这是各界都比较关心的。

1. 投资载体:"一带一路"倡议

"一带一路"是中国基于欧亚大陆经济整合大战略前提下提出的两个符合大方向的倡议,即丝绸之路经济带倡议和21世纪海上丝绸之路经济带倡议。"一带一路"倡议提出以来,已在实践中取得了一系列丰硕成果。"六廊六路多国多港"的互联互通架构基本形成,一大批合作项目落地生根。160多个国家和国际组织同中国签署共建"一带一路"合作协议。在中国与"一带一路"相关国家经济合作方面,跨境直接投资是一个关键和核心的领域,2013—2018年,中国对"一带一路"相关国家的对外投资累计986.2亿美元。投资国别(地区)覆盖较广,重点地区投资较为集中,投资行业日趋多元化,并购项目金额有所下降,但数量略有增长。[2]"一带一路"的提出,符合时代潮流,亚洲已经成为经济增长的引擎,是世界多极化和全球化的中坚力量。"一带一路"的辐射面涵盖亚太地区多数国家,它发端于中国,贯通中亚、东南亚、南亚、西亚乃至欧洲部分区域,东牵亚太经济圈,西系欧洲经济圈。其中,亚洲各国正在建立连接南亚和东南亚的经济走廊,即孟加拉国—中国—印度—缅甸经济走廊以及中国—巴基斯坦经济走廊。这将强化亚洲次区域的经济联系,为区域经济合作提供机会(UNCTAD,2014)。中国在其中占有举足轻重的地位,且中国正在积极"推动共建'一带一路'高质量发展。"习近平主席在第二届"一带一路"国际合作高峰论坛强调,努力实现高标准、惠民生、可持续目标,推动共建"一带一路"沿着高质量发

---

[1] 财富. 2020年《财富》世界500强排行榜[EB/OL]. http://www.fortunechina.com/fortune500/c/2020-08/10/content_372148.htm.

[2] 商务部. 中国对外投资发展报告(2019)[EB/OL].. http://images.mofcom.gov.cn/fec/202005/20200507111104426.

展方向不断前进。①在此背景下,中国对"一带一路"相关国家的直接投资规模将保持增长,合作质量不断提升,前景更加广阔。

2. 投资模式:以境外经贸合作区为主

中国企业在境外投资建设的境外经贸合作区(简称"合作区"),是以企业为主体,以商业运作作为基础,以促进互利共赢为目的,主要由投资主体根据市场情况、东道国投资环境和引资政策等多方面因素进行决策。投资主体通过建设合作区,吸引更多的企业到东道国投资建厂,增加东道国就业和税收,扩大出口创汇,提升技术水平,促进经济共同发展。

中国政府支持有实力的企业到境外开展多种形式的互利合作,以促进与东道国的共同发展。截至2020年10月,由中国投资主体在境外设立并通过商务部确认考核的合作区共计20个(表12-4),分布在"一带一路"及非洲国家,成为我国企业参与

表 12-4 通过确认考核的境外经贸合作区名录

序号	合作区名称	境内实施企业名称
1	柬埔寨西哈努克港经济特区	江苏太湖柬埔寨国际经济合作区投资有限公司
2	泰国泰中罗勇工业园	华立产业集团有限公司
3	越南龙江工业园	前江投资管理有限责任公司
4	巴基斯坦海尔-鲁巴经济区	海尔集团电器产业有限公司
5	赞比亚中国经济贸易合作区	中国有色矿业集团有限公司
6	埃及苏伊士经贸合作区	中非泰达投资股份有限公司
7	尼日利亚莱基自由贸易区(中尼经贸合作区)	中非莱基投资有限公司
8	俄罗斯乌苏里斯克经贸合作区	康吉国际投资有限公司
9	俄罗斯中俄托木斯克木材工贸合作区	中航林业有限公司
10	埃塞俄比亚东方工业园	江苏永元投资有限公司
11	中俄(滨海边疆区)农业产业合作区	黑龙江东宁华信经济贸易有限责任公司
12	俄罗斯龙跃林业经贸合作区	黑龙江省牡丹江龙跃经贸有限公司
13	匈牙利中欧商贸物流园	山东帝豪国际投资有限公司
14	吉尔吉斯斯坦亚洲之星农业产业合作区	河南贵友实业集团有限公司
15	老挝万象赛色塔综合开发区	云南省海外投资有限公司
16	乌兹别克斯坦"鹏盛"工业园	温州市金盛贸易有限公司
17	中匈宝思德经贸合作区	烟台新益投资有限公司
18	中国·印尼经贸合作区	广西农垦集团有限责任公司
19	中国印尼综合产业园区青山园区	上海鼎信投资(集团)有限公司
20	中国·印度尼西亚聚龙农业产业合作区	天津聚龙集团

资料来源:商务部. 通过确认考核的境外经贸合作区名录[EB/OL]. http://fec.mofcom.gov.cn/article/jwjmhzq/article01.shtml.

---

① 习近平. 齐心开创共建"一带一路"美好未来——在第二届"一带一路"国际合作高峰论坛开幕式上的主旨演讲[EB/OL]. http://www.xinhuanet.com/politics/leaders/2019-04/26/c_1124420187.htm.

"一带一路"及中非工业化合作战略和对外投资的重要平台。

总体来讲，中国企业想单独走出国门将承受自身的生存压力。与企业相比，中国的开发区模式则在世界上首屈一指，如果把开发区模式整体搬到国外，将有助于中国企业走出国门，并促进东道国经济发展。

3. 投资规模：贡献凸显与影响力扩大并行

中国对外直接投资规模保持年均高位增速。2016 年，中国非金融类对外直接投资创下 1 961.5 亿美元的历史最高值，2017—2019 年连续 3 年出现回落。2016 年出现猛增的原因是：①中国"走出去"工作体系不断完善，中国企业主动融入经济全球化进程加快。②中国政府积极推动"一带一路"建设，稳步开展国际产能合作，需要对一些产业进行国际转移，这会增加对外直接投资。③中国与一些国家和地区签订相关协定会刺激对外直接投资。比如，自 1996 年中国与中亚地区的哈萨克斯坦、吉尔吉斯斯坦及塔吉克斯坦签署全面的经济与安全协定以来，中国对这些地区的投资猛增。2017 年，中国对外直接投资出现较大幅度下滑是因为中国相关产业的政策调整。2019 年，中国对外直接投资 1 369.1 亿美元，同比下降 4.3%，流量规模低于日本（2 266.5 亿美元），全球排名继续列第二位，占全球份额的 10.4%；但却是中国有关部门自 2003 年权威发布年度数据以来，连续 8 年位列全球对外直接投资流量前三，对世界经济的贡献日益凸显。2019 年流量是 2002 年的 51 倍，占全球比重连续 4 年超过一成，中国对外投资在全球外国直接投资中的影响力不断扩大。2002—2019 年，中国对外投资的年均增长速度高达 26%，2013—2019 年累计流量达 10 110.3 亿美元，占对外直接投资存量规模的 46%。①

4. 投资领域：集中与分散共存

2019 年，中国对外直接投资涵盖了国民经济的 18 类行业大类，但主要集中于传统租赁和商务服务、制造、金融、批发和零售业 4 个行业，各自投资均超过百亿美元。租赁和商务服务业保持第一位，制造业位列第二。流向租赁和商务服务业的投资 418.8 亿美元，同比下降 17.6%，占当年流量总额的 30.6%，主要分布于中国香港、英属维尔京群岛、新加坡、英国、澳大利亚等国家（地区）。制造业 202.4 亿美元，同比增长 6%，占 14.8%，主要流向汽车制造、化学纤维制造、有色金属冶炼和压延加工、医药制造、化学原料和化学制品、橡胶和塑料制品、铁路/船舶/航空航天和其他运输设备制造、电气机械和器材制造、专用设备制造、通用设备制造、黑色金属冶炼和压延加工、非金属矿物制品、造纸和纸制品业等。金融业 199.5 亿美元，占 14.6%；批发和零售业 194.7 亿美元，占 14.2%。这四个领域合计投资 1 015.4 亿美元，占流量

---

① 商务部. 2019 年度中国对外直接投资统计公报[EB/OL]. http://www.mofcom.gov.cn/article/tongjiziliao/dgzz/202009/20200903001523.shtml.

总额的 74.2%。

流向其他行业的投资合计占 25.8%，分散于：信息传输/软件和信息技术服务业 54.8 亿美元，占 4%；采矿业 51.3 亿美元，占 3.7%；交通运输/仓储和邮政业 38.8 亿美元，占 2.8%；电力/热力/燃气及水的生产和供应业 38.7 亿美元，占 2.8%；建筑业 37.8 亿美元，占 2.8%；科学研究和技术服务业 34.3 亿美元，占 2.5%；房地产业 34.2 亿美元，占 2.5%；农/林/牧/渔业 24.4 亿美元，占 1.8%；居民服务/修理和其他服务业 16.7 亿美元，占 1.2%；教育 6.5 亿美元，占 0.5%；住宿和餐饮业 6 亿美元，占 0.4%；文化/体育和娱乐业 5.2 亿美元，占 0.4%；卫生和社会工作以及水利/环境和公共设施管理业的投资各，占 0.2%。①

12.3.2　中国跨国公司对外直接投资有待完善之处

中国跨国公司发展时间相对较短，经验较少。因此在扩张过程经常会遇到一些需要进一步完善的方面。

1. 管理模式需要进一步更新

在管理方面，很多中国企业直接将其在国内的管理模式延伸到海外，却忽视了国内外经营环境的差异，导致管理模式无法适应海外市场，或者直接造成经济损失，或者是直接撤资回归国内而离开海外市场。但是企业在海外市场受挫，往往会给企业经营带来一系列的问题，如资产负债结构变化，引起企业整体资产质量下降，严重影响到整个企业的正常运营。

管理模式涉及诸多方面，如人事管理模式、账务管理模式、运营管理模式、投资管理模式、融资管理模式等方面。这些方面影响企业的正常发展，只有进一步更新其管理模式，才有望在激烈的国际市场竞争中占得一席之位。

2. 技术水平需要进一步提升

技术水平是衡量一家企业是否占据优势的重要指标。对于中国企业来讲，技术水平在许多方面与发达国家存在明显差异，那么如何缩小差异？即如何进一步提升中国企业的技术水平？其路径就是实现创新、创新、再创新，不断地在经济和社会领域中生产或采用、同化或开发增值新产品；更新和扩大产品、服务和市场；发展新的生产方法；建立新的管理制度。

技术水平得到进一步提升之后，还需要考虑争取技术话语权。技术话语权对于任何一家企业都至关重要。但是只有掌握了核心技术才能掌握技术话语权，核心技术受制于人是企业发展最大的隐患。任何一家中国企业，都应时刻树立居安思危的危机意

---

① 商务部. 2019 年度中国对外直接投资统计公报[EB/OL]. http://www.mofcom.gov.cn/article/tongjiziliao/dgzz/202009/20200903001523.shtml.

识,以创新为导向实现技术话语权。只有这样,才能真正实现进一步提升技术水平。

3. 海外人才培养体制需要进一步完善

企业对外扩张,成功与否关键在于人。如果管理人员的管理水平不高,技术人员的技术水平不高,营销人员不懂当地风俗甚至不懂当地语言,那么很难想象一家对外扩张的中国企业会在海外成功。

对外扩张的中国企业需要进一步完善海外人才培养体制:①依据企业未来发展战略,建立一套科学合理的人才培养体制机制。②摒弃裙带关系,任人唯贤,而不是任人唯亲。③强调复合型人才培养,避免过多短板并存的员工。④强调企业整体员工的素质,避免员工队伍参差不齐。

4. 海外项目选择需要进一步积累经验

企业向海外扩张,选择合作伙伴也是不可缺少的环节。以跨国并购为例,除了确定买方范围、选择初洽方式、一对一谈判在内的基本形式之外,还要包括尽职调查、估价、整合、融资、交易完成及后续事项等。通常情况下,中国企业也都会按照上面的步骤来完成,但是还会出现类似万达收购西班牙大厦的"滑铁卢"事件。因此,中国企业在海外选择项目需要进一步积累经验。

5. 国际市场经营风险预测需要进一步加强

国际市场经营风险来自多个方面,涉及政治风险、汇率风险、社会风险、经济风险、市场风险等。以汇率风险为例,现有中国企业通过内外筹措资金共计500万元人民币,计划兑换为美元到非洲某国投资建厂。假设当时人民币兑美元的汇率为5.000 0∶1,那么该企业将获得100万美元;但是待该企业办理完所有投资手续之后,人民币兑美元的汇率已经变为6.000 0∶1,该企业只能实际兑换83.333 3万美元。结果导致该企业的投资规模和效果受损。中国企业对外直接投资时,经常会使用各种外币,如果不能更加准确地做到汇率预测,那么对企业将会造成很大的损失。

除去汇率风险之外,其他风险也是一样的,如果不能更准确地进行预测,也会给企业投资带来无法挽回的损失。只是有些损失容易量化,有些不容易量化而已。

12.4 案例分析:华为将数字世界融入北大西洋佛得角火山群岛

12.4.1 基本案情

1. 背景材料

华为(全称为"华为投资控股有限公司")是一家100%由员工持有的民营企业,

创立于1987年，创始人任正非。作为全球领先的ICT（信息与通信技术）基础设施和智能终端提供商，华为致力于把数字世界带入每个人、每个家庭、每个组织，构建万物互联的智能世界：让无处不在的连接，成为人人平等的权利；为世界提供最强算力，让云无处不在，让智能无所不及；所有的行业和组织，因强大的数字平台而变得敏捷、高效、生机勃勃；通过AI（人工智能）重新定义体验，让消费者在家居、办公、出行等全场景获得极致的个性化体验。截至2021年4月，华为约有19.4万名员工，业务遍及170多个国家和地区，服务30多亿人口。

华为通过工会实行员工持股计划，参与人数为104 572人，参与人仅为公司员工，没有任何政府部门、机构持有华为股权。持股员工选举产生115名持股员工代表，持股员工代表会选举产生董事长和16名董事，董事会选举产生4名副董事长和3名常务董事，轮值董事长由3名副董事长担任。持股员工代表会是公司最高权力机构，对利润分配、增资和董事监事选举等重大事项进行决策。

自1992年开始，华为开始研发。1999年，华为在印度班加罗尔设立研发中心，也吹响了走向世界、充分利用国内国外资源的集结号。

2000年，在瑞典首都斯德哥尔摩设立研发中心，海外市场销售额达1亿美元。

2001年，在美国设立4个研发中心，加入国际电信联盟（ITU）。

2003年，与美国3Com合作成立合资公司，专注于企业数据网络解决方案的研究。

2004年，与德国西门子合作成立合资公司，开发TD-SCDMA解决方案；获得荷兰运营商泰尔弗（Telfort）价值超过2 500万美元的合同，首次实现在欧洲的重大突破。

2005年，与英国沃达丰（Vodafone）签署《全球框架协议》，正式成为沃达丰优选通信设备供应商；成为英国电信（简称BT）首选的21世纪网络供应商，为BT 21世纪网络提供多业务网络接入（MSAN）部件和传输设备。

2006年，与美国摩托罗拉（Motorola Inc.）合作在上海成立联合研发中心，开发UMTS（通用移动通信系统）技术。

2007年，与美国赛门铁克（Symantec）合作成立合资公司，开发存储和安全产品与解决方案。与中国香港全球海洋（Global Marine）合作成立合资公司，提供海缆端到端网络解决方案。2007年底成为欧洲所有顶级运营商的合作伙伴。

2008年，被商业周刊评为全球十大最有影响力的公司。在北美大规模商用UMTS/HSPA网络，为加拿大运营商Telus和Bell建设下一代无线网络。移动宽带产品全球累计发货量超过2 000万部，根据ABI的数据，市场份额位列全球第一。全年共递交1 737件PCT（专利合作条约）专利申请，据世界知识产权组织统计，在2008年专利申请公司(人)排名榜上排名第一；LTE（长期演进）专利数占全球10%以上。

2010年，在英国成立安全认证中心；加入联合国世界宽带委员会；获英国《经济学人》杂志2010年度公司创新大奖。

2011 年，建设了 20 个云计算数据中心；整合成立了"2012 实验室"；在全球范围内囊括六大 LTE 顶级奖项。

2012 年，持续推进全球本地化经营，加强欧洲投资，重点加大对英国投资，在芬兰新建研发中心，在法国和英国成立本地董事会和咨询委员会。在 3GPP LTE 核心标准中贡献了全球通过提案总数的 20%。发布业界首个 400G DWDM（密集型光波复用）光传送系统，在 IP 领域发布业界容量最大的 480G 线路板。和全球 33 个国家的客户开展云计算合作，并建设了 7 万人规模的全球最大的桌面云，推出的 Ascend P1、Ascend D1 四核、荣耀等中高端旗舰产品在发达国家热销。

2013 年，全球财务风险控制中心在英国伦敦成立；欧洲物流中心在匈牙利正式投入运营，辐射欧洲、中亚、中东非洲国家。作为欧盟 5G 项目主要推动者、英国 5G 创新中心（5GIC）的发起者，与全球 20 多所大学开展紧密的联合研究；对构建无线未来技术发展、行业标准和产业链积极贡献力量。

2014 年，在全球 9 个国家建立 5G 创新研究中心。全球研发中心总数达到 16 个，联合创新中心共 28 个。在全球加入 177 个标准组织和开源组织，在其中担任 183 个重要职位。

2015 年，根据世界知识产权组织公布数据，2015 年企业专利申请排名方面，华为以 3 898 件连续第二年位居榜首。华为 LTE 已进入 140 多个首都城市，成功部署 400 多张 LTE 商用网络和 180 多张 EPC（设计采购施工）商用网络。

2017 年，全球部署超过 50 万个基站，商用连接突破 1 000 万；与 1 000 多家生态合作伙伴共建生态；部署超过 30 个 CloudAIR 无线空口云化商用网络；在全球 10 余个城市与 30 多家领先运营商进行 5G 预商用测试，性能全面超越国际电信联盟要求。197 家世界 500 强企业、45 家世界 100 强企业选择华为作为数字化转型的合作伙伴。持续构筑开放、合作、共赢的云生态，云服务伙伴超过 2 000 家，包括 4 家同舟共济合作伙伴。

2018 年，211 家世界 500 强企业、48 家世界 100 强企业选择华为作为数字化转型的合作伙伴。5G 微波开启全面商用的新征程。发布全球首个覆盖全场景人工智能的 Ascend（昇腾）系列芯片以及基于 Ascend（昇腾）系列芯片的产品和云服务。发布 AI 战略与全栈全场景 AI 解决方案，在全云化网络基础上引入全栈全场景 AI 能力，打造自动驾驶网络。发布新一代人工智能手机芯片——麒麟 980。颁奖 Polar 码之父，致敬基础研究和探索精神。发布了基于 3GPP 标准的端到端全系列 5G 产品解决方案。

2019 年，全球已有 700 多个城市、228 家世界 500 强企业（含 58 家世界 100 强企业）选择华为作为数字化转型的伙伴。华为云已上线 200 多个云服务以及 190 多个解决方案，300 多万企业和开发者基于华为云进行云端开发。华为应用市场（AppGallery）服务于全球 170 多个国家及地区，全球月活用户超 4 亿，上架应用持续快速增长。

2. 案情简介

佛得角（葡萄牙语：República de Cabo Verde）位于非洲大陆边缘和地图边框之间的大西洋上。佛得角属火山群岛，横跨大西洋中的 10 座火山岛屿，海岸线长 965 公里。佛得角特殊的地理位置使得其工业和农业基础薄弱，但服务业异常发达，在 GDP 中占比超过 70%，对信息化技术发展需求迫切。因此佛得角政府把信息化建设作为国家战略，致力于通过信息通信与网络技术打造更加亲民的政府，创造更多商业机会，提高佛得角竞争力，发展开放型经济，推动经济发展，并为减少贫困人口创造必要条件。

和很多西非国家一样，佛得角为发展信息化技术新建了国家级数据中心，但由于缺乏应用软件开发能力，本国没有对应的 ICT 人才和生态，很多数据中心都处于空载状态。佛得角政府希望改变这种状况，依托电子政务项目的实施，帮助佛得角建立起覆盖全国的电子政务办公网络以及国家数据中心，大幅度提高政府办公效率，促进教育医疗等资源共享，提升国家信息化水平，将佛得角打造成西非沿海国家的信息枢纽，成为西非的灯塔。

佛得角电子政务项目由信息社会执行总署（NOSi）发起和实施，并负责电子政务系统建成后的业务开发和运维。NOSi 拥有 19 年的电子政务运营和开发经验，具有较强的电子政务应用软件开发能力和 ICT 实力。电子政务项目一期于 2010 年启动、2014 年交付，主要是建设国家级数据中心并升级政府通信网络，项目交付后，初步完成了国家政务网系统平台及岛屿互联网络平台的建设，基于此，NOSi 启动了政务信息化系统的部署。

随着佛得角电子政务应用的逐步增多，以及面向第三方的租赁业务迅速增长，一期建设的容量只有 200 个虚拟机的国家数据中心，处于满负荷运行的状态，没有剩余空间满足新应用和新业务的上线；未接入网络地区的机构仍使用纸质办公，存档管理混乱，办公效率低下，给相关统计和管理工作带来较大困难；10 座岛屿间教育和医疗资源不能有效共享，在偏远区域存在师资落后、硬件条件差、整体教育水平低、政府无法有效掌握人口健康和医疗信息等问题；由于岛间交通不便，各政府机构每年需要支出大量差旅费用，人均出差成本约为 340 美元/次，按照每月 1 000 人出差，差旅费用就高达 34 万美元/月，沟通效率也很低。这些因素使得佛得角电子政务二期顺理成章地启动了。华为凭借着在一期与佛得角政府及 NOSi 的良好合作，云管端协同的一站式创新 ICT 基础架构平台，以及在政务云领域的众多成功实践，成为 NOSi 的不二之选。

第一，成为佛得角云管端基础设施奠基者。华为在一期为佛得角政府交付了占地 200 平方米、可容纳 54 个 IT 标准机柜的国家级数据中心，为本国政府、企事业单位以及周边国家提供信息服务；完成了岛间和岛内的骨干、城域及无线宽带接入网络建设，在 6 座主要岛屿采用 DWDM 技术建设了光纤骨干网环，增强了 SDH（同步数字体系)的容量,从 622 Mbps 扩容到 20 Gbps,并通过建设 WiMAX(全球微波接入互操作性)提供宽带接入服务,实现全国部分机构的网络覆盖;还建设了 21 个智真视频会议,让政府体验到远程会议的便利。一期的建设有效提升了佛得角国家信息与通信技术水平,使其迈出了电子政务及社会信息化振兴的坚实一步。

华为在云数据中心领域的持续创新,也给 NOSi 留下了深刻的印象。华为以"一云一湖一平台"架构帮助各行各业客户加速信息系统整合与共享,从而创造商业价值。"一云"是指融合云资源池,通过集约化建设,实现基础设施统一交付、统一管理、统一服务;"一湖"是指数据湖,通过汇聚各方数据,提供"采-存-算-管-用"全生命周期处理能力,帮助客户将数据资源转变为数据资产;"一平台"是指应用使能平台,通过实现基础数据服务、通用中间件、行业中间件等的集成,让客户和行业 ISV(独立软件开发商)基于多类型中间件快速实现新业务创新。目前,华为云数据中心解决方案已服务全球 140 多个国家和地区,包含 330 多个政务云项目。

第二,将数字世界带入 10 座火山岛屿。佛得角电子政务二期主要是在电子政府一期的基础上进一步升级现有 ICT 基础设施:首先是新增 IT 设备和系统软件,并将旧的数据中心作为灾备中心,通过部署双活云数据中心为佛得角企事业单位提供安全、可靠的 IT 租赁服务;其次是为佛得角政府、学校和医院部署内部办公网络和视频会议系统,扩大政府、学校及医院内的办公信息化覆盖范围,提升政务、教育和医疗服务的效率与质量;此外,华为还与佛得角教育部联合开发 WebLab 一体化 ICT 培训系统,支持佛得角信息化人才培养,促进社会信息的共享和发展。

在云数据中心扩容方面,在原来的基础上,华为为客户新建了 1 000 个虚拟机,将过去 480 核 CPU、400 TB 存储容量升级到 1656 核 CPU、1 000 TB 存储容量。根据 2011 年至 2015 年国家数据中心虚拟机数量需求年均 60%的增速,本次扩容预计能够满足未来 5 年业务发展的需求。此外,华为还为政府机构和国家信息化培训中心提供了 1 000 套 FusionCloud 桌面云,重点解决了政务办公环境中信息难以全面保护、难以高效维护、资源使用不充分和网络隔离切换不便等问题。

基于"一云一湖一平台"架构的云数据中心,华为政务云解决方案为 NOSi 提供了共享的基础资源、开放的数据支撑平台、丰富的智慧政务应用、全面的政务信息化服务、立体的安全保障、高效的运维服务保障,打破部门之间的数据壁垒,打造基于云平台,连通各部门的数据共享交换平台,为佛得角政府及企事业单位主动、高效的一站式办公模式提供 ICT 基础设施。

与非洲许多国家类似,佛得角医疗教育等公共资源分布不均衡,佛得角 1/3 的学校集中在首都普拉亚、港口城市明德卢以及圣卡塔琳娜 3 个城市,58.6%的医院集中在圣地亚哥和圣安唐两座岛屿。佛得角电子政务网致力于通过同一张网络连接全国 1 142 个机构,利用华为提供的 530 个路由器和 669 个交换机,拓展一期建设的网络,并实现对中小城镇学校、医疗机构和企事业单位的接入覆盖，为上层应用铺好数据传输管道。这些网络基础设施打破了因地理因素造成的分隔，让偏远区域的民众享受到网络及电子政务带来的益处，如远程医疗应用系统能够让急诊病人及时获得首都更优质医疗团队的专业服务。

佛得角首都以外的学校普遍面临教师资源匮乏、教育水平较低的困难，迫切希望加入全国电子教育网络，及时分享其他学校的优质教育资源，以提升本地教育水平。另外，教师队伍中也存在相互之间课题探讨以及与海外其他同仁交流的诉求，但各火山岛之间交通费用极高，视频会议系统能够提供极大的便利。为此华为帮助佛得角几大岛屿的高中以及市级政府等机构部署了30套视频会议系统。

为帮助佛得角构建和信息与通信技术行业发展匹配的人才培养机制，培养足够数量的合格信息与通信技术人才，华为还提供了WebLab一体化ICT培训系统。通过在集装箱配备ICT通信设备、可编程启蒙机器人套件、电子维修工具以及家具设备，依托当前NOSi的国家数据中心，通过云化数据中心为其他岛上的学生提供ICT基础培训。一方面可为在校中学生和当地民众提供ICT培训教学，另一方面也可作为多功能教室提供其他技能培训和认证等服务。

第三，成为闪耀西非的政务云明珠。NOSi基于华为政务云开发了150多个网站、77类电子政务软件，涵盖社保、电子大选、财政预算管理、远程教育和医疗、ERP（企业资源计划）等系统，服务对象除了佛得角本国所有政府部门、学校、医院和国有企业外，还向周边赤道几内亚、莫桑比克、布基纳法索、几内亚比绍、圣多美和普林西比五国输出电子政务应用和数据中心托管服务。

NOSi提供的主要电子政务应用和网站包括：政府资源集成规划框架（integrate government resource planning，IGRP）、财政信息系统（SIGOF）、免费网络接入服务（Konekta）、社会福利综合系统（SIPS）、医疗信息系统（SIS）、地理信息系统（GIS）、门户网站（Porton dinos ilha）、在线证书（online-certification）、身份和民事鉴定国家系统（SNIAC）、土地注册特别管理、市政信息系统（MIS）、学生信息管理系统等等。

以IGRP为例，该平台中预集成各种应用模块，开发者可以利用这些模块和组件快速搭建上层应用软件，提升政府公共部门效率，避免资源的重复投入，减少公共管理成本，获得最大化的投资收益，NOSi总裁称之为"e-Gov Software Maker"。

再如医疗信息系统，它是一个连接模块，用来管理医院、监控人口状况以及提升相关机构职能，包括药品、临床器材和物料的管理，实验室诊断管理，出入院、预约、死亡信息等统计，预约管理（包括医生日程管理），通过互联网分析医院预约情况，给医院指定日程安排。

NOSi总裁Antonio Joaquim Fernandes表示："华为为佛得角国家数据中心、数据传输网络及电子政务建设提供了宝贵的支持，为政府部门和公共机构提供了数据、语音与视频会议服务,为 NOSi 构建电子政务平台提供了创新的数字化平台,我们将在此基础上建设商务中心、企业孵化中心和培训中心,将佛得角打造成非洲先进的信息服务平台。"

根据 2017 年国际电信联盟报告,佛得角的 ICT 发展指数 IDI(信息化发展指数)紧跟南非位列非洲第四,远远高于尼日利亚、安哥拉、冈比亚、莫桑比克等西非沿海国家。配合佛得角政府区域 ICT 枢纽战略,NOSi 利用其 ICT 基础设施和能力已向西非周边国家输出电子政务应用及服务,并吸引了 40 多个国家的政府团组参观考察。

当前,包括政府在内的每个组织都处在数字化转型的关键时期,华为期待把数字世界带入每个组织,构建万物互联的智能世界,而佛得角政务云的建设无疑是帮助佛得角政府、教育和医疗机构以及其他企业通往智能世界的必经之路,让佛得角成为北大西洋数字化转型的一颗明珠。

资料来源:华为. 成功故事[EB/OL]. https://www.huawei.com/cn/about-huawei.

12.4.2 案例评析

华为坚持打开边界,与世界握手,与合作伙伴一起建立"互生、共生、再生"的产业环境和共赢繁荣的商业生态体系,实现社会价值与商业价值共赢。华为加入了 400 多个标准组织、产业联盟、开源社区,担任超过 400 个重要职位,在 3GPP、IIC、IEEE-SA、BBF、ETSI、TMF、WFA、WWRF、CNCF、OpenStack、LFN、LFDL、Linaro、IFAA、CCSA、AII、CUVA 和 VRIF 等组织担任董事会或执行委员会成员。一方面在各类产业组织中积极贡献,加速产业发展,做大产业空间;另一方面,围绕客户商业场景,构建、参与开放使能平台和商业联盟,联合生态伙伴开放式创新,快速提供适配需求的客户化解决方案,帮助客户构筑数字化转型领先优势,加速商业成功;与此同时,华为与全球多个国家的政府合作,携手产业合作伙伴共同为各国 ICT 以及产业数字化转型献计献策,助力 5G、AI、IoT、云等新技术促进各国经济发展。

1. 坚持开放式技术创新,促进产学研合作共赢

华为坚持每年把 10%以上的销售收入投入研发。2019 年,从事研发的人员约 9.6 万名,约占公司总人数的 49%,研发费用支出 1 317 亿元人民币。近 10 年累计投入的研发费用超过人民币 6 000 亿元。截至 2019 年底,华为在全球共持有有效授权专利 85 000 多件,90%以上专利为发明专利。华为坚持开放式技术创新,促进产学研合作共赢,将技术创新与标准相结合,在欧洲主流组织(如 ETSI 等)中体现价值,牵引 IP 微波、边缘计算、AI 等领域方向,通过合作、开放逐步融入全球标准及产业体系。①加大基础研究投入,支持科学家成为灯塔。2008 年,阿里坎教授发表了关于极化码的论文,华为在此研究基础上长期投入,促成了其从学术研究到产业应用的蜕变,最终成为 5G 标准。②与欧洲研究机构如 Fraunhofer 等密切合作，将研究、标准、开源、实验床、产业联盟等多种手段融合，并融入各区域 AI、车联网等 ICT 产业发展项目中，与代表产业前沿的欧洲科学家建立密切合作，共同推动产业发展。③以网络 5.0 项目为技术基础，与 15 家公司共同成立网络 5.0 产业和技术创新联盟，覆盖 8 个主要工作方向；以 DIP 网络安全架构为基础，在 ETSI 和 IRTF 进行标准预热，抢占标准先发优势；以光网络 2.0 产业项目为基础，通过 ON2020 产业联盟推动光产业生态的共识架构，推进 WTN 标准的发展，引领产业方向。

2. 全栈开放能力+智能，服务全场景数字化

华为致力于开发者生态：①消费者业务。持续拓展维护以终端云服务为核心的华为终端开发者联盟，全球注册开发者超过 56 万人，为开发者开放 47 项最新能力及服务，累计 API 共 883 个，在从开发、推广到变现的全周期内助力开发者；通过"耀星计划"、DigiX 极客创新竞赛、华为开发者日、公开课等活动，全方位赋能、激励、连接各梯队开发者。②ICT 基础设施业务。面向运营商与企业市场，持续投资"沃土计划"，加速以华为云为底座的开发者生态能力建设，全球注册开发者近 30 万人，增长超过 150%，新增认证联合方案近 600 个，新增认证开发人员 1 700 多人。通过软件开发云、企业应用开发平台等系列工具，提升开发效率、加速应用创新；上线华为云学院，全球部署 OpenLab，落地华为云沃土工场，为开发者提供学习、认证、开发和支持的全方位服务；通过实物、资金、云服务资源、企业对接等商业扶持，加速人才培养、产品上市，连接开发者与华为全球市场机会。③人工智能全栈开放。依托自研昇腾芯片、Atlas 智能硬件、CANN 算子开发工具、MindSpore 训练和推理框架、ModelArts 人工智能开发平台，发布人工智能全栈、全场景、全流程的开放能力；围绕全周期的 AI 开发工作流，华为提供了包括数据管理、算法开发、模型训练、模型部署、模型市场、运维管理等在内的一站式人工智能开发平台 ModelArts，在斯坦福大学发布的 DAWNBench 最新成绩中，ModelArts 在图像识别的总训练时间上排名世界第一，仅需 9 分 22 秒。

3. 促进技术更快、更好地服务于社会与民众

华为发挥技术专长，向政府献计献策，促进技术更快、更好地服务于社会与民众。①2018 年初，华为加入德国交通和数字基础设施部（BMVI）技术工作组，参与制定了与 DigiNet 相关的 5G 基础设施技术规范，并向政策监管层提出共享基础设施、降低国家宽带部署成本的倡议。②与马来西亚中小企业机构 SME Corp 合作完成中小企业数字化白皮书，加速马来西亚中小企业数字化转型；在 5G、云、大数据等新技术领域积极为泰国数字经济委员会提供建议，在产业政策上与政府旗舰项目进行深入合作；与印度尼西亚政府在普遍覆盖、5G 频谱中长期规划、3G/4G 频谱重耕、垂直行业 IoT

标准、智慧城市等领域持续合作创新。③积极参与沙特、阿盟、非盟等国家宽带政策的标准制定及产业落地：在沙特参与国家宽带基础设施建设，分享全球国家宽带建设的优秀实践，加速沙特国家宽带的发展；华为建议的"优先发展 ICT 行业需要作为阿盟各国的基本国策"成为阿盟官方 ICT 组织 AICTO 的理事会的共识；与非盟合作撰写白皮书，设定资金、资源、监管等方面目标，在非盟宽带发展大会上面向非盟 54 个成员国发布。④联合第三方组织，在非洲、东南亚等地推动政府、产业组织、运营商共同关注并投资农网建设，推出 RuralStar 场景化站点创新解决方案，降低网络建设成本实现网络覆盖更多农村区域；参加亚太、非洲等地频谱组织的专业研讨，为各国 ICT 管理献计献策，加快连接未连接区域的进度，推动尽早实现联合国宽带委员会"2025 年连接世界另一半人口"的目标。⑤在 ITU 2018 大会发布立场文件《运营商：ICT 基础设施投资、创新与竞争》，呼吁政府加大投资 ICT 基础设施建设、鼓励技术创新和规范行业竞争，引导 ICT 产业健康有序发展；在欧洲创新日发布立场文件《数字国家：促经济、保福祉、善治理》，呼吁政府设置有利于促进数字经济发展的政策，包括组织、人才、融资等。⑥华为在巴西已深耕 20 年，用创新的 ICT 解决方案服务当地企业与人民。2018 年 6 月，华为联合德勤发布《巴西 ICT 产业洞察与发展建议》并递交巴西总统，在平安城市、宽带、无线、云、人才等方面进一步为巴西 ICT 产业贡献力量。

12.4.3 思考

思考一：何谓华为倡导的开放式技术创新？

思考二：华为是如何与合作伙伴一起建立"互生、共生、再生"的产业环境和共赢繁荣的商业生态体系的？

本 章 小 结

中国跨国公司真正意义上的发展始于改革开放初期，发展至今，大体经历了起步探索、渐进发展、调整发展和迅速发展四个阶段。在不同阶段，投资主体、投资业务、投资区位、投资规模等均呈现出不同状态。例如，在起步探索阶段，投资主体主要是大型的贸易集团和综合性集团，投资业务以贸易活动为主，进入海外市场的方式多为海外代表处或合资企业；非贸易性企业的经营业务主要涉及餐饮、建筑工程、金融保险和咨询服务等。

中国跨国公司类型主要包括大型贸易集团、大型金融保险集团、生产型企业集团和科技型民营企业。不同类型的跨国公司具有不同特点，也拥有不同代表性企业。这些企业构成了对外直接投资的三个主要动机，即追求资源、追求市场以及追求效率。

在未来，中国跨国公司对外直接投资有可能出现以"一带一路"建设为投资载体、以境外经贸合作区为主的投资模式、贡献凸显与影响力扩大并行的投资规模，集中与分散共存的投资领域等发展趋势。但与此同时，也有一些需要进一步完善的方面，如管理模式需要进一步更新、技术水平需要进一步提升、海外人才培养体制需要进一步完善、海外项目选择需要进一步积累经验、国际市场经营风险预测需要进一步加强等。

进行对外直接投资的中国跨国公司之中，有许多案例值得研究，华为数字世界融入北大西洋佛得角火山群岛就是其中之一。

思 考 题

1. 中国跨国公司发展阶段及其对外直接投资类型之间是否存在一定的关系？
2. 阐述中国跨国公司对外直接投资的主要动机。
3. 中国跨国公司对外直接投资的未来发展趋势如何？

即 测 即 练

自学自测　扫描此码

参 考 文 献

[1] 阿里巴巴集团. 历史及里程碑[EB/OL]. https://www.alibabagroup.com/cn/about/history?year=2017.

[2] 包明华. 企业购并教程[M]. 北京：中国人民大学出版社，2010.

[3] 毕红毅. 跨国公司经营理论与实务[M]. 北京：经济科学出版社，2006.

[4] 宝洁公司. 关于我们[EB/OL]. http://www.pg.com.cn/Company/.

[5] 本田汽车. 企业信息：公司概要——本田在全球[EB/OL]. http://www.honda.com.cn/company/profile/.

[6] 财富. 世界 500 强：2018 年世界 500 强 120 家中国上榜公司完整名单[EB/OL]. http://www.fortunechina.com/fortune500/c/2018-07/19/content_311045.htm.

[7] 财富. 2017 年世界 500 强排行榜[EB/OL]. http://www.fortunechina.com/fortune500.

[8] 财富. 2017 年世界 500 强 115 家中国上榜公司完整名单[EB/OL]. http://www.fortunechina.com/fortune500.

[9] 崔日明，徐春祥. 跨国公司经营与管理[M]. 北京：机械工业出版社，2009.

[10] 陈柳钦. 有关全球价值链理论的研究综述[J]. 重庆工商大学学报（社会科学版），2009（6）：55-65.

[11] 陈菲琼，钟芳芳，陈珧. 中国对外直接投资与技术创新研究[J]. 浙江大学学报（人文社会科学版），2013（4）：170-181.

[12] 杜奇华，白小伟. 跨国公司与跨国经营[M]. 北京：电子工业出版社，2008.

[13] 冯孟钦. 试论文化人类学对文化相似性的解释[J]. 东南文化，1991（5）：15-23.

[14] 世界 500 强介绍[EB/OL]. http://biz.ifeng.com/news/detail_2012_05/29/209868_0.shtml.

[15] 古广东. 对外直接投资与母国经济利益：理论分析与实证研究[M]. 北京：中国社会科学出版社，2013.

[16] 何凡. 中国对外投资的特征与风险[J]. 国际经济评论，2013（1）：34-50.

[17] 江若尘，黄亚生，王丹. 大企业成长路径研究——中外 500 强企业之间的对比（500 强企业报告 4）[M]. 北京：中国时代经济出版社，2011.

[18] 可口可乐公司. 百年光阴：131 年，一款寻常饮料的非凡经历[EB/OL]. https://www.coca-cola.com.cn/stories/131nykxcyldffjl.

[19] 空客公司. 公司介绍：工业合作与技术转让[EB/OL]. http://www.airbus.com.cn/corporate-information/industrial-co-operation/.

[20] 空客公司. 公司介绍：空中客车中国大事记[EB/OL]. http://www.airbus.com.cn/fileadmin/_migrated/content_uploads/Airbus-Milestones-in-China-july-2014.pdf.

[21] 李东阳. 国际直接投资与经济发展[M]. 北京：经济科学出版社，2002.

[22] 李桂芳. 中国企业对外直接投资分析报告[M]. 北京：中国人民大学出版社，2015：141-142.

[23] 乐琰. 沃尔玛拟关闭 30 家日本门店[EB/OL].（2014-10-31）. http://www.yicai.com/news/4035321.html.

[24] 黎正忠. 并购企业文化整合的影响因素及策略研究[D]. 广州：暨南大学，2006.

[25] 李尔华. 跨国公司经营与管理[M]. 北京：首都经济贸易大学出版社，2002：333-335.

[26] 林康. 跨国公司经营与管理[M]. 北京：对外经济贸易大学出版社，2009.

[27] 卢进勇，林奇华，闫实强. 国际投资与跨国公司案例库[M]. 北京：对外经济贸易大学出版社，2005.

[28] Meilan10. 美国胜家和胜家缝纫机有什么区别[EB/OL]. https://zhidao.baidu.com/question/422510783.html?qbl=relate_question_1.

[29] 马志政. 论文化环境[J]. 浙江大学学报（人文社会科学版），1999，29（2）：71-79.

[30] 马述忠，廖红. 国际企业管理[M]. 3版. 北京：北京大学出版社，2013.

[31] 马剑虹，高丽，胡笑晨. 跨文化协同增效研究的3种典型视角[J]. 心理科学进展，2006，14（5）：757-761.

[32] 卢森斯，多. 国际企业管理——文化、战略与行为[M]. 赵曙明，程德俊，译. 7版. 北京：机械工业出版社，2014.

[33] 比默，瓦尔纳. 跨文化沟通[M]. 孙劲悦，译. 4版. 大连：东北财经大学出版社，2011.

[34] 达夫特. 组织理论与设计精要[M]. 李维安，译. 北京：机械工业出版社，1999：10.

[35] 钱德勒. 看得见的手——美国企业的管理革命[M]. 重武，译. 王铁生，校. 北京：商务印书馆，2016.

[36] 格雷盛厄姆，罗伯茨. 可口可乐家族[M]. 北京：新华出版社，1998.

[37] 威斯通，米切尔，马尔赫林. 接管、重组与公司治理[J]. 张秋生，张海珊，陈扬，译. 4版. 北京：北京大学出版社，2006.

[38] 弗兰克尔. 并购原理——收购、剥离和投资[M]. 曹建海，主译. 大连：东北财经大学出版社，2009：6-39.

[39] 波特. 国家竞争优势[M]. 李明轩，邱如美，译. 北京：华夏出版社，2002.

[40] 秦学京. 企业跨国经营中的文化冲突与融合[J]. 经济与管理，2005，19（5）：34-37.

[41] 任兵，郑莹. 外来者劣势研究前沿探析与未来展望[J]. 外国经济与管理，2012，34（2）：27-34.

[42] 任永菊. 跨国公司经营与管理[M]. 大连：东北财经大学出版社，2015.

[43] 任蕊，王慧. 论跨文化研究的整合视角[J]. 辽宁行政学院学报，2011，13（5）：127-131.

[44] 任瑞恩. 格鲁吉亚退出独联体程序结束正式退出独联体[EB/OL]. http://news.sohu.com/20090818/n266054528.shtml.

[45] 独立国家联合体（CIS）[EB/OL].（2006-03-28）. http://world.people.com.cn/GB/8212/65943/65948/4465090.html.

[46] 中华人民共和国商务部，中华人民共和国国家统计局，中华人民共和国国家外汇管理局. 中国对外直接投资统计公报（2015）[EB/OL]. http://www.mofcom.gov.cn.

[47] 石群勇. 斯图尔德文化生态学理论述略[J]. 社科纵横，2008，23（10）：140-141.

[48] 佚名. 谷歌再陷"避税门"利用空壳公司5年避税46亿美元[EB/OL].（2011-06-01）[2015-01-14]. http://news.xinhuanet.com/world/2011/06/01/c_121482907.htm.

[49] 上海胜家缝纫机有限公司. 公司简介[EB/OL]. http://www.texnet.com.cn.

[50] 商务部跨国经营管理人才培训教材编写组. 中外跨国企业融资理念与方式比较[M]. 北京：中国商务出版社，2009.

[51] 孙萍，赵宇，王申. 改变俄罗斯——这家中国企业竟然只用了不到20人[EB/OL]. http://intl.ce.cn/qqss/201707/03/t20170703_23997722.shtml.

[52] 塔塔中国. 关于我们：塔塔集团历史大事件[EB/OL]. http://www.tatachina.com.cn/.

[53] 陶继侃, 王继祖, 姜春明, 等. 世界经济概论[M]. 天津: 天津人民出版社, 1995.

[54] 滕维藻, 陈荫枋. 跨国公司概论[M]. 北京: 人民出版社, 1991.

[55] 王嫱. 跨国公司组织结构[M]. 上海: 上海财经大学出版社, 2010: 1.

[56] 王林生. 跨国经营理论与实务[M]. 北京: 对外经济贸易大学出版社, 2002.

[57] 新浪新闻中心. 土库曼斯坦宣布计划放弃独联体正式成员资格[EB/OL]. http://news.sina.com.cn/w/2005-08-30/04156812805s.shtml.

[58] 科林斯. 金砖国家对外直接投资[M]. 朱莺, 顾健, 译. 北京: 化学工业出版社, 2017.

[59] 威策尔. TATA: 印度第一公司[M]. 阮天悦, 译. 南京: 江苏人民出版社, 2015.

[60] 伊诺泽姆采夫, 等. 现代垄断资本主义政治经济学: 下册[M]. 杨庆发, 译校. 上海: 上海译文出版社, 1978.

[61] 杨耕. 价值、价值观与核心价值观[J]. 北京师范大学学报(社会科学版), 2015(1): 16-22.

[62] 杨柏, 彭程, 宋璐. 企业跨国经营中的文化冲突研究[M]. 北京: 经济管理出版社, 2015.

[63] 杨大楷. 国际投资学[M]. 上海: 上海财经大学出版社, 2003.

[64] 原毅军. 跨国公司管理[M]. 4版. 大连: 大连理工大学出版社, 2006.

[65] 品牌故事——斯沃琪[EB/OL]. http://brand.yoka.com/swatch/history.htm.

[66] 赵霞. 战略协同视角下跨文化团队融合策略研究——联想和TCL海外并购的对比分析[J]. 中国人力资源开发, 2011(11): 32-37.

[67] 赵春明. 跨国公司与国际直接投资[M]. 北京: 机械工业出版社, 2007.

[68] 张纪康. 跨国公司与直接投资[M]. 上海: 复旦大学出版社, 2004.

[69] 张春萍. 中国对外直接投资对进出口贸易的影响[J]. 学术交流, 2012(7): 85-88.

[70] 张素芳. 跨国公司与跨国经营[M]. 北京: 经济管理出版社, 2009.

[71] 中国社会科学院语言研究所词典编辑室. 现代汉语词典[M]. 北京: 商务印书馆, 1978.

[72] 中华人民共和国国家统计局, 等. 金砖国家联合统计手册(2017)[M]. 北京: 中国统计出版社, 2017.

[73] 中华人民共和国商务部, 国家统计局, 国家外汇管理局. 2019年度中国对外直接投资统计公报[M]. 北京: 中国商务出版社, 2020.

[74] 习近平. 守望相助共克疫情 携手同心推进合作——在金砖国家领导人第十二次会晤上的讲话[EB/OL]. http://www.gov.cn/xinwen/2020-11/17/content_5562128.htm.

[75] 金砖国家[EB/OL]. http://www.fmprc.gov.cn/web/gjhdq_676201/gjhdqzz_681964/jzgj_682158/jbqk_682160/.

[76] 乌克兰正式启动退出独联体程序莫斯科表遗憾[EB/OL]. http://world.people.com.cn/n/2014/0320/c1002-24692785.html.

[77] 中国数据: 对外投资——上半年中企对"一带一路"沿线投资增长12%、境外经贸合作区增至82家[EB/OL]. https://www.yidaiyilu.gov.cn/xwzx/gnxw/60340.htm.

[78] 中粮. 关于中粮: 历史与荣誉[EB/OL]. http://www.cofco.com/cn/AboutCOFCO/HistoryandHonor/.

[79] 周凌霄. 东道国文化环境对跨国公司直接投资行为的影响[J]. 亚太经济, 2006(5): 80-83.

[80] 朱金强, 李海. 跨国并购中的文化整合理论的演变及其展望[J]. 现代管理科学, 2014(1): 32-34.

[81] 华特迪士尼国际[EB/OL]. http://www.disneybox.com/wiki/Walt_Disney_International.

[82] 王兴斌. 万达收购西班牙大厦：万达收购西班牙大厦案例的一点思考[EB/OL]. http://www.sohu.com/a/148324971_109002.

[83] 汪恭彬，姚颖. 斯沃琪面临品牌信任危机：6 年避税 1.8 亿美元.[EB/OL].（2004-09-29）. http://finance.sina.com.cn.

[84] Anheuser-Busch. Our U. S. footprint：united states of beer[EB/OL]. https://www. anheuser-busch. com/about/usa. html.

[85] ALIBER R Z. A theory of direct foreign investment[M]//KINDLEBERGER C P. The international corporation. Cambridge，MA：MIT Press，1970：17-34.

[86] BRADLEY M. Interfirm tender offers and the market for corporate control[J]. Journal of business，1980，53（4）：345-376.

[87] BRADLEY M，DESAI A，KIM E H. The rationale behind interfirm tender offers：information or synergy?[J]. Journal of financial economics，1983，11（1-4）：183-206.

[88] BRADLEY M，DESAI A，KIM E H. Synergistic gains from corporate acquisitions and the indivision between the stockholders of target and acquiring firms[J]. Journal of financial economics，1988，21（1）：3-40.

[89] KOGUT B，SINGH H. The effect of national culture on the choice of entry mode[J]. Journal of international bussiness studies，1988，19（3）：411-432.

[90] BUCKLEY P G，CASSON M. The future of the multinational enterprise[M]. London：Macmillan，1976.

[91] CANTWELL J. Technological innovation and multinational corporations[M]. Oxford：Basil Blackwell，1989.

[92] CAVES R E. International corporation：the industrial economics of foreign investment[J]. Economica，1971，38（149）：1-27.

[93] DODDP R. Tender offers and stockholder returns：an empirical analysis[J]. Journal of financial economics，1977，5（3）：351-373.

[94] DUNCAN R. What is the right organization structure?Decision tree analysis provides the answer[J]. Organizational dynamics，1979，7（3）：59-80.

[95] DUNNING J H. International production and multinational enterprise[M]. London：George Allen & Unwin Press，1981.

[96] SCHEIN E H. Organisational culture and leadership：a dynamic view[M]. San Francisco，CA：Jossey-Bass，1985.

[97] FAMA E F JENSEN M C. Separation of ownership and control[J]. Journal of law and economics，1983，26（2）：301-325.

[98] FAMA E F JENSEN M C. Organizational forms and investment decisions[J]. Journal of financial economics，1985，14（1）：101-119.

[99] FAMA E F. Agency problem and the theory of the firm[J]. Journal of political economy，1980，88（2）：288-307.

[100] HYMER S H. International operations of national firms：a study of direct foreign investment[M]. Cambridge，MA：MIT Press，1976.

[101] IBM. About IBM[EB/OL]. https://www.ibm.com/ibm/cn/zh/?lnk=fab_cnzh.

[102] ITAKI M. A critical assessment of the eclectic theory of the multinational enterprises[J]. Journal of

international business studies, 1991, 22（3）: 445-460.

[103] JENSEN M C MECKLING W H. Theory of the firm: managerial behavior, agency cost and ownership structure[J]. Journal of financial economics, 1976, 3（4）: 305-360.

[104] JENSEN M C. Agency costs of free cash flow, corporate finance, and takeovers[J]. American economic review, 1986, 76（2）: 323-329.

[105] JENSEN M C. The takeover controversy: analysis and evidence[M]//Coffeej, lowensteinl, Rose-A. Knights, raiders and targets: the impact of the hostile takeover. New York: Oxford University Press, 1988.

[106] BERRY J W, Acculturation as varieties of adaptation[M]//PADILLA A M. Acculturation: theory, models and some new findings. Boulder, Colorado: Westview Press, 1980: 9-46.

[107] JOHNSON H G. The efficiency and welfare implications of the international corporation[M]. Cambridge, MA: MIT Press, 1970.

[108] KNICKERBOCKER F T. Oligopolistic reaction and multinational enterprise[M]. Cambridge, MA: MIT Press, 1973.

[109] LEWELLENWG H. Managerial pay and corporate performance[J]. American economic review, 1970, 60（4）: 710-720.

[110] MANNEH G. Mergers and the market for corporate control[J]. Journal of political economy, 1965, 73（2）: 110-120.

[111] MARKOFF J. John Sculley's biggest test[N]. New york times, 1989-02-26.

[112] MULLERDC. A theory of conglomerate mergers[J]. Quarterly journal of economics, 1969, 83（4）: 643-659.

[113] Nexans. Innovation[EB/OL]. http://www.nexans.cn/eservice/China-zh_CN/navigate_281912/_.html.

[114] ROLL R. The hubris hypothesis of corporate takeovers[J]. Journal of business of the university of Chicago, 1986, 59（2）: 197-216.

[115] ROSS S A. The determination of financial structure: the incentive-singalling approach[J]. Bell journal of economics, 1977, 8（1）: 23-40.

[116] RUGMAN A M. Inside the multinationals: the economics of internal markets[M]. New York: Columbia University Press, 1981.

[117] Shell Global. About us: our history[EB/OL]. https://www.shell.com/about-us/our-history/1960s-to-the-1980s.html.

[118] SIMMONDS K. Global strategy and the control of market subsidiaries[M]. New York: Business International Corp., 1984: 183.

[119] Swatch. Swatch chronology[EB/OL]. https://www.swatch.com/zh_cn/explore/swatch-chronology.

[120] TATA. TATA in Asia[EB/OL]. http://tata.com/tataworldwide/index/Tata-in-Asia.

[121] UNCTAD. World investment report（2020）[EB/OL]. http://www.unctad.org.

[122] UNCTAD. World investment report（2018）[EB/OL]. http://www.unctad.org.

[123] UNCTAD. World investment report（2017）[EB/OL]. http://www.unctad.org.

[124] UNCTAD. World investment report（2013）[EB/OL]. http://www.unctad.org.

[125] UNCTAD. World investment report（2011）[EB/OL]. http://www.unctad.org.

[126] UNCTAD. World investment report（2006）[EB/OL]. http://www.unctad.org.

[127] UNCTAD. World Investment Report（2005）[EB/OL]. http://www.unctad.org.

[128] UNCTAD. World investment report（2000）[EB/OL]. http://www.unctad.org.

[129] UNCTAD. World investment report（1999）[EB/OL]. http://www.unctad.org.

[130] UNCTAD. Trade and development report 2017[EB/OL]. http://unctad.org/en/PublicationsLibrary/tdr2017_en.pdf.

[131] UNCTAD. Trade and development report 2002[EB/OL]. http://unctad.org/en/PublicationsLibrary/tdr2002 en. pdf.

[132] VERNON R. International investment and international trade in the product cycle[J]. Quarterly journal of economics，1966，80（2）：190-207.

[133] WELLS L T. Third world multinationals：the rise of foreign investment from developing countries[M]. Cambridge，MA：MIT Press，1983.

教师服务

感谢您选用清华大学出版社的教材！为了更好地服务教学，我们为授课教师提供本书的教学辅助资源，以及本学科重点教材信息。请您扫码获取。

▶▶ 教辅获取

本书教辅资源，授课教师扫码获取

▶▶ 样书赠送

国际经济与贸易类重点教材，教师扫码获取样书

 清华大学出版社

E-mail: tupfuwu@163.com
电话：010-83470332 / 83470142
地址：北京市海淀区双清路学研大厦 B 座 509

网址：https://www.tup.com.cn/
传真：8610-83470107
邮编：100084